浙江财经大学东方学院仰山学术文库

刘俊伟——著

王鏊

A Chronology of Wang Ao's Life

年谱

ZHEJIANG UNIVERSITY PRESS
浙江大学出版社

五同會圖

明佚名《五同会图》，画中自右至左依次为礼部尚书吴宽（穿红袍坐者）、礼部侍郎李杰（穿蓝袍坐者）、南京都察院左佥都御史陈璚（穿黑袍立者）、吏部侍郎王鏊（穿红袍立者）及太仆寺卿吴洪（穿蓝袍立者）。王鏊时年五十四岁。详见本年谱弘治十六年条。

王鏊《草书联句诗卷》局部，作于正德七年，现藏故宫博物院

王鏊《行草书五律诗轴》，作于正德十一年，现藏故宫博物院

王鏊《上海县志序》局部，作于弘治十七年

王鏊《鲍翁家藏集序》局部，作于正德四年

王鏊《行书自作诗轴》，作于弘治六年，现藏故宫博物院

重修姑蘇志序

夫志何為者也紀載郡之封域山
川戶口物產人才風俗以至城池
廨宇井邑第宅前賢遺跡下至佛
老之廬皆類次族分使四境之內
可按籍而知而一代之文獻不至
無徵焉如斯而已者也姑蘇燕東

王鏊《重修姑苏志序》局部，作于正德元年

王鏊《草书七律诗轴》，作于正德十一年，现藏故宫博物院

王鏊《行书陆俊墓志铭卷》局部，作于弘治五年，现藏故宫博物院

前　　言

　　王鏊(1450—1524),字济之,号守溪,世称震泽先生,苏州府吴县洞庭东山人,明代中叶著名的政治家和文学家。

　　政治方面。王鏊是成化十年(1474)南畿乡试的解元,成化十一年(1475)礼部会试的会元与殿试的探花。从成化十一年初授翰林院编修始,至正德四年(1509)致仕回乡止,王鏊在朝为官长达三十多年,历侍宪宗、孝宗、武宗三朝,且一直担任京官,从未离开过明朝的政治中心,特别是在他仕途的最后三年还曾入阁,成为三名掌握大权的大学士之一。研究王鏊对于了解明代中期的政治状况,特别是科举制度的发展、官僚制度的运作、文官与宦官之间的相互制衡、文官集团内部的相互斗争等无疑会有很大的帮助。而王鏊长期供职史馆,本人又颇好著述,对于许多历史事件及人物掌故都详细地加以记录并发表了自己的评论,有些甚至成为《明史》的直接来源。比如他对于刘瑾掌权来龙去脉的详细记录,他对于李东阳的有别于正史的评价,等等。

　　文学方面。王鏊在当时文坛的地位是举足轻重的。首先就制义来说,王鏊的影响是十分巨大的。俞长城称之为“制义之有王守溪”“更百世而莫出者”[①],万斯同《明史》则称他“少年善制举义,后数典乡、会试,程文为一代冠。取士专尚经术,险诡者一切屏去,弘、正间文体一变,士习以端”[②]。其次,王鏊在朝和归乡期间,与吴地的文人组织了许多团体,虽然这些团体相对松散,但他对于吴中文人如文徵明、唐寅、祝枝山、蔡羽、陆粲、王守、王宠等都或多或少有过影响。再次,王鏊文章早年学习三苏,后来则学习韩愈乃至孟子、《左传》,正体现了明代复古思潮的渐渐兴起;其诗则各体兼备,犹擅律诗。研究王鏊对于了解明代制义文章的风格流变、吴中文人群体的活动与创作、明代中期文学复古思潮的兴盛都会提供有益的参考。

　　现存王鏊的相关资料较多,但分布比较零散,大致有如下这些。

---

　　①　(清)俞长城编:《可仪堂一百二十名家制义·王守溪稿》卷首,清乾隆三年(1738)文盛堂、怀德堂本。

　　②　(清)万斯同:《明史》卷二百四十八《王鏊传》,据清抄本影印,《续修四库全书》本,第328册,上海古籍出版社2002年版。

王鏊的诗文集:主要包括名为《震泽先生集》的明嘉靖十五年(1536)刻本和明嘉靖刻万历鹤来堂印本三十六卷;名为《王文恪公集》(有的版本后附《鹇音》和《白社诗草》各一卷)的明万历王氏三槐堂刻本三十六卷;名为《震泽集》的清《文渊阁四库全书》本三十六卷。《震泽集》较之《震泽先生集》与《王文恪公集》删去了诗文若干,部分文章词句改动也较大,如《御房八事》(见《震泽先生集》卷十九"奏疏"),盖编者之所为也。

王鏊的笔记作品:主要包括《震泽纪闻》一卷本,有明正德刻本、嘉靖二十九年(1550)至三十年(1551)袁氏嘉趣堂刻袁褧编《金声玉振集》本、明刻李栻编《历代小史》本、清道光十一年(1831)晁氏活字印清曹溶编、陶樾增订《学海类编》本;《震泽纪闻》二卷本,有明万历三十六年(1608)王永熙刻的王永熙编《震泽先生别集》本、明末王禹声刻本、清道光四年(1824)陈璜据嘉庆张海鹏刻借月山房汇钞版重编补刻《泽古斋重钞》本、清道光十六年(1836)至二十二年(1842)钱氏守山阁据泽古斋重钞版重编增刻钱熙祚编《指海》本;《守溪长语》一卷本,有明万历刻高鸣凤编《今献汇言》本;《震泽长语》二卷本,明万历三十六年王永熙刻的王永熙编《震泽先生别集》本、清道光四年陈璜据嘉庆张海鹏刻借月山房汇钞版重编补刻《泽古斋重钞》本、清道光十六至二十二年钱氏守山阁据泽古斋重钞版重编增刻钱熙祚编《指海》本、清《文渊阁四库全书》本;《王文恪公笔记》一卷本,有明朱当㴐抄《国朝典故》本、明邓士龙编《国朝典故》本;《守溪笔记》一卷本,有明万历四十五年(1617)刻阳羡陈于廷《纪录汇编》本。《震泽纪闻》一卷本盖王鏊正德八年(1513)初编本,二卷本盖王鏊正德八年后至嘉靖三年(1524)去世前所作《续纪闻》一卷与《震泽纪闻》一卷本之合编本。《守溪长语》一卷本盖王鏊正德十年(1515)初编本,《震泽长语》二卷本盖王鏊正德十年后至嘉靖三年去世前对《守溪长语》的增补本。《王文恪公笔记》与《守溪笔记》名异而实同,大约成书于正德七年(1512),内容绝大多数又见于《震泽纪闻》,或为其初稿本也。

王鏊主编的志书:主要包括《(正德)姑苏志》六十卷,有明正德元年(1506)刻本、正德元年刻嘉靖增修本;《震泽编》八卷,有万历刻本。

王鏊其他著作还有《春秋词命》与《古单方》,前者有明正德刻本,是王鏊辑录的《左传》当中的应对之词;后者有明嘉靖王延喆刻本,题为《本草单方》,是王鏊抄录的秘阁藏《大观本草》上记载的古代药方。

《太原家谱》,一名《洞庭王氏家谱》,乃清朝道光年间王鏊后人王熙桂主修,有1911年铅印本。该书不仅收录了王鏊的家族世系图表,还收录了大量与王鏊及其家人相关的碑铭志表、诗词歌赋,其中很多未见于王鏊诗文集中,尤其珍贵的是家谱中还收录了《太傅文恪公年谱》,由内容判断当为与王鏊同时代的其家人或朋友所作,虽然亦有舛误,但条理清晰,语言晓畅,是笔者所作年谱参考的主要材料之一。

其他史部文献：主要包括《明宪宗实录》、《明孝宗实录》、《明武宗实录》、《明世宗实录》，台湾"中央研究院"历史语言研究所影印原北平图书馆藏"红格本"校勘本，其中主要记录了王鏊科举和仕途上的相关经历；万斯同《明史》，有清抄本；张廷玉《明史》，有清《文渊阁四库全书》本；雷礼《国朝列卿纪》，有明万历徐鉴刻本；焦竑《焦太史编辑国朝献征录》，有明万历四十四年(1616)徐象橒曼山馆刻本；过庭训《本朝分省人物考》，有明天启刻本。这些史书中包括了王鏊及与之相关人物的传记资料。

其他集部文献：主要包括王鏊之弟王铨的《梦草集》，有清抄校本，其中收录了许多他们兄弟二人往来唱和的诗作，且大多不见于王鏊的本集；王鏊前期密友吴宽的《家藏集》，有清《文渊阁四库全书》本，其中收录的许多吴宽的诗文可以与王鏊诗文集中的作品相对应；王鏊后期密友邵宝的《容春堂集》，有清《文渊阁四库全书》本，其中收录了许多与王鏊相关的作品；王鏊的门生顾清的《东江家藏集》，有清《文渊阁四库全书》本，其中收录了王鏊为顾清辩护的重要文章《风闻言事论》，此文不载于王鏊本集；此外李东阳的《怀麓堂集》、程敏政的《篁墩文集》、谢迁的《归田稿》、林俊的《见素集》、吴俨的《吴文肃摘稿》、史鉴的《西村集》、祝允明的《怀星堂集》、文徵明的《甫田集》、陆粲的《陆子余集》、沈周的《石田稿》、唐寅的《唐伯虎先生集》、严嵩的《钤山堂集》、谢铎的《桃溪净稿》、赵宽的《半江赵先生文集》、杨循吉的《松筹堂集》、李承箕的《大厓李先生诗集文集》、靳贵的《戒庵文集》、胡缵宗的《鸟鼠山人小集后集》、王宠的《雅宜山人集》、黄省曾的《五岳山人集》、陆完的《在惩录》等文集也收录了部分与王鏊相关的作品。

王鏊虽然是明代中叶著名的政治家和文学家，但一直以来都不是研究的热点。

到2011年夏为止，笔者所能见到的相关研究资料，直接研究王鏊的主要有内蒙古大学马微2007年5月的硕士论文《论王鏊》和苏州大学晏景中2008年5月的硕士论文《王鏊交游初探》。前者属于中国古代史的论文，对于王鏊的文学方面谈及得很少，即便是对于王鏊生平、思想、仕宦、交游的论述，也主要脱胎于张海瀛所作的《王鏊年谱》，而张的年谱又基本抄自清道光年间王熙桂主修的《太原家谱》中的《太傅文恪公年谱》，过于简单；后者主要论述王鏊的交游，写得过于简略，开掘不深，错讹颇多，且王鏊一生交游甚广，而该文所及仅占三分之一。

其他的研究成果或专注于王鏊的某一方面成就，或在论述某一群体时兼及王鏊。前者如谈及王鏊赋税观点的张志新的《读王鏊〈吴中赋税书与李司空〉——兼谈明代洞庭山人从商的原因》(《苏州大学学报》1985年第1期)、谈及王鏊哲学思想的王文钦的《王鏊思想初探》(苏州三槐堂历史人物研究会编《三槐堂文史研究》1996年第3期)；后者包括南京师范大学李双华2004年5月的博士论文《明中叶吴中派研究》、首都师范大学邸晓平2004年5月的博士论文《明中叶吴中文人集团研究》、苏州大学童皓2005年5月的硕士论文《徜徉于出处之间——明代中叶吴中文人心态研究》、邸晓平《简论明中叶吴中文人集团的形成》(《北京科技大学学报》2005 年第 4 期)、李双华《论明代吴中文人政治观念的变化及其历史意义》(《理论月刊》2006 年第 5 期)、李双华《明中叶吴中士人心态及其文化意义》(《贵州社会科学》2006 年第 4 期),这些论文主要是从整体上对明中期吴中文人或士人群体进行研究,大多集中于思想和政治倾向层面。

本书是王鏊的年谱。清人所修《太原家谱》中原收有《太傅文恪公年谱》,但内容简单,且有错讹。本书在参考旧谱的基础之上,广泛搜集了大量的相关资料,进行了扩充和修正,并且将王鏊绝大多数作品系年,编入新谱之中。

此外,为了方便读者了解王鏊的生平与交游情况,本书还编列了《王鏊家族世系表》、《王鏊家庭成员一览表》、《王鏊交游情况一览表》作为附录。

目　　录

凡　例

一、除年谱开始的王鏊祖先世系部分标注"谱前"外，其余部分按时间先后顺序标明年份（包括年号、干支和公元纪年）和王鏊当年的年龄。

在相应的年份之下列举王鏊本年事迹与作品。事迹与作品均按时间顺序排列，除人物出生、死亡等时间精确到日外，基本上精确到月或季；作品时间未确定者置于其后，按在本集中顺序排列，他人所作与王鏊相关的作品则置于最后。

在每一条相应的事迹与作品之下，列举与该事迹或作品相关的原始资料以及这些原始资料涉及的时间、地点、人物、事件等的相关印证材料和名词、术语的解释说明。

二、不再单列时事部分，与王鏊历年事迹及作品相关的时事归入原始材料与印证材料之中。

三、在材料充足的前提下，资料的选择原则：

1. 时间上，以最接近事件发生时间的材料为优。

2. 事件上，以正史记载为主，辅以方志、笔记。

3. 数量上，涉及重要事件和人物的资料可达三、四条，次要和重复的资料则不超过两条。

4. 关于人物的资料，考虑到正史客观而失于简略，私人传状表铭详细又过于主观，故涉及重要人物的资料尽量采用二者的结合，非重要人物的资料则以后者为主。

5. 所有资料均截止于与王鏊相关的事件发生的时间。

四、材料中出现的年号纪年，后用括号注明相应的公元纪年；材料中出现的干支纪年，后用括号注明相应的年号与公元纪年；材料中出现的干支纪日，后用括号注明相应的农历月日。

五、材料中出现的明显错误，引用时直接改过，用〔　〕标明原文；涉及避讳的字词，如"宏治"、"邱濬"，引用时直接改过，未再标明。

六、对重复出现的人物、事件，标注参见某某年条。

谱　　前

宋靖康时期,王氏始祖有名百八者,从开封随朝廷南渡,始定居吴地之东洞庭山。其后,家族繁衍,号其地为王巷。

　　《中华族谱集成·王氏族谱》第17册《太原家谱》(一名《洞庭王氏家谱》)卷十八下"年谱"《太傅文恪公年谱序》(以下简称"旧谱序"):"宋靖康中有百八公者,实生千七将军,扈驾南渡,始家吴之东洞庭山。"

　　文徵明《甫田集》卷二十八《太傅王文恪公传》(以下简称"文传"):"其先有百八者,自汴京扈宋南渡,遂居山中。至是,族属衍大,号其地为王巷。"

　　东洞庭山,《(崇祯)吴县志》卷四"山下":"东洞庭周五十余里,上有居人数千家。一名莫里山,今呼为莫釐。……以洞庭在西,故今称东洞庭。"王巷,据蔡昇、王鏊《震泽编》卷四"杂纪",东洞庭者有巷十,其一为王巷。

由百八公传六代而至王鏊曾祖王彦祥。

　　旧谱序云:"宋靖康中有百八公者,实生千七将军。……千七生万八,万八生胜五,胜五生福十二,福十二生廷宝,廷宝生彦祥。"

　　《太原家谱》卷二十一"碑志类上编"王朝用《伯英公墓表》:"先大父讳彦祥,字伯英。曾祖讳兴宗,祖讳仲达,考讳廷宝。"

王彦祥,字伯英,生于元至正年间,入赘邻巷陆子敬家为婿,有五子,后自立门户,靠外出经商发家。

　　旧谱序云:"彦祥生元至正间,赘比巷陆子敬为婿。"

　　王朝用《伯英公墓表》云:"王氏于元时皆不仕。元季比巷有陆子敬者,游淮西值兵乱,莫知所终,遗孤女,慧而孝,因馆大父以后陆子敬氏。陆富宗强,大父旅其间,和而有礼,上下宜也。已而生先君兄弟五人,皆奇伟瑰硕。时法网峻密,民稍秀者,选为郡县庠生,辄至通显而亦旋罹于祸,或及其宗。陆氏长者始欲大父还宗而难于言。大父知其意指,则幡然去之,曰:'吾既不容于外,复何以自归于内。'乃择隙地,得陆巷之口家焉。斩草莽,披瓦砾,与诸子戮力治生,

— 1 —

数年而家业大昌，今王氏所居，则其地也。"

按：据《新唐书·宰相世系表》，吴县陆氏为西汉陆烈之后，繁衍数百年，根基深厚。盖王氏弱小，彦祥先入赘，后有五子，乃谢陆还宗，独立发展，王氏后以商业致富，盖受陆氏相助不小。

永乐年间曾赈济灾荒，晚年居家教子，以曾孙鏊赠少傅兼太子太傅、户部尚书、武英殿大学士。永乐十三年（1415）四月九日卒。

《太原家谱》卷二十一"传状类下编"王言廷《七代图序略》："先太傅伯英公，少为商，永乐间，岁大荒，公散家财数万籴贵卖贱，以赈贫乏，一时赖以无饥，人咸诵为仁人，子孙宜硕大焉。后倦于游，家居教子，以仁让相先，里党咸敬而效之。"《（崇祯）吴县志》卷十一"祥异"："永乐二年（1404）甲申五月，大雨，田禾尽溍，男妇壮者以糠秕杂藻荇食，老幼多投河死。"

《太原家谱》卷二十一"传状类下编"王鏊《先世事略》："府君以元至正某年生，卒于永乐十三年四月九日，始葬蒋坞之北隩。今赠光禄大夫、柱国、少傅、太子太傅、户部尚书、武英殿大学士。曾祖妣陆赠一品夫人。"

王朝用《伯英公墓表》："大父生于至正某年，以永乐十三年四月九日卒，葬于山之蒋坞北隩，配陆孺人祔。"

蒋坞，据蔡昇、王鏊《震泽编》卷四"杂纪"，东洞庭有坞七，其一为蒋坞；又卷二"古迹"云："王氏先茔，王氏之先有讳伯瑛者始葬蒋坞。"

彦祥娶陆氏，宣德十年（1435）十二月卒，年八十五，赠一品夫人。

王朝用《伯英公墓表》："孺人之幼也，独与其母王氏居。……后孺人归大父，年八十五，以宣德十年十二月卒。"

王彦祥有五子，第四子为王鏊祖父王逵，字惟道。逵宽厚长者，以经商为业，好读书，尚礼义。以孙鏊故累赠光禄大夫、柱国、少傅、太子太傅、户部尚书、武英殿大学士。

旧谱序云："（彦祥）第四子讳逵，字惟道，性宽厚长者，山人尤称之。……初，山中人不知学问（洞庭在太湖，始为隐者、武人居，后皆习于商贾，不知学），惟道独好学重礼，教子有方，始以文学起。"

《太原家谱》卷二十一"碑志类上编"王朝用《惟道公阡表》："显考独好读书，其学亦无所师授。间得朱子《小学》及'四书'，晨夕讽诵，至忘寝食，曰：'少吾不及学矣，老吾不废，庶少有得。'且遣朝用为弟子员。时浦江郑氏家法闻天下，见其《精义续编》，即与族人议，仿其规护，曰：'三代之礼，吾未能遽复也。若此，其亦可以渐行矣。'山之俗，鬼其亲，死则举而焚之，且不知为服，独以布帕其首而号。显考居先大父丧，始黜浮屠，寝枕苫块，制五等服，削杖、铭旌、功布，一如礼制。山之人哗且笑，后稍有信者。及今山之巨家丧祭，率以礼，显考之教也。……山之人多逐什一之利，少亦尝与其侪至湖襄间，其侪殖鱼豕利不赀，而伤生动以千万，即命舟还之，曰：'若是得利若北陵，吾不为也。'积著于山，称贷者与之，不能偿者复与之，卒不能偿，对其人取券焚之，山之人归之如流水，卒无不偿者。"

生于洪武二十三年(1390)闰四月十日，卒于景泰四年(1453)二月二日。

《太原家谱》卷二十一"碑志类上编"刘昌《惟道公墓碣铭》："一日，吾父与客饮于得月亭，比闻火，父赴之，途半疾且作，掖归，遂至大故。……洪武二十三年闰四月十日，其生之日；景泰四年二月二日，其卒之日，寿六十有四。其年十二月二十日葬蒋坞山之原。"

王鏊《先世事略》："府君……初赠通议大夫、吏部左侍郎，加赠资德大夫、正治上卿，又赠户部尚书，文渊阁大学士，又赠光禄大夫、柱国、少傅、太子太傅、户部尚书、武英殿大学士，祖妣叶、继祖妣周初赠淑人，加赠夫人，又赠一品夫人。"

逑娶叶氏妙贤，生洪武二十四年(1391)十月八日，卒于正统十一年(1446)六月廿八日，赠一品夫人。另娶周氏。

《太原家谱》卷二十一"碑志类上编"陈绍先《惟道公元配叶太夫人墓志铭》："孺人姓叶氏，讳妙贤，其先居洞庭之叶巷，世为著姓。……既笄，择配太原惟道，山之巨族也。……(卒)正统丙寅六月廿八日也。生于洪武辛未十月八日，享年五十有六。"

王鏊《先世事略》："祖妣叶、继祖妣周初赠淑人，加赠夫人，又赠一品夫人。"

叶巷，据蔡昇、王鏊《震泽编》卷四"杂纪"，叶巷在东洞庭。

王逑有三子，季子为王鏊父王琬，字朝用，后以字行，更字廷臣，晚号静乐。早年王逑遣其经商，后见其好学，正统年间乃遣入县学，发愤读书，然屡试不利。

旧谱序云："琬字朝用，后以字行，更字廷臣，别号静乐。"

《太原家谱》卷十九"史传类上编"王铨《光化公传》："公生而身绯，少长羸甚，又多病也。及就外傅，颓然若无能者，扣之时见颖异。甫冠，府君命主市肆，日持书危诵，市者或不得市而去。时山人闻为弟子员，则恐惧逃匿。公独自请为之，府君嘉其有志，年二十一遣入邑庠。公自以质鲁学后，时感愤淬砺，终夜不寝，或少寝则跃然而起，击石取火以读。时浙之临安有张文节氏，以《春秋》学名，乃负笈从之游。久之,归,扫一室不通人,穴其户以进饮食,其励志如此。"

张文节,《(崇祯)吴县志》卷三十六"选举五·乡举":"正统六年辛酉科,张和,治《春秋》,连山县学训导。"《(宣统)临安县志》卷五"职官志一·训导":"明正统年间,张和,吴县人。"又陈绍先《惟道公元配叶太夫人墓志铭》:"吴庠生王琬朝用将以正统丁卯(十二年,1447)三月廿二日葬其母孺人叶氏于东洞庭之蒋坞,持临安县学训导张和状行,踵门泣拜求铭。"盖张文节即张和也,文节,张和之字也。

王琬娶叶氏。

《太原家谱》卷二十一"传状类上编"刘吉《光化公元配叶太夫人墓志铭》:"叶之先亦吴县名家,中稍微。……时光化父惟道为子择昏,久难其人,及闻其贤,即纳聘焉。……及光化自邑庠入太学,淹滞二十余年,家值岁恶,功苦食淡,日课鳌兄弟读书。光化少笃学,扫一室不通人,穴其户以进饮食,后孺人以示鳌兄弟曰:'识之,此范氏之帐也。'"

王鳌,字济之,别号守溪,晚又号拙叟、碧山翁,学者称震泽先生。

文传云:"公名鳌,字济之,世称守溪先生。吴洞庭山人也。"

邵宝《容春堂续集》卷十六"墓志铭"《文恪公墓志铭》(以下简称"墓志铭"):"公讳鳌,字济之,姓王氏,别号守溪,晚更拙叟,学者称震泽先生"。

《太原家谱》卷二十七"杂文类上编"《承徽楼诗并序》后王鳌裔孙王仲銮注曰:"此诗集中未载……卷首题三篆字,旁署曰'碧山翁',盖恪祖晚年所自号也。"

王鳌著述有《诗文集》三十六卷,《奏疏》二卷,《守溪笔记》二卷,《震泽纪闻》二卷,《震泽长语》二卷,《震泽编》八卷,《姑苏志》六十卷,《春秋词命》三卷,《本草单方》八卷,并参与纂修《孝宗实录》二百二十四卷。

以上见《太原家谱》卷二十九"艺文总目"。

张廷玉《明史》卷九十七"艺文志二·史类"、卷九十八"艺文志三·子类"、卷九十九"艺文志四·集类"则收录王鳌的著述有《守溪笔记》二卷,《震泽纪闻》一卷,《续纪闻》一卷,《震泽长语》二卷,《震泽编》八卷,《姑苏志》六十卷,《本草单方》八卷,《震泽文集》三十卷。《孝宗实录》二百二十四卷,云焦芳等续修。另外《太原家谱》卷十八下"年谱"《太傅文恪公年谱》(以下简称"旧谱")云王鳌还著有《广隽》,现不见流传;《史余》,《四库总目提要》曰"相传为明王鳌撰",当误。详见本论文上编第四章。

王鏊年谱

明景帝景泰元年庚午(1450)　一岁

八月十七日,生于南直隶苏州府吴县东洞庭山震泽乡陆巷口旧第。为王琬第二子,母叶夫人。

> 旧谱云:"景皇帝景泰元年庚午八月十七日甲寅,公生洞庭东山之震泽乡胥母界陆巷口旧第。"

> 《(正德)姑苏志》卷十八"乡都":"吴县:乡二十四……震泽乡间城里在东洞庭。"《(崇祯)吴县志》卷二"乡都":"震泽乡间城里,东洞庭,在县西南八十里。"陆巷,据蔡昇、王鏊《震泽编》卷四"杂纪",在东洞庭。胥母,据《(正德)姑苏志》卷九"山下",即东洞庭山之别名也。

> 《太原家谱》卷二十一"碑志类上编"谢迁《光化公神道碑》:"(王琬)娶叶氏……子男四人:长曰铭,次即鏊……次曰铨……次曰镠。"

景泰七年丙子(1456)　七岁

始出就外傅,师从翁君。

> 旧谱云:"(景泰)七年丙子,公年七岁,始出就外傅,授句读于乡师翁君,辄以英敏端重,称于群弟子中,已崭然露头角矣。翁学规严甚,生徒畏之。公后官翰林,犹时梦见,惊觉曰:'吾今者尚畏翁乎?'山人至今传道焉。"外傅,《礼记·内则》郑玄注:"外傅,教学之师也。"

> 蒋一葵《尧山堂外纪》卷八十八"国朝·王鏊":"王文恪公六七岁时,附学于舅氏,一小女使送茶,公戏以手握其手,舅氏出一对曰:'奴手为拿,此后莫拿奴手。'王即对曰:'人言是信,从今毋信人言。'"

> 按:此当为传言,以显王鏊幼时已聪慧。王鏊母叶夫人,舅氏当姓叶;且以王鏊沉稳保守的性格和翁君严厉的学规,似难有戏握女使之手的道理,且其所对"从今毋信人言"也与年龄不符。

— 1 —

明英宗天顺二年戊寅（1458）　九岁

王琬以贡入太学。

　　王铨《光化公传》云："屡应解不偶，适御史欧廉来清理学校，驭下如束湿，威棱赫奕，众惧莫敢入，皆推公。公毅然而往，试占优等，遂升国学。"

　　按：王铨《光化公传》言"又十五年始知襄阳光化"，而王琬任光化知县在成化九年（1473），且《明英宗实录》卷二九一："天顺二年五月丁亥朔……癸巳（初七）……调山东道监察御史欧廉为河南济源县知县。廉巡按南直隶贪纵不检，至是还京，本院考核其难任风化，故调外任。"可推知王琬入太学在天顺二年，年已四十矣。又陆容《菽园杂记》卷二："天顺初，有欧御史者，考选学校士，去留多不公。富室子弟惧黜者，或以贿免。"

　　吴宽《家藏集》卷六十四"墓志铭"《封詹事府少詹事兼翰林院侍读学士前光化县知县王公墓志铭》："屡举于乡，不偶，遂贡入太学。"《（崇祯）吴县志》卷三十七"选举六·贡生"："天顺岁贡：王朝用，名琬，以字行，治《诗》，光化县知县。"

天顺五年辛巳（1461）　十二岁

已能赋诗，曾为《吕纯阳渡海像》题诗。

　　旧谱云："（天顺）五年辛巳，公十二岁，已能赋诗。有以《吕纯阳渡海像》索题者，即援笔书云：'扇作帆兮剑作舟，飘然直渡海阳秋，饶他弱水三千里，终到蓬莱第一洲。'得诗者大奇之，咸知为远到器矣。"此事亦见蒋一葵《尧山堂外纪》卷八十八"国朝·王鏊"。

明宪宗成化元年乙酉（1465）　十六岁

王琬携其入京师，读书国子监。

　　旧谱云："宪宗纯皇帝成化元年乙酉，公十六岁，父静乐公始与计，偕公随侍北上，因习业于国子监退省堂之西偏。"

　　按：时王琬以贡生在国子监读书，盖王鏊以侍奉父亲的名义随之读书，这对于王鏊后来的举业帮助极大。

成化二年丙戌（1466）　十七岁

在京师从举人陆怡习举业，名声日起。

　　旧谱云："（成化）二年丙戌，公十七岁，从毗陵陆怡（怡，举人，卒业成均者）肆举子业。有作即超流辈，人争传诵。"

　　毗陵即常州府武进县。成均，古之大学，此指国子监。陆怡，《康熙常州府志》

卷十六"乡科"："景泰元年(1450)庚午科武进陆怡,渊子,府庠。"又卷十七"甲科"："成化十一年(1475)乙未谢迁榜,武进陆怡,户部主事。"盖当时陆怡乡试中举已十六年,且从国子监卒业,为宿儒也,常州府又紧邻苏州府,故王琬选为王鏊老师,学习举业。后王鏊竟与陆怡同年第进士。张泰《沧洲诗集》卷九"古律绝句"有《送陆怡主事赴南户部,王济之制轴求》。

《太原家谱》卷二十一"传状类下编"徐缙《文恪公行状》(以下简称"行状")："初学举子业,落笔即超流辈,论、表、策未尝作,作即为人所传。"

从文洪学诗法。

文洪《文涞水诗集》卷首王鏊序："忆成化初,鏊侍先少傅于太学,始学为诗。先生过之,授以诗法。今老矣,于其言未之能忘而终莫之至也。"

文洪,文林之父,文徵明之祖父也,文徵明《甫田集》卷二十六"行状"《先叔父中宪大夫都察院右金都御史文公行状》："考讳洪,字功大,仕为涞水县儒学教谕。"《(正德)姑苏志》卷六"科第表中·乡贡"：成化元年(1465)乙酉科长洲有文洪。盖文洪刚举乡荐在京准备会试也。

成化三年丁亥(1467)   十八岁

太学生张琜极力推荐鏊于礼部右侍郎叶盛,叶盛对其欣赏备至,有"将来王翱"之许,并推荐其师从翰林院编修陈音学习经学。

王鏊《震泽先生集》(以下简称"本集")卷三十五"题跋"《跋叶文庄公手书》："成化初,鏊以童子游学京师。时文庄公为礼侍,陆参政文量初第进士,简中所称用光者,张姓,为太学生,亟称鏊于文庄所,间以所业见于礼部之厢房。公奖励备至,有将来忠肃之许,盖以鏊与王忠肃同嫌名,故云。"

陆参政文量,即陆容,据吴宽《家藏集》卷七十六"墓碑铭"《明故大中大夫浙江等处承宣布政使司右参政陆公墓碑铭》,陆容,字文量,世为苏州昆山人。成化二年(1466)中进士。与叶盛为忘年交。姓陆氏。张用光,即张琜。《(正德)姑苏志》卷六"科第表中·乡贡"："天顺三年(1459),三卫张琜,字用光,河间通判。"

文传云："时叶文庄在礼部,召与相见。公体干纤弱而内蕴精明,举止静重。文庄大奇之,挑试所学,益以为非近时经生所能。时王忠肃翱新逝,文庄以公嫌名相近,戏之曰：'失一王某,复一王某,安知非后来忠肃乎?'越日,亲具仪帛遣从陈音先生学。时陈官翰林,有声,从游者众,独许公善学,无几,尽得其肯綮。"

叶盛,据焦竑《焦太史编辑国朝献征录》卷二十六"吏部三·侍郎"彭时《通议大夫吏部左侍郎谥文庄叶公盛神道碑》,叶盛,字与中,世为苏州昆山人。正统十年(1445)中进士,卒谥"文庄"。又《明宪宗实录》卷四六："成化三年九月癸亥朔……戊辰(初六),召巡抚宣府左金都御史叶盛为礼部右侍郎。"王翱,据《明宪宗实录》卷四八,王翱字九皋,直隶盐山县人。永乐乙未(十三年,1415)中进士，官至吏部尚书，致仕，成化三年十一月戊辰（初六）年八十四卒。谥曰"忠肃"。陈音，据倪岳《青溪漫稿》卷二十一"碑"《嘉议大夫南京太常寺卿愧斋陈先生神道碑》，陈音，字师召，别号愧斋，福建莆田涵江人。"先生素明经学，四方之士争欲出门下，京邸至不能容。经其指授往往取高第。尝有一登其门两魁多士者，则先生造就人才可知矣。今太常齐卿章、春坊王谕德鏊皆显名者，其他布列中外尤多。"

同乡举人奚昌也折节与交，赠诗称之为"施槃后身"。

> 旧谱云："又有乡进士奚元启者，名盛一时，睹公文辄叹曰：'吾所不及。'折节与交，赠诗有'太湖西去东山上，尽说施槃有后身'之句（槃，正统己未状元）。"
> 奚元启即奚昌，《（正德）姑苏志》卷五十四"人物十四·文学"："奚昌，字元启，吴县人。少游乡校，有隽声。正统甲子（九年，1444）以《易经》中乡试，十试礼部不中，遂易《尚书》。……后进生得昌指授，多取高第，昌年且五十始中甲科，因笑曰：'吾举业岂至是始工邪！'明年卒于京师。"施槃，《（正德）姑苏志》卷五十二"人物十·名臣"："施槃，字宗铭，吴县洞庭山人。……正统三年（1438）领乡荐，明年试礼部，皆前列，廷试第一。授翰林修撰，年甫二十三。既入翰林……未逾年而卒，天下伤之。"

成化四年戊子（1468）　十九岁

将南归应乡试，叶盛甚惜之。

> 行状云："戊子，归应乡试。文庄惊曰：'子安得小就，姑留此大肆于学，他日与古人并驱。'告以父命，则曰：'归试不利，幸也。'"

南归，试于县、府、乌台，皆首选，为吴县知县樊谨、苏州府知府贾奭、提学御史陈选所重，然乡试不利，乃补郡学生。

> 旧谱云："既归，试于县、于府、于乌台，皆首选，县尹樊谨、郡守贾奭咸以国士待之。提学御史天台陈公披其卷曰：'他日当名重天下，非止一乡一国士已也。'至南畿，人皆聚观焉。"
> 樊谨，《（崇祯）吴县志》卷三十九"宦迹"引杨循吉旧志："樊谨，字公瑾，进贤人。成化四年繇举人来知吴县。简静有名。五年（1469）以艰去，仕至山西佥事。"贾奭，《（正德）姑苏志》卷四十"宦迹四"："贾奭，字希召，巴县人。以御史巡按南畿，有声。成化四年擢知府事。继遵前政，不事改作，郡不劳而治。为人方严端肃，人望而畏之。操守介洁，始终不渝。八年（1472）以忧去，官至副都御史。"陈选，据《明武宗实录》卷一三七：陈选，字士贤，浙江临海人。天顺庚辰（四年，1460）会试第一，登进士。"提学南畿，患士习尚浮文而遗实行，以身为教。诵习，令先《小学》。倡行冠、婚、丧、祭礼。课试文字取依经明礼，痛御诡

诞者。所至,止宿学斋,与诸士讲论,更数旬乃去,士感其诚,翕然丕变。"谢铎《桃溪净稿》序卷一《送陈御史序》:"成化丁亥(三年,1467)春三月,御史陈君士贤以廷议出督学政于南畿。"本集卷三十一"哀词"《临海陈公哀词并序》:"(陈选)董学政于南畿,鍪时为弟子员。"

> 文传云:"既归,补郡学生。"

成化五年己丑(1469) 二十岁

读三苏文,大爱之,至才思泉涌,援笔立就。

> 旧谱云:"(成化)五年己丑,二十岁。公阅三苏文,大爱之,读之至忘寝食。于是才思益涌,滚滚数千言,援笔立就矣。"

成化六年庚寅(1470) 二十一岁

娶武山西金吴氏。

> 旧谱云:"(成化)六年庚寅,二十一岁,娶武山西金吴氏。"
>
> 武山,《(正德)姑苏志》卷九"山下":"武山,在东洞庭之东。"西金,《(正德)姑苏志》卷十八"乡都"与《(崇祯)吴县志》卷二"乡都附村"均言蔡仙乡三十都有西金村,与王鍪所居之震泽乡同属洞庭东山地区。
>
> 本集卷一"诗"《桧轩诗并序》:"武山之西为积金,有隐士曰吴君思复、思德。余弱冠归自京师,咸以国士见待。"
>
> 吴思复、吴思德,盖吴氏之兄弟也,蔡昇、王鍪《震泽编》卷三"人物":"吴信,字思复,弟敏,字思德,武山之西金人。博学能诗,尤长于歌行。"又《太原家谱》卷二十七"杂文类上编"有吴镇《喜济之婿发解》、《济之会试得元》与《济之殿试钦赐探花及第》诗三首,吴镇,盖吴氏之父也。

读书吴城天王寺。

> 旧谱云:"读书于吴城天王寺,尝积雪连阴,逾时家信不通,厨中绝粒。有老仆者,辄典衣借贷以给之,不令公知,公亦略不介意。"
>
> 天王寺,《(正德)姑苏志》卷二十九"寺观上":"天王寺,在(吴县)城东南隅。唐大历元年(766)僧不空建。"

成化七年辛卯(1471) 二十二岁

在府学,每为提学御史所赏,文名益起,有从其学者,然是岁乡试复不利。

> 旧谱云:"(成化)七年辛卯,二十二岁。公在学,每为部使褒赏,试必居首选。文成,时辈辄取去,后进者争传写仿效,名称籍甚,咸以魁解期之。是岁秋闱复不利。"

— 5 —

本集卷三十"墓志铭"《吴德润墓志铭》:"德润独以俊髦选入郡庠为弟子员。……暨余入郡庠,与余年亦差肩,忽请其父从予学。执经侍立,躬躬如也。予异焉,乃以三百篇秘义开之,六艺诸子史博之,而耆之而沃之。而德润之文思日涌,虽不能浃洽淹贯如世之进士而出辞气往往惊其先生。"

吴德润,《吴德润墓志铭》云:"君讳裕,字德润,世家吴胥门河之浒。世以居积富。"

成化八年壬辰(1472) 二十三岁

在府学,为提学御史戴珊所赏。

本集卷一"诗"《寄福建戴方伯》题注:"戴以御史董学政于东南,特承奖拔。"

戴珊,据李东阳《怀麓堂集》卷八十七"文后稿二十七·志铭"《明故资德大夫正治上卿都察院左都御史赠太子太保谥恭简戴公墓志铭》:戴珊,字廷珍。江西浮梁人。天顺甲申(八年,1464)中进士。"壬辰(成化八年,1472)督学南畿,凡考校必以文艺,占器识。有请谒者孙不色拒而终一无所挠。群士帖服,至无后言。"

禀素怯,乃作《治惧》、《治怒》二箴。

旧谱云:"(成化)八年壬辰,二十三岁。公禀素怯,临事或不能无动心,平居常若不释然者。一日读《程氏遗书》曰:'治惧为难,治怒为难。明理可以治惧,克己可以治怒。'恍然有得,作《治惧》、《治怒》二箴,列置座右。《治怒箴》曰:'方其怒时,尔曷自思:彼其是耶,我怒奚为?彼且非耶,怒之则已,怒而不怒,弗留于己。'《治惧箴》曰:'方其惧时,尔曷自定:在我惟理,在天惟命。理之正矣,守且勿他;命之定矣,虽死而何。'其所养可知矣。"

本集卷三十二"二箴"有《治惧箴》、《治怒箴》,其序曰:"顷予读《近思录》,得二言焉:'治惧为难,治怒为难。明理可以治惧,克己可以治怒',作二箴。"

《程氏遗书》即《河南程氏遗书》,乃南宋朱熹所辑北宋程颢、程颐语录。其卷一"二先生语一·拾遗"言:"忿懥,怒也。治怒为难,治惧亦难。克己可以治怒,明理可以治惧。"《近思录》乃南宋朱熹与吕祖谦合作编的理学入门书,辑周敦颐、程颢、程颐、张载四人语录。其卷五"克治":"明道先生曰:'……治怒为难,治惧亦难。克己可以治怒,明理可以治惧。'"此一言《程氏遗书》,一言《近思录》,盖皆朱熹所编,而录二程语录也。

按:王守仁《文恪公传》(以下简称"王传")又言"中年尝作《明理》、《克己》二箴以进德砥行",不知孰是。

成化九年癸巳(1473) 二十四岁

王琬授湖广光化县知县,时年已五十五岁。

谢迁《光化公神道碑》:"成化癸巳以监资授官,知襄阳之光化县。荆襄居湖南之奥，土旷山深，四方流聚所在以千万计。于时，剧贼刘千斤者倡乱，朝廷命将出师剿平之。而流民散居山泽尚多。执事者虑复生变，议尽驱出境，至縶其孥，火其居。公在光化独事招徕，与上官忤。"

光化县，张廷玉《明史》卷四十四"地理志五"言湖广布政使司襄阳府下有光化县。刘、石之乱，即成化元年（1465）湖广荆襄一带刘通、石龙为首的起义，声势浩大，一度建立政权，后为朱永、白圭平定，详见万斯同《明史》卷二二九《白圭传》。戴冠《濯缨亭笔记》卷一云："成化间，无锡杨璿巡抚荆襄，恐流民为变累己，因为危言以动朝廷。诏遣大臣往察其变，自巡按御史及藩臬守巡官皆附璿议，遂发诸流民还其故土。流民居楚地已生子及孙矣，官司迫遣上道。时夏月酷热，民皆聚于舟中，不能寝处，气相蒸郁，疫疠大作，死者不可胜纪。"

成化十年（1474）甲午　二十五岁

乡试，为主考谢一夔、郑环赏识，置第一。试录一论五策，悉录鳌作，不易一字，名声大振。

旧谱云："（成化）十年甲午，二十五岁。乡场试官谕德谢一夔、修撰郑环阅卷，得公文大惊曰：'东坡复出矣！'置之第一。故事，试录必于首列诸人均取一二篇录之，且必出主司删改。是科，一论五策，悉录公作，不易一字，盖自开科以来所未有者。由是名大振，谢公披语有曰：'予于初场之夕，尝梦得奇士矣，非子而谁？'又曰：'他日效用范文正之事业，幸无负此志！'郑亦极其称赏。二公识鉴非后世所有。"

谢一夔，据何乔新《椒丘文集》卷二十"行状"《资政大夫工部尚书赠太子少保谢公行状》，谢一夔，字大韶，江西南昌新建县古源人，天顺四年（1460）以廷试第一进士及第，时任左春坊左谕德。"在翰林屡典文衡，……考南畿贡士，得王鳌以冠多士。及试大廷，鳌名在第三，人皆服其鉴别之精。"郑环，据杨守陈《杨文懿公文集》卷二十七"金坡稿"《明故太常寺少卿郑公神道碑》，郑环，字瑶夫，别号栗庵，浙江仁和人。天顺庚辰（四年，1460）以第一甲第三名中进士，时任翰林院修撰。试录，盖每场之佳作，辑以为范文也。

同考苏州府学教授林智比之"邻林一枝"。

本集卷二"诗"《送林教授致政闽中》小注云："秋试时林为同考，得予文比之'邻林一枝'云。"

林智，据吴俨《吴文肃摘稿》卷四"墓志表状碑"《勿斋先生墓表》，林智，字若愚，别号勿斋。福建莆田人。正统甲子（九年，1444）中福建乡试。戊辰（十三年，1448）中会试乙榜。叶盛为吏部侍郎时授为苏州府学教授。"先生至苏学，其学与教无异宜兴时，九载如一日。诸生始若不能堪，久而服其教化。"同治《苏州府志》卷七十三"名宦六·苏州府学·明"："成化八年（1472）升苏州府学教授。……智历教职三十年,所至作人为多。在苏课士得王鏊卷评为'邓(郯)林一枝',果擢乡、会第一。"(《苏学景贤录》)郯林一枝,《晋书》卷五十二"郤诜传":"武帝于东堂会送,问诜曰:'卿自以为何如?'诜对曰:'臣举贤良对策,为天下第一,犹桂林之一枝,昆山之片玉。'"

苏州知府丘霁选吴下文士王鏊、皇甫信、朱文、徐芸四人与其弟霖游处。

本集卷三十"志铭"《皇甫成之墓志铭》:"鄱阳丘公之知吾苏也,尝妙选吴下文士得四人与其弟霖游。四人者:长洲皇甫成之,昆山朱天昭,吴门徐廷芸,洞庭王鏊济之也。丘公好文学,知人下士。四人者亦乐其相得,日相游从讲说,相观相励。明年乙未(成化十一年,1475),鏊及第入翰林,其后天昭登进士,授监察御史,廷芸亦荐于乡,独君入试应天,皆不第。"

丘霁,据《(正德)姑苏志》卷四十"宦迹四":"丘霁字时雍,鄱阳人。举进士,除刑部主事。成化壬辰(八年,1472)来守郡。性颖利强记,意度恢廓,举事沛然,重祀恤民养士。"皇甫成之,即皇甫信,据本集卷三十"志铭"《皇甫成之墓志铭》:皇甫信,字成之。"少负奇气,议论伟然。为文章,援笔数千言立就。作诗有警语,尤工书法。"朱天昭,即朱文,据焦竑《焦太史编辑国朝献征录》卷一百二"云南·按察司"李东阳《中宪大夫云南按察司副使朱君文墓表》:朱文,字天昭,一字天章。先世本亳人。后迁苏州昆山。"君少入苏州府学为诸生,有名。初业《诗》,旋改《春秋》,再改《易》。成化丁酉(十三年,1477)举乡荐,甲辰(二十年,1484)擢进士高第。"徐廷芸,即徐芸,《(正德)姑苏志》卷六"科第表中·乡贡":"长洲徐芸,成化二十二年丙午(1486)科乡贡,字廷芸。"

成化十一年乙未(1475) 二十六岁

二月会试,主考徐溥、丘濬,同考傅瀚,选置第一。

张朝瑞《皇明贡举考》卷五"乙未成化十一年会试":"中式举人三百名:王鏊,南直隶苏州府学生。""时会试之士几四千人,取王鏊等三百人,刻程文二十篇。……郑氏晓曰:'鏊学问赡博,有识鉴,为文春容尔雅,议论决畅。'茅氏坤曰:'鏊所著古文既多,天授其出之为举子业也。独浑然天成,龙翔虎踞,其为文章宿老,历世宗述有以也。'"

旧谱云:"(成化)十一年乙未,二十六岁,礼部会试。詹事徐溥、侍讲邱濬为考试官,复选公置第一。……初,徐、邱二公在场中阅卷,久之未得魁选,乃约一夕各祷于天,以祈梦兆。厥明,徐问邱曰:'有梦乎?'曰:'无也。'邱问徐公:'奚梦?'予梦至一大浸,茫茫不知水端,忽有一物,状类鼋者,昂头登岸。予挽弓插二矢其上。'邱颇异之,而未详所主。或曰:'荆襄洞庭之间乎!'及揭榜,公名第一。时新发解,家太湖,讳又应其兆,深以状头望之。"

徐溥,据吴俨《吴文肃摘稿》卷四"墓志表状碑"《故光禄大夫柱国少师兼太子太

— 8 —

师吏部尚书华盖殿大学士赠特进左柱国太师谥文靖徐公行状》,徐溥,字时用,别号谦斋,常州府宜兴县人。景泰甲戌(五年,1454)进士第二名,时任詹事府少詹事兼侍讲学士。"公前后三举礼闱,所得多天下名士,公未去位时已多跻显位,余姚谢公则与公同升内阁矣。"丘濬,据焦竑《焦太史编辑国朝献征录》卷十四"内阁三"黄佐《大学士丘公濬传》,丘濬字仲深,广东琼山县人。甲戌(景泰五年,1454)以二甲第一中进士,时任侍讲学士。

本集卷二十五"行状"《礼部尚书赠太子太保谥文穆傅公行状》:"予,公所取士也。"

李东阳《怀麓堂集》卷八十五"文后稿二十五·志铭"《明故资善大夫礼部尚书赠太子太保谥文穆傅公墓志铭》:"乙未同考礼部,校阅精确,得今吏部侍郎王公鏊为省元。"徐溥《谦斋文录》卷二"序文"《会试录序(成化十一年)》云:"同考官则编修臣李杰、董钺、费闇、尹龙、乔维翰,检讨臣傅瀚、张泰……"

傅瀚,据本集卷二十五"行状"《礼部尚书赠太子太保谥文穆傅公行状》:傅瀚,字曰川,江西新喻县小水人。甲申(天顺八年,1464)中进士,时任翰林院修撰兼司经局校书。

三月廷试,众拟第一,以对策指陈时弊,执政者忌之,一说大学士商辂嫌后进俪己,欲置第二甲,吏部尚书尹旻争之,乃列名第一甲第三。授翰林院编修。

旧谱云:"入奉廷对,列名第一甲第三。……入奉廷试,公锐意欲言天下事,而策问止及农桑学校。公于问目外,泛及当时利弊,反复千言。众谓必三元矣。时商文毅公辂当国(国朝惟商三元),嫌后进俪己,欲抑之,乃手公卷,谓同官曰:'此策太长,难以卒读,宜置二甲。'冢宰济阳尹公应声曰:'朝廷方求直言,公等厌其长!我当读之耳。'乃置一甲第三。授翰林院编修。时论犹未满,徐公终以梦兆甚奇,谓为三公兆也,后果如其言。赴琼林有诗,末联云:'平生许国自今朝',盖公许国之忠自始进已定矣。"

文传云:"时制策以教养为问。公举《周书·无逸》、《易》之'自强不息'以对,大要言保治在勤,勤在教养备,教养备而王道成矣。反复数千言,皆当时利害,人所难言者。时承平日久,朝廷颇怠于政,故公以是为言。言激而直,当国者恶之,假以冗长不可读,欲抑置次甲。尹恭简为冢宰,不可曰:'朝廷策士,取其能言,言而抑之,岂临轩之意乎?'因力争得赐及第,遂入翰林为编修。时文庄已逝,陈先生者方为编修,遂与同列,一时以为盛事。"

据《明宪宗实录》卷一二六,叶盛卒于成化十年(1474)三月癸巳(初八);陈先生,即陈音,时仍为编修。

商辂,据《明宪宗实录》卷二八〇与焦竑《焦太史编辑国朝献征录》卷十三"内阁二"尹直《少保吏部尚书兼谨身殿大学士赠太傅谥文毅商公辂墓志铭》:商辂,字弘载,号素庵,浙江淳安县人。宣德乙卯(十年,1435)乡试第一,正统乙丑(十年,1445)会试、廷试俱第一。时任户部尚书仍兼翰林院学士。"尝一主考会试,五为廷试读卷官,皆称得士。"

按:张朝瑞《皇明贡举考》卷五"乙未成化十一年廷试"引《琐缀录》云:商阁老三试首榜,及乙未读卷,有应首选者。商嫌并己,遂下其手焉。盖指会元王鏊也。"《琐缀录》即尹直《謇斋琐缀录》,然此语未见于今之版本,且《明宪宗实录》云商辂"为人平粹简重,宽厚有容","与钱溥不相能,溥至为《秃妇传》讥之,亦不与之较","其再起也,黎淳以景泰中易储事专归咎于辂,上章攻之,辂待之无异平时","君子谓其有大臣之量"。因此当不至于如此,故文徵明所作之传和徐缙所作之行状仅云因鏊之对策太长、太直,乃为执政所忌也。黄景昉《国史唯疑》卷四"成化弘治":"王守溪不登三元,疑商文毅故抑之。观王与太宰旻书'某入试大廷,不识忌讳,奏其猖狂之辞,当道欲摈斥之,赖先生奋然力争,得卒寘于一甲'。可见王策寔微有触忤,非尽商咎,功名有数,少让人,何必非福。"又按:据《明宪宗实录》卷一三九"成化十一年三月庚戌"条,廷试之策以农桑、学校为问也,而王鏊对策数千言乃泛及时政,有离题之嫌,置之二甲未为不当。盖王鏊当时年轻气盛且连中二元,乃畅所欲言也。

《明宪宗实录》卷一三九:"成化十一年三月庚戌朔,……壬子(初三),上亲阅举人所对策,赐谢迁等二百九十七人进士及第、出身有差。……戊午(初九),授第一甲进士谢迁为翰林院修撰,刘戬、王鏊为编修,其余分拨各衙门办事。"

编修,张廷玉《明史》卷七十"选举志二":"状元授修撰,榜眼、探花授编修。"黄佐《翰林记》卷一"官制因革":"(洪武)十八年(1385)三月丁丑,命吏部定正官:……编修四人,正七品。"又卷一"职掌":"史官之职:修撰掌撰述,编修掌纂辑。"

本集《复尹太宰》:"鏊方幼学,则幸闻名于将命者,顾未尝得望履绚于门。其后见录有司,入试大廷,愚不识忌讳,奏其猖狂之说,当道者欲摈斥之,独公奋然不顾,谓:'其辞虽狂,其心何罪?'是以卒寘之一甲。公之为此非有私于鏊,而鏊之怀德有不能忘者。"

尹旻,据李东阳《怀麓堂集》卷八十七"文后稿二十七·志铭"《明故吏部尚书致仕赠特进太保谥恭简尹公墓志铭》:尹旻,字同仁,世为山东历城宦族。正统丁卯(十二年,1447)举乡贡第一,连擢戊辰(十三年,1448)进士。时任吏部尚书。"公久掌衡鉴,博采公议,不为私挠,天下翕然称之。"

三弟王铨闻捷报,自光化至京师看望鏊,就邸读书,未几别去。作诗《和秉之光化得兄及第捷报喜而有作》,联句《夜饮》(与王铨联)。

旧谱云:"时静乐公宰光化,公弟秉之(讳铨,郡庠生)随侍。至是闻公捷音,乃自光化驰省于京邸。兄弟相见,联诗志喜(见《梦草集》),情意蔼然。秉之就邸

— 10 —

读书,日夜不辍(见墓志),未几别去。公作诗送之,惓惓不能舍也。"

本集卷三十一"志铭"《亡弟杭州府经历中隐君墓志铭》:"吾弟少多病,资亦不甚敏,而志甚笃。从先少傅于光化犹未甚知学。乙未春,予入翰林。自光化驰省予于京师邸。自以学后,时发愤淬砺,日夜不辍。予起朝,犹于窗间闻咿哦声。予每戒勿使过苦而不能从也。"

王铨,据本集卷三十一"志铭"《亡弟杭州府经历中隐君墓志铭》,王铨,字秉之。生天顺己卯(三年,1459)正月十二日,小王鏊九岁,时年十七岁。

《和秉之光化得兄及第捷报喜而有作》见王铨《梦草集》卷一"京邸唱和"。其小注曰:"先少傅时宰光化,铨随在任。王铨《梦草集》卷一"京邸唱和"有《光化得兄及第捷报喜而有作》。

联句《夜饮》见王铨《梦草集》卷一"京邸唱和"。其题注云:"自光化至京陆行二千余里,是夕得达,联句志喜。"

成化十二年丙申(1476) 二十七岁

既入翰林,陈选送给他韩愈、范仲淹、司马光以及道学诸公的著作以资鼓励。

本集卷三十一"哀词"《临海陈公哀词并序》:"鏊自得侍公而后知学之大者非独以言也,观望之间固为多矣。及承乏翰林,公又以韩、范、司马诸公及道学见授,予何以副公之知乎!"

陈选,据《明宪宗实录》卷八十一,时陈选为河南按察副使,提督学政。参见本年谱成化四年条。

十月十二日,吴夫人生一女,即王仪,为王鏊的长女,后嫁给徐缙。

旧谱云:"是岁,吴夫人生女,盖首生也。后适徐子容缙。"

本集卷三十一"志铭"《亡女翰林院侍读徐子容妻墓志铭》:"长女之生,吾始筮仕而吴夫人不禄,呱呱在襁褓。余时尚未有子,戚之,甚爱之,甚闵闵焉,日望其长也。……成化丙申十月十二,其生之日。"

朝廷命左副都御史原杰抚治荆襄,王琬乃入山晓谕流民,编为里社,缓其赋役,又兴学校,募民习射,民遂帖然。

《明宪宗实录》卷一五三:"成化十二年五月癸卯朔,……丁卯(二十五),……敕都察院左副都御史原杰往荆襄等处抚治流民,时左都御史李宾言荆襄流民必立州县卫所以统治控制之,可免后患,望简命练达廷臣,堪副委任者承传以往,上从之,乃命杰。"

原杰,据万斯同《明史》卷二三一《原杰传》,原杰,字子英,阳城人。正统十年(1445)进士。"荆襄流民复聚至数十万人,朝廷忧之。……(成化)十二年,遂

— 11 —

命杰出抚。杰至,遍历山溪,宣朝廷德意恤问,诸流民无不忻然愿附籍。于是大会湖广、河南、陕西抚按官籍之,得户十一万三千有奇,口四十三万八千有奇。……由是流人得所,四境乂安。"

王铨《光化公传》:"未几,朝廷果遣大臣招抚。公肩舆入山,论议恩威,编缉为社,且缓其赋役,至今帖然,无异土著。民始未知学,乃选俊秀为生员,时加考校,定为三等,以为赏罚。募民壮习射,用银钱为的,中者与之,庶几所谓有勇知方者,而当道滋不悦,以为迂也。"

《太原家谱》卷二十五"序跋类上编"杨守阯《光化公八十寿诗序》:"又邑有疑狱,部使者欲坐以重典,公力争以为不可,亦复见忤。公既忤于时,遂有去志。"

作传《荣禄大夫太子太保刑部尚书长洲俞公士悦传》。

见朱大韶《皇明名臣墓铭》艮集"成化纪年",又见《焦太史编辑国朝献征录》卷四十四"刑部一·尚书"。

据本传:俞士悦,字仕朝,长洲人。永乐乙未(十三年,1415)进士。己巳(正统十四年,1449)之变,因协都督卫颖守德胜、安定二门有功升刑部尚书,进太子太保。英宗复辟,谪戍辽东。成化初,赦还,复其官,卒年八十。黄暐《蓬轩吴记》(《烟霞小说》本)卷下云:"吾苏大司寇俞公……因少保于公谦事连坐而有辽东之役。逾八年事得昭雪,赦归田里。至成化丙申公卒,享年八十二。"

成化十三年丁酉(1477)　二十八岁

三月王琬自光化弃官归吴,筑别业于吴城西,自号静乐居士。

《太原家谱》卷二十七"杂文类上编"王琬《静观楼记》:"岁丁酉之三月,予解政归自光化。"

王铨《光化公传》:"公始有解组之意,会子鏊及第,入翰林,遂乞致仕。归吴筑别业于吴城之西,老焉。公归即杜门不出,以静为乐,故号静乐居士。尝以俸者朝廷之所颁赐,不敢独享,故时以分散宗族及士大夫之清贫者。"

谢迁《光化公神道碑》:"又兵役之后,公私赤立,疲惫未苏,中贵因使命往来太和山中者,征求需索,殆无虚日。公曰:'剥穷民媚嬖幸以图苟容,吾不忍为也。'遂弃官归。时岁在戊戌,于是,济之已及第入翰林为编修三年矣。"

太和山,即武当山,《光绪襄阳府志》卷二"山川·均州":"武当山,在州南一百二十里(州志),一曰太和山,亦曰参上山,又曰仙室。"据张廷玉《明史》卷二九九"方伎·张三丰传":"永乐中,成祖遣给事中胡濙等访张三丰不遇,乃命工部侍郎郭琎、隆平侯张信等督丁夫三十余万人,大营武当宫观,费以百万计,既成,赐名太和太岳山。"

按:此言戊戌,即成化十四年,当误也,王琬《静观楼记》自言丁酉三月解政归。

《太原家谱》卷二十八"杂文类下编"边寔《送光化公致仕词》小序:"大尹王公,

恺悌之君子也。来令光化,于今三年。"《(正德)光化县志》卷四"职官·教谕":
"边寔,成化九年(1473)任。"

吴夫人卒于京邸。

> 旧谱云:"(成化)十三年丁酉,二十八岁。□月□日,吴夫人卒于京邸,以□月
> □日归葬。"

> 刘吉《光化公元配叶太夫人墓志铭》:"介妇吴柩至自京师,或曰:'俗忌旅死者,
> 不可复入室。'不听,躬引殡于室而后葬。"

六月,京师大雨,作诗《雨钱》《雨后长安街忽成巨浸》。

> 均见本集卷一"诗"。《雨钱》小序曰:"成化丁酉六月九日,京师大雨,雨中往往
> 得钱,钱皆侧倚瓦际。"

> 《明宪宗实录》卷一六七:"成化十三年六月丙申朔……壬子(十七)……雨钱于
> 京师。"

成化十四年戊戌(1478) 二十九岁

考满,进阶文林郎,父母、亡妻皆有封赠。七月得告归,捧封敕还乡,又
请朝中名公词翰为王琬六十献寿,为《萃喜堂卷》。

> 旧谱云:"(成化)十四年戊戌,二十九岁。是年考满,进阶文林郎,封父光化公
> 如其官,母叶氏封孺人,配吴氏追赠孺人。是岁,光化公与叶孺人俱年六十,祖
> 母周夫人年八十,公既得告,乃捧封诰还乡。又请诸朝贵名公词翰以归献寿。
> 而乡之缙绅先生谓公之可喜者不一而足,乃分为八题……而总颜其额曰'萃
> 喜',各为诗歌以揄扬其感,有《萃喜堂卷》藏于家。"

> 《太原家谱》卷二十五"序跋类上编"谢一夔《萃喜堂诗序》:"今天春,济之三载秩
> 满,朝廷赐敕褒封君如其官,母叶为孺人。时君偕孺人寿俱六十,母夫人八十又
> 五,尚康宁无恙。七月十日,君降诞之辰而孺人寿旦则五月廿八日也。济之请
> 于朝,得归奉寿觞。行有日,乡土缙绅士夫谓君之可喜者不一而足,乃分为八题
> ……而总颜其堂曰'萃喜',各为诗歌以揄扬其盛,济之虚卷首谒予文序之。"

> 谢一夔,据朱大韶《皇明名臣墓铭》艮集"成化纪年"何乔新《资政大夫工部尚书
> 赠太子少保谥文庄谢公行状》,时任翰林院学士,东宫侍讲。参见本谱成化十
> 年条。考满,黄佐《翰林记》卷五"考满":"本院官凡历俸连闰计三年例给由考
> 满,六年、九年皆然。"王鏊成化十一年授编修,今成化十四年,盖三年初考考满
> 矣。文林郎,张廷玉《明史》卷七十二"职官制一":"文之散阶四十有二,以历考
> 为差。"黄佐《翰林记》卷一"列衔":"编修,正七品,初授承事郎,升授文林郎。"
> 盖王鏊初授编修,阶承事郎,今三年考满,乃升授文林郎。封赠,张廷玉《明史》
> 卷七十二"职官制一":"凡封赠,……其见任则初授散阶,京官满一考,及外官

满一考而以最闻者,皆给本身诰敕。七品以上皆得推恩其先。五品以上授诰命,六品以下授敕命。曾祖、祖、父皆如其子孙官。""外内命妇视夫若子之品。生曰封,死曰赠。……外命妇之号九,……七品曰孺人。……嫡在不封生母,生母未封不先封其妻。"黄佐《翰林记》卷五"貤恩封赠":"凡貤恩受封赠,三年考满及特恩始有之。"故王鏊满一考获文林郎敕,其父王琬亦封文林郎,母叶氏封孺人,亡妻吴氏追赠孺人。《太原家谱》卷一上"恩纶类·敕命、诰命"有《光化公初封文林郎,叶夫人初封孺人敕命》与《文恪公进封文林郎,吴夫人赠孺人敕命》,时间为成化十五年五月十八日,又谢迁《光化公神道碑》:"(王琬)明年己亥拜敕命进阶文林郎。"

按:己亥即成化十五年。此处当为成化十四年之误,谢一夔《萃喜堂诗序》与《太傅文恪公年谱》均言成化十四年,且敕命言"叶夫人初封孺人",可见叶夫人当时仍健在。叶夫人卒于成化十三年十一月,如封敕在十五年,当言"叶夫人初赠孺人",谢氏序中也应提及。

李东阳《怀麓堂集》卷十三"诗稿十三"有《林屋养高》,其小序曰:"王编修济之乃翁以光化知县家居受封,济之归省,分题得此,以所居洞庭山有林屋洞天之胜故云。"谢铎《桃溪净稿》诗卷十一有《赠致政王大尹》,题注云:"王编修济之父,湖广光化知县。"张泰《沧洲诗集》卷十"四言"有《萃喜堂为王济之编修赋》。马中锡《马东田漫稿》卷一有《寿王编修济之二亲》,题注云:"俱年六十。"

归乡途中作诗《舟次张秋,冒雨上读徐武功治水碑》、《金山》、《自都下还吴寄翰林刘景元、谢于乔二同年》。

《舟次张秋,冒雨上读徐武功治水碑》见本集卷一"诗"。

张秋,今山东省阳谷县张秋镇,为当时大运河上著名渡口。盖王鏊乘舟南下所经也。徐武功,即徐有贞,据焦竑《焦太史编辑国朝献征录》卷十"伯二"王世贞《武功伯徐公有贞传》,徐有贞,初名珵,字元玉,后改有贞,苏州吴县人。宣德八年(1433)举进士。"河南山东之沙湾凡七岁,随筑随决,饷道沮而役卒疲甚,乃进有贞为都察院右佥都御史,治之。……盖三年而告成。"后以拥立英宗复位,封奉天翊卫推诚宣力守正文臣,特进光禄大夫柱国武功伯。

《金山》见本集卷一"诗"。

金山,张莱《京口三山志》卷一"总叙":"金山在郡城西七里大江中。"盖王鏊乘舟于江中望见金山而作也,其诗有"月团新赐出词垣"之句,大约作于十五前后。

《自都下还吴寄翰林刘景元、谢于乔二同年》见本集卷一"诗"。

刘景元,即刘戬,与王鏊同榜榜眼;谢于乔,即谢迁,与王鏊同榜状元。据本集卷二十七"志铭"《右春坊谕德刘君墓志铭》,刘戬,字景元,江西安福县巨族。年二十一占江西乡试,会试屡不第,入太学,年四十始与王鏊同登乙未会试,廷试第二人及第,授翰林院编修。据焦竑《焦太史编辑国朝献征录》卷十四"内阁三"费宏《光禄大夫柱国少傅兼太子太傅户部尚书谨身殿大学士赠太傅谥文正谢公迁神道碑》,谢迁,字于乔,浙江余姚人。成化甲午(十年,1474)乡试为第一人,乙未(十一年,1475)会试为第三人,廷试为第一甲第一人,授翰林院修撰。其诗有"回首湖山几兴望,枫桥忽听寒山钟"之句,盖作于舟到苏州之时。

十一月二十七日,母叶夫人卒,遂居家守制。

旧谱云:"抵家越三月,太孺人叶忽遘疾,竟不起,十一月二十七日也。公遂守制居家。"

刘吉《光化公元配叶太夫人墓志铭》:"(王鏊)官满三载,因推恩,孺人始受封。方期耄耋以享遐福,曾未浃岁,奄然逝矣。距生永乐己亥(十七年,1419),得年六十。……葬以卒之明年三月初四日,墓在西马坞,卜者曰吉,遂葬云。"

张泰作诗《王济之索诗赠洞庭郑克温》。

见张泰《沧洲续集》卷上"七言律诗"。

张泰,据张泰《沧洲续集》"附录"陆钶《大明故翰林院修撰张亨甫先生墓志铭》,张泰,字亨甫,苏州太仓人。天顺甲申(八年,1464)举进士,改翰林院庶吉士。时为翰林院检讨。郑克温,其人未详。

成化十五年己亥(1479)　三十岁

居忧山中,二月,吴宽来访。

吴宽《家藏集》卷三十四"记"《得月亭记》:"湖中多山,其最大者亦以洞庭号之。……吴,固吾乡也。往尝过友人王翰林济之。水行出胥口。"

吴宽此记约作于成化十六年,《家藏集》卷三十三"记"《兴福寺记》言"成化十五年二月既望,予与李兵部应祯为东洞庭之游";卷六"诗"又有《与李贞伯游洞庭六首》组诗,包括《舟行出胥口》、《兴福寺小憩》等,盖指此。时吴宽丁父忧在家。吴宽,据本集卷二十二"碑"《资善大夫礼部尚书兼翰林院学士赠太子太保谥文定吴公神道碑》,吴宽,字原博,世为苏之长洲人。屡试应天不利,以岁贡入太学。后陈选以御史提学南畿,以礼敦遣吴宽入试,吴宽不得已入试,名列乡试第三,成化壬辰(八年,1472),会试第一,入试大廷,又第一。时为右春坊右谕德。

秋,同年吴县令文贵来访。作《登莫釐峰记》。

本集卷十五"记"《登莫釐峰记》:"成化戊戌,予归自翰林。文吴县天爵过予于山中,相与穷溪山之胜,行至法海,仰见异峰。寺僧进曰:'是所谓莫釐者也。'文振衣以升,众皆继之,或后或先,或喘或颠,至乎绝顶。……予以是知学之无穷,故记之。"

沈周《石田稿》之《莫釐登高卷》小序云："己亥秋，吴邑文明府天爵访王翰林济之于洞庭，同登莫釐之峰，二公各有记。"

莫釐峰，《（崇祯）吴县志》卷四"山下"："东洞庭周五十余里……一名莫里山（今呼为莫釐），相传隋莫釐将军居之，因名。……东洞庭之峰，莫釐最高。"法海，《（正德）姑苏志》卷二十九"寺观上"："法海寺，在洞庭东山，隋莫釐将军舍宅建。"文天爵，即文贵，《（崇祯）吴县志》卷三十一"职员三·知县"："文贵，字天爵，辽东广宁左屯卫人。进士。成化十一年任，十七年（1481）选御史。"据张朝瑞《皇明贡举考》卷五"乙未成化十一年会试"，第三甲二百二名赐同进士出身中有文贵，辽东广宁卫。盖王鏊同年进士也。《文渊阁四库全书》本《震泽集》误作"文应爵"。沈周，据本集卷二十九"志铭"《石田先生墓志铭》，沈周，字启南，世称石田先生，世家苏州长洲相城里。其书法、绘画时称二绝。

与弟王铨在洞庭山下，太湖之上作静观楼。楼成，作记《静观楼记》，作诗《静观楼成众山忽见》、《登楼诸山忽不见盖为云雾所隐》。

《静观楼记》见本集卷十五"记"，又见《太原家谱》卷二十七"杂文类上编"，名《静观楼后记》。其记云："太湖之山七十二，其最大者两洞庭，分峙湖心，……楼在山之下，湖之上，又尽得湖山之胜焉。……适值予故土，予得专而有之，岂天设地造，特以为拙者之适静之观乎？故名其楼曰'静观'而为之记。"

王琬《静观楼记》："岁丁酉之三月，予解政归自光化。明年戊戌，子鏊自翰林来归省，侍之暇，与其弟铨谋为讲诵之所。予曰：'于此有异处焉。'洞庭之麓，太湖之滨，爰辟其地，爰表其位。楼之未作，草木崇翳；楼之既作，山水咸异。"

《静观楼成众山忽见》、《登楼诸山忽不见盖为云雾所隐》均见本集卷一"诗"，盖静观楼初建成时所作也。

作诗《风琴》、《青山》、《登西马坞》、《云山图二首》。

均见本集卷一"诗"。此四首诗盖游览湖山时所作也。

西马坞，即嘶马坞，吴人音讹也。据蔡昇、王鏊《震泽编》卷四"杂纪"，东洞庭者有坞七，嘶马坞其一也。

作诗《弃妇怨》、《相城谣》、《听人弹琴》、《望海行》。

均见本集卷一"诗"。

《相城谣》小序曰："通判邵侯福莅吴之三年，相城民有以曲防告者，侯为锄去之，民甚快焉。"相城，《（正德）姑苏志》卷三十三"古迹"："相城在长洲县东北五十里，相传子胥初筑城时先于此相地……其地因名。"曲防，即遍设堤防。《孟子·告子下》："无曲防，无遏籴，无有封而不告。"朱熹集注："无曲防，不得曲为堤防，壅泉激水，以专小利，病邻国也。"此诗盖为苏州通判邵福所作也，其人未详。

— 16 —

作记《五湖记》、《七十二峰记》。

    《五湖记》见本集卷十五"记"。

    五湖,据本记,乃太湖之泛称,以湖中又有菱湖、莫湖、游湖、贡湖、胥湖五湖也。参见《(正德)姑苏志》卷十"水"与《(崇祯)吴县志》卷五"水"。

    《七十二峰记》见本集卷十五"记"。

    七十二峰,据本记,"湖之西北为山十有四,马迹最大;又东为山四十有一,西洞庭最大;又东为山十有七,东洞庭最大。"参见《(正德)姑苏志》卷八"山上"、卷九"山下"与《(崇祯)吴县志》卷三"山上"、卷四"山下"。

作书《与人论摄生书》。

    见本集卷三十六"书"。

    书中未提对方为谁,从书中言"有自城来者言足下遇异人得长生久视之术"、"足下出宰百里"推断,对方或即吴县知县文贵。

成化十六年庚子(1480)　三十一岁

居忧山中,仍不废学,与弟王铨自相师友。

    旧谱云:"(成化)十六年庚子,三十一岁。居忧山中,哀毁之余,亦不废学,与弟秉之,自相师友。兴至则更相唱和,时人因有二苏之目。"

    本集卷三十一"志铭"《亡弟杭州府经历中隐君墓志铭》云:"余时年壮,亦锐于学。余每觉有进,弟辄已追及之,若与余争先焉者,时人因有二苏之目。"

无锡华昶、钱荣来从鏊学。

    邵宝《容春堂续集》卷十四"碑"《通奉大夫福建布政使司左布政使华公神道碑》:"(华昶)弱冠入邑庠,即谓天下无难事,敏而力学。初讲业于长史谈成杨先生,继闻今致政少傅守溪王公以翰林编修居忧洞庭山中,遂与钱郎中世恩过太湖,即其墓庐而学焉,凡二、三年。"

    华昶,据邵宝《通奉大夫福建布政使司左布政使华公神道碑》,华昶,字文光,别号梅心,更号双梧居士,世居常州无锡县。钱荣,毛宪、吴亮《毗陵人品记》卷八:"钱荣,字世恩,无锡人。"

成化十七年辛丑(1481)　三十二岁

三月,服阕。是岁,娶张氏为继室。

    旧谱云:"(成化)十七年辛丑,三十二岁。三月,服阕。是岁,继娶继室张氏,别姓蔡。"

    据《太原家谱》卷二十一"碑志类上编"王鏊《继室张孺人墓志铭》,张氏,其先湖广之孝感人,后迁河间之沧州,遂为沧州人。其父实少孤,依蔡氏,故又姓蔡氏。后为丹阳令。"丹阳父子豪迈俊爽,而孺人庄重寡言笑。"丹阳,张廷玉《明史》卷四十"地理志一":南直隶镇江府有丹阳县。据《光绪丹阳县志》卷十三"职官·明·县令":成化年间有蔡实,沧州人。盖蔡实时为丹阳令,乃嫁其女为王鏊继室也。

生病,作诗《卧病》。

> 本集卷三十二"箴铭"《慎疾斋铭》云:"辛丑岁则病。"

> 《卧病》见本集卷一"诗"。其诗有云"八月文园病未消",盖王鏊八月仍在病中;"之子不来秋欲晚"盖指迎娶张氏之事。

作诗《陪夏宪副正夫游石湖》。

> 见本集卷一"诗"。

> 宪副,对按察司副使的敬称。夏正夫,即夏寅,据焦竑《焦太史编辑国朝献征录》卷九十五"山东一·布政使"顾清《山东布政使司右布政使夏公寅传》,夏寅,字时正,后改字正夫,华亭人。正统戊辰(十三年,1448)擢进士。时为江西按察副使,专董学政。夏寅时亦居忧在家也。石湖,《(崇祯)吴县志》卷五"水":"石湖在县西南十八里,南北长九里,东西四里,周二十里。东南隅属吴江县。"

作诗《桧轩》。

> 见本集卷一"诗"。其小序曰:"武山之西为积金。有隐士曰吴君思复、思德。余弱冠归自京师,咸以国士见待。后余及第归,过其庐,而二君已即世矣。弟思政乞余作《桧轩》诗。"

> 旧谱云:"及归自翰林,二君已殁,作《桧轩》诗以伤之。公之外家自此微矣。"思复、思德、思政皆吴夫人之兄弟也。

作碑《伍相庙碑》。

> 见本集卷二十"碑"。其文略曰:"公之庙食于吴也久。成化庚子(十六年,1480),盘门庙灾。高唐刘君士元以御史按吴,命新之。予以公忠孝大节昭焯古今而功在吴尤大也,故碑于庙铭。"

> 伍相庙,即春秋时吴国相国伍子胥之庙,《(正德)姑苏志》卷二十七"坛庙上":"吴相伍大夫庙在吴县盘门内……成化十五年(1479)庙毁。御史刘魁重建,每春秋祀之。"刘士元,即刘魁,《(正德)姑苏志》卷四十二"宦迹六":"刘魁,字士元,高唐人。成化十七年以监察御史巡按莅郡,不为崖岸而风裁自振。"

成化十八年壬寅(1482) 三十三岁

四月,还朝复职翰林。

> 《明宪宗实录》卷二二六:"成化十八年夏四月……丁卯(二十九),翰林院编修王鏊服阕复任。"

作祭文《祭太常郑少卿环》。

> 见本集卷三十一"祭文"。其文略曰："某等少蒙鹗荐，有位于兹，出入门下，遽失其依。吾道之恸，岂独其私！"
>
> 郑环，据《明宪宗实录》卷二二六与杨守陈《杨文懿公文集》卷二十七"金坡稿"《明故太常寺少卿郑公神道碑》，成化十八年，时任南京太常寺少卿的郑环以三年考满入朝，得疾，于夏四月辛酉（二十三）卒于旅寓，享年六十一。"环性方介自守，有所不为，文不尚华藻，所至与人多不合，其在太常，寮采颇不堪之，然无他肠，人亦不深咎云。"

与仕于京师的苏州同乡为文字会，成员主要包括吴宽、李杰、王鏊、陈璚、周庚、徐源、赵宽、孙霖、朱文、杨循吉、毛珵、陆完等。

> 本集卷十"序"《送广东参政徐君序》："始吾苏之仕于京者，有文字会。翰林则有今少詹吴学士、海虞李学士及鏊为三人，其外则有若陈给事玉汝、周御医原巳、徐武选仲山，而时至出入者则有若赵刑部栗夫、孙进士希说、朱天昭氏、杨君谦氏、毛贞甫氏、陆全卿氏。少詹有园曰一鹤，亭曰玉延，庵曰海月；李有禄隐园；陈有半舫斋；周有传菊轩，武选有超胜楼；予家有小适园。花时月夕，公退辄相过从，燕集赋诗，或联句，或分题咏物，有倡斯和，角丽搜奇，往往联为大卷，传播中外。风流文雅，他邦鲜俪予数人者。"
>
> 吴宽《家藏集》卷四十"序"《赠周原巳院判序》："自予官于朝，买宅于崇文街之东，地既幽僻，不类城市，颇于疏懒为宜。比岁更辟园号'亦乐'，复治一二亭馆，与吾乡诸君子数游其间。而李世贤亦有禄隐之园，陈玉汝有半舫之斋，王济之有共月之庵，周原巳有传菊之堂，皆爽洁可爱。而吾数人者又多清暇，日辄会，举杯相属，间以吟咏，往往入夜始散去。"
>
> 吴宽，参见本谱成化十五年条。李杰，据《明武宗实录》卷一五七与梁储《郁洲遗稿》卷七"墓志铭"《明故资善大夫礼部尚书致仕赠太子少保石城李公墓志铭》，李杰，字世贤，别号石城雪樵，苏州府常熟县石城里人。成化丙戌（二年，1466）进士，时任翰林院侍讲，东宫讲读官。陈璚，据本集卷二十八"志铭"《通议大夫南京都察院左副都御史陈公墓志铭》，陈璚，字玉汝，世家苏州长洲之陈湖。成化戊戌（十四年，1478）中进士，时任兵科给事中。周庚，据吴宽《家藏集》卷七十二"墓表"《南京太医院判周君墓表》，周庚初名经，更名京，后又更名庚，号菊田。家本业医，但颇好诗文，尤崇古学。后被选入禁中，典御药，授御医。徐源，据本集卷二十二"碑"《明故通议大夫都察院右副都御史徐公墓志铭》，徐源，字仲山，世家吴长洲尹山之瓜泾。成化乙未（十一年，1475）登进士第。时任兵部武库司主事。赵宽，据本集卷二十八"志铭"《广东按察使赵君墓志铭》，赵宽，字栗夫，苏州吴江县人，成化辛丑（十七年，1481）年甫二十余，会试第一，寻登进士上第，授刑部主事。孙霖，《乾隆长洲县志》卷二十"科目·进

士":"明成化十七年(1481)辛丑王华榜,孙霖,字希说,刑部员外郎。"朱文,见本谱成化十年条。杨循吉,据杨循吉《松筹堂集》卷五"碑"《礼曹郎杨君生圹碑》与《(崇祯)吴县志》卷四十八"人物十一·文苑",杨循吉,字君谦,世家昆山,后迁吴城南濠,因读书南峰山,自号南峰。成化甲辰(二十年,1484)成进士。毛珵,据文徵明《甫田集》卷二十六"行状"《明故嘉议大夫都察院右副都御史毛公行状》,毛珵,字贞甫,别号砺庵,世家苏之阊门。成化丁未(二十三年,1487)中进士。陆完,据万斯同《明史》卷二五三《陆完传》,陆完,字全卿,长洲人。

成化十九年癸卯(1483)　三十四岁

二月初六日,张夫人生一子,即王延喆,为王鏊的长子。

> 旧谱云:"二月初六日,长子延喆生,张夫人出。"
> 王延喆,据陆粲《陆子余集》卷五《前儒林郎大理寺右寺副王君墓志铭》,王延喆,字子贞。"君生卓荦不群,自幼侍文恪公居京师,则已开敏习事。"

作序《梧塍徐氏宗谱序》。

> 见《梧塍徐氏宗谱》卷首上"旧序"。其序云:"江阴徐君仲仁,昆季子孙之盛,如圭如璋,如麟如凤,咸能以礼乐律身,仁义树节……是为之序。成化癸卯(十九)春三月朔日,赐进士第翰林院国史编修洞庭王鏊济之序。"
> 徐仲仁,即徐颐,字惟正,其人未详。

作诗《对月有怀秉之》。

> 见《太原家谱》卷二十七"杂文类上编",不见于本集,后有王铨和诗。王鏊诗序曰:"予与秉之有见月之感,故见月则怀思。癸卯八月十四夜,坐庭中,月色如昼,不觉叹曰:'秉之此时,其亦观月乎?'吾两人同见月也,而有相去万里之叹,遂作诗寄焉。"王铨和诗序曰:"吾兄弟所以有见月相思之约也。……八月十四夜,兄有诗寄及,依韵奉和,亦以见此时此夜之情也。"本诗及王铨和诗亦见王铨《梦草集》卷一"京邸唱和"。

在翰林,除朝参公事,惟闭门读书,肆力六经子史,规模韩愈以及秦汉,文风乃一变。

> 旧谱云:"(成化)十九年癸卯,三十四岁。公在翰林,自朝参公事外,惟闭户读书,肆力于六经子史。于是刊落浮华,力追古作,规模昌黎以及秦汉,其文始一变矣。"
> 按:文风一变,盖王鏊早年文从三苏,丰腴畅达,至此着力复古,学习韩愈、《孟子》,文风变为雄伟峻洁。

手录诸多中秘典籍,如《唐六典》、《孙可之集》、《皇甫持正集》及古代单方等。

《唐六典》，参见本谱正德十年条；《孙可之集》，参见本谱正德十一年条；《皇甫持正集》，参见本谱正德十五年条；《古单方》，参见本谱弘治九年条。

黄佐《翰林记》卷十二"收藏秘书"："今内阁史馆，凡御制文字、宸翰、列圣实录及玉牒副本、经、史、子、集、类书之属，皆在焉。"

王鏊在京师的宅邸在崇文街之东，与吴宽相邻。是年，作共月庵。

吴宽《家藏集》卷四十"序"《赠周原巳院判序》："自予官于朝，买宅于崇文街之东，地既幽僻，不类城市，颇于疏懒为宜。"又卷十一"诗"有《济之作共月庵，有"幸分海月庵中月"之句，因足答之》、《再答》、《三答》，作于成化十九年。

王鏊原诗不存。吴宽诗中有"隔屋绝胜千里共"、"聊复诗筒过短篱"、"分过东墙事未痴"、"后夜不如同醉赏"之句，可知王鏊与吴宽在京师乃毗邻而居。

作志铭《公荣公墓志铭》。

见《太原家谱》卷二十一"碑志类上编"，不见于本集。

公荣公，据陈绍先《惟道公元配叶太夫人墓志铭》，即王鏊伯父王璋，字公荣。据本铭，王璋以外出经商为业，年六十八，卒于己亥（成化十五年，1479）正月二十一也，将葬于成化癸卯（十九年，1483）三月二十九。

作书《复王巡抚》。

见本集卷三十六"书"。其题注曰："三原。"其书云："……顷者，奸人窃弄威福，播恶东南，中外有心者忧，有口者议，然无一人敢当其前，独诿曰：'时不可言也。'阁下奋然起，排其奸，章疏累数千言，不诡不激，闻之者生气，读之者醉心。数月之间，罪人果得，回九重之听，快四海之心，乃知天下无不可言之时，无不可为之事。……某承乏史馆，尝慨古人卓绝之行不可复见，岂意乃今见之。……近者又闻所司决长洲诸防六十余处，白茆诸港相继而开……某素辱知爱，且东南之利某与有焉，故敢书以为贺。"

王巡抚，即王恕，据本集卷二十九"志铭"《太子太保吏部尚书赠特进光禄大夫左柱国太师谥端毅王公墓志铭》与《明宪宗实录》卷二四四，王恕，字宗贯，世家陕西三原县。正统戊辰（十三年，1448）登进士。时任兵部尚书兼右副都御史，巡抚南畿。中官王敬奉使苏、常，锦衣卫千户王臣等十九人以从，"所至陵轹官吏，毒害良善，诈传诏旨，括取奇玩之物"，"臣又多取美女，用为淫乱"。王恕上章劾奏，太监尚铭亦发其事，下都察院鞠治得实。成化十九年九月，上令"诛妖人王臣，传首江南示众。"

成化二十年甲辰（1484） 三十五岁

按资历当同考会试，因拒通关节，竟不得与。

旧谱云："（成化）二十年甲辰，三十五岁。公年资例当同考会试，先期有举子以

— 21 —

千金为赠，欲通关节，公怒却之。其人曰：'当国者已见许矣。'（时当国万安、刘吉）公曰：'当国者可，吾固不可。'既而不用公预列，物议骇然，人自是知公清节矣。"

同考会试，张廷玉《明史》卷七十"选举志二"："初制，会试同考八人，三人用翰林，五人用教职。景泰五年（1454）从礼部尚书胡濙请，俱用翰林、部曹。"黄佐《翰林记》卷十四"考会试"："同考官于本院侍读等官及春坊司经局官与各衙门官相兼推选。"万安，据《明孝宗实录》卷二十四与雷礼《国朝列卿纪》卷十一"内阁行实·万安"：万安，字循吉，眉州人。正统十三年（1448）进士。成化五年己丑（1469）五月以礼部左侍郎兼翰林院学士入阁。"安状貌魁垾，仪观甚伟"，"吏部尚书尹旻、左都御史王越与刘珝为一党，安与彭华为一党，互相诋倾。久之，安以计排珝，斥去之。越与旻亦相继罢去。山东人在朝者去之一空，举朝侧目，莫敢显讼其过。"刘吉，据《明孝宗实录》卷八十二、雷礼《国朝列卿纪》卷十一"内阁行实·刘吉"及徐溥《谦斋文录》卷四"碑铭"《特进光禄大夫柱国少师兼太子太师吏部尚书华盖殿大学士致仕赠太师谥文穆刘公神道碑铭》：刘吉，字祐之，号约庵。直隶博野县人。正统戊辰（十三年，1448）第进士。成化十一年乙未（1475）四月以礼部左侍郎兼学士入阁。"吉性沉毅，喜怒不行于色。遇事能断，在内阁最久。""然所与厚善者多谗谄面谀之人，致不能自闻其过。廷臣有不说者或使言官劾去之。故议者谓其乏休休有容之量。""吉自入相以来，阿附万安，欺上罔下，漫无可否。故庶吉士邹智辈劾安必及吉，至于台谏指摘，及其丑诋。"

作诗《迎驾》、《春日应制》、《夏日应制》。

《迎驾》见本集卷一"诗"。其诗有"太平二十年天子，正是文章极盛时"之句。

《春日应制》见本集卷一"诗"。其诗有"归坐明堂还布德，豫游分与万方同"、"太平有象群方乐，宵旰虽勤也不妨"之句。

旧谱云："上游后苑，命侍臣赋诗。公应制诗有'豫游分与万方同'及'宵旰虽勤也不妨'等句，默寓讽谏，得纳约自牖之义焉。"

《夏日应制》见本集卷一"诗"。其诗有"多少苍生方病暍，为霖须仗传岩翁"之句。

万斯同《明史》卷四十一"五行志四·金·恒旸"："（成化）二十年，京畿、山东、湖广、陕西、河南、山西俱大旱。"

作诗《立春》。

见本集卷一"诗"。

八月，作诗《三十五初度》。

见本集卷一"诗"。初度，即生日，王鏊生日在八月十七。

作诗《辽城怀古二首》。

　　见本集卷一"诗"。此盖王鏊郊游,访辽代旧城时所作也。

吴宽作诗《次韵济之谢送决明》。

　　见《家藏集》卷十二"诗"。王鏊原诗不见。决明,即决明子,为豆科植物草决明的种子,中医认为其性味苦、甘、凉,能清甘明目。

成化二十一年乙巳(1485)　　三十六岁

吴宽作诗《二月晦日济之邀看桃花四首》、《谢济之送银杏》。

　　《二月晦日济之邀看桃花四首》见《家藏集》卷十三"诗"。盖作于本年春。

　　《谢济之送银杏》见《家藏集》卷十三"诗"。其诗有"洞庭秋色满盘堆"之句,盖作于本年秋,银杏当为王鏊家人所寄。

赵宽作诗《次王济之先生赏桃花四绝句韵》。

　　见《半江赵先生文集》卷八"七言绝句"。

　　王鏊原诗未见,赵诗与吴宽《二月晦日济之邀看桃花四首》韵全同,当为同时所作。赵宽,参见本谱成化十八年条。

成化二十二年丙午(1486)　　三十七岁

五月,作诗《赠黄和仲》。

　　见《中国法书全集》第十二册"明一"王鏊《行书诗轴》,现藏于故宫博物院。其释文曰:"客里相逢又别离,道山亭下范公祠。悠悠世事回头异,落落功名入手迟。河朔豪气三伏饮,江湖天远十年思。扁舟八月秦淮去,丹桂香中好赋诗。鏊游学宫时与和仲黄君相从最密,今十有二年矣,其行也能无情乎? 故为赋此。丙午(成化二十二年)岁五月九日,翰林王鏊赠。"

　　黄和仲,即黄篪,据本集卷二十五"表碣"《黄和仲墓表》与吴宽《家藏集》卷六十四"墓志铭"《黄和仲墓志铭》:黄篪,字和仲,自号夷斋,世家吴阊门之南濠。"君深于经学而笃于行","举于乡,每上辄北,偃蹇庠序几二十年","以贡上太学"。盖王鏊成化十年为府学生时同学。

吴宽作诗《同年会散夜赴济之》、《二月十二日济之复邀看桃花,和旧韵四首》。

　　《同年会散夜赴济之》见《家藏集》卷十四"诗"。

　　本诗前一首为《上元日刘道亨家作同年会》。

吴宽作诗。

　　《谢济之送银杏》见《家藏集》卷十三"诗"。

　　旧韵,即成化二十一年之所作也。

成化二十三年丁未（1487） 三十八岁

二月，同考会试。作诗《试院赠外帘吕推官》。

> 旧谱云："（成化）二十三年丁未，三十八岁。二月，同考会试。"
>
> 《试院赠外帘吕推官》见本集卷一"诗"。其题注曰："卣。"
>
> 外帘，张廷玉《明史》卷七十"选举志二"："试官入院，辄封钥内外门户。在外提调、监试等谓之外帘官，在内主考、同考谓之内帘官。"吕卣，毛宪、吴亮《毗陵人品记》卷八："吕卣，字宜中，无锡人。成化辛丑（十七年，1481）辛丑进士。释褐大名府推官。"盖与王鏊同与会试监考者也。

作诗《送陆汝昭通守东昌》。

> 见本集卷一"诗"。
>
> 陆汝昭，即陆鉴，据张大复《昆山人物传》卷五"陆鉴"，陆鉴，字汝昭，苏州昆山县人。成化元年（1465）举乡试，后累试礼部不利。成化二十二年（1486）始贡入太学，二十三年选通判东昌。盖王鏊之同乡也。

作诗《送戚时望佥宪之湖广》。

> 见本集卷一"诗"。
>
> 佥宪，对按察司佥事的敬称。戚时望，即戚昂，《康熙金华府志》卷十八"科第·进士"：明成化十一年乙未谢迁榜有戚昂。《明宪宗实录》卷二八七："成化二十三年二月……庚寅（二十），升……大理寺……右评事戚昂……为按察司佥事。……昂，湖广……"杨守陆《碧川文选》卷三"序"《送戚宪副致事序》云："……君举于乡，年逾四十而后登进士第。擢官大理以久次而后出为按察佥事。"盖王鏊之同年也。

作诗《送吴汝器下第归吴江》。

> 见本集卷一"诗"。
>
> 吴汝器，即吴鋈，《（正德）姑苏志》卷六"科第表中·乡贡"："成化二十二年（1486）丙午科吴江有吴鋈，字汝器，鏊弟。"

作诗《李承芳承箕下第以诗投赠酬之》。

> 见本集卷一"诗"。
>
> 李承芳，据朱大韶《皇明名臣墓铭》震集"弘治纪年"李承箕《大理寺右寺副东峤李公行状》，李承芳，字茂卿，别号东峤居士。湖广嘉鱼人。李承箕，据本集卷二十六"表碣"《大厓李先生墓表》，李承箕，承芳弟，字世卿，人称大厓先生。成化二十二年（1486）兄弟二人同举乡试。"二人皆清修苦节，好古力行，郁郁抱奇气，不屑与世俯仰。学皆不治章句，必欲直探孔孟遗旨。"

作诗《送杨侍读维立之南京》。

见本集卷一"诗"。其小注云:"时予与维立同在内书馆。"

杨维立,即杨守阯,据焦竑《焦太史编辑国朝献征录》卷二十七"南京吏部·尚书"李东阳《明故南京吏部尚书致仕赠太子少保杨公守阯神道碑铭》,杨守阯,字惟立,号碧川。世居宁波之鄞。举成化戊子(四年,1468)乡贡第三,戊戌(十四年,公元1478)礼部第四,廷试第二。"丁未(二十三)九载考绩,会其从兄工部尚书公守随官御史,为奸人李孜省所中谪官于外,公亦迁南京侍读。"《明宪宗实录》卷二八六:"成化二十三年春正月……庚午(二十九)……升翰林院编修杨守阯为南京翰林院侍读。故事,编修官秩满无改升南京者,时李孜省既构守阯从兄应天府丞守随,因并及守阯云。"盖王鏊翰林院之同僚也。

作诗《送曾侍读士美之南京》。

见本集卷一"诗"。其小注云:"时翰林三人同往南京。"其诗有"十年左掖共追趋,春殿曾传第一胪。梁颢成名谁谓晚,区衡抗疏未为迂"之句。

曾士美,即曾彦,据《同治泰和县志》卷十七"列传·明·正传"与倪岳《青溪漫稿》卷十九"序"《赠南京翰林院侍读学士曾先生致仕荣归序》,曾彦,字士美,江西泰和县南溪人。成化七年(1471)乡试、戊戌(十四年,1478)廷对第一,时年已五十有四。"授修撰,满九载当升,以左道李孜省晉,遂出为南京翰林院侍读。"《明宪宗实录》卷二八七:"成化二十三年二月……癸未(十三),翰林院修撰曾彦九年秩满,命升南京翰林院侍读,支从五品俸。"盖王鏊翰林院同僚也。

作诗《叶文庄夫人寿词》。

见本集卷一"诗"。

叶文庄,即叶盛,卒于成化十年(1474)。

程敏政《篁墩文集》卷八十"诗"亦有《寿叶文庄公夫人》,作于成化二十三年,其题注曰:"耿清惠公女,上舍晨母也。"

作诗《送彭阁老还江西》。

见本集卷一"诗"。

彭阁老,即彭华,据《明孝宗实录》卷一一八与雷礼《国朝列卿纪》卷一一"内阁行实·彭华",彭华,字彦实,江西安福县人。景泰五年(1454)进士。成化二十一年(1485)升吏部左侍郎仍兼学士,入内阁,预机务。"甫半年遂得疾,进太子少保、礼部尚书,與归其乡。""平居审言笑,及论辩古书疑义,事当成败,多奇中。为文章严整,其峭厉如其性然。为人俭诵用数,深机莫测。人与之异或上之者,必为倾排。""然阿附万安,与妖人李孜省相比,以故肆谗投间,哑哑若狂,如尚书李秉、王恕、马文升、秦纮,侍郎邢让、祭酒陈鉴与其同乡刘宣、罗璟相继斥逐,华之力居多。"《明宪宗实录》卷二八八:"成化二十三年三月……丁未(初七),太子少保、礼部尚书兼翰林院学士彭华以疾乞致仕,许之。……是时,华入阁未岁而偾以病去。人愿快之,谓其心叵测。李孜省之用事,实华造端嗾使之。然秘而不露，其后孜省败，人始知所自云。"

王鏊《彭文思公文集后序》言"鏊为公所取士"。按：成化十一年会试主考为徐溥、丘濬，鏊为傅瀚所取，彭华以疾及有从子与考而辞免，此言取士，或指廷试。

作诗《送杨尚纲、杨名甫、毛贞甫、陆全卿四进士归省》。

见本集卷一"诗"。

杨尚纲，即杨锦，《（正德）姑苏志》卷六"科第表下·进士"："杨锦，字尚纲，成化二十三年嘉定进士，刑部主事、员外郎、郎中、江西副使。"杨名甫，即杨子器，据杨廉《杨文恪公集》卷五十二"行状碑铭"《右布政使柳塘杨公行状》，杨子器，字名父，别号柳塘，世为慈溪诗礼之族。成化丙午（二十二年，公元1486）浙江乡试第二，成化二十三年中会试第十四。"时大学士姑苏王公为本房，亦以不得高荐为叹。"毛贞甫，即毛珵，陆全卿，即陆完，参见本谱成化十八年条。盖四人皆成化二十三年王鏊同考会试所取进士，而杨锦、毛珵、陆完又王鏊同乡也。

吴宽《家藏集》卷十五"诗"亦有《丁未春，试毕，送吴中四进士归省》，四人为毛珵贞甫、陆完全卿、杨锦尚纲与吴鋹汝砺，吴鋹，即吴鋈之兄也。

作诗《赠琴士杨凌》。

见本集卷一"诗"。

作诗《胡人归朝歌》。

见本集卷一"诗"。本诗《王文恪公集》收，《文渊阁四库全书》本《震泽集》中不见，盖本诗叙述一因土木堡之变滞留北地多年的汉人归朝的故事，多有"胡儿"、"胡女"、"匈奴"等语，为清人所忌也。

作诗《咏并蒂莲三首》。

见《文渊阁四库全书》本《震泽集》卷一"诗"。本诗《震泽先生集》、《王文恪公集》中不见，是否为王鏊所作，存疑。

作诗《喜雨》。

见本集卷一"诗"。其诗有"五月亢阳骄，原枯泽欲焦"之句。

《明宪宗实录》卷二九〇："成化二十三年五月……乙卯（十六），以亢旱遣廷臣赍香币分祷天下山川。"

七月二日，张夫人卒于京邸，乃续聘李氏为继室，李夫人多病，再娶胡氏以相之。未几，李夫人亦卒。

旧谱云："是秋，继室封孺人张氏卒。归王氏者七年耳。十年之间，两失伉俪，中馈乏主，续聘李夫人，女二：一适朱希召，一适宜兴邵鋈，皆夭亡。李夫人多病，再娶胡宜人以相之。……未几，李夫人卒，胡宜人遂主中馈。"

《太原家谱》卷二十一"碑志类上编"王鏊《继室张孺人墓志铭》："归王氏，七年不闻其出声。待媵妾和而有礼。子寿甫五岁，教之严甚，曰：'其父既爱之，而

— 26 —

吾复姑息,他日何所畏乎!'……成化二十三年丁未七月二日以疾卒,年仅二十有六。……卒之二年,为弘治二年十二月一日,葬于吴县东洞庭之西马坞。"旧谱云:"(弘治)二年(1489)己酉……冬十二月,葬张夫人于洞庭东山嘶马坞之原。"

李夫人两女,一嫁朱希召,据王鏊《中宪大夫云南按察副使致仕朱公墓志铭》,朱文之次子也;一嫁邵銮,据《永定邵氏世谱》卷九"世表分编·存拙公派",宜兴永定邵天赐长子也,府庠生,字伯谐。

按:由《永定邵氏世谱》卷九"世表分编·存拙公派"可知:李夫人所生第二女,亦即嫁与邵銮的王鏊第三女生于弘治元年(1488)四月初八,则李夫人大约卒于该年或稍后。

胡夫人,据《太原家谱》卷二十一"碑志类上编"杨循吉《文恪公侧室胡太宜人墓志铭》,胡氏出滇南宦族,父崇,成化中由国学生除三河令,解职后寓居宛平里中。胡氏年十七嫁与王鏊。"时公方居翰院,宾客日盛,宜人内治茗馔以供,无淹阙。"

八月,明宪宗崩。九月,明孝宗继位。

《明宪宗实录》卷二九三:"成化二十三年八月……戊子(二十一),上大渐,召皇太子至,命早即帝位,敬天法祖,勤政爱民,与凡国事之切要者,诲谕备至。太子顿首受命。己丑(二十二),上崩。……是年九月乙卯上尊谥曰:继天凝道诚明仁教崇文肃武宏德至圣纯皇帝,庙号宪宗。十二月壬午葬茂陵。上在位改元成化,历年二十有三,寿四十有一。"《明孝宗实录》卷一:"成化二十三年九月……壬寅(初六)……上即皇帝位,遂颁诏大赦天下。"

明孝宗,据《明孝宗实录》卷一,孝宗建天明道诚纯中正圣文神武至仁大德敬皇帝,讳祐樘,宪宗纯皇帝第三子。母孝穆慈慧恭恪庄僖崇天承圣皇太后纪氏。生于成化六年(1470)七月三日。

九月,九年考满,升侍讲。

《明孝宗实录》卷三:"成化二十三年九月……辛酉(二十五),升翰林院编修王鏊为本院侍讲,以九年秩满也。"

侍讲,黄佐《翰林记》卷一"官制因革":"(洪武)十八年三月丁丑命吏部定……属官侍读、侍讲各二人,正六品。"又卷一"职掌":"侍读、侍讲视侍读学士、侍讲学士,凡入侍,其职亦如之。"九年秩满,王鏊自成化十一年为编修,至此十二年,除去三年守制,已满九年通考。

秋,作诗送赵宽归省吴江。

见本集卷一"诗"《送赵栗夫归省吴江》。其诗有"秋入吴江一叶飞,归来游子著朝衣"之句。

赵栗夫,即赵宽,参见本谱成化十八年条。吴宽《家藏集》卷十五"诗"亦有《送赵栗夫归省》，其诗有"别来余七年，往往入梦寐"之句，盖赵宽成化十七年第进士，于今七年矣。

作诗《送僧归洞庭》。

> 见本集卷一"诗"。吴宽《家藏集》卷十四"诗"有送僧人的组诗，其小序云："乡僧来京师者多乞一诗而归，盖皆旧识于山水间者，共十二首。"

作诗《题夏正夫游石湖、虎丘诗卷》。

> 见本集卷一"诗"。其诗有"高人过作十日饮，故事留与他人观"之句。
>
> 夏正夫，即夏寅，盖成化十七年王鏊与夏寅游石湖时之作也。

作诗《雨窗诗意》。

> 见本集卷一"诗"。吴宽《家藏集》卷十五"诗"有《对雨》，作于同时。

作诗《寄严守邵文敬》。

> 见本集卷一"诗"。其诗小注云："文敬善草书，曾知思南。"
>
> 邵文敬，即邵珪，据王偁《思轩文集》卷十八"墓志铭"《严州知府邵君墓志铭》：邵珪，字文敬，初号雪鸿，更号半江，世居常州府宜兴县永定里。成化己丑（五年，1469）登进士第。成化十八年（1482）荐授贵州思南知府，遇父丧，归乡守制。"既免丧后犹三年侍母侧。与君厚善者强之起，方赴选部，遂改授浙之严州。弘治初元闰正月至郡。""人知之者皆诗歌之富与书草之雄，此特其绪余尔。"
>
> 吴宽《家藏集》卷十五"诗"亦有《雨后答邵文敬》。盖王鏊、吴宽之文友也。
>
> 《永定邵氏世谱艺文外集》卷十二"书"有《与邵文敬书》作于同时，不见于本集。其书曰："凡人牢骚佗傺之思，每泄于诗歌，足下一麾出守，能无长铗辈乎！且屋角青山、滩头皓月不有品题负兹佳胜？闻有诗戒，不妨乘兴为之焉，能咬钉嚼铁如此。"
>
> 一麾出守，指邵珪出守严州也。

秋，作诗《送杨琴士》。

> 见本集卷一"诗"。其诗有"秋月城头夜捣衣，客心如雁只南方"之句。
>
> 杨琴士，当即前诗所言杨凌也，吴宽《家藏集》卷十五"诗"亦有《送琴士杨云翰还吴》，杨云翰当即杨凌，云翰其字也，盖为吴地人也。

作诗《独坐》。

> 见本集卷一"诗"。其诗有"世事纷纷总未真，闭门聊看静中身"、"悠悠今古无穷事，归钓吴山楚水滨"之句。本诗又见王铨《梦草集》卷三"归田唱和"，王铨有和诗。

作诗《送同年范以贞还任宁国》。

> 见本集卷一"诗"。其诗有"不见范侯来以久，忽闻高论尚犀颜"之句。

范以贞，即范吉，《(民国)台州府志》卷二十三"选举表三·进士"："成化十一年乙未(1475)谢迁榜，天台范吉，二甲二十五名。"又卷一百零八"人物传九·宦业三"："范吉，字以贞，天台人。……成化十一年进士。授刑科主事，逆珰汪直微时犯罪，吉执法不阿。后以惮调吉凤阳通判。……三院交荐，擢宁国府知府。"盖王鏊同年也。

冬，与吴宽陪祀茂陵，作组诗。

《谒文丞相祠》见本集卷一"诗"。

文丞相，即南宋名臣文天祥，文丞相祠，《光绪顺天府志》卷六"京师志六·祠祀"："文丞相祠在府学胡同内，府学之东，祀宋丞相文天祥。(《旧闻考》四十五)明初，北平按察司副使刘崧立。(《名胜志》)宣德二年(1427)二月遣顺天府官祭，岁为例。"

《姚少师像》见本集卷一"诗"。

姚少师，即姚广孝，据万斯同《明史》卷一九三《姚广孝传》，姚广孝，长洲人。出家为僧，名道衍。因助成祖夺帝位，永乐二年(1404)四月拜资善大夫、太子少师，复其姓，赐名广孝。卒后赐葬房山县东北。

《游华严寺》见本集卷一"诗"。其小注云："寺在京城之西山。"

华严寺，《光绪顺天府志》卷十六"寺观一"："古华严寺在云外钟声之前，山麓，寺为明正统间建，赐额'华严'。"(《长安客话》)

《元耶律丞相墓和匏庵韵》见本集卷一"诗"。

耶律丞相，即元初名臣耶律楚材，耶律丞相墓，《康熙宛平县志》卷一"地理·坟墓"："辽耶律楚材墓在城西北三十里，墓东有祠，今为僧舍，石像犹存。"吴宽《家藏集》卷十五"诗"亦有《谒耶律丞相墓》，其小注云："在翁山下，前有石像须分三缭，其长过膝，真异人也。"

《狄梁公祠次匏》见本集卷一"诗"。

狄梁公，即唐代名臣狄仁杰，狄梁公祠，《康熙昌平州志》卷九"祠庙"："狄梁公祠，在旧县北。元宋渤《重修狄梁公祠记》言原邑北门外有狄梁公旧祠，不知何时建，大德三年(1299)县尹辽阳王敬葺新之。"吴宽《家藏集》卷十五"诗"亦有《谒狄梁公祠》，其小注云："在昌平县西。"

《昌平刘谏议祠》见本集卷一"诗"。

刘谏议，即唐代名臣刘蕡，刘谏议祠，顾炎武《昌平山水记》卷上："六部、六科、翰林院、光禄寺以陪祀至者各有馆，而翰林馆在唐刘谏议祠之后。谏议名蕡，字去华，昌平人。太和二年(828)举贤良方正，对策指斥宦官，遂不第。……授秘书郎，为宦官所嫉诬，以罪贬柳州司户参军，卒。昭宗时赠右谏议大夫。元时以昌平驿官宫祺奏请始为之立祠。《元史》'泰定二年(1325)置谏议书院于昌平县，祀唐刘蕡者'此也。祠本在旧县，县徙，祠亦徙焉。在大成门之西……

先年,翰林诸公宿此者无不追往悼今,寄情篇什。"

《恭送孝穆皇太后梓宫迁祔茂陵》见本集卷一"诗"。

孝穆皇太后,据万斯同《明史》卷一五十《后妃传一》,即孝穆皇太后孝宗生母纪太后,贺县人,本蛮土官之女,成化中被俘入掖庭为女史,帝偶幸之,有身,生孝宗。成化十一年(1475)六月暴薨。《明孝宗实录》卷八:"成化二十三年十二月……壬午(十七),奉宪宗纯皇帝梓宫葬茂陵。……是日,孝穆慈慧皇太后祔葬毕,奉迁官奉安神主于茂陵献殿。"吴宽《家藏集》卷十五"诗"亦有《奉送孝穆慈慧皇后梓宫迁葬茂陵(十二月七日)》。

见本集卷九"联句"《昌平道中大风联句》(与吴宽联)作于同时。

作哀词《临海陈公哀词并序》。

见本集卷三十一"哀词"。其序曰:"成化丙午(二十二年,1486)五月,广东左布政使陈公卒南昌。公卿相与唁于朝,士庶相与唁于野。吴中士子则相率作主,祀之先贤祠,时年五十八云。"

临海陈公,即陈选,据焦竑《焦太史编辑国朝献征录》卷九十九"广东一·布政使"焦竑《京学志》之《广东布政司左布政使赠光禄卿谥恭愍陈公选》与吴宽《家藏集》卷五十九"传"《布政使陈公传》:陈选时任广东左布政使,因打击私自通番,与市舶太监韦眷发生矛盾。韦眷勾结刑部员外郎李行、巡按御史徐同爱,诬陷陈选矫制发粟,曲庇属官。宪宗大怒,将陈选罢官,由锦衣卫押解回京,至南昌,疾作,卒于石亭寺,时年五十八。

按:王鏊哀词云:"当成化间,闻望重天下者三人焉:三原王公、莆田彭公及公是也。二人俱及今上之初,继登三事,而公不幸死矣。"三原王公,即王恕,《明孝宗实录》卷六:"成化二十三年十一月……乙巳(初十),起致仕南京兵部尚书王恕为吏部尚书。"莆田彭公,即彭韶,据朱大韶《皇明名臣墓铭》艮集"弘治纪年"林俊《资善大夫刑部尚书赠太子少保谥惠安彭公神道碑》,彭韶,字凤仪。景泰八年(1457)第进士。"孝庙初,臣僚交荐王端毅公及公,数老人望当显用。端毅起为吏部尚书,公为刑部右侍郎。"《明孝宗实录》卷六:"成化二十三年十一月……乙巳(初十),起……右副都御史彭韶为刑部右侍郎。"故此哀词当作于成化二十三年末或弘治元年初。

明孝宗弘治元年戊申(1488) 三十九岁

闰正月,开史馆,修《宪宗实录》,任纂修官。

《明孝宗实录》卷十:"弘治元年闰正月……戊辰(初三),敕谕礼部臣曰:'……尔礼部宣循祖宗旧典,通行中外,采辑事实,送翰林院编纂实录。'"

《明宪宗实录》卷首修纂官之纂修有"翰林院侍讲承德郎臣王鏊"。承德郎,黄佐《翰林记》卷一"列衔":"侍读、侍讲:正六品,初授承直郎,升授承德郎。"王鏊成化二十三年升侍讲,正六品,阶为承直郎,弘治四年《实录》修成时,王鏊已三年秩满,升承德郎,故此云承德郎。

史馆,黄佐《翰林记》卷一"史馆":"今史馆凡十所,在东阁之右,中藏列圣实录、古今书史。每被命修书则本院官日聚集焉。常时公会后,恒扃钥之,无复载笔于其间者。"又卷十二"开局纂修事始":"其后纂修国史,每分为十馆,以均六局之多寡。六局……皆本六官职掌为之。十馆所修不能统一,则择人总勘。"

作诗《戊申岁》。

见本集卷一"诗"。其诗有"百二昌期见戊申,神孙圣祖两王春"之句。

两王春,弘治元年有正月与闰正月。

二月,作诗《雪》。

见本集卷一"诗"。其诗有"二月燕南暖未归,晚风吹雪弄霏霏"之句。

作诗《送刘侍讲景元使交南》、《送吕丕文给事使交南》。

均见本集卷一"诗"。

刘景元,即刘戬,参见本谱成化十四年条,据王鏊《右春坊谕德刘君墓志铭》,刘戬时任翰林院侍讲。"上之初即位也,例遣近臣使外国。时安南吞占城、侵缅甸,外恭内鸷。众谓非刚方才辩者不任是行,君时以侍讲为正使。"《明孝宗实录》卷八:"成化二十三年十二月……庚午(初五),以即位遣……翰林院侍讲刘戬、刑科给事中吕献充正、副使颁诏于安南国。"交南,即安南也。

吕丕文,即吕献,据雷礼《国朝列卿纪》卷五十三"南京兵部侍郎行实·吕献":吕献,字丕文,号甲轩,浙江绍兴府新昌县人。成化甲午(十年,1474)中乡试,甲辰(二十年,1484)登三甲进士。时任刑科给事中。"孝庙登极,命使交趾,赐一品服以行。"

吴宽《家藏集》卷十五"诗"亦有《送刘景元使安南》、《送吕丕文给事充副使》。

作诗《送蔡进之还洞庭》。

见本集卷一"诗"。

蔡进之,其人未详,其诗有"家世西来峰缥缈"之句,大约王鏊之吴县同乡,西洞庭人也。西洞庭主峰曰缥缈峰。

作诗《送侄宠》。

见本集卷一"诗"。

王宠,王鏊大哥王铭长子,据本集卷二十九"志铭"《伯兄警之墓志铭》与《太原家谱》卷六"宗谱",王铭有子四人,长子延誉,先名宠,后改延誉,字子嘉,早岁能诗文,年二十四岁而卒。其诗有"病也在汝身,痛也仍在我","出入戒垂堂、旦暮亲药裹","到家平安书,早寄北来舸"之句,盖王宠至京师治病返乡时王鏊之所作也。

31

作诗《海虾图》。

> 见本集卷一"诗"。

> 据内容判断,乃王鏊题画之作也。

作诗《寄福建戴方伯》。

> 见本集卷一"诗"。其小序曰:"戴以御史董学政于东南,特承奖拔。"其诗有"东南士子说先生,风裁森严鉴赏精"、"台中自古人难继,吴下于今俗顿更"之句。

> 戴方伯,即戴珊,曾为御史提督南畿学政,参见本谱成化八年条。方伯,对布政使之敬称也,《明孝宗实录》卷十一:"弘治元年二月……壬子(十八),升……福建右布政使戴珊……为左布政使。珊……本司。"

作诗《送刑部员外郎王存敬省祖》。

> 见本集卷一"诗"。其小序曰:"其祖百岁。"

> 王存敬,即王弼,据林俊《见素集》卷十三"墓志铭"《中议大夫赞治尹兴化府知府王公墓志铭》,王弼,字存敬,号南郭。浙江黄岩县宁川人。成化十一年进士,时任刑部员外郎。盖王鏊之同年也。

> 吴宽《家藏集》卷四十一"序"《赠王刑部归省诗序》云:"去岁之夏,俄有诏下,凡朝臣去家六年,许省其亲,众方为存敬喜,而存敬适奉旨往治齐狱。及事毕还朝,始克遂愿。诗老王古直,其乡人也,与陈一夔副郎乃即其叔父诗分十四韵,敛诗赠之。"王鏊之诗盖此时作也。按《明宪宗实录》卷二八九云:"成化二十三年夏四月……戊子(十九)……颁诏天下……两京文职有离家六年之久欲照例给假省亲者,查无违碍,许其归省。"则王弼省亲当在弘治元年。

三月,帝初开经筵,充展书官。

> 旧谱云:"肇开经筵,时刘文穆吉当国,必门下士乃用为讲官,嗔公不往谒,遂抑不用。公曰:'有官守者,不得其职,则去。吾今可以去矣。'将上疏乞归。文穆不得已,乃用为展书官。"

> 《明孝宗实录》卷十一:"弘治元年二月……辛酉(二十七)……赐之(张懋、刘吉等)敕曰:'……兹将以三月十二日御经筵,命……翰林院侍讲王鏊……展书。'"经筵,汉唐以来帝王为讲论经史而特设的御前讲席。宋代始称经筵。置讲官,以翰林学士或其他官员充任或兼任。明代尤为重视,除皇帝外,太子出阁后,亦有经筵之设。

三月,弟王铨驰省,六月别去。作诗《送秉之还吴》、《对月有怀秉之》,联句《联句二十二首》(与王铨联)、《饯别联句》(与王铨、徐源、周庚联)。

> 旧谱云:"孝宗敬皇帝弘治元年戊申,三十九岁。侍经筵。三月,弟秉之驰省,六月别去。值公有事史馆,日不暇,夜归,对饮,辄赋诗联句。既别,后见月则有怀,逢时感兴则有怀,动辄成咏。一时友于之情可想见矣。"

《送秉之还吴》见本集卷二"诗",又见于王铨《梦草集》卷一"京邸唱和",题为《送别》。其诗有"不见倏七年,相见只三月"之句。王鏊自成化十八年还朝,自此七年矣。

《对月有怀秉之》见本集卷二"诗",又见于王铨《梦草集》卷一"京邸唱和",题为《秉之将南归,同坐庭中,已而月上,有感前约,援笔赋》。

《联句二十二首》(与王铨联)见王铨《梦草集》卷一"京邸唱和",不见于本集。其题注云:"戊申(弘治元年)三月七日秉之省予于京邸,至六月复别去,且值予有事史馆,忽忽不得一日暇,惟夜归,对饮于庭,话顷,辄联句,得二十二首。"

《饯别联句》见王铨《梦草集》卷一"京邸唱和",不见于本集。其题注云:"同会者徐郎中仲山、周御医原已。"王铨《梦草集》卷末"题跋"陈瑚跋曰:"秉之省其兄守溪,聚讲于共月轩。六月七日邀予与徐源正郎、周庚院判共会酌别,相与联句。而予以事不与。"盖即此也。

本集卷一"诗"有《匏庵约山行以秉之弟初至不赴》、《次日匏亦以雨阻以诗来纪旧约》作于同时。吴宽《家藏集》卷十六"诗"有《答济之约赴游西山不赴》、《再答》、《三答》。吴宽诗即《答济之约赴游西山不赴》诗,其中有"莫笑晓来风雨阻"之句。

作诗《送袁进士翱纂修》。

见本集卷一"诗"。其诗有"杏花才见曲江春,珥笔还看被命新"之句。

袁翱,《(正德)松江府志》卷二十六"科贡下·进士":"成化二十三年费宏榜。华亭县袁翱,字凤仪。"程敏政《篁墩文集》卷八十一"诗"有《送袁进士翱之南畿分采实录,便道省其父雪桧君》。

作诗《送石邦秀[彦]知氾水》。

见本集卷一"诗"。其诗有"春雨南宫夜,双珠得并收"之句。

按:原作《送石邦彦知氾水》,石邦彦,即石珤,据万斯同《明史》卷二六六《石珤传》与焦竑《焦太史编辑国朝献征录》卷十五"内阁四"《大学士石文隐公珤传》:石珤,字邦彦,直隶真定府稿城县人。成化丁未(二十三年,1487)进士,改庶吉士,授检讨。

"石邦彦"当为"石邦秀"之误,石邦秀即石玠,据雷礼《国朝列卿纪》卷三三"户部尚书行实·石玠":石玠字邦秀,石珤兄。成化癸卯(十九年,1483)魁顺天乡荐,丁未同弟珤同举进士,授氾水县知县。盖王鏊同考会试所取进士也。

作诗《送李士钦祭淮渎》。

见本集卷一"诗"。其题注曰:"士钦,文达子,南阳人。"

李文达,即李贤,据《明宪宗实录》卷三十七:李贤字原德,河南邓州人。宣德癸丑(八年,1433)进士,官至少保、吏部尚书兼华盖殿大学士。成化二年(1466)十二月卒,年五十九,谥文达。官其子璋为尚宝司丞。李士钦,即李璋,据朱大韶《皇明名臣墓铭》震集"弘治纪年"徐溥《中宪大夫太常寺少卿邓州李公墓表》:李璋,字士钦,李贤长子,时任尚宝司卿。《明孝宗实录》卷十一:"弘治元年二月……丙辰(二十二)……命……尚宝司卿李璋……等赍香币分祀祖陵等陵、徐杨等王、岳镇海渎、历代帝王、先师孔子、太岳太和山、真武等神及各府先王。"

作诗《雨中对梨花四首》。

见本集卷一"诗",当作于本年春。

作诗《始预经筵次匏庵韵》。

见本集卷一"诗"。其中有"锦函初展御前题"之句。

《明孝宗实录》卷十二:"弘治元年三月……丙子(十二),初开经筵。……自是,每月三旬过二日辄开讲。"

吴宽《家藏集》卷十六"诗"有《初开经筵》。

四月初八,李夫人生一女,为王鏊第三女。

《永定邵氏世谱》卷九"世表分编·存拙公派":"第十一世:天赐长子銮……继娶苏州吴县[常熟]王氏,武英殿大学士兼户部尚书讳鏊三女,生弘治元年戊申四月初八日。"

作诗《送徐季止还南雍》。

见本集卷一"诗"。其题注曰:"仲山弟。"

徐季止,即徐澄,据吴宽《家藏集》卷七十五"墓表"《封承德郎工部都水清吏司主事徐公墓表》,徐澄,字季止,徐源(仲山)弟,时徐澄为南京国子监生。据本诗可知,王鏊、王铨兄弟与徐源、徐澄兄弟年轻时经常来往,本年三月王铨与徐澄又恰好同来京师探望兄长,而徐澄至是先归也。

吴宽《家藏集》卷十六"诗"亦有《送徐季止》,其诗有"早年富文学,下视举子场。蹉跎乃至此,宿志犹未偿"之句。

作诗《送吴禹畴副使使便还吴江觐省》。

见本集卷二"诗"。其诗有"重明瞻丽正,弘治建初元"之句。

吴禹畴,即吴洪,据焦竑《焦太史编辑国朝献征录》卷四十八"南京刑部一·尚书"费宏《资德大夫正治上卿南京刑部尚书赠太子少保立斋吴公洪神道碑》,吴洪,字禹畴,世居苏州吴江六子桥已十世。年二十四举成化辛卯(七年,1471)应天乡试,成化乙未(十一年,1475)进士。时任贵州按察司副使。盖王鏊之同年又同乡也。

作诗《陈给事玉汝羞鼊见邀,雨不克赴,以鼊见馈,作诗谢之》。

见本集卷二"诗"。

陈玉汝,即陈璚,据《明孝宗实录》卷五,陈璚时任刑科左给事中,参见本谱成化十八年条。

作诗《兰竹》。

> 见本集卷二"诗"。

作诗《送陈汇之正郎出知曹州》。

> 见本集卷二"诗"。其诗有"粉署才华藉甚称,一朝白璧点苍蝇"之句。
>
> 正郎,对六部郎中之敬称也。陈汇之,即陈洌,据《(万历)杭州府志》卷五十六"选举二·进士"与吴宽《家藏集》卷四十二"序"《抱璞南归诗序》、卷四十四"序"《西潭诗稿序》:陈洌,字汇之,钱塘人,成化八年(1472)吴宽榜进士,任武选郎中,后出为曹州知州,卒。《明孝宗实录》卷十二:"弘治元年三月……壬辰(二十八),吏部都察院考察在京五品以下堂上官,疏上……浮躁浅露者郎中陈洌……以下一十七员降一级,调外任。"王鏊所言"一点白璧点苍蝇"盖指此也。

作诗《送韩勋》。

> 见本集卷二"诗"。其题注曰:"都宪孙。"
>
> 都宪,对都察院都御史的敬称,此指韩雍,据焦竑《焦太史编辑国朝献征录》卷五十八"都察院五·总镇都御史"刘翊《都察院右都御史韩公雍墓志铭》,韩雍,字永熙,苏之长洲人。正统七年(1442)第进士,官至都察院右都御史,总督兼巡抚,致仕,卒于成化戊戌(十四年,1478)十月。吴宽《家藏集》卷六十九"墓志铭"《韩夫人墓志铭》云:韩雍孙男三,长勋,府学生。盖王鏊同乡也,或曾向他求学。

作诗《送王允常佥事之广东》。

> 见本集卷二"诗"。
>
> 王允常,即王经,《(正德)姑苏志》卷六"科第表下·进士":"长洲王经,成化八年(1472)壬辰进士,字允常,大理评事、寺副、寺正,广东佥事。"《明孝宗实录》卷十四:"弘治元年五月……壬午(十九),升……大理寺右寺副王经为广东佥事。"盖吴宽同年而王鏊同乡也。

作诗《谢尚书挽词一夔》。

> 见本集卷一"诗"。
>
> 谢一夔,据《明宪宗实录》卷二九〇与何乔新《椒丘文集》卷二十"行状"《资政大夫工部尚书赠太子少保谢公行状》,时任工部尚书谢一夔以痰咳疾卒于成化二十三年五月戊午(十九),享年六十三。谢为王鏊乡试之主考,参见本谱成化十年条。

作诗《送周院判原已还任南京得杲字》。

> 见本集卷二"诗"。其诗有"前年送君城东亭,今年送君城南道"、"君生何好只好诗,稛载东归总诗草。玉延半舫最流连,共月庵前亦倾倒"之句。

吴宽有玉延亭,陈璇有半舫斋,王鏊有共月庵。周原已,即周庚,参见本谱成化十八年条,据吴宽《家藏集》卷七十二"墓表"《南京太医院判周君墓表》,周庚时任南京太医院判。

吴宽《家藏集》卷十六"诗"有《送原已还南京分依字韵》,程敏政《篁墩文集》卷八十一"诗"有《送周原已院判还南京》,皆作于弘治元年。盖周庚还任南京时大家饯别之作也。

作诗《即事》。

见本集卷二"诗"。

作诗《半舫斋种竹》。

见本集卷二"诗"。其题注曰:"玉汝斋名。"

秋,作诗送御史刘规致仕。

见本集卷二"诗"《送刘御史还蜀》。其题注曰:"规。"其诗有"逢人老去腰难折,念母秋来首重回"之句。

刘规,据李东阳《怀麓堂集》卷八十九"文后稿二十九·志铭"《明故封奉直大夫翰林院侍讲学士刘公墓志铭》:刘规,字应乾,举成化己丑(五年,1469)进士。"孝宗皇帝登极,复叙迁为江西新淦县。以母老上疏乞归养,例弗许。时其子春已为翰林编修,会上两宫尊号,恩当封,乃弃职就封,秩为编修,阶文林郎。"王鏊与其子刘春乃翰林院同僚也。

作诗《送温生廉还江西》。

见本集卷二"诗"。其题注曰:"傅学士子婿。"

温生廉,邹智《立斋遗文》卷五"诗"有《送温重廉还临江》,其题注曰:"温,傅先生之甥。"《(隆庆)临江府志》卷十"选举·岁贡":新喻县有温玉,训导,或即此人也。傅学士,即傅瀚,参见本谱成化十一年条,据本集卷二十五"行状"《礼部尚书赠太子太保谥文穆傅公行状》,傅瀚时任太常少卿兼侍读,充经筵讲官兼日讲,此言"学士"盖王鏊后来整理诗文集时追改也。据本诗可知,傅瀚时与王鏊同僚且宅相邻,温廉曾向鏊请教举业。

作诗《中秋夜超胜楼玩月》。

见本集卷二"诗"。

徐源宅有超胜楼。

吴宽《家藏集》卷十六"诗"亦有《中秋夜登仲山新楼赏月》。

作诗《早起》。

见本集卷二"诗"。

作诗《耳鸣》。

见本集卷二"诗"。

作诗《顾氏三辰堂》。

　　见本集卷二"诗"。

　　三辰堂,吴宽《家藏集》卷三十四"记"1255—285《三辰堂记》云:"先生讳巽,顺中其字,尝登永乐甲辰(二十二年,1424)进士第,后十二年为正统丙辰(元年,1436),而其子今赣州守目崔,字德明者继之。又三十六年为成化壬辰(八年,1472),而其孙今工部郎中余庆字崇善者复继之。三世荣显,岁适皆在辰,人以为异。赣州公乃以三辰名其堂,而工部以予有乡党之好且同年也,请为之记。"顾余庆盖王鏊同乡又吴宽同年也。

作诗《奉和匏庵谢橘三首》、《和玉汝谢橘》。

　　均见本集卷二"诗"。

　　盖王鏊家人自太湖送橘至,王鏊分送吴宽、陈璚也。

作诗《赠何医士》。

　　见本集卷二"诗"。

　　何医士,吴宽《家藏集》卷十八"诗"有《送何医养病还松江》,盖即此人。

作诗《送僧归西山》。

　　见本集卷二"诗"。

作诗《史馆岁暮述怀次匏韵》。

　　见本集卷二"诗"。

　　吴宽《家藏集》卷十六"诗"有《史馆岁暮书与斋侄和之》,吴斋,吴宽长兄吴宗次子,习进士业。

作诗《除夜三首》。

　　见本集卷二"诗"。其诗有"明朝成四十,万事付因循"之句。

作序《东原诗集序》。

　　见本集卷十"序"。

　　据其序,东原先生即杜琼,字用嘉,吴城乐圃里人。"先生特沈著高古,间喜画山水人物,故其诗于评画尤深。诗多,他散佚不传,其子长垣县尹启独得八册以授予,予为选定,仍附杂著若干篇于后,序之……"

　　杜启,《(崇祯)吴县志》卷四十四"人物五·才识"引刘缨志略:"杜启,字子开,弱冠游县学……成化甲午(十年,1474)举于乡,丁未(成化二十三年,1487)登进士第,授长垣知县。"盖王鏊乡试同年也。

作书《文恪公与安隐公书》。

　　见《太原家谱》卷二十八"杂文类下编",不见于本集。其书有"山中风物未尝一日忘之,何时复与兄弟亲戚故旧游乐于湖山之间也"之句,又云"金仁来,承各寄橘果棉布之类,剧感剧感",本年王鏊有诗《奉和匏庵谢橘三首》、《和玉汝谢橘》，盖指此也。

安隐，王鏊大哥王铭，字警之，本集卷十五"记"《安隐记》云："伯氏警之，抱稿履素，不乐进取，自称安隐居士。"

程敏政作诗《寿王济之侍讲乃尊令君》。

见《篁墩文集》卷八十一"诗"。

程敏政，据《明孝宗实录》卷一五一，程敏政，字克勤，直隶休宁县人。成化二年（1466）以进士第二人及第，时任詹事府少詹事兼翰林院侍读学士，侍文华殿日讲。盖王鏊翰林同僚也。

夏镔作书《寄谢座主王先生书》。

见《夏赤城先生文集》卷十二"书启"。其书云："去年至京师，寸纸一字不敢先谒，惟执事自烛得之，默而荐之，临时放卷，乃见贱名。……且执事自州荐名，凡冠三士，卒以第三人及第。……当时事后，某见执事于私第，执事索某文，时在告将行，方长者命，得无罪然。至今不敢去口，但无因至之耳。希哲行谨写平日所为诗文若干首以去，用悔前慢，幸且教焉。"

夏镔，据夏镔《夏赤城先生文集》卷二十三"名臣家录"杨循吉《明故南京大理寺左评事赤城先生夏公墓志铭》：夏镔，字德树，浙江台州天台人。成化丁未（二十三年，1487）中进士。未几诏放归家。盖王鏊同考会试时所取士也。希哲，即卢濬，《民国天台县志稿》"人物传第五·名臣"："卢濬字希哲。……弱冠登成化丁未（二十三）进士。"盖夏镔同乡，王鏊同取进士也。

弘治二年己酉（1489）　四十岁

充经筵讲官。

旧谱云："（弘治）二年己酉，四十岁。预修《宪庙实录》，列馆分坐，义有未妥者，公率众争于文穆前。众瘖不发言，公辩论不已。文穆词色俱厉，公不少屈，由是益衔之。文穆权势熏灼，所不悦者，率多挤贬，后知公清慎无他，乃更为欢好。久之，讲官缺，欲用公。公辞不能。文穆曰：'先生不能，谁其能者？'遂以公名进侍讲经筵。"

文穆，即刘吉，参见本谱成化二十年条，据雷礼《国朝列卿纪》卷十一"内阁行实·刘吉"与张廷玉《明史》卷一六八《刘吉传》，万安去位后，刘吉为首相，"尽逐排己者，中伤之。又善取名，阳为正论以盖阴私。"

按：经筵讲官，据《明孝宗实录》卷十一，弘治元年三月肇开经筵时，由礼部尚书兼文渊阁大学士徐溥，礼部右侍郎兼翰林院学士刘健，詹事府少詹事兼翰林院侍读学士程敏政，太常寺少卿兼翰林院侍讲陆钶、周经，左春坊左庶子兼翰林院侍读谢迁充任。程敏政，据《明孝宗实录》卷十九，于弘治元年十月被劾致仕；陆钶，据《明孝宗实录》卷十六，于弘治元年七月还乡养疾。故此言"讲官缺"也。黄佐《翰林记》卷九"讲官入直"："永乐以后……惟令本院及坊局官相轮侍班,久之,选为展书官;又自展书乃得充月讲官。"

正月,与吴宽、陈璚、徐源、赵宽、秦瓛、陈章、沈庠等会于吴宽宅邸观灯,作联句二首。

见赵宽《半江赵先生文集》卷八"联句"《己酉正月十七日,翰林王鏊济之、给事陈璚玉汝、兵部徐源仲山、刑部秦瓛廷贽、陈章一夔、沈庠尚伦、赵宽栗夫会于鹿场先生海月庵观灯,联句二首》,不见于本集。

赵宽、陈璚、徐源,参见本谱成化十八年条。秦瓛,据张大复《昆山人物传》卷五"秦瓛"与《(嘉靖)昆山县志》卷六"进士":秦瓛,字廷贽,苏州昆山人。成化十一年(1475)中进士。时任刑部四川司郎中。陈章,据焦竑《焦太史编辑国朝献征录》卷一百"广东二·知府"《知府陈章传》:陈章,字一夔,华亭人。成化戊戌(十四年,1478)第进士。时任刑部郎中。沈庠,据《道光上元县志》卷十"进士"与倪岳《青溪漫稿》卷十九"序"《赠贵州按察副使沈君荣任序》:沈庠,字尚伦,应天府上元县人。成化十七年(1481)进士。时任刑部郎中。鹿场先生,即吴宽,赵宽《半江赵先生文集》卷七"七言律诗"《送杨来虞》题注云:"杨在京师寓吴少宰先生馆,少宰号鹿场。"

本集卷二十八"志铭"《广东按察使赵君墓志铭》云:"时刑曹同官华亭陈一夔、昆山秦廷贽、天台王存敬皆能诗,四人(加上赵栗夫)相得欢甚,更相唱和。时吴文定公在翰林,良辰佳节,四人辄相过从。予时亦往来公所,多相赓和。"此联句即一例也。

作诗《送杨润卿给事按贵州边储》。

见本集卷二"诗"。

杨润卿,即杨瑛,《(正德)姑苏志》卷六"科第表下·进士":"嘉定杨瑛,成化二十三年丁未(1487)费宏榜进士,字润卿,兵科给事中,都给事中,太仆寺少卿,常德知府。"盖王鏊同乡也。费宏《太保费文宪公摘稿》卷四"诗类·七言律"亦有《送杨润卿使贵州盘粮》,其诗有"花骢蹀躞蹴香尘"之句,当作于本年春。

作诗《送冯原孝知扬州》。

见本集卷二"诗"。

冯原孝,即冯忠,据刘春《东川刘文简公集》卷十六"志铭"《彰德府知府冯公墓志铭》,冯忠,字原孝,世家浙之慈溪。成化戊戌(十四年,1478)举进士。罗玘《圭峰集》卷十一"记"《郡守冯侯闵雨记》云:"弘治己酉(二),尚书秋官郎四明冯侯出守维扬。"《嘉庆重修扬州府志》卷三十七"秩官三·明·扬州府知府":"冯忠,慈溪人,进士,弘治二年任。"

作诗《送林教授致政闽中》。

见本集卷二"诗"。其诗有"十年不见发如银"之句。

林教授,即苏州府学教授林智,参见本谱成化十年条。

作诗《送陈进士恪知宿松》。

见本集卷二"诗"。

陈恪,据朱大韶《皇明名臣墓铭》巽集"正德纪年"刘龙《嘉议大夫大理寺卿矩斋陈公墓志铭》:陈恪,字克谨,别号矩斋,世为浙江归安人。成化丁未(二十三年,1487)举进士。"初宰宿松,施政如老成。"民国《宿松县志》卷十二"职官表·地方官表十六":"弘治己酉,陈恪任宿松知县,归安进士。"盖王鏊同考会试所取士也。

闵珪《闵庄懿公诗集》卷六"七言律诗"亦有《送陈克谨知宿松兼柬其兄克声二首》,作于弘治二年,其诗有"渺渺春江二月潮"之句,当作于本年二月。

作诗《哭原巳次匏韵》。

见本集卷二"诗"。其诗有"菊本无田宁当俸,杏虽有子总成殇。封题未了新诗债,余惠犹存旧药方"之句,其小注云:"原巳号菊田,无子。"

原巳,即周庚,据吴宽《家藏集》卷七十二"墓表"《南京太医院判周君墓表》,弘治二年二月辛亥(二十三),时任南京太医院判的周庚卒于南京,年甫四十七。"后二十日讣至。士大夫凡识原巳者皆咨嗟之声相属,有至垂泣者。"

作诗《哭张修撰亨父次谢祭酒韵》。

见本集卷二"诗"。

张亨父,即张泰,参见本谱成化十四年条,据张泰《沧洲续集》"附录"陆钚《大明故翰林院修撰张亨甫先生墓志铭》与《明宪宗实录》卷二〇八,成化十六年(1480)冬十月己未(十三),张泰以九年秩满升翰林院修撰,十一月九日得暴疾呕血数升卒,年四十有五。谢祭酒,即谢铎,据朱大韶《皇明名臣墓铭》巽集"正德纪年"李东阳《通议大夫礼部右侍郎掌国子监祭酒事赠礼部尚书谥文肃谢公神道碑》:谢铎,字鸣治,别号方石,台之太平人。天顺己卯(三年,1459)举乡荐第二,甲申(八年,1464)登进士第。成化十一年(1475)迁侍讲,十四年(1478)以家艰去,谢病居数年。"弘治初,台谏部属言事者交荐之,会以修《宪庙实录》征,乃起供职。"谢铎时仍为侍讲,云"谢祭酒"者乃王鏊后来整理诗文集时追改也。时张泰去世已八年,此诗当为王鏊和谢铎前作。

三月,作诗《喜雨》。

见本集卷二"诗"。其诗有"翠华拂曙幸斋宫,闵雨何烦纪鲁公"、"一时朝野皆欢洽,三日天人感以通。祭罢云开还出日,太虚神圣本无功"之句。

《明孝宗实录》卷二十四:"弘治二年三月……壬申(十四),以久旱命十六日为始,致斋三日至十九日。……是日,遂雨一昼夜。至十八日又大雨,远近霑足。"

作诗《次韵杨维立初入史馆》。

见本集卷二"诗"。其诗有"东角门前十馆开"、"远喜诸公取次来"之句。

杨维立，即杨守阯，《明孝宗实录》卷十："弘治元年闰正月……戊辰(初三)……以纂修实录，召南京翰林院侍读曾彦、杨守阯，给假左谕德林瀚，侍讲谢铎，编修张元祯、江澜，丁忧侍讲学士李东阳，右谕德陆简，编修梁储、刘忠、邓恢、张天瑞，检讨杨时畅，命驰驿赴京。"又卷十四："弘治元年五月……丙子(十三)，南京翰林院侍读杨守阯、曾彦俱以纂修实录召入京，改翰林院侍读。"

作诗《李学士释服诸公有诗趣入史馆因次》。

见本集卷二"诗"。

李学士，即李东阳，据焦竑《焦太史编辑国朝献征录》卷十四"内阁三"杨一清《特进光禄大夫左柱国少师兼太子太师吏部尚书华盖殿大学士赠太师谥文正李公东阳墓志铭》：李东阳，字宾之。其先本湖广茶陵人，国朝洪武初以戎籍隶燕山左护卫，后改金吾左卫，乃居京师。少为神童。景皇帝多次召见，并送顺天府学肄业。天顺壬午(六年，1462)，年十六举顺天乡试，癸未(七年，1463)中会试，甲申(八年，1464)殿试得二甲第一，入翰林为庶吉士。迁翰林院侍讲学士，侍东宫讲读。父卒，解官守制。"孝宗嗣位，弘治戊申(元年，1488)召修《宪庙实录》，以丧辞。己酉，服阕，乃起供职。"《明孝宗实录》卷二五："弘治二年四月……壬子(二十四)……翰林院侍讲学士李东阳丁忧服阕，升左春坊左庶子，仍兼侍讲学士，以前侍东宫讲读恩也。"

作诗《次韵廉伯庶子昼寝》。

见本集卷二"诗"。

廉伯，即陆简，据李东阳《怀麓堂集》卷八十二"文后稿二十二·志铭"《明故嘉议大夫詹事府詹事兼翰林院侍读学士赠礼部右侍郎陆公墓志铭》：陆简，字廉伯，一字敬行，号冶斋，又号龙皋子。成化乙酉(元年，1465)举南畿乡试第一，连擢礼部高第，廷试第三。"弘治戊申(元年，1488)，今上诏修《宪庙实录》，公被征，至则以侍从旧劳升左庶子兼侍读，充经筵讲官。寻命日值便殿讲读。"本集卷三十一"哀词"《陆詹事哀词并序》云："予与先生学同门，官同署，居同巷。"吴宽《家藏集》卷十七"诗"有《和陆廉伯昼寝次老杜韵》、《早起次前韵寄廉伯》、《和廉伯复次前韵断夜坐》，其中有"况逢四月称高眠"之句，当作于本年四月。

作诗《赠河南巡抚杨贯之》。

见本集卷二"诗"。其诗有"燠灾横被十三州，百万苍生手抚柔"之句。

杨贯之，即杨理，据《明孝宗实录》卷四七：杨理，字贯之，直隶山阳县人。成化二年(1466)进士。进都察院右副都御史巡抚河南。"在河南值岁饥，河复决于汴，民心恟惧。众议徙省避之。理筑堤堰。湖广饥民流入永宁、卢氏者甚众，理议发官帑赈之，比敕至，果与议合。"《明孝宗实录》卷四："成化二十三年十月

— 41 —

……己巳(初三),升大理寺左少卿杨理……为都察院右副都御史,理巡抚河南。"

作诗《送高良新知归州》。

见本集卷二"诗"。其诗有"使君抚字多有术,夔府如今正阻饥"之句。

高良新,即高鼎,弘治《常熟县志》卷四"乡举":"成化七年(1471)辛卯科:高鼎,字良新,巽之从弟,任归州知州。卒于官。"盖王鏊同乡也。万斯同《明史》卷十四《孝宗本纪》:"弘治二年……二月癸巳,四川饥,截湖广岁漕米二十万石赈之。辛丑,发帑银二万两给四川饥民为耕具。庚戌,复发银三万两赈之。"

作诗《郑氏钟秀楼》。

见本集卷二"诗"。

郑氏,其人不详。

作诗《送僧如海还金泽》。

见本集卷二"诗"。

金泽,《(正德)松江府志》卷九"华亭县·镇市":"金泽镇,在四十二保,地接泖湖,田于是者获其泽如金焉,故名。"

程敏政《篁墩文集》卷八十二"诗"有《送僧辨如海上人还松江》,作于弘治二年。

作诗《送建德尹蒋文广致政还光福》。

见本集卷二"诗"。其诗有"朝捧除书暮乞还"之句。

蒋文广,其人未详。光福,《(正德)姑苏志》卷十八"乡都":"苏州吴县有光福镇,去县西五十里。"

作诗《朱天成寄酒变味》。

见本集卷二"诗"。

朱天成,即朱彬,据吴宽《家藏集》卷七十"墓表"《朱隐士墓表》,朱彬,字天成,号半山,朱文(天昭)弟,时为太学生。

作诗《九月晦日玉延亭看菊》。

见本集卷二"诗"。

吴宽宅有玉延亭,赵宽《半江赵先生文集》卷一《玉延亭赋》序曰:"春坊吴老先生所居崇文街第有园一区,名曰'亦乐',中有亭曰'玉延'。玉延,今山药也。"

作诗《题竹赠陈御史瑞卿》。

见本集卷二"诗"。其诗有"卷赠乌台铁面人"之句。

陈瑞卿,即陈璧,据《明武宗实录》卷一一八与吴宽《家藏集》卷四十二"序"《贺监察御史陈君考最序》:陈璧,字瑞卿,其先扬州高邮人,后迁山西太原左卫。成化壬辰(八年,1472)进士。时任监察御史,"两巡畿内,辄著才名"。

作诗《送林伯方还闽》。

见本集卷二"诗"。其题注曰："苏学教授林智之子。"其诗有"无能还愧老门生"、"几年阔别无消息"、"燕山岁暮征车发，把酒城东万里情"之句。

林智，见本谱成化十年条。林伯方，据吴俨《吴文肃摘稿》卷四"墓志表状碑"《勿斋先生墓表》，林智子男八人：峦、岳、昂、嶅、仝、密、岫、崑。峦早卒，岳阴阳正术，密、岫、崑皆郡学生，未详林伯方为谁，或岳也。《文渊阁四库全书》本《震泽集》误作"林方伯"。

作诗《朱天昭始第进士，主余家，至明年，移居西邻》。

见本集卷二"诗"。

朱文，参见本谱成化十年条，据吴宽《家藏集》卷七十"墓表"《朱隐士墓表》与焦竑《焦太史编辑国朝献征录》卷一百二"云南·按察使"李东阳《中宪大夫云南按察司副使朱君文墓碑》：朱文成化二十年（1484）擢进士高第，观政吏部。"连遭二亲丧，弘治己酉（二年，1489）服阕，简入都察院理刑。庚戌（三）授云南道监察御史。"《明孝宗实录》卷三五："弘治三年二月……乙酉（初三），实授都察院理刑知县等官……朱文……为监察御史，文，云南道。"据本诗可知，朱文弘治元年服阕还京后，暂居王鏊宅邸，至二年，乃移居王鏊西邻。朱文次子朱希召与王鏊次女之婚事或定于此时。

作诗《天昭子希周失解》。

见本集卷二"诗"。

朱希周，朱文长子，据本集王鏊卷二九"志铭"《中宪大夫云南按察副使致仕朱公墓志铭》，朱文子男六，长希周，恭人出。

作诗《送汝行敏之南安》。

见本集卷二"诗"。

汝行敏，即汝讷，据史鉴《西村集》卷八"行状"《故中宪大夫江西南安知府汝君行状》，汝讷，字行敏，苏州吴江黎里人也。景泰四年（1453）领应天府乡荐，四试礼部皆不中。"弘治三年改知南安府。"又卷十八"诗"有《送汝行敏守南安》。盖王鏊之同乡也。

作诗《赠全卿》。

见本集卷二"诗"。其诗有"事业看君初发轫，文章笑我自成家"之句。

全卿，即陆完，参见本谱成化十八年条，据万斯同《明史》卷二五三《陆完传》，陆完举成化末（二十三年，1487）进士。

作诗《送顾承之还吉安省觐》。

见本集卷二"诗"。其诗有"秋风不用叹差池，利钝仍知亦有时"之句。

顾承之，未详，盖乡试失解者，或曾求教于鏊。

作诗《方岩书院次谢祭酒韵二首》。

见本集卷二"诗"。其题注曰："祭酒季父宝庆守所营也。"

方岩书院，李东阳《怀麓堂集》卷三十三"记"《方岩书院记》云："方石谢先生作方岩书院于台州太平之緫山，盖旧所名杜山者也。……先生又欲为是院请公主教其中，会有纂修之命，乃留赀于族叔怡云翁世弼，越一年而以成报，则弘治己酉八月也。"《（嘉庆）太平县志》卷十一下"人物志二·仕进·明"："谢省，字世修，号愚得，晚号逸老，桃溪人。景泰五年（1454）进士。……成化己丑（五年，1469）出知宝庆府。"

作诗《送傅中舍曰会分封鲁府》。

见本集卷二"诗"。其小注云："曰会兄时为学士。"

傅曰会，即傅潮，傅瀚之弟，《同治新喻县志》卷九"宦业"："傅潮，字曰会，瀚弟。成化辛丑（十七年，1481）进士。"《明孝宗实录》卷三十："弘治二年九月……壬戌（初七），上御奉天殿，传制遣……中书舍人傅潮……充副使，册封……东城兵马副指挥刘钊女为鲁府阳信王妃。"

十月，与翰林诸公会于吴宽园林赏菊。

吴宽《家藏集》卷三十二"记"《冬日赏菊图记》云："弘治二年十月二十八日，翰林诸公会予园居，为赏菊之集。"参加者有谢鸣治（铎）、西涯李宾之（东阳）、成斋陈玉汝（璚）、泉山林亨大（瀚）、石城李世贤（杰）、冶斋陆廉伯（简）、也，守溪王济之（鏊）及吴宽本人。

林亨大，即林瀚，据焦竑《焦太史编辑国朝献征录》卷四十二"南京兵部一·尚书一"章懋《资政大夫南京兵部尚书赠太子太保谥文安林公瀚传》：林瀚，字亨大，别号泉山。其先光州固始人，五代始来家于闽。甫弱冠以《春秋》荐于乡，累上春官未第，卒业大学，成化丙戌二年（1466）擢礼部亚魁，廷试赐进士高第。选为翰林庶吉士。时翰林诸公中，王鏊无论年龄还是资历均居于最后。

作哀词《杨文懿公哀词并序》。

见本集卷三十一"哀词"。其序曰："故吏部侍郎文懿杨公以高文博识名海内，夫人能知之。公尝著诸经私钞，多先儒所未发者，人或未及知也。予间得其一、二。公曰：'固不待后世而有扬子云矣。'"

杨文懿，即杨守陈，据《明孝宗实录》卷三十一与何乔新《椒丘文集》卷三十"墓志铭"《嘉议大夫吏部右侍郎兼詹事府丞谥文懿杨公守陈墓志铭》：杨守陈，字维新，世家鄞之镜川。景泰庚午（元年，1450）试浙省为第一，明年登进士第。弘治二年十月壬寅（十八），以吏部右侍郎兼詹事府丞卒，享年六十有五，谥文懿。"所著有《四书五经私钞》等集，藏于家。"

吴宽《家藏集》卷五十六"祭文"有《翰林祭杨文懿公文》。

作诗《沽头行三首赠陈水部宣》。

见本集卷二"诗"。其诗有"上沽头，下沽头，上下沽头惯覆舟。昨日使君临堰上，沽头上下是安流""使君一日去沽头，父老儿啼妇女愁"之句。

陈宣，据民国《平阳县志》卷三十七"人物志六"引王朝佐《潜斋先生传》石刻：陈宣，字文德，号潜斋，慕贤东乡柘园人。成化十七年（1481）第进士。授工部都水主事，分司徐州沽头等闸。"宣至，启闭以时，漕商两便。""弘治改元，迁虞部员外郎转刑部郎中。"

作诗《送刘以初下第还常熟》。

见本集卷二"诗"。其诗有"三年京邸不窥园"、"秋风独鹤看横骞"之句。

刘以初，即刘俶，弘治《常熟县志》卷四"乡举"："弘治五年（1492）壬子科：刘俶字以初，穿山人。例贡入监，中顺天府乡式。"盖王鏊同乡在京师复习应举而乡试下第者，很可能受教于鏊。

作碑《陈氏祠堂碑》。

见本集卷二十一"碑"。其文云："弘治己酉，姑苏陈氏治第于郡城之卧龙街，始作祠于正寝之左。越三月，祠成。于是太学生悦率其宗人得是月丁卯祇荐祀事，大小和会，远近来观。已乃具书走京师求其友翰林王鏊纪其事，以示来裔，俾知所以作者。"

陈悦，据吴宽《家藏集》卷七十三"墓表"《永定知县陈君墓表》：陈悦，字宗理，别号同轩。世家苏之吴县。稍长，入府学，以岁贡例入补国学生。《（崇祯）吴县志》卷三十七"选举六·贡生"：成化岁贡有陈悦，字宗理，宁子，治《书》，府学。

作志铭《皇甫成之墓志铭》。

见本集卷二十九"志铭"。

皇甫成之，即皇甫信，参见本谱成化十年条，据本铭，皇甫信弘治元年（1488）以贡入太学，则病不能行矣。弘治二年四月二十四日卒于家，时年四十六，又明年十二月十三日祔葬于邑之尹山乡，"其子录赴于鏊"。

作书《文恪公与安隐公书》。

见《太原家谱》卷二十八"杂文类下编"，不见本集。其书云："自闻延宠之讣，为之痛悼，不能自已。"

王宠，即王铭长子也，盖至是病卒，参见本谱弘治元年条。

吴宽作诗《谢济之送橘二首》。

见《家藏集》卷十七"诗"。其诗有"得月亭边碧树攒"之句，得月亭乃王鏊祖父王逵所构之亭，盖橘乃王鏊家乡所寄也。

弘治三年庚戌（1490） 四十一岁

自守甚严，非其人不交。士子及门受业者则不拒也。寿宁侯未遇时，与公有连，及贵，绝不与通。

> 文传云："寿宁侯贫贱时，与公有连，比贵，方凭藉用事，势倾中外。公绝不与通，岁时问遗亦辄麾去。或者以为过，公曰：'昔万循吉攀附昭德，吾窃耻之，乃今自蹈之耶？'"行状亦云："非其人，绝不与交。权门势家，足迹不至。远近士子多愿及门，虽中贵亦遣弟侄从游，公皆绝之。……寿宁侯之未遇也，与公有连，及既贵，绝不与通，召饮亦不往，士论高之。"

> 寿宁侯，即张峦，据焦竑《焦太史编辑国朝献征录》卷三"戚畹"丘濬《推诚宣力翊运武臣特进光禄大夫柱国寿宁侯赠太保追封昌国公谥庄肃张公墓志铭》与《明孝宗实录》卷六六：张峦，字来瞻，其先河南人也，后徙山西之徐沟，又徙河间兴济，故今为畿内人。为邑庠生，累试不利，成化壬寅（十八年，1482）入太学。成化丁未（二十三年，1487），其女十七岁，应选为皇太子妃，特授鸿胪寺卿。明年，上登极，册立中宫，超拜公。"恩养之盛，先后戚畹莫与为比。峦既显贵，知敬礼士夫，待故旧皆有恩意，人多誉之。""公略不改其儒素，使者及门，稽首拜，嘉什藏唯谨。""然颇自盈溢，为后来奢纵之渐云。"有连，即有姻亲关系也。

> 按：清王士禛《池北偶谈》卷二十二"谈异三·王延喆"云："明尚宝少卿王延喆，文恪子也，其母张氏，寿宁侯鹤龄之妹，昭圣皇后同产。"然王鏊《继室张孺人墓志铭》云："翰林院侍讲王鏊之继室张氏，其先湖广之孝感人，曾祖思忠，洪武间金广西按察司事，谪河间之沧州，遂为沧州人。祖某，父实，丹阳令。丹阳少孤，依蔡氏，故又姓蔡氏。"与张峦家世全不相同，且丘濬《推诚宣力翊运武臣特进光禄大夫柱国寿宁侯赠太保追封昌国公谥庄肃张公墓志铭》与陆粲《前儒林郎大理寺副王君墓志铭》均未提及王鏊为张峦之女婿，王延喆为张峦之外孙也。又沈德符《万历野获编》卷七"谢文正骤用"："杨（常熟杨宪副仪）又云：孝康之妹后嫁刘阁臣长子。"故《池北偶谈》之说盖后人臆造也。或因兴济与沧州在明代同属北直隶河间府而相邻，王延喆又致产不訾，生性奢豪，故后人附会也。

> 万循吉，即万安，昭德当指万贵妃，以其初居昭德宫也，据《明宪宗实录》卷二八六：万贵妃因受到明宪宗宠爱，"服用器物穷极僭拟，四方进奉奇技异物皆归之。一门父兄弟侄皆授以都督、都指挥、千百户等官，赍赐金珠宝玉无算。甲第宏侈，田连州县。"《明孝宗实录》卷二四云："弘治二年三月……己巳（十一）……是时，指挥万通为昭德内妃兄弟，有宠。（万）安以同姓结通为族。"

二月，同考会试。

> 见徐溥《谦斋文录》卷二"序文"《会试录序（弘治三）》。

作诗《送刘世熙任四川佥宪序》。

> 见本集卷十"序"。

刘世熙，即刘杲，据《明武宗实录》卷一○六，刘杲，字世熙，苏州府长洲县人。成化乙未（十一年，1475）进士。盖王鏊之同年与同乡也。《明孝宗实录》卷三十六："弘治三年三月……戊午（初六）……升刑部员外郎刘杲为四川按察司佥事，提督水利。"

吴宽《家藏集》卷十八"诗"有《送刘世熙赴四川佥事，管水利》，又卷四十六"引"有《送刘世熙佥事诗引》。

作诗《送陈员外于章分司芜湖》。

见本集卷二"诗"。其诗有"君去分司正值春"之句，当作于本年春。

陈于章，即陈绮，《（嘉庆）太平县志》卷十一下"人物志二·仕进·明"："陈绮，字于章，号得闲，金清闸头人。……成化戊戌（十四年，1478）登进士第，授中书舍人。升工部副郎，抽分芜湖，悉循旧额，于己无所入。"《乾隆太平府志》卷十八"职官四·芜关分司"："陈绮，浙江太平人。进士，员外郎，（弘治）三年任。"

作诗《寄汀漳守备西指挥》。

见本集卷二"诗"。其题注曰："尝守吴之金山卫。"其诗有"几年作镇过龙溪，记得将军旧姓西"之句。

吴宽《家藏集》卷十六"诗"亦有《送西指挥分守汀漳》，其诗有"坐镇东隅二十年，平生文事欲兼全"之句。西指挥，《（乾隆）金山县志》卷三"职官二·题名"：明卫指挥使有西贵、西贤兄弟，徐州人，不知为谁。

作诗《送陈尧弼知会稽》。

见本集卷二"诗"。其题注曰："旧知吴江。"

陈尧弼，《万历会稽县志》卷九"礼书一·官师表·令"："弘治三年，陈尧弼任。"又卷九"礼书一·宦迹"："陈尧弼，字秉钧，大理人。弘治中知县事。其政务兴利补弊，尤注意于学校。……迁太仆寺丞。"

作诗《送张时学知遂安，任叔顺知定海》。

见本集卷二"诗"。其诗有"自惭未得为知己，临别新诗已漫题"之句。

张时学，即张学，弘治《常熟县志》卷四"乡举"："成化七年（1471）辛卯科：张学，字时学，教谕懋之从弟。由儒士中授知遂安县。"《（民国）遂安志》卷四"职官·名表·知县"："弘治三年，张学。"任叔顺，即任顺，弘治《常熟县志》卷四："乡举"："成化七年（1471）辛卯科：任顺，字叔顺，奚浦人。授知定海县，改沿山。"《（嘉靖）定海县志》卷三"秩官表"："弘治三年至五年，任顺任知县，由举人，兴学校，崇民隐。"

作诗《送白廷臣知崇仁》。

见本集卷二"诗"。其诗有"短棹还思过采菱"、"十年乡榜忆同登"之句，其小注曰："廷臣家采菱港。"

白廷臣，即白晟，《光绪武进阳湖县志》卷十九"选举·举人"：明成化十年（1474）甲午有白晟，太仆寺丞。《（弘治）抚州府志》卷九"公署三·县官题名"："（崇仁）知县白晟，武进人，弘治元年至弘治十年任。"《同治崇仁县志》卷六之三"职官志·名宦"："白晟，南直隶武进人。弘治元年（1488）戊申以进士任。政平事简。民苦南北二运及宗藩禄米，侯具谒请豁，议定以后不得加派，民甚德之。"盖王鏊乡试同年也。

作诗《送周民则同知袁州》。

见本集卷二"诗"。

周民则，即周楷，弘治《常熟县志》卷四"乡举"："成化十[十一]年（1474）甲午科：周楷，字民则，芝塘人。任袁州府同知。"《（正德）袁州府志》卷六"职官·大明·同知"："周楷，字民[明]则，常熟人，弘治间任。"

作诗《送吴大常[章]还宜兴》。

见本集卷二"诗"。其题注曰："编修克温父。"其诗有"试罢彤廷便乞还"之句。

吴大常，即吴经，据费宏《太保费文宪公摘稿》卷十九"墓表类"《封南京翰林院侍读学士奉直大夫吴公墓表》，吴经，字大常，常州宜兴人。太师徐溥之妹夫。后以贡入太学。"弘治初，赍贡函北上，试即拂衣而归。"

按：本集作《送吴大章还宜兴》，费宏《封南京翰林院侍读学士奉直大夫吴公墓表》、靳贵《戒庵文集》卷十六"墓志铭"《明故封南京翰林院侍读学士吴公墓志铭》皆云吴俨父名大常，又沈敕《荆溪外纪》卷七"七言八句"引王鏊此诗，题作《送吴大常还宜兴》，本集当误。

吴克温，即吴俨，据朱大韶《皇明名臣墓铭》巽集"正德纪年"汪佃《资善大夫南京礼部尚书赠太子少保谥文肃吴公传》，吴俨，字克温，别号宁庵，常之宜兴人也。举成化丁未（二十三年，1487）进士。时任翰林院编修，为王鏊同僚也。

作诗《送钱正术还姑苏》。

见本集卷二"诗"。

钱正术，未详其人。正术，张廷玉《明史》卷七十五"职官志四"："阴阳学。府，正术一人，从九品。"

作诗《送僧》。

见本集卷二"诗"。

作诗《奉和谢氏三亭之韵》（《望海亭》、《仰高亭》、《采藻亭》）。

见本集卷二"诗"。

谢氏，即谢铎。三亭，倪岳《青溪漫稿》卷十六"记"《缌山三亭记》云："翰林侍讲黄岩谢先生鸣治既拜大司成之命将赴南雍，手一卷抵予俾记其所谓三亭者。……西涯学士与诸公赋诗以记其胜，积而成卷，复为题之曰《三亭杂咏》……"王鏊之诗盖作于此时。

作诗《送谢祭酒之任南雍》。

　　见本集卷二"诗"。其诗有"峻节高怀自可亲,两年史馆况为邻"之句。

　　谢祭酒,即谢铎,《明孝宗实录》卷三八:"弘治三年五月……甲戌(二十三),升翰林院侍讲谢铎为南京国子监祭酒。"

　　吴宽《家藏集》卷十八"诗"有《送鸣治擢南京祭酒》,李东阳《怀麓堂集》卷二十九"文稿九·序"有《送南京国子祭酒谢公诗序》。

作诗《赠毛给事序》。

　　见本集卷十"序"。其序云:"贞甫拜南京给事,问于翰林王鏊。"

　　毛给事,即毛珵,参见本谱成化十八年条,《明孝宗实录》卷三八:"弘治三年五月……乙亥(二十四),擢进士……毛珵为南京给事中……珵,工科。"

作诗《玉汝看葵见寄》。

　　见本集卷二"诗"。玉汝,即陈璚。

作诗《古愚》。

　　见本集卷二"诗"。

作诗《寄题明秀楼》。

　　见本集卷二"诗"。其诗有"山水吴中夸独胜,观游昔日记吾曾"之句。

　　明秀楼,未详所在。

作诗《送周进士炯还常熟觐省》。

　　见本集卷二"诗"。其题注曰:"同年近仁子。"

　　周近仁,即周木,弘治《常熟县志》卷四"乡举":"成化十[十一]年(1474)甲午科:周木,字近仁。"又卷四"进士":"成化十一年(1475)谢迁榜:周木,任南京行人司左司副,升吏部稽勋司郎中,再升浙江布政司右参政。"周炯,弘治《常熟县志》卷四"乡举":"弘治二年(1489)己酉科:周炯,字光宇,参政木之子。"又卷四"进士":"弘治三年钱福榜:周炯,任工部主事。"

作诗《玉汝作东眺轩不忘在东诸君子也,次其韵》。

　　见本集卷二"诗"。其诗有"城东有暇还相过,宾席年来左特虚"之句。

　　在东诸君子盖指居崇文街之东的吴宽、王鏊、朱文等人也。本集卷二"诗"《陈给事玉汝羞鼈见邀……》有"巷口人家且不遥"之句,陈璚宅大约在西边巷口。

作诗《诸葛武侯》。

　　见本集卷二"诗"。

作诗《徐詹端寿词》。

　　见本集卷二"诗"。

　　徐詹端,即徐溥,詹端,即詹事,然时徐溥已为礼部尚书文渊阁大学士矣。《明孝宗实录》卷五："成化二十三年十月……癸巳(二十七),命吏部左侍郎兼翰林院学士徐溥入内阁参预机务。"又卷七："成化二十三年十一月……乙卯(二十),敕吏部……侍郎徐溥升礼部尚书兼文渊阁大学士。"据吴宽《家藏集》卷四十五"序"《少傅徐公寿诗序》与邵宝《容春堂前集》卷十三"序"《少傅徐公寿诗序》,徐溥生日为七月二十一日。徐溥时年六十三也。

作诗《赠顾镛》。

见本集卷二"诗"。其题注云:"镛,顾仲英之孙。仲英,元季昆山巨家,与杨铁厓等为诗社,有《玉山草堂集》。仲英子元臣[巨]国初徙籍凤阳。"

顾仲英,即顾德辉,据都穆《吴下冢墓遗文》卷二顾仲瑛《金粟道人顾君墓志》与卷三殷孝伯《顾府君墓志铭》:顾德辉,一名阿瑛,字仲瑛,号金粟道人,世为苏之昆山人。"年三十乃刮劘旧习,更折节读书,崇礼文儒,师友其贤者。喜购古书名画、三代以来彝鼎秘玩,集录鉴赏无虚日。甫逾四十,悉以田业付子若婿,改筑园池于旧宅西偏,名曰玉山佳处。日夜与客酌酒赋诗为乐。""岁戊申(洪武元年,1368),从其子迁临濠而卒。"

按:本集仲英子作"元巨",顾仲瑛《金粟道人顾君墓志》云"生男:元臣",殷孝伯《顾府君墓志铭》亦云"子男五人:元臣……",盖"元巨"当误。本集又云顾镛乃仲英之孙,殷孝伯《顾府君墓志铭》所列仲瑛诸孙,无镛之名,吴宽《家藏集》卷十三"诗"《赠顾正科镛还中都》题注云"仲瑛五世孙",当是。

作诗《太平鸟》。

见本集卷二"诗"。

冬,作诗《送表兄叶志通》。

见本集卷二"诗"。其诗有"十年积相思,举此一杯酒。少时同嬉戏,今已成皓首。行云游四方,寒郊折衰柳"之句。

叶志通盖王鏊母叶氏兄弟之子也。

史鑑作书《与王守溪修撰》。

见《西村集》卷五"尺牍"。其文略曰:"去岁,两得手教,勤勤恳恳,可见足下之不忘于弟也。……孟府尊在郡大振纲纪,宿猾以次剪除,小民乐业。然不克逞其志者造不根之语,士大夫又从而鼓之,可惜也。今已丁去。……杨君谦来布此草草。兔颖十管表意,麾顿万万。"

史鑑,据史鑑《西村集》卷首引《吴江县志·隐逸传》:史鑑,字明古,苏州吴江县黄溪人。守祖训,不愿仕进,隐居著书。喜交游,持信义,游其门者不绝。吴文定公宽、李太仆应祯、沈布衣周皆交契唱和甚富。

书中所提孟府尊,即孟俊,《(正德)姑苏志》卷二"古今守令表上·国朝·知府":"孟俊,咸宁人。弘治二年以监察御史升任,三年以忧去。"故此书当作于弘治三年也。王鏊时已升为侍讲,此言修撰,盖误。

弘治四年辛亥(1491)　四十二岁

作诗《送陈郎中一夔录囚》。

> 见本集卷二"诗"。陈一夔,即陈章,参见本谱弘治二年条。
>
> 《明孝宗实录》卷五十:"弘治四年四月……乙丑(二十),上以天气炎热时……命刑部郎中陈章、何说审录南北直隶囚徒。"
>
> 吴宽《家藏集》卷十八"诗"亦有《送陈、何两郎中分行南北虑因》。

作诗《匏庵惠鹤》。

> 见本集卷二"诗"。
>
> 吴宽《家藏集》卷十八"诗"有《答济之谢送鹤》。

作诗《和蜀秫饭》、《匏庵因菜根之句复次前韵,和之》。

> 均见本集卷三"诗"。
>
> 吴宽《家藏集》卷十八"诗"有《食蜀秫饭简济之》,王鏊因作《和蜀秫饭》。吴宽诗有"传闻吴地今为沼"之句。杨循吉《苏州府纂修识略》卷一"政事上·赈济"云:"本府弘治四年夏,天降淫雨,地方大水,田禾淹没。"因王鏊《和蜀秫饭》有"若说菜根风味好,小园多有不须行"之句,吴宽又作《济之和章有'菜根滋味好'之句,复次韵》,王鏊复作《匏庵因菜根之句复次前韵,和之》。

作诗《奉和匏庵读白集二首》。

> 见本集卷三"诗"。
>
> 吴宽《家藏集》卷十八"诗"有《夜读白乐天诗集二首》。
>
> 作诗《鹦鹉二首》。
>
> 见本集卷三"诗"。

作诗《白髭叹》。

> 见本集卷三"诗"。其诗有"我年三十九,白髭有一茎"、"今年四十二,白者日益多"之句。

八月,《宪宗实录》修成,有白金、文绮之赐。升右春坊右谕德。

> 《明孝宗实录》卷五四:"弘治四年八月……丁卯(二十三),上御奉天殿,监修官太傅兼太子太师英国公张懋、总裁官少傅兼太子太师吏部尚书谨身殿大学士刘吉等率纂修等官,上表进《宪宗纯皇帝实录》。……是日,赐……侍读……王鏊……各白金三十两,文绮三表里,罗衣一袭。……辛未(二十七)……升侍讲刘戬、王鏊俱右谕德。"
>
> 右春坊右谕德,张廷玉《明史》卷七十三"职官志二":"詹事府。……左春坊。……左谕德,从五品,各一人。……右春坊。亦如之。"又卷七十二"职官志

一":"文散阶……从五品,初授奉训大夫。"黄佐《翰林记》卷一"左右春坊":"洪武初置春坊以为东宫辅导侍从之臣。……谕德掌侍从赞谕。"

作诗《代简送仲山》,作联句《饮玉延亭联句》(与吴宽联)、《饮共月庵联句》(与吴宽联),作引《文恪公祖筵余思诗引》。

> 《代简送仲山》见本集卷二"诗",联句与引均见《太原家谱》卷二十八"杂文类下编",不见于本集。
>
> 诗题注云:"仲山将使河南。"仲山,即徐源,参见本谱成化十八年条,引云:"弘治四年九月,礼部请遣使持节册封诸藩。于是兵部武选郎中长洲徐君仲山当往河南之郑府。乡之缙绅自少詹事吴先生而下咸置酒赋诗为别。一时士夫多和之。既已成卷,且行矣,适朝有前星之庆,遂展期至十月甲子(二十一)乃始克行。……是月丁巳(十四)再饯君于玉延亭,辛酉(十八)饯于共月庵,复相与联句以为赠。君复遍和之。诗成,少詹题其首曰《祖筵余思》,以予辈于君之别,惓惓有不尽之意也。继而和者,若干首咸附焉。右春坊谕德王鏊引。"二联句即丁巳、辛酉之作也。少詹吴先生,即吴宽,据《明孝宗实录》卷五四,时任少詹事兼侍讲学士。前星,即太子也,《明孝宗实录》卷五五:"弘治四年九月……丁酉(二十四),皇太子生。"吴宽《家藏集》卷十八"诗"有《送仲山封郑府》,有《次韵济之招仲山酌别》,其诗有"试看王子宅,或比郑公乡"之句,故此诗当为十月辛酉饯于王鏊共月庵时所作。

作诗《匏庵和乐天"五十八归来"因同赋》。

> 见本集卷二"诗"。
>
> 吴宽《家藏集》卷十八"诗"有《读乐天诗有"五十八归来"之句,予明年正及其期,遂次韵》。
>
> 《全唐诗》卷四百五十六"白居易诗集卷三十三"《六十六》诗,有"五十八归来,今年六十六"之句。

作诗《恭毅章公挽词》。

> 见本集卷三"诗"。
>
> 恭毅章公,即章纶,《明孝宗实录》卷三:"成化二十三年九月……辛酉(二十五)……命给南京礼部左侍郎,赠南京礼部尚书、谥恭毅章纶诰命。纶,景泰时为礼部郎中,以谏复储事下锦衣卫狱,几棰死。英庙复辟,释之。升南京礼部侍郎,致仕,卒。成化二十三年加赠谥,语在《宪宗实录》,至是始给诰命。"
>
> 吴宽《家藏集》卷十八"诗"亦有《章侍郎挽章》。

作诗《送张学士廷祥之南京》。

> 见本集卷二"诗"。
>
> 张廷祥,即张元祯,据本集卷二十二"碑"《嘉议大夫吏部左侍郎兼翰林院学士

张公神道碑》:初名张元征,后改张元祯,字廷祥,江西南昌人。天顺四年（1460）进士。时任左春坊左赞善。《明孝宗实录》卷五四:"弘治四年八月……辛未（二十七）,升……左赞善张元祯南京翰林院侍讲学士。"

吴宽《家藏集》卷十八"诗"亦有《送张廷祥擢南京翰林》。

作志铭《安人姚氏圹铭》。

见本集卷二十七"志铭"。其铭云:"安人姚氏,少师荣国恭靖公,祖也;尚宝少卿讳继,父也;昭信校尉苏州卫百户史君宗广,其归也。……弘治辛亥,寿八十有二矣。一日顾其子曰:'吾老矣,其为吾治圹于某山之阴,吾将从先公而休焉! 礼,圹石有志,其即陈御医公贤图焉,吾且欲见之。'公贤,其子婿也,以铭属予。"

少师荣国恭靖公,即姚广孝也;尚宝少卿继,据王鏊《震泽纪闻》卷上"姚广孝",即姚广孝养子姚继也。陈公贤,据吴宽《家藏集》卷七十四"墓表"《明故太医院判陈君公尚墓表》:陈公贤,初名庆,字公贤,后以字行,别字公尚,自号存仁翁。时为太医院御医。

《资善大夫太子少师赠荣国公谥恭靖姚广孝传》或作于本年。

见焦竑《焦太史编辑国朝献征录》卷六"公二",不见于本集。

姚广孝生平轶事,盖闻于陈公贤也。

吴宽作诗《招济之观吴穆写竹》。

见《家藏集》卷十八"诗"。

弘治五年壬子(1492)　四十三岁

休暇时与吴宽、杨循吉诸公宴集酬和,诗简往来不绝。作诗《赠杨君谦》。

旧谱云:"每于休暇,与匏庵、南峰诸公宴集赋诗酬和。……杨公好谈论,讲学亹亹不倦,与公居尤密迩,故云。公之清介,非人不交,于此可见。"

《赠杨君谦》见本集卷三"诗"。其诗曰:"夙夜抱悁独,行与世多忤。京华二十年,壮志遂迟暮。悠悠深巷中,尽日断来屦。杨子独何为,逝言远相顾。移家浊沟上,破屋终不去。人问何以然,无乃以我故。朝过讲道玄,暮过话情素。君慕哀骀他,我思黄叔度。相见各欣然,谁能诘其故。我欲永从君,君且为我住。无为忽去兹,云山恣高骛。蓬蒿张蔚宅,依然还块处。"题注曰:"时君谦有归志。"

杨循吉《松筹堂集》卷二"古诗"有《和答王侍讲济之》曰:"贵门古难登,颜色不可忤。有官虽冷淡,聊亦足朝暮。所悦契心人,屡脱门外屦。虽然有击鲜,邀我亦懒去。汪汪雅量深,落落高怀素。相寻但夸□,兹来信非误。陋巷有贤人,止我归梦骛。适意且便留,焉须问何处。"

是年，杨循吉致仕归。

> 杨循吉《松筹堂集》卷五"碑"《礼曹郎杨君生圹碑》云："弘治初逮，事孝庙，时五王册封，备员执事，护从堂官，拜华盖殿，得觐龙颜。事竣，赐宴直房，并赏罗绮。福薄命蹇，痞癖内攻，食米止三合。恐旷职致尤，上奏乞换校官，不果，遂乞归，蒙恩准放。"

> 五王就封，《明孝宗实录》卷五十四："弘治四年八月……己未（十五），上御奉天殿，传制……册封皇第九弟祐楎为寿王，第十弟祐橓为汝王，第十一弟祐樬为泾王，第十二弟祐枢为荣王，第十三弟祐楷为申王。"

> 沈周《石田先生诗钞》卷七"今体"有《闻杨君谦致仕赋此以致健羡》，其小注云："君谦致仕在弘治五年辛亥，仅三十有二。""辛亥"当为"壬子"之误。

> 吴宽《家藏集》卷十八"诗"有《送杨君谦致仕》，其诗有"公署席未暖，求去何嗷嗷"、"昨者见章疏，陈情欲长号。谓臣心腹间，有疾刺如刀。自宜针石恶，不任簿书劳"之句。

> 杨循吉《松筹堂集》卷二"古诗"《都下将归述怀》有"鄙人自从三月来，腹心久已病症瘕"、"乘今秋至天渐凉，定买扁舟向南下"之句。杨循吉致仕大约在本年秋冬时分。

始名其园为"小适园"。

> 本集卷十六"记"《且适园记》云"昔官京师作园焉，曰'小适'"，又卷十"序"《送广东参政徐君序》云："予家有小适园"。

> 吴宽《家藏集》卷十九"诗"《济之招看梨花，复次往年赏桃花韵四绝》小注云："济之近日明其园曰'小适'。"吴宽诗作于弘治五年。

正月，作诗《郊祀斋宫次仲山韵》。

> 见本集卷二"诗"。

> 郊祀斋宫，《明孝宗实录》卷五十九："弘治五年正月……己卯（初八），以大祀天地，上御奉天殿，誓戒文武群臣致斋三日。……壬午（十一），大祀天地于南郊。"吴宽《家藏集》卷十九"诗"亦有《郊祀陪祀次仲山韵》、《又次济之韵》。

作诗《送白主事辅之还任南京》。

> 见本集卷三"诗"。其诗有"报政三年还过阙，闻诗一月正趋庭"之句。

> 白辅之，即白圻，据邵宝《容春堂续集》卷十四"传"《白中丞传》，白圻，字辅之，自号敬斋，常之武进人。太子太保康敏公白昂第二子。年十八，以《诗经》举于乡，十九第进士。"授南京户部主事，所莅称治，三载考最。"

作诗《送严太守永澄知西安》。

> 见本集卷三"诗"。

> 严永澄，据过庭训《明分省人物考》卷八十"湖广岳州府"，严永澄，字宗哲，华容

人。成化戊戌（二十三年，1487）进士。壬子（弘治五），出守西安府。吴宽《家藏集》卷十九"诗"有《送严户部初守西安》，邵宝《容春堂前集》卷十四"序"有《送严西安序》。

作诗《赠毕生昭》。

见本集卷三"诗"。其题注曰："同年毕嘉会之子。"

毕嘉会，即毕亨，据雷礼《国朝列卿纪》卷六十二"工部尚书行实·毕亨"，毕亨，字嘉会，山东济南府新城县人。成化甲午（十年，公元1474）领乡荐第二，明年登进士。时任顺天府丞。毕昭，据雷礼《国朝列卿纪》卷一二二"敕使山西侍郎都御史年表·毕昭"，毕昭，字蒙斋，山东新城人。弘治己未（十二年，1499）进士。

作诗《海月庵观灯》。

见本集卷三"诗"。

作诗《送孙明宪训导知夏邑》。

见本集卷三"诗"。其诗有"春归孟潴野，云散砀山阴"之句，当作于本年春。

孙明宪，即孙纲，《（嘉靖）河间府志》卷二十六"选举志·国朝·沧州·岁贡"："孙纲，任夏邑训导。"《（嘉靖）夏邑县志》卷五"官师志·儒学·训导"："孙纲，沧州人，监生。弘治六年癸丑任。"

二月，作诗《二月雪》。

见本集卷三"诗"。其诗有"一冬天气暖如春，雪到春来见却频"之句。

作诗《送茹銮知唐县》。

见本集卷三"诗"。

茹銮，《光绪无锡金匮县志》卷十六"选举"："茹銮，明成化十六年（1480）庚子举人，弘治三年（1490）庚戌钱福榜进士，福建参议。"《光绪唐县志》卷六"职官·明·知县"："弘治：茹[蒋]銮，进士，五年任。"

作诗《送张汝勉知祁州》。

见本集卷三"诗"。其诗有"场屋偶然窥制作，昆山信矣富璠玙"之句。

张汝勉，即张安甫，《（嘉靖）昆山县志》卷六"进士"：弘治三年（1490）钱福榜有张安甫。又卷十"人物·节行"："张安甫，字汝勉。……由进士授祁州知州。"《乾隆祁州志》卷之四"官师·宦迹"："张安甫，字汝勉，昆山进士。弘治时知祁州，有惠政。性恬淡，居官若弗屑也。"盖王鏊同考会试时所取士也。

作诗《赠梁都宪巡抚四川》。

见本集卷二"诗"。

梁都宪，即梁璟，据李东阳《怀麓堂集》卷七十八"文后稿十八·碑铭"《明故资政大夫南京户部尚书致仕梁公神道碑铭》：梁璟，字廷美，世为太原崞县人。天顺甲申（八年，1464）登进士第。"以外艰去，壬子改四川。"《明孝宗实录》卷六十："弘治五年二月……丁巳（十六），命都察院右副都御史梁璟巡抚四川，以丁忧服阕也。"

倪岳《青溪漫稿》卷七"七言律诗"亦有《送同年梁都宪巡抚四川二首》。

作诗《小适园桃花忽开》、《花落又作》。

均见本集卷二"诗"。《小适园桃花忽开》有"朝陵欲去更迟迟，还向花前举一卮。说与东风莫吹落，我行三日是归期"之句，当作于本年清明朝陵之前。

俞弁《山樵暇语》卷三："吴中落花诗自沈石田起一咏三十律，一时诗人唱和者郁然，至有和韵者，未免东坡捣辛之诮。王文恪公咏落花绝句云：'鱼鳞满地雪斑斑，蝶怨蜂愁鹤惨颜。只有道人心似水，花开花落总如闲'，观此诗，一洗山林陈腐之陋，奚以多为。"此言王鏊落花诗即《花落又作》三首中的第三首。

三月，作诗《朝陵行》。

见本集卷二"诗"。其诗有"山行自好况清明，朝陵偶作东门行"之句。其小注曰："此日予独行出安定门。"又曰："旧有大风联句。"

朝陵，《明孝宗实录》卷六十一："弘治五年三月辛未朔，清明节，遣驸马都尉周景、蔡震分祭长陵、献陵、景陵、裕陵、茂陵，文武衙门各分官陪祭。"吴宽《家藏集》卷十九"诗"有《慰济之谒陵遇风》。

作诗《游京城西山三首》。

见本集卷二"诗"。

西山，《康熙宛平县志》卷一"地理·山川"："西山，城西三十里，发脉太行，拱护京邑……"又《光绪顺天府志》卷二十"地理志二·山川"："宛平县山：城西三十里曰西山，总名也。"

作诗《匏庵臂疾，予问之偶迟，有诗见贻，次其韵》。

见本集卷二"诗"。其诗有"偶因请告得闲身，子墨依然日见亲"、"自笑东邻来问疾，如何翻后陆、徐、陈"之句。

陆、徐、陈，盖陆完、徐源、陈璚。吴宽《家藏集》卷十九"诗"有《病臂诸友过慰》、《病中简济之》，其诗有"长夏倏然一病身，案头药裹自相亲"之句，作于弘治五年夏。

六月十八日，胡夫人生一子，即王延素，为王鏊的次子。

旧谱云："是年六月十八日，次子延素生，胡宜人出。"

王延素，据皇甫汸《皇甫司勋集》卷五十三"志铭"《明中顺大夫思南府知府王公墓志铭》，王延素，字子仪，别号云屋。文恪公鏊仲子也。"大夫生而厚重，伟丰姿，有器识。"

八月，主考应天府乡试，作序《应天府乡试录序》。

《明孝宗实录》卷六十五:"弘治五年七月……辛巳(十三)……命右春坊右谕德王鏊、司经局洗马杨杰为应天府乡试考试官。"

《应天府乡试录序》见本集卷十"序",序云:"弘治五年七月戊寅(初十),上命右谕德臣鏊、洗马臣杰考应天府乡试,壬午(十四),陛辞。八月癸卯(初五),抵府治。乙巳(初七),燕府治,遂入锁院,时士之就试者二千三百余人。三试之如故事而加严。别去取差高下,手披目阅口诵心惟,昼夜罔懈,自乙巳乞丙寅(二十八)凡二十二日,揭榜得士凡一百三十五人。"

与南京留守太监蒋琮交恶。

旧谱云:"(弘治)五年壬子,四十三岁。命主考应天乡试。行至龙江驿,吏受简请讳。公曰:'欲何为?'曰:'太监蒋琮留守南都,公卿至者皆先通姓名,否则不得入。'公曰:'吾奉命来,门者不入,吾其还耳。名帖不可得也。'吏不敢复请,琮闻之,不怪。琮有门客与试,欲通关节。因使府尹樊莹、府丞冀绮郊逆,以言餂公曰:'当今权要亦无几人。'公厉声曰:'谁为权要?当今公道惟科目一事。吾受命主试典文,所知者,文字耳。余非所知也。'琮由是益恨之。遣逻者诇公。或以告,公曰:'吾心如水,愈诇愈清。'事竣,欲归省,或曰:'彼将以枉道劾公,幸无往。'公曰:'吾父近在数百里内,忍不一归省乎!归而获谴,吾甘心也。'琮度不可动,乃竟不言。琮憾公,摘公试录序文某字犯讳,欲劾奏,以秦尚书解止。公归省光化公于山中,寻赴阙。"

蒋琮,据万斯同《明史》卷四〇五《宦官上》:蒋琮,大兴人。事孝宗,掌印绶监。因独自反对赦免妖人李孜省,"帝以其言近正,亦甚悦,命守备南京"。樊莹,据顾清《东江家藏集》卷二十八"中集二十四·北游稿·行状"《明故南京刑部尚书致仕赠太子少保谥清简樊公行状》:樊莹,字廷璧,姓樊氏,常山叠石人。天顺甲申(八年,1464)登进士。时任应天府尹。"京府素称难治,守备蒋琮尤怙宠作奸,与言官奏讦连岁,所蔓引罢黜甚众,而事终不决。公承命推鞫,初若不与异者,琮觇知之,不为意。最后及山陵龙脉事,琮遂得罪去。"冀绮,据《明武宗实录》卷六十六:冀绮,字汝华,扬州宝应县人。成化己丑(五年,1469)进士。时任应天府府丞。秦尚书,当为秦纮,据《明武宗实录》卷五,秦纮,字世缨,山东单县人。景泰辛未(二年,1451)进士。时任南京户部尚书。

场中得顾清卷大喜,置第一;取中祝允明,喜之;吴鸣翰失解,作《愧知说》以谢之。

朱大韶《皇明名臣墓铭》兑集"嘉靖纪年"孙承恩《南京礼部尚书谥文僖顾公墓志铭》:"弘治壬子(五年),吴郡王文恪公主南畿试事,阅公文曰:'昔欧阳子谓当让苏子瞻一头地。斯人也,我固当让矣。'遂荐为第一,舆论允惬。"

顾清,据孙承恩《南京礼部尚书谥文僖顾公墓志铭》,顾清,字士廉,别号东江,学者称为东江先生。世居于华亭城南古西湖之涘。弱冠游县庠,四试不利不少挫。

旧谱云："公在场中阅一卷,不置手,意谓必祝允明也。取置优列,既而果然。
公喜曰:'吾不谬知人。'有吴鸣翰者,名士也,失解。公作《愧知说》以谢之。"

祝允明,据陆粲《陆子余集》卷三《祝先生墓志铭》,祝允明,字希哲,苏之长洲人
也。"岁壬子举于乡,故相王文恪公主试事,手其卷不置曰:'必祝某也。'既而
果得先生。文恪益自喜曰:'吾不谬知人。'"

吴鸣翰,《(正德)姑苏志》卷五十二"人物十·名臣":"(吴惠)子鸣翰,风流俊
逸,诗文清丽,尤精小楷。诗成必亲书,辄为人持去无稿。累困场屋,以吴庠生
卒。"《愧知说》见本集卷十四"说",其文云:"吴君鸣翰,少与予同学,其诗篇字
画有晋唐之风。其文非近世之所谓时文也。予谓:'空冀北之群非君哉!'壬子
秋,予主试应天,殚心竭力于时之才,自以无失也。揭榜而君名不预。"

弟王铨以嫌不得入场,至南京相见。便道归省王琬,寻还京师。

王铨《梦草集》卷二"南归唱和"有诗《壬子八月四日,兄以考试至应天。铨以嫌
不入场,是日蒙召入府治相见,谕以朝命不容辞之意。铨谓:'有数存焉,吾何
为不豫哉。'退而赋此诗》、《送别和前韵》。

陆心源《穰梨馆过眼续录》卷六"《沈石田送行图轴》题款云":"弘治壬子九月廿
九日,宫谕王先生将行,文太仆作饯。因和宫谕过太湖之作,系图送之。沈
周。……济之宫谕以主试南闱之便道过吴中,与亲友留者旬日。此则沈石田
于文太仆席上所赠诗画也,因见一首以见予意于末联云。吴宽。"

文太仆,即文林,文洪之子,据吴宽《家藏集》卷七十六"墓碑铭"《明故中顺大夫
浙江温州府知府文君墓志铭》:文林,字宗儒。成化壬辰(八年,1472)登进士
第。时为南京太仆寺丞。沈周,参见本谱成化十五年条。过太湖之作,指王鏊
本年所作之《归省过太湖》也,沈周、文林、吴宽之和诗韵与该诗全同。

主考南畿乡试期间,作诗《壬子校文南畿得诗十二首》:《杨柳青舟中见
月》、《淮口值风舟几覆》、《过扬子江》、《宿龙潭驿》、《舟发龙潭驿》、《观
音山》、《至金陵》、《场中初九夜有感》、《中秋夜》、《鹿鸣宴》、《朝孝陵》、
《陈朝旧城》。

见本集卷三"诗"。

便道归省途中,作诗《归省过太湖》、《归自西洞庭阻风登鼋山绝顶》。

均见本集卷三"诗"。

《归省过太湖》有"十年尘土面,一洗向清流"之句,盖自王鏊成化十八年还朝,
至是正十年也。鼋山,《(崇祯)吴县志》卷四"山下":"西洞庭之东为禹期山。
……禹期山相近为鼋山,亦曰鼋头山,以形似得名。"

归省居家,作联句《联句》(与王铨联)。

见王铨《梦草集》卷二"南归唱和",不见于本集。

返京途中作诗《将发阻风》、《将发阻雨》、《秉之送至京口,别去,有诗和之》、《又一首》、《过长江》、《宿迁别安隐兄》、《兴济阻风速沈方伯时旸饮》、《舟次直沽别沈方伯次其韵》、《寄题拱北楼》。

均见本集卷三"诗"。

《将发阻风》又见王铨《梦草集》卷二"南归唱和",题为《偶成又一首》,但"晚发"作"晓发",王铨有和诗。

《将发阻雨》又见王铨《梦草集》卷二"南归唱和",题为《偶成》,王铨有和诗。

《秉之送至京口,别去,有诗和之》有"惆怅金山一回首,秋风独作蓟门行"之句,当作于本年秋。

《宿迁别安隐兄》云:"年年积相思,兄南弟在北。一朝兄北来,弟作南归客。弟北兄复南,草草途中见。见时未交言,船开激如箭。"

宿迁,张廷玉《明史》卷四十"地理志一":南直隶淮安府邳州有宿迁县。安隐,即王鏊大哥王铭,字警之,吴宽《家藏集》卷十九"诗"有《送警之还洞庭(济之兄,号安隐)》;吴俨《吴文肃摘稿》卷二"七言律诗"有《送守溪乃兄世隐东归》,其诗有"难弟归来兄亦归"之句。盖王铭至京师探望王鏊,恰王鏊南下主考,乃与吴宽见面。王鏊北还途中与南还的王铭相逢于宿迁。

兴济,张廷玉《明史》卷四十"地理志一":京师河间府有兴济县。沈时旸,即沈晖,据《明武宗实录》卷一六六,沈晖,字时旸,直隶宜兴人。天顺庚辰(四年,1460)进士。据《明孝宗实录》卷五一,沈晖时为江西左布政使。

《舟次直沽别沈方伯次其韵》有"况值秋风橘林绿,南来十日谋北辕"、"德州城下斜月昏,万里河来失平陆。舟中夜静闻吴音,惊问谁欤曰南牧"、"自移画省大江西,恺悌民间歌旱麓"、"往年赠我石兰篇,每向荆溪望林屋"、"天津桥下水留人,去处人生有迟速"之句。直沽,金、元称潞(今北运河)与卫(今南运河)会合处为直沽,明永乐二年(1404)于此筑天津城。

拱北楼,张昇《张文僖公诗集》卷四"七言律"《拱北楼》题注云:"在天津,同年副使刘天祐建。"

又,作联句《舟中共寝》(与王铨联)、《梅村道中》(与王铨联)、《将抵京口》(与王铨联)、《又一首》(与王铨联)、《夜宿京口》(与王铨联)。

《舟中共寝》见《太原家谱》卷二十七"杂文类上编",又见王铨《梦草集》卷二"南归唱和",不见于本集。其中有"欲将远送当深留"、"群才总向此行收"、"南北相望万里秋"之句,盖于王铨送王鏊到京口途中。

《梅村道中》见王铨《梦草集》卷二"南归唱和",不见于本集。其诗有"溪流百折抵梅村,泰伯孤坟说尚存"之句,盖作于王铨送王鏊到京口途中。

梅村,即梅里村,《(正德)姑苏志》卷三十四"冢墓":"太伯墓,《吴越春秋》云'太伯葬梅里平墟'，《史记正义》引《括地志》云'在吴县北五十里梅里村鸿山上，去太伯所居城十里'。"

《将抵京口》见王铨《梦草集》卷二"南归唱和"，不见于本集。其诗有"舟到江头南北分"之句，盖作于王铨送王鏊到京口途中。

《又一首》见王铨《梦草集》卷二"南归唱和"，不见于本集。其诗有"青灯照孤舟，共宿江之皋"、"天寒去意急，明发候早潮"之句，盖作于王铨送王鏊到京口途中。

《夜宿京口》见王铨《梦草集》卷二"南归唱和"，不见于本集。其诗有"家山十年梦，王事偶经过"、"人言好兄弟，子由与东坡"之句，盖作于王铨送王鏊到京口时。

作诗《哭同年刘景元谕德三首》，作志铭《右春坊谕德刘君墓志铭》。

《哭同年刘景元谕德三首》见本集卷三"诗"，《右春坊谕德刘君墓志铭》见本集卷二十七"志铭"。

其诗有"迂癖平生不受针，两迂相合作同襟"、"落日船头见素帷，梦中昨夜哭君时。交游四海今谁在，心事平生我最知"、"坐上直言常骇俗，暗中清节不求名。奸谀未死君先化，《史钺》何年地下成"之句。其小注曰："君常恨近代史不公，欲出己见作一书，名《史钺》。"

刘景元，即刘戩，时任右春坊右谕德，据本集卷二十七"志铭"《右春坊谕德刘君墓志铭》，弘治五年八月二十日，刘戩卒于京师。"子荣应举江西，孺人胡氏与二孙晓、暕以其丧归江西之安成。""予还自南畿考试，至临清，遇其丧，哭之以诗。""君博学无不窥，多识本朝典故。嫉邪守正，气豪论卓。遇事直前，意见捷出，喜面斥人短长，旁闻缩恶，君色自若。尤精人伦识鉴，见表洞里，分剂参停，十不失一。权门势家，庭无行迹，高亢特立，与世寡合。而独与予善也。予出则诣君，君出则诣予，见则相与剧谈，两相忘而罢。"

作记《松苓泉记》。

见谈修《惠山古今考》卷三"文二·国朝"。其记云："无锡惠山泉号天下第二，故巡抚山东都察院左副都御史盛公，其邑人也。解政来归，岁时庋止，爰有槛泉淙淙出松根，公烹乐之。弟侄承志凿池引泉，覆亭其上，因道为流觞曲水，时节召客会饮赋诗。公名其泉曰松苓，义取引年云。公时年七十三矣，又二年而卒。……顷予过无锡，怀公不见，瞻望惠山白云何极！而侄虞以父命求予文，予故记其事书于泉上。……公讳颙，字时望……"

盛颙，据焦竑《焦太史编辑国朝献征录》卷六十"都察院七·巡抚"丘濬《都察院左副都御史盛公颙墓志铭》：盛颙，字时望，常之无锡人。景泰辛未（二年，1451）登进士。官至都察院左副都御史，致仕。岁壬子（弘治五年）正月卒，享年七十有五。《明孝宗实录》卷五九："弘治五年正月……丁酉（二十六），致仕都察院左副都御史盛颙卒。"

作志铭《陆处士墓志铭》。

见本集卷二十七"志铭"。其铭云："处士陆姓，讳俊，字伯良。古貌古心古衣冠，治家居乡出词行事，世多迂之。而予特爱其近古也。年八十有四，以弘治五年二月十二日癸丑卒，十一月甲申祔葬蒋坞之先茔。处士，予叔祖行也。"

据《中国法书全集》第十二册"明一"，故宫博物院藏有王鏊《行书陆俊墓志铭卷》，即此，内容略有差异，有落款云"奉训大夫右春坊右谕德经筵讲官同修国史王鏊撰"。

作传《愧斋先生传》。

见本集卷二十四"传"。

愧斋先生，即陈音，参见本谱成化三年条。据本传云陈音"擢南京太常寺少卿，九年乃进卿。"又《明孝宗实录》卷六十七："弘治五年九月……辛卯（二十三），升南京太常寺少卿陈音为本寺卿，以九年秩满也。"可知此传当作于弘治五年末。

《张养正传》或作于本年。

见本集卷二十四"传"，又见焦竑《焦太史编辑国朝献征录》卷七十八"太医院"，名《张颐传》。其传云："张颐，字养正，医名擅吴下，中年以瞽废而气岸峭直不衰。……予昔馆其家，尚及见焉，故得传其事。"

作颂赞《王著作寄颜赞》。

见本集卷三十二"颂赞"。其赞云："著作闽产，而家于吴。渊源一脉，乡邦所模。遗像俨然，挹彼先哲。"

王著作，即王蘋，王鏊友人王观之先人也，据皇甫汸《皇甫司勋集》卷五十六"碑表"《明吏部文选清吏司员外郎王君墓表》，王观家族系出太原，晋末徙闽之福清。传至八世祖仲举赠奉议郎，始迁吴之长洲。生蘋，仕宋为著作郎中大夫。王观，参见本谱正德五年条。本赞盖王鏊便道归省时所作也。

作箴铭《主一斋箴》。

见本集卷三十二"箴铭"。其题注曰："为徐都宪公肃作。"

徐公肃，即徐恪，据《明孝宗实录》卷一九七：徐恪，字公肃，直隶常熟县人。成化二年（1466）进士。时任都察院右副都御史，巡抚河南。

吴宽《家藏集》卷三十五"记"《主一斋记》云："河南左布政使海虞徐公以主一名斋，而因以为号，请予记之。"

《逊敏斋箴》或作于本年。

见本集卷三十二"箴铭"。其箴云："嗟嗟夫君，学古为准。说告高宗，惟逊与敏。其逊惟何？莫如虚中。人曰可矣，我惟空空。其敏惟何？曰惟不及。人曰可矣,我惟汲汲。"王鏊此箴已有鲜明的复古倾向。

吴宽作诗《济之招看梨花,复次往年赏桃花韵四绝》。

见《家藏集》卷十九"诗"。

往年赏桃花韵,即吴宽成化二十一年、二十二年所作也。

吴宽作诗《怀济之》。

见《家藏集》卷十九"诗"。其题注曰:"时赴南闱主试。"其诗有"东街良会正愁稀,况复秋来重久违。已向昨朝辞北阙,预知多士候南闱"之句。

吴宽作诗《读济之南都纪行诗》。

见《家藏集》卷二十"诗"。其诗有"舟入龙潭轻一叶,屡回鼋岭历千层。舟中了了江南意,为忆登临我亦曾"之句,盖指王鏊主考南畿时所作《宿龙潭驿》、《归自西洞庭阻风登鼋山绝顶》二首。

弘治六年癸丑(1493) 四十四岁

作诗《送薛金下第还江阴》。

见本集卷三"诗"。其诗有"桂子秋风真有种,杏花春雨岂无时"之句。

薛金,《(嘉靖)江阴县志》卷十四"选举表第十一上·乡举":弘治五年(1492)有薛金。又"进士":弘治十五年(1502)壬戌有薛金,字子纯,选翰林庶吉士,授户科给事中,升广西按察司佥事。盖王鏊弘治五年所取举人也。

作诗《送华昶下第归无锡》。

见本集卷三"诗"。

华昶,参见本谱成化十六年条,邵宝《通奉大夫福建布政使司左布政使华公神道碑》:"弘治壬子(五年,1492)发解南畿。越三年丙辰(九年,1496),试礼闱,得魁选。既赐进士,改翰林庶吉士。"华昶曾从王鏊学且是王鏊弘治五年所取举人。

吴俨《吴文肃摘稿》卷二"七言律诗"有《送华文光下第南还》。

作诗《寄河南顾参议崇善二首》。

见本集卷三"诗"。

顾崇善,即顾余庆,参见本谱弘治元年条,《明孝宗实录》卷四八:"弘治四年二月……壬子(初六),升工部郎中顾余庆……为布政司左参议……余庆,河南。"

作序《送姜太守改任宁波序》。

见本集卷十"序"。其序云:"姜侯恒颊,初守河南,上疏曰:'臣母老矣,愿乞江浙间一郡自效,且以便臣之私。'不报。会述职至京,复上曰:'臣母老矣,愿乞近郡以便养。'时宁波缺守,诏以畀之。"

姜恒颊,即姜昂,据本集卷二十八"志铭"《福建布政使左参政姜公墓志铭》:姜昂,字恒颀,元时徙昆山之惠安乡,今为太仓州人。成化八年(1472)登进士第。"时母夫人年八十,以怀土属疾,疏乞便养,不许。疏复再三上,至乞降府佐或教授,它日除边自效,乃改知宁波。"据杨循吉《苏州府纂修识略》卷五"文词上"姜昂《乞终养本》,姜昂弘治六年二月内调宁波府知府。

吴宽《家藏集》卷二十"诗"亦有《送姜恒颀改宁波便养》,作于弘治六年。

作诗《苦热》。

见本集卷三"诗"。其诗有"今年旱太甚,万里云天煔"之句。

《明孝宗实录》卷七十三:"弘治六年三月……己巳(初四)……以河南、山东、山西、北直隶等处亢旱,命巡抚等官祷于岳镇、海渎之神,从兵部尚书马文升奏也。"

作诗《送陈瑞卿之临清兵备》。

见本集卷三"诗"。

陈瑞卿,即陈璧,见本谱弘治二年条,《明孝宗实录》卷七十三:"弘治六年三月……癸巳(二十八)……升……监察御史陈璧……为按察司副使……璧,山东。"程敏政《篁墩文集》卷八十九"诗"亦有《送陈瑞卿侍御升山东宪副,提督临清兵备》,作于弘治六年。

作序《送刘学谕之鲁山序》。

见本集卷十"序"。其序云:"安成刘锡玉登己酉(弘治二年,1489)乡荐,今年会试在乙榜,侪辈汲汲求脱,君独不然,得河南鲁山县学谕,怡然以往。"

刘锡玉,即刘栗,《同治安福县志》卷八"选举·科目·乡举":弘治二年己酉科有刘栗,邵阳知县。《(嘉靖)鲁山县志》卷五"官师·国朝教谕":"刘栗,江西安福县人。由举人,弘治五年任,课士不倦。其教累科不乏其人。弘治正德间士风大振,皆迪公之始也。"

《明孝宗实录》卷七十三:"弘治六年三月……癸酉(初八)……礼部奏今次会试所取副榜举人凡在监五年以下并未入监及新科年岁相应者俱令就教职,不许告免。仍遵天顺八年诏例,署职九年考满者,方许再会试一次。从之,仍命署职六年以上有举人者亦许会试。时副榜举人多不愿就教职者,故礼部奏严其限。"

五月,作诗《喜雨》、《又一首》。

均见本集卷三"诗"。《喜雨》小注曰:"时以久旱求言。"

《明孝宗实录》卷七十四:"弘治六年四月……辛酉(二十七)……自去冬无雪至于是月不雨,敕谕文武群臣曰:'……凡军民利病,时政得失,有可以兴革者,尔文武群臣并科道官仍条奏来闻。"

吴宽《家藏集》卷二十"诗"有《癸丑闰五月十四日,久旱,大热。十七日得雨,始

63

解。偶阅王荆公集,首卷见二诗,颇合,乃次韵以寄济之》、《连雨再次前韵寄济之》。

作序《送毛检讨归省序》。

见本集卷十"序"。其序云:"东莱毛君维之,少发解,山东第一,登丁未(成化二十三年,1487)进士。改翰林庶吉士,授检讨。至是,维之与其父母别六年余矣。乞告来宁,有诏赐可。……馆阁元老而下咸赋诗以华其行,鳌序之。"

毛维之,即毛纪,据严嵩《钤山堂集》卷三十四"神道碑"《明故光禄大夫柱国少保兼太子太保吏部尚书谨身殿大学士赠太保谥文简毛公神道碑》:毛纪,字维之,世为东莱掖人。弱冠举丙午(成化二十二年,1486)山东乡试第一,丁未第进士。《明孝宗实录》卷七四:"弘治六年四月……壬子(十八)……翰林院检讨毛纪上疏乞归省亲,许之。"

钱福《钱太史鹤滩稿》卷六"引"《听鹤亭叙别诗引》云:"弘治癸丑(六)四月既望,太史东莱毛维之先生得赐归省其二亲,过别予于听鹤亭。"

作诗《送盛进士应期归娶吴中》。

见本集卷三"诗"。其诗有"建业秋风擢桂新"、"阙下杏花还属子"之句。

盛应期,据陆粲《陆子余集》卷四《明故资善大夫都察院右都御史盛公行状》:盛应期,字思征,别号值庵。苏之吴江人,今居郡城。弘治壬子(五年,1492)年十九中应天乡试,明年癸丑登进士第,奏乞归娶。盛应期盖王鳌所取举人而中进士者也。

顾清《东江家藏集》卷六"中集二·北游稿·诗"亦有《送盛斯征归娶》。

作诗《送仲山之任广东参政》。

见本集卷三"诗"。其诗有"十年送尽南归人,今日谁知还送君"之句。

仲山,即徐源,《明孝宗实录》卷七十三:"弘治六年三月……癸巳(二十八),升……兵部郎中徐源俱为布政司左参政……源,广东。"

程敏政《篁墩文集》卷八十九"诗"有《送武选徐仲山郎中赴广东参政,专理饷事》,作于弘治六年五月;张昇《张文僖公诗集》卷五"七言律"有《送徐大参源赴广东管粮》。

本集卷十"序"《送广东参政徐君序》作于同时,其序曰:"始吾苏之仕于京者,有文字会。翰林则有今少詹吴学士、海虞李学士及鳌为三人,其外则有若陈给事玉汝、周御医原巳、徐武选仲山,而时至出入者则有若赵刑部栗夫、孙进士希说、朱天昭氏、杨君谦氏、毛贞甫氏、陆全卿氏。……予数人者,未尝不喜其合,侈其盛,而独意其难久也。顷之,栗夫徙家城西,迹稍隔;希说除刑部,原巳擢院判,贞甫工科给事,前后之南京。而原巳、希说相继物故,君谦旋以病去。其后,玉汝擢大理丞,全卿为御史,亦徙而西。天昭以御史出授广东,独予三人者如故。俄而李学士拜南京祭酒亦去。今年春,陈与陆一日去,今兹君又去焉。

自壬寅岁予再至京师，迄今十有二年耳。何人事之好乖，仕途之多虞也。"

按：据吴宽《家藏集》卷十二"诗"《送原巳赴南京院判》，成化二十年（1484），周庚升南京太医院判；据《明孝宗实录》卷三十八，弘治三年（1490）五月乙亥（二十四），毛珵擢南京工科给事中；据吴宽《家藏集》卷七十二"墓表"《南京太医院判周君墓表》，弘治二年（1489）二月辛亥（二十三），周庚卒于南京；据王锜《寓圃杂记》卷十"孙霖冤狱"，孙霖任南京刑部员外郎不久即暴死；据吴宽《家藏集》卷十八"诗"《送杨君谦致仕》，弘治五年（1492），杨循吉致仕；据《明孝宗实录》卷五十一，弘治四年（1491）五月辛丑（二十六），陈璚升大理寺左寺丞；据《明孝宗实录》卷四五，弘治三年（1490）十一月癸未（初五），陆完授广西道监察御史；据《明孝宗实录》卷三十五，弘治三年（1490）二月乙酉（初三），朱文授云南道监察御史；据《明孝宗实录》卷五十三，弘治四年（1491）七月癸未（初九），李杰升南京国子监祭酒；据《明孝宗实录》卷一〇五，陈璚弘治六年春，以丁忧去；据《明孝宗实录》卷七十三，弘治六年三月癸巳（二十八），徐源升广东布政司左参政。壬寅，即成化十八年（1482），至是已十二年。

作诗《送欧阳子履董广东学政》。

见本集卷三"诗"。其题注曰："其兄亦以副使董学政。"

欧阳子履，即欧阳晢，其兄欧阳旦，《同治安福县志》卷八"选举·科目"："欧阳旦，成化十七年（1481）辛丑科王华榜进士。欧阳晢，成化二十年（1484）甲辰科李旻榜进士。"又卷十"人物"："欧阳旦，字子明，一名相，南乡字江人。成化辛丑进士。……弘治初……历云南、湖广、浙江督学副使。……弟晢，字子履，甲辰进士，广东提学佥事，才行与兄相伯仲。"《明孝宗实录》卷六十四："弘治五年六月……壬寅（初三），升监察御史欧阳旦……为按察司佥事，旦，云南。"卷七十六："弘治六年闰五月……丙午（十三）……升中书舍人欧阳晢为广东按察司佥事，提调学校。"

程敏政《篁墩文集》卷八十九"诗"有《送中书舍人欧阳子履金宪广东提调学校》，作于弘治六年，其题注曰："兄子相先以御史金宪云南，提调学校。"

作诗《送张叔亨御史按云南》。

见本集卷三"诗"。

张叔亨，即张泰，据焦竑《焦太史编辑国朝献征录》卷三十一"南京户部一·尚书"黄佐《南京户部尚书张公泰传》：张泰，字叔亨，顺德人。成化丙戌（二年，1466）进士。"丁忧养病十有余年，弘治壬子（五年，1492）复起，出按云南。"

吴宽《家藏集》卷二十"诗"有《送张叔亨出巡云南》；程敏政《篁墩文集》卷八十九"诗"有《送张叔亨侍御巡按云南二首》，作于弘治六年六月，其后序曰："侍御张君叔亨与予同举丙戌进士，几三十年矣。君以家艰居广中久之，而予亦放还江南。迩者被召入朝，始获先后北上。方幸接风采，聆教言，而君又受命出按云南。"

作诗《送人之南丰》。

> 见本集卷三"诗"。
>
> 此人当为张经,《(嘉靖)昆山县志》卷七"乡贡":"成化十九年(1483)癸卯科,张经,字文济,南丰教谕。"《民国南丰县志》卷七"秩官·明·教谕":"张经,昆山人,举人,弘治四年(1491)任。"张经盖王鏊府学同学也。

作诗《送吴编修克温归省宜兴》。

> 见本集卷三"诗"。
>
> 吴克温,即吴俨,参见本谱弘治三年条。

作诗《送同年俞副使濬之四川兵备》。

> 见本集卷三"诗"。
>
> 俞濬之,即俞深,据雷礼《国朝列卿纪》卷六六"南京工部左右侍郎行实·俞深":俞深,字濬之,别号东溪,浙江绍兴府新昌县人。成化甲午(十年,1474)领浙江乡荐,联登乙未(十一)进士。《明孝宗实录》卷七九:"弘治六年八月……辛未(初九)……升监察御史俞深为四川按察司副使。"俞深盖王鏊同年也。
>
> 程敏政《篁墩文集》卷八十九"诗"有《送俞濬之侍御赴四川宪副,饬兵备于绵、安》,作于弘治六年。

作序《送修撰刘君归省序》。

> 见本集卷十一"序"。其序云:"刘君仁仲,少发解四川第一,廷试为天下第二,授翰林编修,进修撰。旋侍经筵。岁之初吉,归省于蜀,蜀之同官于朝者乞于言为赠。"
>
> 刘仁仲,即刘春,据雷礼《国朝列卿纪》卷十六"詹事府詹事行实·刘春":刘春,字仁仲,号东川,一号樗庵,四川重庆府巴县人。成化癸卯(十九年,1483)举四川乡试第一。丁未(二十三年,1487)举进士,廷对为天下第二。时任翰林院修撰。"癸丑(弘治六)……七月疏乞归省,给道里费。"
>
> 程敏政《篁墩文集》卷八十九"诗"有《送刘仁仲修撰还蜀》,作于弘治六年八月;罗钦顺《整庵存稿》卷十七"七言律诗"有《刘仁仲修撰归省寿其祖母》。

作诗《送夏璪下第还江阴》。

> 见本集卷三"诗"。其诗有"自昔昆山夸片玉,一朝沧海得双珠"之句,其小注云:"其弟同登乡荐。"
>
> 夏璪,《(嘉靖)江阴县志》卷十四"选举表第十一上·乡举":"弘治五年(1492)壬子有夏璪,字廷华,耀州知州。夏从寿,字如山,弘治六年癸丑第进士。"夏璪盖王鏊弘治五年所取举人也。

作诗《送白进士金归省》。

> 见本集卷三"诗"。

66

白金，《光绪武进阳湖县志》卷十九"选举·进士"："弘治六年癸丑，白金，江西布政司参政。"白金盖王鏊弘治五年所取举人也。张昇《张文僖公诗集》卷五"七言律"亦有《送白金进士南还》。

作诗《送李文选唯诚册封岷府》。

见本集卷三"诗"。其诗有"芜湖家近好经过"之句。

李唯诚，即李赞，据焦竑《焦太史编辑国朝献征录》卷八十四"浙江·布政使"杨一清《浙江布政使司左布政使李君赞墓表》：李赞，字惟诚，别号平轩。国初始徙家芜湖。成化甲辰（二十年，1484）会试，入奉廷对，赐二甲进士。时任转考功员外郎。《明孝宗实录》卷八十一："弘治六年十月……甲申（二十三），赐岷府安仁郡主并仪宾林凤翀……诰命冠服如制。"

作诗《我生》。

见本集卷三"诗"。

秋，作诗《宿樊都尉翠微山庄》。

见本集卷三"诗"。其诗有"秋声飒沓惊涛洶"之句。

樊都尉，即驸马都尉樊凯，据焦竑《焦太史编辑国朝献征录》卷四"驸马都尉"崔铣《驸马都尉樊大振传》，樊凯，字大振，安阳大韩村人。成化初选尚广德公主。"成化丙午（二十二年，1486），命统禁兵，日介胄升殿侍卫。"张廷玉《明史》卷一百二十一"公主传"云："英宗八女。……广德公主，母万宸妃，成化八年（1472）下嫁樊凯……"翠微山庄，《光绪顺天府志》卷二十一"地理二·山川"云：北平西山有平坡山，一名翠微山。

秋，大病两月，乃作《慎疾斋箴》以警之。作诗《病间偶成》、《纪梦》、《读白集》、《怀山》、《病起》。

《慎疾斋箴》见本集卷三十二"箴铭"，箴曰："己丑之秋，予得疾，殆甚，辛丑岁则病，癸丑则病，而皆起于微。因作《慎疾箴》以警于后。或曰：'岁行在丑则病，或者非人乎？'虽然，吾知慎吾事而已。"

己丑，即成化五年（1469），时王鏊二十岁。辛丑，即成化十七年（1481），时王鏊三十二岁。

《病间偶成》、《纪梦》、《读白集》、《怀山》、《病起》均见本集卷三"诗"。

《病间偶成》有"悲风急景穷阴日，布帐匡床卧病身"之句。

《纪梦》云梦一道士赐药。

《读白集》云："朝事不预闻，人事不复理。家事不复关，身事不复治。翛然卧榻上，乃至无一事。长日谁与言，太原白居易。"

《怀山》云"我年四十四，须发已见白。况复秋冬来，尪然抱羸疾。强颜班行中，公私有何益？……独无百亩田，独无五亩宅。一朝辞禄养，何以谋代食。欲留谅不能,欲去且未得。公私两乖违,转展复反侧。……不见毛贞甫,四十挂朝帻。"

毛贞甫,即毛珵,参见本谱成化十八年条。

按:本诗云"不见毛贞甫,四十挂朝帻",文徵明《甫田集》卷二十六"行状"《明故嘉议大夫都察院右副都御史毛公行状》云"公生景泰[正统]壬申(三年,1452)七月十又八日,卒嘉靖癸巳(十二年,1533)二月十又九日,享年八十有二",则毛珵四十岁当在弘治四年(1491),又言:"丙辰(弘治九年,1496)以病予告,家居"。故此两句当后来追改,"四十"乃约数也。《病起》有"我行忽抱病,两月迹如扫"之句,盖王鏊大病两月也。

作序《送陈宗理知永定序》。

见本集卷十"序"。其序云:"宗理,吾友也,相知诚深矣。……吾官京师久,若吾宗理者乎,虽进士盖鲜也。"

陈宗理,即陈悦,参见本谱弘治二年条。《(嘉靖)汀州府志》卷十一"历官·文职·国朝":永定县知县有陈悦,直隶吴县人,监生,弘治六年任。

吴宽《家藏集》卷二十"诗"亦有《送陈宗理知永定》。

作志铭《封奉直大夫右春坊右谕德谢公墓志铭》。

见本集卷二十七"志铭"。

据本铭,谢公,号简庵,即谢迁之父也。"公以六年四月二十六日卒于家,寿六十三。"据杨守阯《碧川文选》卷四"碑铭"《赠资政大夫太子少保兵部尚书兼东阁大学士谢公神道碑铭》,公讳恩,字公觐。《明孝宗实录》卷八九:"弘治七年六月……丁卯(初十)……先是,詹事府少詹事兼翰林院侍讲学士谢迁丁其母邹宜人忧,上念迁侍从之旧,因其请特赐祭葬。至是其父封左庶子卒,迁复以谕祭及启圹合葬为请,允之。"

作志铭《静庵处士墓志铭》。

见本集卷二十七"志铭"。其铭云:"西洞庭处士徐君讳震,字德重,年七十作寿藏于山之富子冈,曰:'吾将归矣。'又八年,为弘治三年(1490年)九月二十四日卒,六年月日乃克葬焉。……孙缙,王氏婿,故予为铭。"

吴宽《家藏集》卷七十二"墓表"《隐士徐静庵墓表》云:"徐之先为婺之桐山人,后徙吴之洞庭山,遂为邑著姓。……静庵讳震,字德重,静庵其自号也。……以弘治三年闰九月初三日卒,享年七十九。……以卒之明年葬于某处。淮等既求王谕德济之铭其墓,复求予表之。盖往岁予尝访济之于湖上,登高以望所谓洞庭者。"

按:对比吴宽之表与王鏊之铭,可见吴文为当时所作,王文后来有所改动也,时徐缙尚未从学于鏊而为其婿也。寿藏,即生圹,活人所建之坟墓也。

作志铭《适适翁墓志铭》。

> 见《太原家谱》卷二十一"碑志类上编",不见于本集。

> 据本铭,适适翁即王钦,字逊之,王鏊之从兄。长乐县主簿王昇之孙,王琮之子。年六十二,卒,弘治六年十二月十二日祔葬蒋坞之先茔。"鏊家居时,喜从翁游,南还不及见之,为文哭之。"

弘治七年甲寅(1494)　四十五岁

西洞庭徐潮率其子缙来从学于京邸,以长女王仪妻之。

> 旧谱云:"西洞庭徐以同氏率其子缙来学。公嘉其质秀而文,遂令读书于京邸,以女妻之。"

> 徐潮,据吴宽《家藏集》卷七十二"墓表"《处庵徐府君墓表》,徐潮,字以同,号处庵。"生子缙,甫垂髫,教之,即严曰:'无蹈他人失学之悔也。'缙缔姻于今吏部侍郎王公。"徐缙,《(崇祯)吴县志》卷四十八"人物十一·文苑"引章焕状略:"徐缙,字子容,西洞庭峰下人。姿干瑰玮,警敏异常。……王文恪鏊有女灵慧,通经史,钟爱之,择俪难其人。见缙,试以联偶,曰:'此吾婿也。'遂许焉。因授以读书之要,挈游都门,令受《易》于靳文僖贵,从先世留守补顺天学生。"

作诗《哭逊之振之兄三首》。

> 见本集卷三"诗"。其诗有"故国多时别,凶音隔岁闻"、"少小嬉游熟,中年隔绝多"、"惟余寸心在,岁晚谅无他"之句。

> 逊之,即王钦,参见本谱弘治六年条。振之,即王锺,据王鏊《公荣公墓志铭》,王锺为王鏊大伯父王璋之子。

作诗《和秉之再到京口有怀别时之作》。

> 见本集卷三"诗",又见于王铨《梦草集》卷二"南归唱和"。其诗有"长江不断流今古,客子重游感岁时"之句,其小注云:"予年四十五,始见白发。"

> 此诗与《哭逊之振之兄三首》当作于乡人来京送信之时。王铨有诗《再至京口有怀》,其中有"去年兄弟京口别,今日重来复此时"之句,王铨诗盖作于弘治六年。

作诗《送僧方册归善权寺》。

> 见本集卷三"诗"。

> 善权寺,《嘉庆增修宜兴县旧志》卷末"寺观":"善权禅寺在县西南五十里善权山。齐建元二年(480)以祝英台故宅建。……明改为善权寺。"程敏政《篁墩文集》卷九十"诗"有《送僧方策住善权寺》,作于弘治七年,其后序云:"宜兴善权寺山水佳胜,号东南巨擘之境。今讲录雪厓济川公尝居之。迩者,其嗣孙方策长老复领札以往来,丐一言。"

作诗《抱子猿》、《长啸猿》。

　　见本集卷三"诗"。

　　此两首盖王鏊题画诗也。

作诗《赠朱相之分司芜湖》。

　　见本集卷三"诗"。

　　朱相之,即朱稷,弘治《常熟县志》卷四"乡举":"成化十［十一］年(1474)甲午科:朱稷,字相之,涂松冈人。"又卷四"进士":"弘治三年(1490)钱福榜:朱稷,任工部主事,卒于官。"《乾隆太平府志》卷十八"职官四·芜关分司":"朱稷,常熟人,进士,主事,弘治七年任。"朱稷盖王鏊乡试同年也。

作诗《和杨侍读介夫得子》。

　　见本集卷三"诗"。

　　杨介夫,即杨廷和,据焦竑《焦太史编辑国朝献征录》卷十五"内阁四"杨志仁(廷和孙)述《特进光禄大夫左柱国少师兼太子太师吏部尚书华盖殿大学士赠太保谥文忠杨公廷和行状》:杨廷和,字介夫,别号石斋,蜀之新都人。成化戊戌(十四年,1478)举进士。时任翰林院侍读,充经筵讲官。杨廷和子四人:慎、惇、恒、忱。

作诗《程、李二学士承命教庶吉士》。

　　见本集卷三"诗"。

　　程即程敏政,参见本谱弘治元年条,据《明孝宗实录》卷六十八,程敏政时任詹事府少詹事兼翰林院侍读学士。程敏政《篁墩文集》卷四十六"碑志表"《石丘处士吴君墓碑铭》云:"弘治甲寅(七年)春,予被命教庶吉士于翰林。"卷九十"诗"又有《廿八日受命与宾之同教庶吉士于翰林》,作于弘治七年一月。杨守阯《碧川文选》卷二"序"《简命育英唱和诗序》云:"弘治七年春正月,詹事府少詹事兼翰林侍读学士程公克勤被命教庶吉士。……都察院右都御史屠公朝宗,程公同年也,首唱一诗贺之而兼简李公。二公皆次韵答之,而又往复十余首,一时名卿才大夫士闻而属和者云集,麟累数十百篇。"本诗盖作于此时也。李即李东阳,李东阳《怀麓堂集》卷十八"诗稿十八·七言律诗"有《篁墩先生奉命同教吉士,有诗见贻,次韵奉达》。

作诗《送周驸马祭告孝陵》。

　　见本集卷三"诗"。其诗有"三日风雷偶示儆,骏奔千里属亲贤"之句。

　　《明孝宗实录》卷八十三:"弘治六年十二月……壬戌(初二),夜,南京电雷风雨,拔孝陵树。"卷八十五:"弘治七年二月……甲子(初五)……(上)遣保国公朱永告天地,驸马都尉周景告孝陵。"周驸马,即周景,据《明孝宗实录》卷一〇六,周景,字德彰,河南安阳县人。天顺辛巳(五年,1461)尚英宗元女重庆公主。

顾清《东江家藏集》卷六"中集二·北游稿·诗"亦有《送周都尉告祀孝陵》。

作诗《送吴禹畴之任广东兼柬仲山》。

见本集卷三"诗"。其诗有"曲江看花三百俱,谁其厚者吴与徐。岂惟乡邦语音合,亦似道义心情孚。流光转盼一十九,反复中间无不有。京师再到是姻家,岭峤同行作寮友"之句。

吴禹畴,即吴洪,参见本谱弘治元年条,《明孝宗实录》卷七十三:"弘治六年三月……壬辰(二十七),复除贵州按察司副使吴洪于广东。……洪时丁忧服阕。"仲山,即徐源。王鏊、徐源、吴洪同为成化十一年进士,至是已十九年,故称"流光转盼一十九"。吴宽《家藏集》卷六十九"墓志铭"《徐宜人朱氏墓志铭》:"宜人(徐源夫人朱氏)生子男一,即窑,苏州卫中所副千户,娶吴氏,太仆卿禹畴之女。"故称"京师再到是姻家"。

吴宽《家藏集》卷二十"诗"亦有《送吴禹畴赴广东兵备副使》,其诗有"却羡宦游亲友在,公余应喜一尊同"之句,小注曰:"时仲山初擢广省。"

作祭文《祭陈太常音》。

见本集卷三十一"祭文"。其文有"某等少侍门墙,忝有禄位,闻讣莫奔,南望殒涕"之句。

陈太常,即陈音,据《明孝宗实录》卷八九与倪岳《青溪漫稿》卷二十一"碑"《嘉议大夫南京太常寺卿愧斋陈先生神道碑》,弘治七年六月己卯(二十二,一说二十六),时任南京太常寺卿陈音以疾卒于长安西街之第,年五十有九。"音为人敦朴,外若不慧,而中所操执莫能夺。为文典实有理致,达邃经学。四方举子质经疑者踵至,多取高第至显仕。"

作诗《避暑傅氏山庄次陆学士廉伯韵二首》。

见本集卷三"诗"。其诗有"初凉道上行人影"之句,大约作于本年夏末也。

傅氏山庄,大概傅瀚之别业也。陆廉伯,即陆简,据《明孝宗实录》卷五四,时任少詹事兼侍读学士。

作诗《和莫曰良早朝之作》。

见本集卷三"诗"。其诗有"玉树初惊一叶秋"之句,当作于本年初秋也。

莫曰良,即莫聪,据毛宪、吴亮《毗陵人品记》卷八"国朝",莫聪,字曰良,无锡人。成化甲辰(二十年,1484)进士。时任兵部车驾郎。《康熙常州府志》卷十六"乡科·明":成化十年(1474)甲午科,无锡有莫聪,盖王鏊乡试同年也。

作诗《陆凤刲股愈母疾》。

见本集卷三"诗"。

陆凤,据李东阳《怀麓堂集》卷二十九"文稿九·序"《陆孝子诗序》,陆凤乃金陵国子生仁甫之子。"其母叶病否……(凤)乃手刲左臂肉一脔为羹以进,母食而甘之,否渐愈,旬日而差。""仁甫以贡上礼部,诘之得其事加详。诸卿士闻者多为赋诗,不逾月而成卷。"本诗盖作于此时也。程敏政《篁墩文集》卷三十二"序"《陆君廷玉哀诗序》亦云:"金陵陆厚仁甫之以贡升太学也,亟奉其考君哀挽之什若干篇,请予为之序。……君有孙凤愿而文,能刲股以愈母疾。今学士长沙李公宾之为书其事而传焉。"程序作于弘治甲寅(七)。

作诗《次韵马少卿经筵纪胜》。

见本集卷三"诗"。

马少卿,即马绍荣,据焦竑《焦太史编辑国朝献征录》卷二十二"翰林院三·殿阁书办官"《太常寺卿马公绍荣传》:马绍荣,字宗勉,慕范仲淹之为人,号景范,世为苏之常熟人。以《毛诗》登天顺壬午(六年,1462)科乡举,成化元年(1465)试书中选。时任太常寺少卿。马绍荣与王鏊盖同乡也。

作诗《寄陈一夔》。

见本集卷三"诗"。其题注曰:"予北上,陈自刑曹外补,相值于南旺湖。"盖王鏊于南畿主考乡试返程途中相遇也。

南旺湖,在今山东省济宁市境内,明永乐九年(1411)工部尚书宋礼在运河上修的一个分水枢纽。陈一夔,即陈章,参见本谱弘治二年条,据《明孝宗实录》卷六五、六七,陈章于弘治五年(1492)七月壬辰(二十四)由刑部郎中升为湖广按察司副使,九月壬午(十四)又因刑部诸司隶卒诈取狱囚财物之事,降为瑞州府同知。吴宽《家藏集》卷十九"诗"有《题陈一夔宪副小像(时初擢湖广副使)》、《送陈一夔调瑞州同知》。

作诗《送王懋伦金事之蜀》。

见本集卷三"诗"。其题注曰:"懋伦成化末自翰林外谪,今召擢宪金。"

王懋伦,即王敕,据《明武宗实录》卷七十一:王敕,字懋伦,山东历城人。成化甲辰(二十年,1484)进士第三人,授翰林编修。丁未(二十三年,1487)以尹龙事败,谪夷陵州判官。《明孝宗实录》卷三十六:"弘治三年三月……戊午……升……夷陵州判官王敕……为按察司金事……敕……四川,敕提督学校。"

程敏政《篁墩文集》卷九十"诗"有《送王懋伦金事进表还四川提学》,作于弘治七年;石珤《熊峰集》卷二"诗·七言古"有《送王懋纶金宪还蜀》;毛纪《鳌峰类稿》卷二十"诗"有《提学王懋伦朝京还蜀,祖筵分韵得无字》,盖本诗作于王敕进京述职之时。

作诗《天昭御史家藏王朋梅画屡失而得》。

见本集卷三"诗"。

天昭,即朱文,时为云南道监察御史。王朋梅,即王振鹏,据孙岳颁等《御定佩文斋书画谱》卷五十三"画家传九·元一"，王振鹏，字朋梅，永嘉人。画极工致，元仁宗眷爱之，赐号孤云处士。

吴宽《家藏集》卷二十一"诗"有《题昆山朱氏所复王朋梅小画》，作于弘治七年。

作宜晚轩，有《宜晚轩》诗。

诗见本集卷三"诗"，云："旋锄荒秽强名园，小结茅茨便作轩。"

作诗《八月十六夜，匏庵携酒过宜晚轩》。

见本集卷三"诗"。其诗有"新开竹径贮秋多，携酒烦公每见过"、"月夕花朝送酒频，朱周李赵陆徐陈。十年亦是须臾事，对月今宵只二人"之句。

朱周李赵陆徐陈，即朱文、周庚、李杰、赵宽、陆完、徐源、陈璚，参见本谱弘治六年《送广东参政徐君序》条。

九月，考满，进阶奉直大夫。父母、亡妻皆有封赠。

旧谱云："(弘治)七年甲寅，四十五岁。考满进阶奉直大夫、右春坊右谕德，封公父如其官，母叶氏加赠宜人，妻吴氏、继室张氏皆追赠宜人。"

考满，盖王鏊任右谕德满三年初考也。奉直大夫，张廷玉《明史》卷七十二"职官志一"："文散阶……从五品，初授奉训大夫，升授奉直大夫。"右谕德，从五品也。《太原家谱》卷一上"恩纶类·敕命、诰命"有《光化公加封奉直大夫，叶夫人加赠宜人诰命》与《文恪公进封奉直大夫，吴夫人张夫人进赠宜人诰命》，时间为弘治七年五月十八日。张廷玉《明史》卷七十二"职官志一"："五品以上授诰命……外命妇之号九，五品曰宜人。……妻之封，止于一嫡一继。"故李夫人、胡夫人皆不及封也。

十二月，吴宽归乡守制。

吴宽《家藏集》卷四十二"序"《赠进士秦君序》云："弘治七年十二月八日，宽闻先太宜人之丧，将归守制。上念宽为春宫旧学之臣，特敕有司治葬以荣其亲。"

《明孝宗实录》卷九五："弘治七年十二月……己卯(二十四)，赐吏部右侍郎吴宽继母王氏祭葬如例。"

作序《乡试同年会序》。

见本集卷十"序"。其序云："成化甲午(十年，1474)南畿乡试同上者一百三十五人。今年为弘治甲寅，官京师者六人焉，三人者至自外，九人而已。……始谋为乡同年会，庚辰，会午城之西垣，六人者为主；甲申，会玉河之西堤，三人者为主。……众谓是会不可不志，遂分韵为诗，而属予序。……其后也遂相与订盟焉，岁一为会。而自兹会者，始六人者：云间顾惟庸，时为大理司务；锡山莫曰良，驾部员外郎；吴江叶文粹，中书舍人；宜兴宗廷威，户部郎中；云间朱汝承，工部员外郎；鏊，右春坊谕德。三人者：昆山张济民，同知南昌；海虞周民则，同知袁州，以考绩至；歙县洪克毅，知交河，以御史征，方为之。"

顾惟庸,即顾纶,据顾清《东乡家藏集》卷四十一"后集八·墓表墓志"《马湖府知府碧潭顾君墓志铭》,顾纶,字惟庸[诚],别号薇趣,晚更号碧潭。世居苏之嘉定,祖文明元季避兵徙松江,占籍华亭,故今为华亭人。成化甲午领应天乡荐,上春官五试不利,弘治癸丑(六年,1493)复下第。"走铨曹,试高等,授大理司务,尽心职事。"朱汝承,即朱恩,据焦竑《焦太史编辑国朝献征录》卷三十六"南京礼部一·尚书"费宷《资善大夫南京礼部尚书莅溪朱公恩墓志铭》,朱恩,字汝承,号莅溪翁,华亭乌溪人。成化甲午发解南省,登甲辰(成化二十年,1484)进士第。莫曰良,即莫骢,见本谱本年条。宗廷威,即宗钺,《康熙常州府志》卷十六"乡科·明":成化十年甲午科,宜兴有宗钺。又卷十七"甲科·明":"成化十四年(1478)戊戌曾彦榜,宜兴宗钺,长芦御史。"叶文粹,即叶绲,《(正德)姑苏志》卷六"科第表中·乡贡":成化十年甲午科,吴江叶糸辰,字文粹,楚府宁理正。《明孝宗实录》卷七十九:"弘治六年八月……乙丑(初三),授……举人叶绲……为中书舍人……各侍寿王等王读书。"张济民,即张汝舟,据顾鼎臣《顾文康公文草》卷八"传"《明故中宪大夫思南府知府二南张先生传》,张汝舟,字济民,号二南,苏州昆山人。"弱冠知名,以成化甲午(十)贡于乡,后不第,授倅南昌。"周民则,即周楷,参见本谱弘治三年条。洪克毅,即洪远,据雷礼《国朝列卿纪》卷六十三"南京工部尚书行实·洪远",洪远,字克毅,号弘斋,直隶徽州府歙县人。成化甲午(十年,1474)录于乡,戊戌(十四年,1478)登进士。"弘治庚戌(三年,1490)即吉,改知交河县。""甲寅(七年,1494)召拜南京福建道监察御史。"

作表碣《都察院右副都御史唐公墓表》。

见本集卷二十五"表碣"。

据本表与《明孝宗实录》卷九十二:唐公即唐瑜,字达[廷]美,直隶上海县人。景泰辛未(二年,1451)进士,官至都察院右副都御史,巡抚甘肃,被劾去官。弘治七年八月十八日卒于家,春秋七十有二。

徐溥《谦斋文录》卷四"碑铭"有《嘉议大夫都察院右副都御史唐公神道碑铭》,李东阳《怀麓堂集》卷八十二"文后稿二十二·志铭"有《明故都察院右副都御史唐公墓志铭》。

作表碣《江西提刑按察司佥事杨君墓表》。

见本集卷二十五"表碣"。

据本表与吴宽《家藏集》卷六十三"墓志铭"《江西提刑按察司佥事杨君墓志铭》:杨君即杨大荣,字崇仁,世家四川麻城。天顺丁丑(元年,1457)进士,官至江西按察佥事,自劾去位。弘治甲寅(七年,1494)八月十八日卒,年七十有三。

作祭文《同年祭张希载侍御》。

见本集卷三十一"祭文"。其文有"昔在成化,乙未之春。同登甲科,三百其人。

二十余年,聚散生死。其仕于京,九人而已"、"有呱者儿,有茕者室。万里滇南,见者兴恻"之句。

张希载,即张西铭,《正德云南志》卷二十一"列传·乡献":"张西铭,字希载,海之子,宁州人也。……年十三通举子业,登成化十一年进士第。……弘治四年(1491)用荐为京畿提学。……寻卒。西铭博雅修洁,言论不妄发,甚宜抚字。为宪职务大体,不屑屑为苛察而法亦不废。人以是多之。"侍御,对殿中侍御史、监察御史的敬称。

作书《文恪公与秉之公书》。

见《太原家谱》卷二十八"杂文类下编",不见于本集。其书云:"久困举业,姑稍捐之,留意诗与字,意良佳。……在翰林时,人事往来,求文之礼,今皆无之,必识此意。故俸金偿房价未完,父亲若有所须,只于无完处取之。山前所置田,日后不识如何?如可,再置几亩;如不可,亦须还之。"

又王鏊书中云"传闻巡按者妄作威福,乃更贻亲忧,不意其无状遂至于此,今往一书可达之,当不复然"。按:据《明孝宗实录》卷九九,先是,江南苏松等府被水,命南京户部委官核之,所委主事高峘偕其养子林及旧隶蒋能同行。"所至每遣林等出与典赋者为关节,议谐所值多寡,若市物然。银至百两则所报灾数不复问其虚实,否则驳之不已。以是州县闻之,鲜不纳贿。"后为巡按御史吴一贯、巡抚都御史何鉴所发,峘追赃,并家属发湖广常德卫充军,林等各坐罪有差。王鏊所言盖即此也。

弘治八年乙卯(1495)　四十六岁

作序《送都水员外郎傅君序》。

见本集卷十"序"。其序云:"水部员外郎傅君曰会将视竹木于荆门,州君为今春官少宗伯先生弟。"

傅君,即傅潮,字曰会,傅瀚弟,《同治新喻县志》卷九"宦业":"(傅潮)累官至工部郎,监榷荆州、督工京厂、治水东吴,俱有能声。"春官,礼部之别称。少宗伯,对礼部侍郎的敬称。春官少宗伯,指傅瀚。据《明孝宗实录》卷七十七,傅瀚时任礼部右侍郎。

李东阳《怀麓堂集》卷二十九"文稿九·序"有《送傅工部曰会督税荆州序》;程敏政《篁墩文集》卷九十一"诗"有《送工部傅曰会员外荆州抽分》,作于弘治八年一月,其题注曰:"侍郎曰川之弟,公事毕,有过家之便。"

作哀词《陆詹事哀词并序》。

见本集卷三十一"哀词"。其序曰:"弘治八年春正月,宫詹晋陵陆先生卒。昔成化初,先生发解南京第一,廷试第三,于时才名倾动中外。某时游学京师,间得见之,魁岸开爽,映发左右。后十年,承乏翰林,始习焉。议论之高奇,识见之伟特,座之人往往屈焉。众方归以公辅,虽先生自负亦固有然者。……予与先生学同门、官同署、居同巷。"

陆詹事,即陆简,参见本谱弘治二年条,据《明孝宗实录》卷九六与程敏政《篁墩文集》卷四十一"行状"《故嘉议大夫詹事府詹事兼翰林院侍读学士赠礼部右侍郎陆公行状》,弘治八年正月壬辰(初八),詹事府詹事兼翰林院侍读学士陆简卒,年止五十有四。"简姿貌秀伟,少有俊才,颇不自检制,晚益矜持,自负当远到。既久滞不显,亦多郁抑,赍志以没。"

黄河治水功成,作《黄陵冈水神祠记》与《安平镇治水功完之碑》。

《黄陵冈水神祠记》见本集卷十五"记"。其记云:"弘治二年(1489)河决张秋,漕道兀坏,华容刘公大夏以都察院右都御史奉命治之。……公方有事黄陵冈,夜梦妇人冠佩,默坐,跣其足。明日语诸属,萧曰:'水神见像,役其成矣。'公曰:'果然者,当立庙以祀之。'……俱以八年正月始事,上奋下励,浃旬诸口悉合,河复故道,漕运无虞,上下晏然。河平之月日,有诏建祠于安平镇祀龙王于黄陵冈。而萧等复以水神见像报,不可忘。乃复以余财建祠若干楹,肖梦中之像以祀,以答神休,以卒公志,而来请记。"

张廷玉《明史》卷十五"孝宗纪":"(弘治)二年……夏五月庚申,河决开封,入沁河,役五万人治之。""(弘治)六年……二月……丁巳,擢布政使刘大夏右副都御史,治张秋决河。""(弘治)七年……十二月甲戌,张秋河工成。""(弘治)八年……二月……己卯,黄陵冈河口工成。"刘大夏,据《明武宗实录》卷一三七:刘大夏,字时雍,湖广华容县人。天顺己卯(三年,1459)乡试第一,登甲申(八年,1464)进士。"癸丑(弘治六),河北徙妨运道。擢大夏右副都御史往治之。"

《安平镇治水功完之碑》见本集卷二十一"碑"。其题注曰:"代人作。"其碑云:"弘治二年河势北徙,六年夏遂决黄陵冈,溃张秋堤,夺汶水入海。……上乃命右副都御史刘大夏往莅。……役始于六年之夏,其冬告成。……上遣使慰劳,令作庙镇其上,赐额曰'显惠神祠',镇曰'安平镇',命臣某纪其事。"

《明孝宗实录》卷九十五:"弘治七年十二月……庚午(十五),改张秋名为安平镇,建庙祀真武龙王、天妃,赐额曰'显惠',从太监李兴等请也。"代人或即太监李兴也。

三月,改翰林院侍读学士,寻充日讲。

《明孝宗实录》卷九十八:"弘治八年三月……己酉(二十六),改右春坊右谕德王鏊为翰林院侍读学士……从大学士徐溥等荐也。"

旧谱云:"徐文靖公荐公历任年深,学问老成,故有是命。寻充日讲官。"

侍读学士,黄佐《翰林记》卷一"官制沿革":"(洪武)十八年三月丁丑命吏部定正官……侍读学士、侍讲学士各二人,从五品。"又卷一"职掌":"侍读学士之职,凡遇上习读经史则侍左右以备顾问,帅其属以从。"侍读学士与右谕德俱为从五品，故曰改。日讲，也称小经筵，指皇帝每日读习经史。黄佐《翰林记》卷九"讲官入直"："若日讲则用年资深而品秩尊者。"徐文靖公，即徐溥，据张廷玉《明史》卷一百九"宰辅年表一"，徐溥时为少傅、吏部尚书、谨身殿大学士。

公进讲，讽喻孝宗游田，指陈宦官李广。

旧谱云："公每进讲，必分天理、人欲、君子、小人，至治乱、用舍之际尤加详恳，手执牙签，指点上下。重瞳随瞩，未尝少瞬。上以方春，游后苑，左右无敢谏。公讲《无逸》篇，至'文王不敢盘于游田'，默寓规讽。上竦听，为之罢游。一日罢讲，上召巨珰李广所亲，谓曰：'若知今日讲官意乎？指谓广也。归语广，好为之！'他日又讲赵高蔽秦二世聪明以致乱，及李辅国与张后劫迁上皇事。左右变色，上独怡然。由是，中外皆知公之能以正匡君，上之能受言也。"

李广，据万斯同《明史》卷四○五"宦官上"，李广，孝宗时司礼太监也。"亡他技能，惟以烧炼及邪淫术干帝而数兴土木。假符箓祷祀以神其说，皆梁芳故智也。""其事诡异为妄，不可信。帝独心好之。太常卿崔志端、真人王应祚等称广教主、主人，而广为之传升官职，求赐玉带，转相煽诱。诸皇亲贵戚皆父事广，大臣镇帅以下至呼之为公。广遂以传奉授官，如成化间故事。四方输纳贿赂，先入其门。"

作序《送长芦运使宗君序》。

见本集卷十一"序"。其序云："同年宗君廷威以进士为户部郎中，弘治八年三月出为沧州长芦运使，朝之士夫咸以为不宜，唯君其亦有不自得者乎！"

宗廷威，即宗铖，参见本谱弘治七年条。《明孝宗实录》卷九十八："弘治八年三月……甲辰（二十一）……升……户部郎中宗铖为河间长芦都转盐使司运使。"

罗玘《圭峰集》卷七"序"有《送宗君之长芦都运使序》，云："弘治八年夏四月，诏以尚书户部郎中宗君为长芦都转盐使司使。"顾清《东江家藏集》卷七"中集三·北游稿·诗"亦有《送宗都运廷威之长芦》，作于弘治八年。

五月，作诗《内阁赏芍药四首》。

见本集卷三"诗"。

顾清《东江家藏集》卷七"中集三·北游稿·诗"有诗《内阁赏芍药次韵二首》，其小序云："时阁老义兴徐公、洛阳刘公、长沙李公。徐、刘首倡，长沙及学士篁墩程公以下皆和。"王鏊所作盖此也。

李东阳《怀麓堂集》卷五十五"诗后稿五·七言律诗"有《内阁赏芍药奉和少傅徐公韵四首》，程敏政《篁墩文集》卷九十一"诗"有《内阁赏芍药次少傅徐先生韵四首》，与王鏊诗韵全同，程诗作于弘治八年五月。

作诗《沈石田寄太湖图》。

—— 77 ——

见本集卷三"诗"。

石田,即沈周,见本谱成化十五年条。

作诗《过南夫内翰于玉延亭》。

见本集卷三"诗"。

内翰,对翰林院庶吉士的敬称。南夫,即吴一鹏,据方鹏《矫亭续稿》卷三"传"《宫保白楼吴公传》:吴一鹏,字南夫,别号白楼,学者尊称曰白楼先生。世为苏之长洲人。弘治癸丑(六年,1493)登进士。《明孝宗实录》卷七七:"弘治六年六月……癸酉(十一)……选进士……吴一鹏……二十人为翰林院庶吉士。"卷一○五:"弘治八年十月……辛酉(十二),授翰林庶吉士……吴一鹏……为本院编修。"玉延亭,即吴宽宅邸之亭,时吴宽已守制归乡,故其诗有"亭上主人何处去?我来门径觉全生"之句。

赵宽《半江赵先生文集》卷七"七言律诗"有《匏庵先生园居有玉延亭、海月庵,先生之以内艰去也,吴南夫内翰借居之。余尝戏谓亭曰借玉,庵曰借月,内翰作诗见寄,辄用韵奉答,或可备园中一故事也》。

作诗《冢宰三原王公寿词》。

见本集卷三"诗"。

三原王公,即王恕,据《明孝宗实录》卷七六与张廷玉《明史》卷一百八十二《王恕传》,弘治六年闰五月甲午朔,时任太子太保、吏部尚书王恕因与内阁大学士丘濬发生矛盾,为太医院判刘文泰所评,致仕。王恕卒于正德三年四月,年九十三。可推,王恕弘治八年为八十岁,故其诗有"刚度人间八十秋"之句。

按:虽然丘濬是王鏊的座主,但在王恕与丘濬的矛盾中,王鏊明显是站在王恕一方的。王鏊《震泽纪闻》卷下"丘濬"云:"时王恕有众望于天下,濬每憎之。会御医刘文泰诬奏恕,或谓濬嗾之也,以是尤为众所贬。"而黄瑜《双槐岁钞》卷十"丘文庄公言行"则云:"及入阁,与太宰王三原皆太子太保。偶坐其上,三原啧有烦言。会太医院判刘文泰失职,奏三原变乱选法,以所刻传封进,内多详述留中之疏。上责其卖直沽名,致仕去。人以教讦议公,公实不知也。"张昇《张文僖公诗集》卷六"七言律"亦有《寿三原王冢宰八秩》,作于弘治八年。

作诗《和周少宰伯常得孙》。

见本集卷三"诗"。

少宰,对吏部侍郎之敬称。周伯常,即周经,据李东阳《怀麓堂集》卷八十一"文后稿二十一·碑碣铭"《明故光禄大夫太子太保礼部尚书致仕赠特进右柱国太保谥文端周公神道碑铭》:周经,字伯常,学者称为松露先生。天顺庚辰(四年,1460)进士。据《明孝宗实录》卷七十九,周经时任吏部左侍郎。

李东阳《怀麓堂集》卷五十五"诗后稿五·七言律诗"有《次周吏部伯常得孙韵二首》,与王鏊诗韵全同,盖作于同时;张昇《张文僖公诗集》卷六"七言律"亦有

《贺吏部侍郎周伯常生孙》，作于弘治八年。

作诗《宜兴张氏双桂堂》。

见本集卷三"诗"。其诗有"曾闻天上桂华双，不似君家有两株。千里燕吴还接叶"之句。

宜兴张氏，即张邦祥、张邦瑞兄弟，张昇《张文僖公文集》卷六"记"《双桂堂记》云："弘治乙卯岁（八），顺天府乡试而张氏伯曰邦祥字天麟，以太学生而中；应天府乡试而张氏仲曰邦瑞字天凤，以邑庠生而中。……张氏家宜兴西，其地曰张金紫圩者。……乡士大夫相率以贺而颜其堂曰'双桂堂'。"

顾清《东江家藏集》卷七"中集三·北游稿"有诗《双桂堂为宜兴张天[世]麟、天[世]凤赋》，作于弘治八年；罗玘《圭峰集》卷二十九"诗·七言律"有《双桂堂为张天麟兄弟作》，其题注云："乙卯，兄举顺天，弟举应天，弟连登进士。"赵宽《半江赵先生文集》卷七"七言律诗"有《宜兴张氏双桂堂》，其题注云："张之先有为金紫光禄大夫者，因以名其里。邦祥、邦瑞兄弟登科云。"本诗盖作于同时也。

学生李承芳谢病归，作诗《送李茂卿大理还嘉鱼》赠之，并为之作《黄公山钓台记》。

《送李茂卿大理还嘉鱼》见本集卷三"诗"。

李茂卿，即李承芳，参见本谱成化二十三年条，据本集王鏊卷二十六"表碣"《大理寺副李君墓表》与朱大韶《皇明名臣墓铭》震集"弘治纪年"李承箕《大理寺右寺副东峤李公行状》，李承芳四十一举进士，官大理寺评事，三年进右寺副。"君负高志，在大理不甚事事，独以讲学明道为务，敢为危言激论。尝谓当今坏天下者莫如学校、科举，甚者，儒先注疏欲一切废弃抹杀，直探孔子孟轲之奥。闻者骇其词，莫察其意，群咻众讪，指以为狂为惑，而茂卿傲然不顾不惑不沮也。久之，遂谢病去，与其弟世卿讲道于黄公山。"其弟李承箕，参见本谱成化二十三年条，据本集卷二十六"表碣"《大厓李先生墓表》，庚戌（弘治三年，1490）茂卿登进士，授官大理。"世卿不肯会试，时五岭之南有陈公甫者，号白沙先生，以道学名重天下。大厓心独喜其说，往见。白沙大喜曰：'吾与子神交久矣。'自嘉鱼至新会，涉江浮海几万里，君往见者四。"白沙先生，即陈献章，字公甫，广东新会人。陈是王守仁之前的心学大家。李承箕《大厓李先生诗集》卷六有《茂卿兄解官，内翰王公济之作长歌赠别，且及贱子，因次其韵》，其韵与本诗全同。

《黄公山钓台记》见本集卷十五"记"。其记云："弘治壬子（五年，1492），嘉鱼李世卿考室乎黄山之阴，广东陈白沙先生题之曰'黄公山钓台'。……于是其伯氏茂卿方为大理寺副，曰：'盍归乎！吾将钓乎黄公之山。'遂解官去。天下之士闻而高之。"

黄公山在湖北嘉鱼。

作记《昭恩堂记》。

> 见本集卷十五"记"。其记云："监察御史王君鼎莅官之三年,有制父佐如子官,母高赠孺人。君乃作堂于闽山之阳,曰'昭恩',请予记其事以示后。"
>
> 王鼎,据焦竑《焦太史编辑国朝献征录》卷五十四"都察院一·都御史"杨廷和《资善大夫都察院右都御史赠工部尚书王公鼎神道碑铭》:王鼎,字器之,其先定远人。成化十七年(1481)第进士。
>
> 吴宽《家藏集》卷六十九"墓志铭"《故封孺人高氏墓志铭》云："后九年为弘治乙卯,其子以御史考最,蒙恩封孺人云。子男四人:长鼎,即御史。"

作碑《鄠县明道先生庙碑》。

> 见本集卷二十一"碑"。其碑曰："弘治二年(1489)沁水李君瀚以监察御史按陕,行县至鄠,则命所司营之。八年,复莅,顾瞻庙宇庳隘,犅朴弗称初意。时巴陵杨君一清以宪副董学政于陕,议以克合,命知鄠县事房嵩撤文昌祠,以其址作祠,重门缭垣,靓深高广,来京请予纪其事。"
>
> 明道先生,即程颢,据《宋史》卷四百二十七《道学一·程颢传》,程颢曾官鄠县主簿,故碑文曰"宋嘉祐间明道先生尝辱主其簿"。《乾隆西安府志》卷二十五"职官志·明县令·鄠县":"房嵩,在任曾葺程子祠。"又卷六十二"古迹志下·祠宇·明":"程子祠在鄠县治城隍庙,弘治二年巡按李翰建。"李瀚,据焦竑《焦太史编辑国朝献征录》卷三十一"南京户部一·尚书"张璧《荣禄大夫南京户部尚书李公瀚墓表》:李瀚,字叔渊,其先山西翼城人,六世祖始迁沁水。成化庚子(十六年,1480)占乡试第一,明年举进士。"丁未(二十三年,1487),被征,拜监察御史,奉命巡陕西。茶马弊端革殆尽。岁满,代还以忧,起按陕。"杨一清,据焦竑《焦太史编辑国朝献征录》卷十五"内阁四"谢纯《特进光禄大夫左柱国少师兼太子太师吏部尚书华盖殿大学士赠太保谥文襄杨公一清行状》:杨一清,字应宁,号邃庵,人称为石淙先生。先世云南安宁州人。年十四中顺天乡试,壬辰(成化八年,1472)登进士。"服阕改陕西提学副使。创建正学书院,拔各学俊秀,会业于中,亲为督教。其大规先德行,而后文艺,故院中士连魁天下为状元者二人,其以学行功业著闻者甚多。"《明孝宗实录》卷九十五:"弘治七年十二月……戊午(初三),升陕西按察司佥事杨一清为本司副使,仍提调学校。"

作碑《荣禄大夫南京兵部尚书薛公神道碑》。

> 见本集卷二十一"碑",又见焦竑《焦太史编辑国朝献征录》卷四十二"南京兵部一·尚书"。
>
> 据本碑与《明孝宗实录》卷一○七,薛远,字继远,广东琼山县人。宣德壬子[戌](七年,1432年,一说正统七年,1442)登进士第。官至南京兵部尚书,参赞机务,致仕。弘治八年十二月壬戌(十三)卒,年八十有三。"子中书舍人丕

将奉枢归葬无为之某原,求予言刻隧首。"

徐溥《谦斋文录》卷四"碑铭"有《故南京兵部尚书致仕进阶荣禄大夫薛公神道碑铭》。

作颂赞《丹陛纠仪图赞》。

见本集卷三十二"颂赞"。其题注曰:"为御史刘廷瓒作。"

刘廷瓒,据罗玘《圭峰集》卷五"序"《送刘君知宁国府序》、钱福《钱太史鹤滩稿》卷四"记"《清风亭记》与何出光《兰台法鉴录》卷十二"成化朝",刘廷瓒,字宗敬,河南光州人。成化十四年进士。弘治六年(1493)冬十二月,以监察御史巡按苏州。王鏊此赞盖作于此时。

作书《复尹太宰》。

见本集卷三十六"书"。其书云:"方公秉枢要,进退百官,天下之士争欲望拜光尘,使鏊于是时而言,则亦无以自别于众。及公被萋菲孙,硕肤而东,天下争惜之。而又以官非言路,耿耿之怀欲吐复纳。夫有所嫌则不言,有所畏则不言,是区区怀德之私终无以自达于左右。……鏊默默二十年,非若木石之无知而已也,而今公优游林泉,……且台侯康嘉,百福攸集,既为天下喜,又私以自贺也。故敢进其说如此,唯凉查之。"

太宰,对吏部尚书之敬称。尹太宰,即尹旻,参见本谱成化十一年条,据《明宪宗实录》卷二七七、二七八与万斯同《明史》卷二二六《尹旻传》,"初,旻与刘翊、王越深相结,又善以智数笼络人,故典铨虽久,谤议不及。惟大学士万安、学士彭华以干请不遂,深疾旻。安屡欲排之,辄为翊所阻。既而越、翊相继去,旻势渐孤。而方士李孜省贵幸,数干旻,旻亦不能听。于是安与孜省比,思倾旻。会兵部郎中邹袭坐事谪官,指挥张旺等百余人奏留之。下部议,旻请可其奏。孜省遂从中潜之,言袭为旻乡人,旻子侍讲龙与友善,旺等疏实龙主谋。故帝虽从旻请而诏词诘责甚厉。未几安使逻卒刺得交通状,俱下诏狱。于是旻及侍郎耿裕、黎淳,郎中郑宏等皆被劾,……旻等服罪,乃落旻太子太傅,仍为太子少保,供职如故。……逾月,东厂官校复诃龙诸阴事,下龙诏狱。言官遂劾龙窃盗父柄,大开贿门,且极言抵旻。帝怒,命执[报]龙及行贿少卿张燧等并讯于午门,复连及郎中刘绅等六人。乃削旻太子少保,以尚书致仕;龙除名,燧等降谪有差。……旻有才智,而急功名,又附丽中人,故虽为安辈所逐而时议无惜之者。"萋菲,喻谗言。王鏊自始至终一直是支持尹旻的。二十年,盖王鏊成化十一年(1475)廷试得尹旻之助,至是恰二十年。

作书《文恪公与秉之公书》。

见《太原家谱》卷二十八"杂文类下编"。其书云:"今为山中无人,特遣王德回照管田园、房屋,为我说与周东原,时时令人到山前一看,支分栽种,如有枯朽,即为补种。数年之后,吾来,欲花木成林也。"盖王鏊此时已有退隐归田之意也。

弘治九年丙辰(1496) 四十七岁

二月,与谢迁主考会试。作序《会试录后序》、《丙辰进士同年会序》。

> 《明孝宗实录》卷一〇九:"弘治九年二月……乙卯(初七),命詹事府詹事兼翰林院侍讲学士谢迁、翰林院侍读学士王鏊为会试考试官。……乙亥(二十七),礼部会试取中式举人陈澜等三百名。"
>
> 谢迁,参见本谱成化十四年条,据《明孝宗实录》卷九十七、一〇五,谢迁时任詹事府詹事兼翰林院侍读学士,入内阁,参预机务。主考会试,黄佐《翰林记》卷十四"考会试":"凡会试考试官,礼部奏行内阁,于大学士、学士等官及詹事府各坊、司经局官内具名请奏,钦命。"
>
> 《会试录后序》见本集卷十一"序"。其题注曰:"丙辰。"盖谢迁作序,王鏊作后序也。
>
> 《丙辰进士同年会序》见本集卷十一"序"。其序云:"弘治丙辰进士三百人。……是科廷试以三月十五日,既而传胪、赐晏、释奠咸如故事。礼成,洛阳刘东谂于众曰:'前此得失不可知,后此聚散不可期,盍及此以订同年之交乎!'择地得朝天宫之斋堂,庭宇靓深。诹日得四月之甲子(十七)。……予于诸君有一日之旧,故以是告。"

作序《赠王升之序》。

> 见本集卷十一"序"。其序云:"升之,年十五,举乡试高等,以南昌张学士书赞见于予。……年十九遂登进士第,上疏乞归娶于乡。……予于升之有一日之长,故以是赠。"
>
> 王升之,即王朝卿,据邵宝《容春堂前集》卷十三"序"《王升之遗稿序》,王朝卿,字升之,世为临海人,后迁南昌。《(康熙)临海县志》卷五"选举志上·举人":弘治八年乙卯科,王朝卿中江西乡试。按:此当误,王朝卿举乡试当在弘治五年(1492)。又卷五"选举志上·进士":弘治九年丙辰朱希周榜,王朝卿字升之,稳之孙,有文名,任安陆知州。南昌张学士,即张元祯,参见本谱弘治四年条。

闰三月,被命与张昇教庶吉士。

> 《明孝宗实录》卷一一一:"弘治九年闰三月……己酉(初二)……选进士顾潜……二十人为翰林院庶吉士读书,命詹事府少詹事兼翰林院侍讲学士张昇、侍读学士王鏊教之。"
>
> 张昇,据雷礼《国朝列卿纪》卷四十一"礼部尚书行实·张昇":张昇,字启昭,号柏崖,江西建昌府南城县人。成化己丑(五年,1469)会试中式,入对大廷,擢第一。时任詹事府少詹事兼侍读学士。教庶吉士,黄佐《翰林记》卷十四"教书":"内阁于学士及詹事府坊局等官择资望深者二员,请旨送本院教书,谓之开馆。

是日，自内阁而下皆醵金为燕会云。"

作题跋《题古本列子》。

> 见本集卷三十五"题跋"。其题云："翰林庶吉士陈子雨家藏《列子》三册。"
>
> 陈子雨，即陈霁，据张邦奇《张文定公靡悔轩集》卷六"墓志铭"《明故国子监祭酒进阶中宪大夫苇川陈公墓志铭》：陈霁，字子雨，号苇川。其先汴人，后迁吴之吴苑乡。世以赀雄，弘治丙辰（九）举进士，选翰林庶吉士。盖王鏊门生也。

四月，皇太子将出阁，马文升、郭纮上疏请慎选宫僚。徐溥等推十二人上闻。上乃命王鏊以侍读学士兼左谕德。

> 《明孝宗实录》卷一一二："弘治九年四月……甲午（十七），先是兵部尚书马文升并南京监察御史郭纮以皇太子将出阁读书，各疏请选宫僚以充辅导等官。至是，大学士徐溥等会吏部尚书等官推举詹事府少詹事兼翰林院侍讲学士张昇等十二人以闻。上命侍读学士王鏊兼左谕德……"
>
> 旧谱云："皇太子将出阁讲学，钧阳马公文升在兵部，上疏请选正人辅导，以端国本。时以正人难得，诏会官议于东阁。有举及公名者，众齐声曰：'此真正人也！'遂以翰林侍读学士兼左[右]谕德。"
>
> 皇太子出阁，即皇太子出阁接受教育也。马文升，据《明武宗实录》卷六十四与焦竑《焦太史编辑国朝献征录》卷二十四"吏部一·尚书一"王世贞《吏部尚书马公文升传》，马文升，字负图，河南钧州人。景泰辛未（二年，1451）进士。时任兵部尚书加太子太保。"皇太子出阁讲学……而文升上章请择正人辅导，以端圣功，得谕德王鏊等十余人。"左谕德，张廷玉《明史》卷七十三"职官志二"："詹事府。……左春坊。……左谕德，从五品，各一人。"黄佐《翰林记》卷一"詹事府"："其堂上官与本院官互兼职事，而凡讲读、篡修、考试等事皆与本院同。"

作诗《送刘祭酒之南京序》。

> 见本集卷十一"序"。其序云："予取友于翰林，得二人焉：其一人曰故谕德刘先生景元，其为人也，刚介峻整。人有善，能扬之；有不善，能斥之，其自守也，浩然不可以非义犯者也。其一人曰今南京祭酒刘先生道亨，其为人也，刚正博大。人有善，能取之；有不善，能规之，其自守也，浩然不可以非义犯者也。"
>
> 刘祭酒，即刘震，据吴宽《家藏集》卷七十六"墓碑铭"《明故朝议大夫南京国子监祭酒刘公墓碑铭》：刘震，字道亨，自号励斋，世为吉之安福人。成化壬辰（八年，1472）以一甲第三第进士。《明孝宗实录》卷一一二："弘治九年四月……戊子（十一），升右春坊右谕德兼国子监司业刘震为南京国子监祭酒。"

作诗《送苏伯诚编修金江西宪司提学》。

> 见本集卷四"诗"。
>
> 苏伯诚，即苏葵，据焦竑《焦太史编辑国朝献征录》卷九十"福建一·布政使"

《顺德县志·福建右布政使苏葵传》:苏葵者,字伯诚,顺德县龙头人。进士入翰林,为庶吉士、编修。"弘治丙辰,次当同考会试,柄臣属其私人,葵坚却之,遂谢试事。被谗,出为江西佥事提督学政。"《明孝宗实录》卷一一二:"弘治九年四月……戊戌(二十一),升……翰林院编修苏葵为江西按察司佥事,提调学校。"

费宏《太保费文宪公摘稿》卷十三"序类"《送佥宪苏君伯诚提学江西诗序》云:"顷者,江西提学宪臣缺,请老以归,吏部推君可代,诏升君按察司佥事往践其任。……君行有日,馆阁老先生率僚友赋诗赠之,而进某为序。"本诗盖作于此时也。

作诗《送倪尚书之南京》。

见本集卷四"诗"。其诗有"暂携堂印过江东,冢宰权分位望同"、"家传旧有尚书履,保副新加太子宫"之句。

倪尚书,即倪岳,据本集卷二十五"行状"《故太子少保吏部尚书赠荣禄大夫少保谥文毅倪公行状》,倪岳,字舜咨,世家浙之钱塘,国初徙京师,故今为应天上元人。天顺甲申(八)登进士。《明孝宗实录》卷一一二:"弘治九年四月……己丑(十二),南京吏部缺尚书,吏部拟礼部左侍郎徐琼、南京吏部右侍郎梁璟名。特命礼部尚书倪岳升太子少保、南京吏部尚书。时琼有奥援,欲代岳,遂有是命。"李东阳《怀麓堂集》卷六十二"文后稿二·序"有《送太子少保南京吏部尚书倪公序》。

作诗《吊文山遗墨》。

见本集卷三"诗"。其题注曰:"钱世恒宪副家藏被火。"

文山,即文天祥,本集卷三十五"题跋"《题文丞相墨迹后》云:"吾友钱君世恒出其弟、妹、妾、女相诀并六歌手迹,宛然不知涕之无从也。"盖即此也。钱世恒,即钱承德,《(正德)姑苏志》卷六"科第表下·进士":"成化十一年(1475)乙丑谢迁榜,常熟钱承德,字世恒,阜平知县,监察御史,犍为知县,沂州知州,山东佥事副使,盐运同知。"《明孝宗实录》卷一一三:"弘治九年五月……丙辰(初十),升直隶冀州知州钱承德为山东按察司佥事,管理北直隶屯田。"钱承德盖王鏊同年进士也。

赵宽《半江赵先生文集》卷七"七言律诗"亦有《吊文山遗墨》,其小序云:"佥宪钱世恒家藏文山临难时与弟妹书一纸毁于火。吴太史匏庵尝抄得其稿,因录一通归世恒。予为赋此,吊之。"

作诗《赠彭都指挥督饷南还》。

见本集卷三"诗"。其诗有"白下看花怀契义,湟中积谷仗贤劳"之句。

彭都指挥,即彭清,据万斯同《明史》卷二三二《彭清传》,彭清,字源洁,榆林人。初袭绥德卫指挥使。弘治初,充右参将分守肃州。清虽位偏校而好谋有勇略,名闻中朝,尤为兵部尚书马文升所器。弘治八年,甘肃有警,文升奏擢清左副总兵,仍守肃州。稍迁都指挥使。

作诗《延喆初就外傅》。

见本集卷三"诗"。其题注曰:"匏庵西塾也。"其诗有"吾伊止在巷东西"之句。王延喆生于成化十九年(1483),时已十三岁,盖从吴宽学也。

作诗《题手植树》。

见本集卷三"诗"。

作诗《送表兄叶存仁还洞庭》。

见本集卷三"诗"。

叶存仁,或为王鏊母叶夫人兄弟之子。

作诗《送钟钦礼还会稽》。

见本集卷三"诗"。

钟钦礼,据徐沁《明画录》卷三"山水",钟钦礼,号南越山人,上虞人。工诗,成化间召入仁智殿,大被赏遇。"孝庙曾背立观其作画,忽持须,呼为'天下老神仙',因镌图章佩用之。"

作诗《长安新堤成》。

见本集卷三"诗"。

《明孝宗实录》卷三十六:"弘治三年三月……丙寅(十四)……修正阳等门、城垣、闸坝、堤岸。"

作诗《内阁赏芍药二首》。

见本集卷四"诗"。其诗有"春归禁地偏应早,花到今年分外奇"之句,当作于本年春。

作诗《赠曹铭》。

见本集卷四"诗"。其题注云:"铭,吴人,其父尚襄陵郡主,因家山西。"

据吴宽《家藏集》卷六十一"墓志铭"《韩府仪宾曹公墓铭》,其父曹珙,字仲璜,世家苏之吴县。后尚襄陵庄穆王之女清涧县主。"子男四人:长铭,为县主出,以军功授官服。"

作志铭《恭人李氏墓志铭》。

见本集卷二十七"志铭"。其铭云:"河南布政司右[左]参政王君名珣之妻,故太子少保、吏部尚书讳秉之女。……癸丑(弘治六年,1493)岁,参政君之子崇文以进士选入翰林为庶吉士。今年春次,子崇献又以进士被选。间尝询焉,则皆尚书之甥也。……久之,崇文、崇献衰绖泣诣予曰:'先恭人葬曹之水谷,迄今二十有二年,今以继母恭人黄之丧将祔而先恭人墓未有刻……敢次为状以请予。'"

王珣,据《明武宗实录》卷三十八,王珣,字德润,山东曹县人。成化己丑(五年,1469)进士。时任河南布政司右参政。其二子为翰林庶吉士,即王崇文、王崇献,据焦竑《焦太史编辑国朝献征录》卷六十一"都察院八·巡抚二"郡志《右都御史王公珣传》,王崇文,字叔武,珣第三子也。弘治癸丑(六年,1493)进士,授翰林庶吉士,改户部主事。王崇献,字季征,珣第四子也,弘治丙辰(九)进士,选翰林庶吉士。李秉,据雷礼《国朝列卿纪》卷二十五"吏部尚书行实·李秉",李秉,字执中,山东兖州府曹州乾都人。宣德乙卯(十年,1435)领山东乡荐第一。丙辰(正统元年,1436)登进士。官至吏部尚书,被劾致仕。年八十有二卒。后谥襄敏。王崇献为王鏊所教之庶吉士也。据李东阳《怀麓堂集》卷八十二"文后稿二十二·志铭"《封恭人黄氏墓志铭》,王珣继室黄氏卒于弘治丙辰五月二十四日。

作诗《送王参政还河南》。

见本集卷四"诗"。其题注曰:"参政有八子,其二为翰林庶吉士,故冢宰李公甥也。"其诗有"山东富才贤,诸王名久擅"、"联中甲科名,两入词垣选"、"至今吴兴郡,苕雪为君变"、"转漕再临燕,分省南还汴"之句。

王参政,即王珣,据《明武宗实录》卷三十八,王珣曾官湖州府知府,湖州府,即古吴兴郡。"分省南还汴",《明孝宗实录》卷一八三:"弘治九年八月……丙申(二十二)……升河南布政司右参政王珣……为本司右布政使。"

作诗《送同年何汝玉知赣州府》。

见本集卷四"诗"。

何汝玉,即何珑,据过庭训《明分省人物考》卷一一〇"广东广州府一",何珑,字汝玉,广东顺德县人。成化十一年进士。丁忧,复除赣州府。《(嘉靖)赣州府志》卷七"秩官·国朝·知府":"何珑,字汝玉,广东顺德人。进士,历御史,弘治八年任,寻升广西参政。"

作诗《送陈御医公尚》。

见本集卷四"诗"。其题注云:"陈之术传自孟氏。"其诗有"暑雨祁寒过我频,感君父子有深仁"之句。

陈公尚,即陈公贤,参见本谱弘治四年条,本集卷二十七"志铭"《太医院判陈君墓志铭》云:"(陈公贤)曾祖本道世以医学相传。吴有孟景旸者精小儿医,本道馆甥景旸所,并得其传。"其子陈宠亦为御医。

作诗《赠少傅徐公挽词》、《徐太夫人挽词》。

均见本集卷四"诗"。其题注曰"文靖父"、"文靖母"。

少傅徐公,即徐溥,《明孝宗实录》卷九十一:"弘治七年八月……乙丑(初九),内阁大学士徐溥……三年秩满,上降手敕,溥加少傅兼太子太傅、吏部尚书谨身殿大学士。"文靖父,据吴俨《吴文肃摘稿》卷四"墓志表状碑"《故光禄大夫柱国少师兼太子太师吏部尚书华盖殿大学士赠特进左柱国太师谥文靖徐公行状》,徐溥父渔隐先生,孝义尤著,乡人称为厚德长者。

张萱《西园闻见录》卷一"孝顺前"云:"徐公溥为少宰日,母何太夫人捐悦,朝廷既命有司谕祭,复遣官营葬。葬已,公结庐墓左,居之终丧,盖自成化丁酉(十三年,1477)迄己亥(十五年,1479)。……时有白雁二集于墓田,白鸠二来巢于木,饮啄自若,哀鸣不去。……时吴文定公宽、王文肃公傲偕为《孝感双瑞记》,王文恪公鏊、李文正公东阳诸名贤皆歌咏焉。"这两首诗盖指此也。

作诗《招姚存道》。

见本集卷四"诗"。其诗有"子闲终不来,我病能数往。僴然共月庵,清约坐成爽。一雨终夜鸣,残暑归洗荡"、"当时隔燕吴,晤语成坐想。如何咫尺间,还复劳企仰"之句,当作于本年夏末。

姚存道,即姚丞,据《乾隆长洲府志》卷二十"科目·明贡生·由府学"与朱竹垞《静志居诗话》卷九"姚丞",姚丞,字存道,号畸艇,长洲人。弘治九年贡。"存道为文毅公希孟高祖,吴尚书一鹏妇翁也。友于杨君谦、王济之,与沈启南酬和尤数。"

作诗《送存道》。

见本集卷四"诗"。其诗有"才喜相逢袂又分"、"交情岁晚独怀君"、"榜上题名久愧蒉"、"落木萧萧秋万里"之句,当作于本年秋。

作诗《送杨应宁副使还秦中》。

见本集卷四"诗"。其诗有"关中夫子今谁是"、"金銮殿畔频年别"之句。

杨应宁,即杨一清,参见本谱弘治八年条。顾清《东江家藏集》卷七"中集三·北游稿"有《送杨邃庵提学陕西》。

作诗《送同年袁德宏还任汉中》。

见本集卷四"诗"。其诗有"政成六载书仍最,节制三秦势孔尊"之句。

袁德宏,即袁宏,张朝瑞《皇明贡举考》卷五"乙未成化十一年会试":第二甲九十五名赐进士出身,有袁宏,南直隶桐城县人。

作诗《送玉汝使长沙》。

见本集卷四"诗"。其诗有"共月吟盟频岁冷,长沙归轴几时膏"之句。

玉汝,即陈璚,据《明孝宗实录》卷一一二,时任大理寺右少卿。又据卷一二二,陈璚时往长沙按吉王奏长沙卫都指挥杨铨巡视洞庭湖,多占军余及诸不法事。

作诗《种竹》。

见本集卷四"诗"。

作诗《和马少卿见慰独居之韵》。

见本集卷四"诗"。

马少卿,即马绍荣,参见本谱弘治七年条。

靳贵《戒庵文集》卷十九"七言律诗"亦有《和王守溪先生独居写怀》,韵全同。

靳贵,据焦竑《焦太史编辑国朝献征录》卷十五"内阁四"王鏊《光禄大夫柱国太子太保户部尚书武英殿大学士赠太傅文僖靳公贵墓志铭》:靳贵,字充道,世家庐州,元季避乱徙镇江之丹阳。弘治己酉(二年,1489)举应天乡试第一,庚戌(三)会试第二,廷试第一甲第三及第。时任翰林院编修兼司经局校书。靳贵盖王鏊同僚也。

作诗《偶成二首》。

见本集卷四"诗"。

作诗《闻蛩》。

见本集卷四"诗"。其诗有"一生促织破秋鸣"之句,当作于本年秋。

作祭文《祭彭文思公》。

见本集卷三十一"祭文"。

彭文思公,即彭华,参见本谱成化二十三年条,据《明孝宗实录》卷一一八,弘治九年十月己卯(初六),前太子少保、礼部尚书兼翰林院学士彭华卒。年六十五。讣闻,赠太子太傅,赐祭葬,谥文思。

作序《送翁希曾知浮梁序》。

见本集卷十二"序"。

翁希曾,即翁文魁,《(万历)兰溪县志》卷五"人物类下·进士":"弘治庚戌(三年,1490)钱福榜……翁文魁,字希曾,浮梁知县。历颖、郑二州知州,升南京刑部员外郎。"《道光浮梁县志》卷十二"名宦":"翁文魁,兰溪人,进士。弘治六年知县。性耿直,风操自厉,而政尚仁恕,遗爱在民,祀名宦。"

作表碣《刘驿丞墓表》。

见本集卷二十五"表碣"。

据本表,刘驿丞乃刘规之父、刘春之祖,参见本谱弘治元年、六年条,"甲午(成化十年,1474)六月卒,春秋五十有九。葬邑之柳市里。配杨氏,丙辰(弘治九)九月二十四日卒,春秋八十有二。""孙男四:相、春、台、耆。岁丙午(成化二十二年,1486)春四川发解第一,及第入翰林;己酉(弘治二年,1489)台发解又第一,丙辰复登进士。"盖刘台为祖父母合葬向王鏊请表,台乃王鏊所取进士。

作志铭《湖广按察司副使萧君墓志铭》。

见本集卷二十七"志铭"。

萧君,即萧谦,据本铭,萧谦,字有终,永平人。由进士官至湖广按察副使。"三年考绩,行至杨村,卒,弘治乙卯八月二十日也,寿五十七。""子男三……汉,国子生。……汉居京,乞铭于其邻王鏊。"

作志铭《知将乐县陈君墓志铭》。

　　见本集卷二十七"志铭"。

　　据本铭与《(弘治)将乐县志》卷三"秩官·知县"、"秩官·名宦":陈大经,字正之,浙江上虞人。登庚戌(弘治三年,1490)进士。弘治五年(1492)任将乐知县,卒,年四十有四。"以某月日葬上虞某处。弟南京大理寺评事大纪来请铭。"陈大纪,光绪《上虞县志》卷九"人物":"(大经)从弟大纪,字勉之。弘治丙辰(九年,1496)进士,初任南京大理评事。"盖王鏊所取进士也。

所编《古单方》刊刻,作《古单方序》。

　　旧谱云:"公在翰林,多暇,读《大观本草》,知药忌群队,手自抄录为《古单方》一编,至是梓刻亦成。"

　　《古单方》,现上海图书馆藏有明嘉靖间王延喆刻本,署名王铨辑,名《本草单方》。《大观本草》,即《经史证类大观本草》的简称。北宋元丰五年(1082),唐慎微著《经史证类备急本草》(简称《证类本草》),大观二年(1108),医官文晟加以重修并作为官定本刊刻,改称《经史证类大观本草》。盖王鏊所见乃中秘所藏之刊本也。

　　《古单方自序》见《太原家谱》卷二十六"序跋类下编",又见本集卷十二"序",名《古单方序》,其序云:"予读《大观本草》,见汉晋以来神医名方,往往具在,间取试之,应手而验,乃知医忌群对,信单方之为神也。……予在翰林,手自抄录,为一编,对病检方,较若划一,不敢自秘,因梓刻以传。……弘治丙辰翰林院侍读学士兼左春坊左谕德王鏊序。"

王琬修《王氏家谱》成,代为作序。

　　旧谱云:"是年,光化公修《王氏家谱》成。"

　　王铨《光化公传》云:"王氏谱牒散佚,乃旁搜细勘,得自十一世以上。尝诵先府君之言曰:'郭崇韬拜子仪之墓,狄青不附狄梁公,二者何居? 故所编次最号详实有体。'"

　　《太原家谱》卷首一《光化公家谱旧序》署"弘治九年岁次丙辰,十一月十有六日,诰封奉旨大夫右春坊右谕德、前知湖广襄阳府光化县事朝用谨序。"

　　按:本集卷十"序"有《王氏家谱序》,内容与《光化公家谱旧序》全同,又《太原家谱》卷二十八"杂文类下编"《文恪公与秉之公书》云"家谱序已奉去,不见回报,何也?"可知此序实王鏊代父所作也。

弘治十年丁巳(1497)　　四十八岁

正月,作序《赠伍方伯序》。

见本集卷十二"序"。其序云:"公初以进士自刑部副郎至广西布政使。……在内内治,在外外治,非才能之乎?然在内则以一眚出,在外则又复遂其恬退而放于林下。……公之子朝信出守宁波,便道过家,故予具书之,俾持归为寿而并识所感以为当路者念焉。"

伍方伯,即伍希渊,据李东阳《怀麓堂集》卷八十"文后稿二十一·碑铭"《明故中奉大夫广西布政使司右布政使伍公神道碑铭》:伍希渊,字孟贤,号拙庵,世居吉安之安福。天顺癸未(七年,1463)试礼部为第四人,甲申(八年,1464)登二甲进士。乙卯(弘治八年,1495)迁广西右布政使,取道归省,遂丁忧,家居数年,不复仕。朝信,即伍符,据焦竑《焦太史编辑国朝献征录》卷六十一"都察院八·巡抚二"张时彻《嘉议大夫都察院右副都御史孚斋伍公符墓志铭》,伍符,字朝信,别号孚斋,希渊子。成化癸卯(十九年,1483)乡试举《春秋》第一,丁未(二十三年,1487)进士。

张昇《张文僖公文集》卷四"序"《送伍君朝信出守宁波序》云:"弘治丙辰(九)冬,浙江宁波缺守,吏部以刑部员外郎伍君朝信之名上,诏可之。"又赵宽《半江赵先生文集》卷七"七言律诗"有《次韵送伍朝信、周伯震二郡守七首》、《正月廿三日酌别伍朝信于兴隆僧舍,酒中予赋咏甚多,率皆草草,归而毁之,呈朝信一首》,作于弘治十年正月。

二月,吏部考察京官,以杨守阯上疏,得免。

《明孝宗实录》卷一二二:"弘治十年二月……辛卯(十九),吏部奉旨考察两京五品以下官,照弘治元年例。于是侍讲学士杨守阯上疏言:'臣与掌詹事府事侍读[讲]学士王鏊俱在随属听考之数。但臣等俱掌印信,俱有属官,进而与吏部会考所属则将坐于堂上,退而听考于吏部则当候于阶下,一人之身顷刻异状,其于观视已不甚美矣。……今四品官不属考察而学士乃与属官一概听考,其于事体亦甚不便,且学士所职乃讲读撰述之事,非有钱谷、刑狱、簿书之责,其称职与否,圣鉴昭然,若非其人,自甘赐黜,又有不待于考察者。伏望断自宸衷,循用旧典,特假优礼,示崇重儒臣之意。'从之。"万斯同《明史》卷二四三"杨守阯传"基本相同,但前言"臣与掌詹事府学士王鏊",后言"学士不与考察,自守阯始"。

考察京官,张廷玉《明史》卷七十一"选举志三":"考察之法,京官六年,以巳、亥之岁,四品以上自陈以取上裁,五品以下分别致仕、降调、闲住为民者有差,具册奏请,谓之京察。"张廷玉《明史》卷七十三"职官志二":"翰林院。……侍读学士,侍讲学士,各二人,并从五品。"故当在考察之列。

三月,诏修《大明会典》,被命充副总裁。

《明孝宗实录》卷一二三:"弘治十年三月……戊申(初六)……遂令溥、健、东阳、迁充总裁官,太常寺卿兼翰林院侍讲学士程敏政、翰林院侍读学士兼左春坊左谕德王鏊、翰林院侍讲学士杨守阯充副总裁官。……上命书名《大明会典》。"

《太原家谱》卷二十八"杂文类下编"《文恪公与秉之公书》:"近有旨命儒臣修《大明会典》,内阁大学士徐某等一本,看得翰林院侍读学士王鏊、侍讲学士杨守阯及丁忧将满学士程敏政俱学识优长,堪充副总裁。奉圣旨是徐溥等四人充总裁,鏊学识浅薄,遭此盛典,甚愧不称。况久违定省,思东归一展,乃复因此留滞。众所云荣,余窃以为叹也。……修书开馆在四月初,考载国朝制度,大略以诸司职掌为规模,其后累朝前后损益沿革,细书于下。……但我年来觉病体不能辛苦,当奈何!"

作记《吴县学射圃记》。

见本集卷十五"记"。其记云:"邝侯璠治吴之三年,聿新学宫,辟隘抗卑,直回正邪,门堂庭庑,焕改旧观。而射圃仍在学之西偏,湫隘逼仄,……于是得地衡五十弓,纵百步,乃始作亭曰'观射'。……于是学谕李仁等来请记其事。"

邝璠,据费宏《太保费文宪公摘稿》卷十九"墓表类"《故中宪大夫瑞州府知府赠江西布政使司左参政邝公墓表》,邝璠,字廷瑞,别号阿陵,其先世为广东高要人,后徙任丘。弘治壬子(五年,1492)以《书》魁顺天乡试,明年登进士。出知吴县。《(崇祯)吴县志》卷三十一"职员三·县令":"邝璠,字廷瑞,直隶任丘人。进士,弘治七年任,十二年升徽州府同知,历官瑞州府知府。"

吴宽《家藏集》卷三十七"记"有《吴县修学记》,云:"弘治丁巳春,功既讫,教谕李仁,训导熊永昌、甘泽率诸生来言曰:'愿有记也。'予家居二年。"

作碑《通州马神祠碑》。

见本集卷二十一"碑"。其碑云:"通州为地高寒平远,泉甘草丰,世传太宗靖难,与敌战于此,若有神相焉者。因诏作马神祠于其地,且令天下州县皆立焉。祠在今州治之北,地曰坝上,乡曰安乡。……历岁滋久……弘治八年(1495),始以改作事闻,诏可,乃属其役于顺天。……役始九年三月,成以十年之某月,中历三太仆卿。刱之者安成彭君礼,继之者钱唐钱君钺,成之者陇西宋君琮[礼],而寺丞杨珪实敦其事,御马监太监黎春等实佽其费。"

通州马神庙,《康熙通州志》卷二"祠庙":"马神庙,在坝上。王鏊、石珤俱有记载。"卷十二"艺文志·文"收录王鏊《重建马神庙记略》,多有不同。其言"始九年之二月,十年二月告成。""始前太仆寺卿臣礼,成于今太仆寺卿臣琮。"《明孝宗实录》卷一一二:"弘治九年四月……丁亥(初十),升太仆寺卿彭礼为工部右侍郎。"卷一一四:"弘治九年六月……升太仆寺少卿宋琮为本司卿。……己卯(初四)……赐太仆寺卿钱钺父震葬。"卷一五二:"弘治十二年十月己未朔……庚辰(二十二),……太仆寺卿宋琮卒。琮字廷用,陕西陇西县人。"

作诗《经筵次林祭酒韵》。

见本集卷三"诗"。其序曰："国朝经筵之开,月三,三旬之二是也。然孟夏朔,有事太庙,次日辄从免。弘治十年四月,太庙饗罢。有旨改是月之三日。至日,雨,又改四日。盖圣学之勤,不以事而辍也。是日,鳌与大司成林亨大同讲,有诗,因次韵。"

大司成,对国子监祭酒的敬称。林亨大,即林瀚,参见本谱弘治二年条,《明孝宗实录》卷一一二:"弘治九年四月……己亥(二十二),升……国子监祭酒林瀚俱为礼部右侍郎。"此云大司成,当误。

作诗《送史进士巽仲归省溧阳》。

见本集卷三"诗"。其题注曰："史,溧阳故家,出汉史丹云。"

史巽仲,即史后,据焦竑《焦太史编辑国朝献征录》卷七十一"光禄寺·少卿"张璧《光禄寺少卿史君后传》:史后,字巽仲,溧阳南埭人。其先出汉外戚平台侯玄。弘治丙辰(九)登进士第。丁巳(十年,1497)擢南京刑科给事中。盖王鳌会试所取进士也。

五六月间,吴宽服阕还京。

吴宽《家藏集》卷二十二"诗"收录其还京途中所作之诗,盖吴宽三月始北还,四五月间抵京。

作诗《寿徐少傅二首》。

见本集卷九"词"。第一首有"今日是何日? 六日中元过未久"之句,第二首有"特免常朝,朝罢,入平章军国中书务。看行年七十"之句。

徐少傅,即徐溥,《明孝宗实录》卷一二五:"弘治十年五月……庚戌(二十九),大学士徐溥引年乞致仕。上曰:'卿德望老成,辅导年久,正宜委任,岂可引年求退。所辞不允,遇风雨大寒暑,免朝参。"

见本集卷十一"序"《赠少傅徐公序》作于同时。其序略曰："弘治十年,少傅兼太子太傅、礼部尚书、谨身殿大学士徐公以年至,乞致仕。上曰:'朕方倚卿有为,岂可言去? 寒暑风雨,其免朝。'且召至文华殿,有玉带、绯袍之赐。……七月庚申(二十一),实维初度,凡门下士咸赋诗为寿。"

吴宽《家藏集》卷四十五"序"有《少傅徐公寿诗序》,邵宝《容春堂前集》卷十三"序"有《少傅徐公寿诗序》。

作序《赠御史王君序》。

见本集卷十二"序"。其序云："王君和初以进士知馆陶、金坛,及为御史,出巡雪冤起滞,弼违达隐,中外称之。及持宪于廷,尤号明慎。"

王和,据毛纪《鳌峰类稿》卷十二"墓志"《明故中顺大夫山东按察司副使王公墓志铭》与刘春《东川刘文简公集》卷十二"序"《送宪副王君以节之任山东序》:王和,字以节,别号葩斋,永平之迁安人。成化戊戌(成化十四年,1478)登进士第。"出宰馆陶、金坛二邑,绰著循良之绩。……召入补南台御史阙,寻转北台。其为御史则发奸擿伏,不枉不纵,凡所论列,务存大体。"

作传《贞烈熊氏传》。

见本集卷二十四"传"。

据本传与《(崇祯)吴县志》卷五十二"人物十七·列女"引王鏊传略,熊氏女,青州人,父庆泽,来家于吴。许聘无锡秦汉,汉暴死。"弘治十年知府曹凤扁其堂曰'贞烈',月膳薪米,后年合例得旌。"

曹凤,据焦竑《焦太史编辑国朝献征录》卷六十一"都察院八·巡抚"韩邦奇《嘉议大夫都察院右副都御史西野曹公凤墓志铭》:曹凤,字鸣岐,别号西野,河南汝宁新蔡人。成化辛丑(十七年,1481)登进士。《(正德)姑苏志》卷四"古今守令表中":"曹凤,新蔡人。弘治十年(1497)以监察御史升任(苏州府知府)。十五[二]年升山西布政司参政。"

作表碣《蕃育署尹君母丁氏墓碣》。

见本集卷二十五"表碣"。其碣云:"上林苑监、蕃育典署澄江尹逶为前太子少保、兵部尚书兼翰林院学士公之长子。母曰丁氏……弘治丁巳十月一日卒于逢原里。……是岁十二月六日,葬三顾山峰之原。逶将奔丧归,泣曰……"

学士公,即尹直,据焦竑《焦太史编辑国朝献征录》卷十四"内阁三"程楷《资善大夫少保兵部尚书兼翰林院学士谥文和尹公直传》与卷十四"内阁三"王世贞《弇州别记·尹直》:尹直,字正言,江西泰和人。景泰甲戌(五年,1454)举礼部第二,廷对赐进士出身士。官至兵部侍郎兼翰林院学士,入阁。"直既得志,修夙忿,因与李孜省谋起大狱,倾尹旻,逐之,及其子、诸乡邑门生故吏才卓荦向进者。孝宗立,下孜省狱,戍之,而直亦坐致仕去。又数载,太子出阁,上《承华圣德箴颂》,因举先朝黄准例,冀复得赐对。上责以亡耻,却之。直愧沮,老且病死。"

作志铭《封孺人贾氏墓志铭》。

见本集卷二十七"志铭",《王文恪公集》亦收,《文渊阁四库全书》本《震泽集》未收。其铭云:"封环县知县李君杰之妻,秦州知州宾之母也,姓贾氏。鏊幼学于国子之退省堂,宾实来同砚席,相好也。……已而宾擢知秦州,未几孺人卒。宾奔丧还,泣请予铭。……孺人卒以弘治丁巳(十)四月十八日,葬以十月二十六日,墓在东湖渠先茔之侧。子男六:长宾……"

李宾,其人未详。盖王鏊在国子监学习时同学也。

作书《文恪公与秉之公书》。

见《太原家谱》卷二十八"杂文类下编",不见于本集。其书云:"书中又说陆全卿家姻事,此予之所深愿。惜乎!前日已聘陈少卿之女矣。何来书之迟也,岂亦有数。……皇太子明年三月始出阁读书。前父亲书说欲借封一事,一点孝心拳拳如此,为子者岂不能体之。但恐前无事例,虽动本亦虚也。盖本朝之例,七品既封则六品不封,五品既封则四品不封,三品二例,一品乃自封,其例载在诸司职掌上可考之,当再谋来报也。"

陆全卿,即陆完,盖陆完欲将女嫁与王鏊子也。陈少卿之女,《太原家谱》卷六"宗谱"云:"(王鏊第二子)延素,行八,字□□,娶大姚都御史陈玉汝次女。"又卷二十一"碑志类上编"有杨循吉撰《思南公元配陈太宜人墓志铭》。陈玉汝,即陈璚,时为大理寺右少卿。王延素生于弘治五年,时年仅五岁。借封,盖王琬欲封其父,即王鏊之祖王逵也,明年皇太子出阁,王鏊按例当进阶四品。但王鏊言七品既封则六品不封,五品既封则四品不封,王鏊七品、五品皆已封矣,故四品不得封也。

吴宽作诗《答济之次前韵》。

见《家藏集》卷二十三"诗"。其诗有"岁除愧我仍初度,年壮看君独后时"之句。

弘治十一年戊午(1498)　四十九岁

作序《送王都宪序》。

见本集卷十一"序"。其序云:"弘治十一[九]年,同年王君邦镇自大理少卿擢都察院副都御史,巡抚延绥。"

王邦镇,即王嵩,据焦竑《焦太史编辑国朝献征录》卷六十"都察院七·巡抚"朱睦楔《都察院右副都御史王公嵩传》,王嵩,字邦镇,汲县人也,成化十一年(1475)进士。

本集原作"弘治九年"。按:《明孝宗实录》卷一三三:"弘治十一年正月……甲子(二十八),升大理寺左少卿王嵩为都察院右副都御史,巡抚延绥。"又张昇《张文僖公诗集》卷九"七言律"有《送王邦镇巡抚陕西》,作于弘治十一年。故此"九年"当为"十一年"之误也。

二月,皇太子将出阁讲学,大学士徐溥荐充讲读官,并超升少詹事兼侍读学士。

《明孝宗实录》卷一三四:"弘治十一年二月……甲午(二十八),大学士徐溥等以皇太子将出阁讲学,侍讲学士程敏政……充侍班官,太常寺少卿兼侍读学士李杰、太常寺少卿兼侍讲学士焦芳、侍读学士兼左谕德王鏊……充讲读官……俱更直供事,又以詹事府缺官管事,请改敏政为詹事兼学士,升鏊为少詹事兼侍读学士。上俱从之……"

少詹事,张廷玉《明史》卷七十三"职官志二":"詹事府。……少詹事,正四品……詹事掌统府、坊、局之政事,以辅导太子。少詹事佐之。"又张廷玉《明

— 94 —

史》卷七十二"职官志一":"文散阶……正四品,初授中顺大夫……"

作诗《忠节祠》、作词《题吴友云忠节》。

> 《忠节祠》见本集卷三"诗"。
>
> 据本序,吴有云,宜兴人。洪武初,为太祖往谕云南,卒死之。成化中守土官以闻,诏赠尚书,谥'忠节',作庙滇南,与王忠文祎并祀。事件之始末详见《明孝宗实录》卷五一。
>
> 李东阳《怀麓堂集》卷七十三"文后稿十三·赞题、铭箴、题跋"有《书忠节录后》,云时任内阁首辅、少师徐溥(吴之同乡)录吴有云死节事为《忠节录》一卷。吴宽《家藏集》卷二十四"诗"亦有《题友云吴尚书忠节录后》,作于弘治十一年。王鏊本诗亦当作于此时也。
>
> 《明孝宗实录》卷一三四:"弘治十一年二月……丙申(三十)……敕吏部,少傅兼太子太傅、吏部尚书、谨身殿大学士徐溥加少师兼太子太师、华盖殿大学士,尚书如故。"
>
> 《题吴友云忠节》见沈敕《荆溪外纪》卷九"长短句",不见于本集。本词当与《忠节祠》诗作于同时也。

作记《保义堂记》。

> 见本集卷十五"记"。其记云:"少师兼太子太师、吏部尚书、华盖殿大学士徐公置义田于阳羡之郊以赡徐宗。……曰:庶保吾义于无穷,故名其堂曰'保义'。命鏊记之以示后。"
>
> 保义堂,《(正德)常州府志续集》卷五"宫室·宜兴县":"保义堂,在县城东一里。弘治戊午,大学士、邑人徐溥置义庄,建堂寝,门庑仓廪共若干楹。凡义田所入,贮于其中,主守者以时出纳。扁其堂曰'保义'。侍郎吴宽、少詹事王鏊为记。"

作诗《延喆冠》。

> 见本集卷三"诗"。
>
> 延喆,即王鏊长子王延喆,生于成化十九年,时年十六岁。

三月,皇太子出阁讲学。

> 《明孝宗实录》卷一三五:"弘治十一年三月……己亥(初三),皇太子出阁讲学。"皇太子出阁讲读,黄佐《翰林记》卷十"东宫出阁讲读":"凡东宫年八岁,即出阁讲学。"

七月,王琬八十大寿。欲告归,不允。诸大臣均赋诗称祝,李东阳、谢迁、吴宽、杨守阯、钱福为之作序。八月,婿徐缙中顺天乡试,归献寿。

> 旧谱云:"是年七月初十日,公父静乐翁八十诞辰。公欲告归上寿,以命,不获如愿。于是馆阁诸公咸赋诗称祝。西涯李公、木斋谢公、四明杨公为之序,文盈卷轴。"

《太原家谱》卷二十七"杂文类上编"有程敏政、李杰、焦芳、王华、杨杰、张天瑞、刘春、程楷、傅珪、靳贵、吴一鹏、梁储、江澜、杨廷和、毛澄、汪俊所作《光化公八十寿诗》。

另外，顾清《东江家藏集》卷五"中集一·北游稿"有《东山赋》，罗玘《圭峰集》卷二十六"诗·五言古"有《守溪王先生父八十》，张昇《张文僖公诗集》卷九"七言律"有《寿王济之父八秩》，储巏《柴虚文集》卷四"律诗"有《王守溪先生尊翁寿诗》，毛纪《鳌峰类稿》卷二十"诗"有《守溪尊甫八十》。

参考《明孝宗实录》卷一三四"弘治十一年二月甲午条"及万斯同、张廷玉《明史》诸人本传。程敏政，时为詹事府詹事兼侍讲学士；李杰，时为太常寺少卿兼侍读学士；焦芳，时为太常寺少卿兼侍讲学士；王华，时为右谕德；杨杰，时为洗马；张天瑞，时为右中允；刘春，时为修撰；程楷，时为修撰；傅珪，时为司经局校书；靳贵，时为编修兼校书；吴一鹏，时为编修；梁储，时为司经局洗马；江澜，时为侍读；杨廷和，时为左中允；毛澄，时为修撰；汪俊，时为编修。皆王鏊同僚也。

顾清，参见本谱弘治五年条，王鏊乡试所取士。罗玘，据费宏《太保费文宪公摘稿》卷十七"志类"《明故南京吏部右侍郎赠礼部尚书谥文肃圭峰先生罗公墓志铭》：罗玘，字景鸣，号圭峰，世家建昌之南城。成化丙午（二十二年，1486）试京府，以魁多士，明年遂登进士，改翰林庶吉士，时任翰林院编修。王鏊同僚。张昇，参见本谱弘治九年条，王鏊同僚。储巏，据焦竑《焦太史编辑国朝献征录》卷二十七"南京吏部·侍郎"顾璘《通议大夫南京吏部左侍郎储公巏行状》：储巏，字静夫，别号柴墟，本毗陵茂族，元末徙海陵。成化癸卯（十九年，1483）举应天乡试第一。甲辰（二十年，1484）会试礼部第一，廷试赐二甲第一，观政吏部，时任太仆少卿。毛纪，参见本谱弘治六年条，据严嵩《钤山堂集》卷三十四"神道碑"《明故光禄大夫柱国少保兼太子太保吏部尚书谨身殿大学士赠太保谥文简毛公神道碑》，时任翰林院修撰，充经筵讲官、东宫讲读。

《太原家谱》卷二十五"序跋类上编"有李东阳、谢迁、吴宽、杨守阯、钱福《光化公八十寿诗序》。李东阳，据《明孝宗实录》卷九七，时以礼部左侍郎兼翰林院侍读学士入内阁，参预机务。

李序又见《怀麓堂集》卷六十二"文后稿二·序"，名为《封右谕德静乐先生八十寿诗序》，略有不同。谢迁序云："弘治戊午……是岁秋七月十日，值其尊翁静乐先生八秩初度。济之每以先生在堂，欲图侍养，不可得，则期以今乞告归称寿，而被兹新命，复不获如愿。其情殊不能已。于是馆阁诸僚友相与赋诗为先生寿，因以纾济之瞻云之思而属予序之。"

吴宽序云："七月十日为公始生之期也。济之尝以朝廷纂修《大明会典》，有副总裁之命,及是又有春宫讲读之命,窃恨不能归为公寿。于是公卿以下欲慰其意,相率作诗贺之。济之俾予序曰:'吾将使人归授吾兄弟歌之以祝。'"

杨守阯序云:"守阯忝从济之后,备官词林,又被命佐济之教庶吉士。吉士各为诗歌将致之公以为寿。"盖王鏊所教庶吉士所作诗之序也。

钱福,据焦竑《焦太史编辑国朝献征录》卷二十一"翰林院二·修撰"李东阳《翰林院修撰钱福墓表》:钱福,字时敚,后改字与谦,其先本嘉兴桐乡人,后徙华亭。弘治庚戌三年(1490),礼部会试、廷试皆第一,时以翰林院修撰致仕家居。

其序云:"弘治戊午秋七月十日,吾郡侯光山陈君逊之归自奏最。朝辞之日,苏彦之及侯同朝者太仆少卿刘与清、监察御史王原善而下,相与语曰:'吾乡闻人、达官王少詹济之念其父封谕德静乐先生寿八十,图归为称觞祝。值皇上方崇国本,重辅导,而少詹事以德学简在为宫僚之长,不可一日释去,故莫之遂。而吾辈欲申其情于先生,又不可得,惟侯治邻其境,进同其榜,道其邑,义必登其堂,愿以致吾辈之祝。'既又曰:'祝不可以无辞,侯治下有钱福者,于先生为乡后进,宜知之深,愿以属焉。'"盖王鏊同乡在朝为官者所作诗之序也。

陈逊之,即陈让,《(正德)松江府志》卷二十二"守令题名":"陈让,字逊之,河南光山人。进士,弘治七年(1494)以监察御史升任(松江府知府),十二年(1499)调辰州府。"张朝瑞《皇明贡举考》卷五"乙未成化十一年会试":第三甲二百二名赐同进士出身,有陈让,河南光山县。盖王鏊同年进士也。刘与清,即刘缨,据文徵明《甫田集》卷二十六"行状"《资德大夫正治上卿南京刑部尚书刘公行状》:刘缨,字与清,号铁柯。其先清江人,后居吴中。成化戊戌(十四年,1478)中进士,时任太仆寺少卿。王原善,即王宗锡,据杨循吉《苏州府纂修识略》卷四"人物下·境内文官",王宗锡,字原善,常熟县人。登成化辛丑(十七年,1481)进士,时任监察御史。

旧谱云:"婿徐子容寻中顺天乡试,复归献寿,乡里荣之。"

徐子容,即徐缙,王鏊之婿,《(崇祯)吴县志》卷三十六"选举五·乡举":"弘治十一年戊午科,外籍徐缙。"又卷四十八"人物十一·文苑"引章焕传略:"(徐缙)从先世留守戍籍补顺天学生,举弘治戊午乡书。"

七月,大学士徐溥致仕。

《明孝宗实录》卷一三九:"弘治十一年七月……癸亥(二十九),少师兼太子太师、吏部尚书、华盖殿大学士徐溥复以老疾乞致仕,上曰:'卿宿望重臣,方隆倚任,而屡以疾辞,情甚恳切,特兹俞允……。'"

王鏊《震泽纪闻》卷下"徐溥"云:"溥……在翰林不以文学名。及在内阁,承刘吉恣威福、报私怨之后,溥一以安靖调和,中外海内宁平。行政不必出于己,惟其是;用人不必出于己,惟其贤,时称休休有大臣之度。"

崔铣《洹词记事抄·震泽纪闻》则云:"《震泽纪闻》,核矣。犹谓……徐文靖之虚己,则党也。……文靖内乡人之贿,使官翰林,当时品曰金编修、画编修,盖金不足珍,尚古玩也。其他之坏典可知矣。故采者慎之慎之。"

吴宽《家藏集》卷二十四"诗"有《送少师徐公致仕归宜兴》,顾清《东江家藏集》卷八"中集四·北游稿·诗"有《送少师谦斋先生致政归义兴》。

十月,宦官李广败,赃贿狼藉,大臣多被牵连,鳌绝无一迹。

旧谱云:"初,李广得幸于上,朝士或附丽取宠,广败,赃贿狼藉,大臣多被点污,惟公绝无一迹。"

李广,参见本谱弘治八年条,据万斯同《明史》卷四〇五《宦官上》,弘治十一年,广劝帝建毓秀亭于万岁山。亭成而幼公主患痘,广饮以符水,殇焉。宫中人皆咎广。未几,清宁宫灾。日者言广术不精,建亭年月犯岁忌也。太皇太后恚曰:"今日李广,明日李广,致此祸灾,屡朝所积一旦厌烬矣。"广惧而自杀。据《明孝宗实录》卷一四一、一四二,弘治十一年九月己酉(十六),皇女太康公主薨;十月甲戌(十二)夜,清宁宫灾;辛巳(十九),刑科都给事中张朝用等上疏云:"内官监太监李广招权纳贿,其门如市。兹幸罪恶贯盈,自速其死,朝野闻之,罔不称快。"则李广自杀当在十月十二至十九之间。

《明孝宗实录》卷一四三:"弘治十一年十一月……戊戌(初六)……都给事中张朝用、监察御史丘天祐等奉旨疏上交结李广之人,谓:'臣等所闻,武臣如保国公朱晖、恭顺侯吴鉴、平城侯李玺、遂安伯陈韶、成山伯王铺、宁晋伯刘福、都督孙贵、副总兵朱瑾,文臣如吏部尚书屠滽、户部尚书周经、礼部尚书徐琼、刑部尚书白昂、工部尚书徐贯、礼部侍郎程敏政、兵部侍郎王宗彝、工部侍郎史琳、林凤、都察院左都御史王钺、右都御史李蕙、右副都御史彭礼、通政司左参议姜清、太常寺卿崔志瑞、李温、少卿李杰、寺丞王福广、太仆寺少卿杨瑛、河南左参政张琩、右参政李瓒、山东右参政谢文、按察使赵鹤龄、副使田大鼎、邓公辅,此辈贿赂虽有多寡,交内虽有浅深,然皆心术奸邪,踪迹诡秘,吮痈舐痔,何所不为!……乞敕司礼监发下李广贿货簿籍,容法司一一查究。'上以所劾干碍人众且无指陈实迹,命俱仍旧供职,簿籍亦不必追究。"

作记《吏部验封司题名记》。

见本集卷十五"记"。其记云:"吏部分理之任为司有四……验封郎中一人,员外郎一人,主事一人。……国朝莅是职者凡若干人,永乐后迁都于兹,则南北并设,居是职者又若干人。姓名虽在,日远日堙。于是山东刘君约为郎中,始谋刻之名而请予记。"

刘约,《道光东阿县志》卷十二"选举·进士·明":"丁未科成化二十三年(1487)费宏榜刘约,官至河南参政。"又卷十三"人物上·乡贤·明":"刘约,字博之,别号黄石,邑之苫山人也。以儒士举省试,第成化丁[己]未进士。至吏部验封司郎中,出为河南布政司参政。"吴宽《家藏集》卷六十九"墓志铭"《刘母太宜人苏氏墓志铭》云:"及约进验封郎中,适恩诏下,遂加今封。后二年为弘治庚申(十三年,1500)。"刘约任职吏部验封司郎中则在弘治十一年。刘约为王鏊同考会试所取士。

作碑《武昌忠孝庙碑》。

见本集卷二十一"碑"。其碑云:"武昌城东有庙曰忠孝祠,吴司空孟孝感、宋少保岳武穆二王者也。……武昌故有孝感庙,庳陋湫隘。海陵冒侯政来守是邦,始谋徙今地。弘治戊午,姚江王君恩、西蜀牟君道俱以御史按武昌,间谒祠下,谓孝感有庙宜也,而忠如武穆,功在鄂人,乃独遗之?……冒侯曰:'诺!'乃分龛置主,更其额曰:忠孝。君子谓三君子之举也,俭而礼,走使来京师求纪其事于后。"

冒政,据《明武宗实录》卷一七一,冒政,字有恒,直隶泰州人。成化乙未(十一年,1475)进士。弘治庚戌(三年,1490)升武昌知府。守正奉公,多所兴事。王鏊同年进士。王恩、牟道,张朝瑞《皇明贡举考》卷五"丁未成化二十三年会试":第三甲二百三十八名赐同进士出身,有王恩,浙江余姚县;牟道,四川巴县。又何出光《兰台法鉴录》卷十二"成化朝":"牟道,字文载,四川巴县人。成化二十三年进士,除湖广道御史。"王鏊同考会试所取士也。

《夏忠靖公传》或作于本年。

见本集卷二十四"传",又见焦竑《焦太史编辑国朝献征录》卷二十八"户部一·尚书",名为《夏原吉传录》。

夏忠靖公,即夏原吉,《明孝宗实录》卷一四五:"弘治十一年十二月……癸丑(二十二)……命立祠祀故户部尚书夏原吉、工部尚书周忱于苏州之阊门。以常熟县知县杨子器言原吉尝治水利,忱巡抚督饷,各有功于南畿也。"本传或为杨子器作也,杨子器,参见本谱成化二十三年条。

吴宽作诗《和济之次玉汝过饮园居韵》。

见《家藏集》卷二十四"诗"。王鏊诗不见。

玉汝,即陈璚,据《明孝宗实录》卷一三四,时任大理寺左少卿。

吴宽作诗《读济之撰贡士顾伯谦墓铭》。

见《家藏集》卷二十四"诗"。其小注曰:"伯谦号起亭。"作于弘治十一年。

王鏊所作墓志铭不见。顾伯谦,顾佐长子,顾佐,参见本谱弘治十四年条。据本集卷二十三"碑"《资善大夫户部尚书赠太子太保顾公神道碑》与靳贵《戒庵文集》卷十五"墓表"《起亭顾君有终墓表》,顾伯谦,字有终,号起亭,顾佐长子。弘治丁巳(十年,1497)冬十一月,年三十五,以乡贡进士卒于家。"大理徐联伯章,君乡友也,状君行甚详,少宰守溪王公既取为幽堂铭……"顾伯谦乃王鏊友人之子,且其主考乡试时所取士。

谢铎作书《复王济之》。

> 见《桃溪净稿》文卷三十八集。其书云:"衰病之余,天台雁荡虽近在咫尺,亦不能辄到,何云汉万里,复有相从于此之理哉!此特居廊庙而思山林之恒情耳。虽然,于此益足见平生之高致。然青宫元僚,培植国本,正天下万世之所仰望,又何可以辄兴此念哉!告君乃猷裕,仆不佞又当以此言进也。"

> 王鏊原书不见,盖书中已有归隐山林之念。谢铎,参见本谱弘治二年条,据朱大韶《皇明名臣墓铭》巽集"正德纪年"李东阳《通议大夫礼部右侍郎掌国子监祭酒事赠礼部尚书谥文肃谢公神道碑》,谢铎弘治四年(1491)已致仕归乡,弘治十二年,因大臣交荐,起为礼部右侍郎管国子祭酒事。

> 按:谢铎作此书时仍归隐在乡,且书中"青宫元僚,培植国本"当指弘治十一年皇太子出阁,王鏊升少詹事兼侍读学士事。

弘治十二年己未(1499) 五十岁

正月,父加封中宪大夫,如其官,母加赠恭人。

> 旧谱云:"(弘治)十二年己未,五十岁。正月,加封公父为中宪大夫詹事府少詹事兼翰林院侍读学士,母赠恭人。"

> 中宪大夫,张廷玉《明史》卷七十二"职官志一":"文散阶:正四品,初授中顺大夫,升授中宪大夫,加授中议大夫。"少詹事,正四品也。《太原家谱》卷一上"恩纶类·敕命、诰命"有《光化公进封中宪大夫,叶夫人加赠恭人诰命》,时间为弘治十二年正月初七日。张廷玉《明史》卷七十二"职官志一":"外命妇之号九,四品曰恭人。"

作序《送洗马梁君使交南序》。

> 见本集卷十一"序"。其序云:"弘治十一年(1498),安南遣陪臣来请封。于是,司经局洗马梁君叔厚进兼翰林院侍讲,持节往赐之册。"

> 梁君,即梁储,据焦竑《焦太史编辑国朝献征录》卷十五"内阁四"黄佐《梁文康公传》:梁储,字叔厚,顺德人。成化戊戌(十四年,1478)礼闱第一人,廷对第四人,时任司经局洗马,侍东宫讲读。《明孝宗实录》卷一四五:"弘治十一年十二月壬辰朔……命司经局洗马梁储兼翰林院侍讲,充正使,兵科给事中王缜充副使,持节往安南封其世子黎晖为安南国王。"

> 吴宽《家藏集》卷二十五"诗"有《送梁洗马使安南》,作于弘治己未正月;邵宝《容春堂前集》卷十四"序"有《送太子洗马梁公使安南序》;费宏《太保费文宪公摘稿》卷十三"序类"有《送洗马梁先生使安南序》;屠勋《屠康僖公文集》卷五"序"有《送洗马梁先生使安南诗序》。

三月,为殿试读卷官。

《明孝宗实录》卷一四八："弘治十二年三月……甲戌（十五）……命少傅兼太子太傅户部尚书谨身殿大学士刘健……詹事府少詹事兼翰林院侍读学士王鏊……为殿试读卷官。"

殿试读卷官，黄佐《翰林记》卷十四"殿试读卷执事"："读卷官，国初用祭酒、修撰等官，正统中侍讲犹与，其后非执政大臣不得与，而其去取之柄则在内阁。"

作题跋《跋叶文庄公手书》。

见本集卷三十五"题跋"。其跋云："成化十一年（1485），鏊始登第，则文庄已下世，参政时为兵部郎，往来相好也。弘治壬子（五年，1492）岁，予校文南畿，参政子伸，名在选中。未几，参政亦故。今年为弘治十二年，伸来会试礼部，出其父所得文庄手书一卷，览之，慨念今昔，为之泫然，敬书其后归之。"

文庄，即叶盛，参政，即陆容，参见本谱成化三年条，据吴宽《家藏集》卷七十六"墓碑铭"《明故大中大夫浙江等处承宣布政使司右参政陆公墓碑铭》：陆容以致仕浙江右参政于弘治七年（1494）七月戊申卒于家。陆伸，《（嘉靖）昆山县志》卷十"乡贡"："弘治五年（1492）壬子科，陆伸，字安甫，容子，后隶太仓。登戊辰（正德三年，1508）进士。"吴宽《家藏集》卷五十四"题跋"有《跋叶文庄公手简》，时间为四月五日，本跋盖作于同时也。

作颂赞《御赐禁方颂》。

见本集卷三十二"颂赞"。其题注曰："弘治间赐。"其颂云："今上皇帝读《永乐大典》，命录其禁方赐御药房诸臣工。臣宠得其二焉。臣鏊间获见之，因拜手稽首而为献颂。"

臣宠，即陈宠，见本谱本年条。

吴宽《家藏集》卷五十四"题跋"《恭题医士陈宠被赐药方后》云："医士臣宠既在选中，乃弘治己未（十二年）五月，皇上出用药二奇方，识以御宝而赐之。"

作颂赞《恩覃三世颂》。

见本集卷三十二"颂赞"。其颂云："唯戴氏自晋始来家建业，其后迁于剡，望于歙，发于浮梁。今大司寇昆弟四人，相继扬历中外，今兹遂大发于公，位跻八座，恩覃三叶。……予忝公门下士，敢再拜为之颂。"

大司寇，对刑部尚书的敬称，此指戴珊，据《明孝宗实录》卷一一二，戴珊时为南京刑部尚书。昆弟四人，《道光浮梁县志》卷十二"人物·贤良"：戴珰，字廷美，北隅人……官至两淮盐运同知，致仕。戴珊，字廷珍，北隅人。……官至左都御史，卒于官，赠太子太保，谥恭简。戴琏，字廷献，北隅人。……官至大理寺评事，卒。又卷十一"选举·进士"：正统十三年（1448）戊辰彭时榜有戴珉，字廷振，北隅人，兵部郎中。

作颂赞《御书秘方赞》。

见本集卷三十二"颂赞"。其赞云:"今上皇帝万机之暇,留心翰墨,间阅《永乐大典》,得金匮秘方,外人所未睹者,乃亲御宸翰,识以御宝,赐太医院使臣玉,盖欲推之以福海内也。……臣鏊预观,稽首而作赞。"

臣玉,即王玉,据《明孝宗实录》卷一一五、一五二:王玉弘治九年(1496)七月己巳(二十四)升太医院院使,弘治十二年(1499)七月庚午(十二)升通政司右通政,仍掌院事。

吴宽《家藏集》卷五十四"题跋"有《恭题院使王玉被赐药方后》,云"被赐在弘治丁巳(十年,1497)八月,后二年己未(十二)六月十二日通议大夫吏部左侍郎吴宽拜手稽首谨识。"本赞盖作于同时。

作序《送福建按察副使刘君序》。

见本集卷十一"序"。其序略曰:"弘治己未[戊午],刘君文焕自监察御史擢福建按察副使,董学政。"

刘文焕,即刘丙,据《明武宗实录》卷一五九,刘丙,字文焕,江西安福人。成化丁未(二十三年,1487)进士。《明孝宗实录》卷一五四:"弘治十二年九月……己未(初二),升监察御史刘丙为福建按察司副使,提调学校。"刘丙或为王鏊同考会试所取士也。

罗钦顺《整庵存稿》卷十七"七言律诗"有《送刘文焕宪副提学福建》,张昇《张文僖公诗集》卷九"七言律"有《送宪副刘丙提学福建》,作于弘治十二年。本集原作"戊午",当为"己未"之误。

十月,归省于吴。

《明孝宗实录》卷一五五:"弘治十二年十月……戊子(初二)……詹事府少詹事兼翰林院侍读学士王鏊以亲老乞归省,从之,命驰驿以行。"

旧谱云:"公因乞归省,大臣皆曰:'日讲官,安可去!'左右至十月辍讲乃得允,赐白金一锭,驰驿以归,仍命亟来供职。"

南归途中,作诗《己未岁南归至德州口占》、《过西洞庭徐氏》、《饮徐氏新楼》、《登缥缈峰》、《林屋洞次傅水部韵》、《自西山归东洞庭》。

均见本集卷四"诗"。《己未岁南归至德州口占》曰:"舟发河西冰塞川,败林枯叶总萧然。德州杨柳青青在,南北端疑有二天。"当作于本年冬。

《过西洞庭徐氏》有"早从胥口望龗嵷,舟入青溪曲曲通"之句。

西洞庭徐氏,王鏊婿徐缙家也,盖王鏊归乡途中顺路拜访婿家也。

《饮徐氏新楼》有"朝来爽气归吟笔,岁暮轻寒著缊袍"、"十年尘土京华梦,烂醉君家玉色醪"之句。

十年,非确指,自王鏊弘治五年(1492)归省,至是七年矣。本诗亦作于拜访婿家之时。

《登缥缈峰》又见王铨《梦草集》卷二"南归唱和",王铨有和诗。

缥缈峰,《(崇祯)吴县志》卷四"山下":"西洞庭周八十余里,上有居人数千家。……其峰缥缈最高。"

《林屋洞次傅水部韵》又见王铨《梦草集》卷二"南归唱和",王铨有和诗。

林屋洞,《(崇祯)吴县志》卷四"山下":"西洞庭……一名林屋山,以有林屋洞故名。"蔡昇、王鏊《震泽编》卷二"古迹";"灵仙之境九。一曰林屋之洞,即道书十大洞天之第九,一名左神幽虚之天。"傅水部,即傅潮,参见本谱弘治二年条。本诗与上一首皆作于王鏊归乡途中顺路游历西洞庭之时,其婿徐缙家于西洞庭。

作序《赠陈希承序》。

见本集卷十一"序"。其序云:"希承,为太医院判公尚之仲子,妙得家传之学。弘治十一年(1498)夏,京师痘疾盛行,予徐氏甥甫周岁,热不二日而见苗,众谓难治,希承数视之。……遂愈。"

陈希承,即陈宠,据焦竑《焦太史编辑国朝献征录》卷七十八"太医院·院使"徐缙《太医院院使进通政使司右通政陈公宠墓志铭》:陈宠,字希承,一字希正,别号春斋,陈公贤子。少宦学京师,后业医,时任医士,御药房供事。陈公尚,即陈公贤,参见本谱弘治四年条。徐氏甥,即徐缙之子,王鏊外孙也。本序盖王鏊为感谢陈宠治愈外孙而作也,或从徐缙之请也。

作序《赠徐子容序》。

见本集卷十一"序"。其序云:"有徐氏以同者,山之世家,独不然。其子缙依予学者五年矣。……戊午(弘治十一年,1498)顺天解试,名在高等。人皆曰:'西山之天荒至是破矣。'"

徐以同,即徐潮,徐缙父,参见本谱弘治七年条。徐缙从王鏊学,始于弘治七年。

作序《彭文思公文集后序》。

见彭华《文思公文集》"附录",不见于本集。其序云:"安成文思彭公初在景泰中登进士第,官词垣三十季,简命先帝,位居元僚,其道未究而薨。今传者有文集九卷,弟通议大夫都察院左副都御史之所编也。都宪公奉敕巡抚南畿……有余力而及于斯焉。既成,以鏊为公所取士,命志其后。……弘治己未[壬戌]冬十二月谷旦,赐进士及第詹事府少詹兼侍讲学士、门生吴县王鏊谨书。"

彭文思公,即彭华,参见本谱成化二十三年条。都宪公,即彭华之弟彭礼,据过庭训《皇明分省人物考》卷六十六"江西吉安府四":彭礼,字彦恭,安福县人,内阁彭文思弟也。成化八年(1472)进士。弘治十一年(1498)四月改都察院左副都御史总督苏松粮储,巡抚应天等府地方。

此落款云弘治壬戌(十五年,1502),当为弘治己未(十二年)之误。按:王鏊弘治十三年七月升吏部右侍郎,此云詹事府少詹事兼侍讲学士,当在此前;又彭礼弘治十一年四月始为左副都御史总督苏松粮储,巡抚应天,而王鏊弘治十二年十月归省还吴,故作于此年冬之可能性最大。

作记《贵州镇守公署记》。

　　见本集卷十五"记"。其记云:"弘治戊午(十一年,1498)冬十月,贵州镇守公署成。……岁丙辰(九年,1496),某来镇兹土……览境内得隙地曰东园,划阜为夷,端景相方,或因或创,经营未几,显构巋然。"

　　某,其人不详。

作表碣《赠孺人李氏墓表》。

　　见本集卷二十五"表碣"。其表云:"户科左给事胡君易自状其母李孺人之行于翰林王某。"

　　据本表与《(嘉靖)赣州府志》卷十"人才·贤达":胡易,字光贞。弘治三年(1490)登进士。"奔母丧,卒于途。"《明孝宗实录》卷一四八:"弘治十二年三月……戊寅(十九)……升吏科右给事中胡易……为左给事中……易,户科。"

作表碣《石田杨君墓表》。

　　见本集卷二十五"表碣"。

　　据本表与邵宝《容春堂后集》卷四"墓志铭"《明故通奉大夫河南左布政使杨君墓志铭》,石田杨君即杨子器之父杨禄,字履翁,号石田。杨名甫,即杨子器,参见本谱成化二十三年条,时任常熟知县。

　　杨廉《杨文恪公集》卷五十二"行状碑铭"《右布政使柳塘杨公行状》云:"(弘治)戊午(十一年,1498)三载献绩,吏部署公考居最。己未(十二年,1499)拜敕命进阶文林郎,父母妻室受恩典如例。"王鏊墓表言"石田杨君",当作于获封之前。

作表碣《知永年县致仕尤君墓表》。

　　见本集卷二十六"表碣"。

　　据本表,尤君即尤淳,字公厚,苏州吴县人。景泰四年(1453)占南畿乡试,官至广平府永年知县。弘治己未七月,年七十有八卒,以庚申(十三)正月日葬吴县荐福山之原。"予少辱公知且知公深,故为碣于墓上以示乡人。"

作志铭《兵部武库郎中吴君汝砺墓志铭》。

　　见本集卷二十七"志铭",又见焦竑《焦太史编辑国朝献征录》卷四十一"兵部四·郎中",名为《兵部武库郎中吴鏊》。

　　据本铭与吴宽《家藏集》卷七十六"墓碣铭"《明故兵部武库清吏司郎中吴君墓碣铭》;吴鏊,字汝砺,出吴江名族。以县学举于乡,成化二十三年(1487)登进士第,官至兵部武库司郎中。弘治己未,以病告归吴江,归至德州南四十里,卒于舟中,居官仅八年,年止四十八。"其弟鏊扶枢归,以庚申(十三年,1500)某月日葬大兴圩之先茔,来乞铭。"吴銮,参见本谱成化二十三年条。

吴宽作诗《中秋夜偶过济之,忽乡友数辈至,遂成良会,济之有诗次韵》。

> 见《家藏集》卷二十五"诗"。其诗有"晚凉东巷偶相过,小适园中奈近何"之句。
> 王銮诗不见。

吴宽作诗《送济之归省》。

> 见《家藏集》卷二十五"诗"。其诗有"冰花欲洁潞河湾,驿棹南行未许闲"之句。

杨一清作诗《送王詹事守溪先生归省》。

> 见《石淙诗稿》卷六"容台稿"。其诗有"十月承恩故里回,春风旋复待公来。东
> 朝可阙少詹事,国典方劳副总裁"之句。

弘治十三年庚申(1500)　五十一岁

归省居家期间,游览吴城诸山及寺庙。作诗《游吴城西诸山》(《天平》、
《南峰》、《一云》、《金山》)、《登万寿寺佛阁》、《望阳山》。

> 均见本集卷四"诗"。
> 《天平》有"春风撩我作山行,画舫西来半日程"之句,《南峰》有"南峰来叩故人
> 君"之句,其小注云:"君谦尝居此。"。当作于本年春。天平,《(正德)姑苏志》
> 卷八"山上":"天平山,在支硎山南[甫]五里,视诸山最为峭峻。""金山,亦天平
> 之支垅也。""南峰山,即支硎山支陇。"《(崇祯)吴县志》卷三"山上":"花山……
> 西北为隆池山……其上有一云庵,人呼为一云山。"君谦,即杨循吉,因读书南
> 峰山,自号南峰。
> 杨循吉《金山杂志》"游观第五"云:"吏部侍郎洞庭王公鏊弘治庚申(十三)以侍
> 读学士觐亲还乡,遂来游。赋诗……时给事中毛贞[真]甫实同游,三月一日
> 也。"毛贞甫即毛珵,时以病告家居。
> 万寿寺佛阁,《(正德)姑苏志》卷二十九"寺观上":"万寿禅寺在府治东北,晋义
> 熙中(405—418)西域僧法惜建。……唐僧贯休尝居此,休号禅月大师,故寺有
> 禅月阁,元末兵毁,洪武间重建。"
> 阳山,《(正德)姑苏志》卷八"山上":"阳山,一名秦余杭山,一名万安,在城西北
> 三十里。……以其背阴面阳故曰阳。"

作说《森甥字说》。

> 见本集卷十四"说"。其说云:"予妹归南濠叶元在氏。有子甫二岁,问名于予。
> 予为名曰:森。……及予乞告,复归自翰林,森则顾然玉立,且讲冠矣。予为字
> 曰:君玉。"
> 予妹,刘吉《光化公元配叶太夫人墓志铭》:"女一人,适叶璇。"叶璇,盖即叶元
> 在也。

《王良贵字说》或作于本年。

> 见本集卷十四"说"。其说云："昆山王君用虔名其子曰'良贵'。予为字曰'邦誉'。告之曰……"
>
> 王用虔、王良贵，其人未详。

作记《安隐记》。

> 见本集卷十五"记"。其记云："其迹仕也，其心仕也，安仕者也；其迹隐也，其心隐也，安隐者也。……伯氏警之，抱稿履素，不乐进取，自称安隐居士。"
>
> 警之，即王鏊大哥王铭，盖王鏊归省时为王铭所作也。

作志铭《南京大理寺卿夏公墓志铭》。

> 见本集卷二十七"志铭"，又见《焦太史编辑国朝献征录》卷六十九"南京大理寺·卿"，题为《南京大理寺卿夏公时正墓志铭》，《王文恪公集》收，《文渊阁四库全书》本《震泽集》未收。
>
> 据本铭与《明孝宗实录》卷一五七：夏时正字季爵，浙江仁和人。正统十年进士，官至南京大理寺卿，致仕。弘治十二年十二月癸巳（初八）卒，年八十八卒。"其子鸡泽教谕某来请铭。"
>
> 杨守阯《碧川文选》卷四"碑铭"有《大明南京大理寺卿夏公神道碑铭》。

北归途中，作诗《焦山》、《甘露寺》、《金山》、《饮德州郑主事分司园亭》。

> 均见本集卷四"诗"。
>
> 《焦山》有"昔年览胜金山顶，今日焦山试一跻"之句。焦山，张莱《京口三山志》卷一"总叙"："焦山，在郡城东九里大江中，与金山并峙，相去十五里。……后汉焦光隐此，故名。"金山，王鏊成化十四年（1478）归省时曾登临，参见本谱成化十四年条。
>
> 甘露寺，张莱《京口三山志》卷一"诸寺"："甘露寺，在北固山。三国时吴王皓所建，时改元'甘露'，因以为名。"
>
> 《金山》有"岁月悠悠忆我曾"之句。此三首盖王鏊北归路过镇江时所作也。
>
> 云龙山，《同治徐州府志》卷十一"山川考"："《明史·地理志》：州东南有云龙山，城依山之北麓。"又卷十八上"古迹考"："放鹤亭，在云龙山上。宋云龙山人张天骥建，屡圮屡葺。"此诗盖王鏊北归路过徐州时所作也。《永定邵氏世谱·艺文内集》卷六有邵天和《放鹤亭和王守溪阁老韵》，与本诗韵全同。邵天和，《嘉庆增修宜兴县旧志》卷八"人物志·治绩"："邵天和，字节夫，严州知府珪子。"邵珪，参见本谱成化二十三年条。
>
> 《饮德州郑主事分司园亭》有"暑雨炎风空作势，倦途尘思豁然醒"、"吴下征帆半日停"、"见说云州烽未熄"之句。郑主事，即郑洪，《康熙大兴县志》卷之五下"人物·科目考·前朝进士"：成化甲辰（二十年，1484）科有郑洪。《（嘉靖）德

州志》卷二"户部分司主事"：弘治间任有郑洪，直隶大兴人，以进士。云州，即山西大同，张廷玉《明史》卷十五"孝宗纪"："（弘治）十三年……夏四月，火筛寇大同。……五月……癸亥，火筛大举入寇大同左卫。"此诗盖王鏊北归路过德州时所作也。

五月，还朝复任。

　　《明孝宗实录》卷一六二："弘治十三年五月……戊寅（二十五），詹事府少詹事兼翰林院侍读学士王鏊省亲复任。"

作诗《送徐司空致仕》。

　　见本集卷四"诗"。其题注曰："贯。"

　　徐贯，据《明孝宗实录》卷一九三与雷礼《国朝列卿纪》卷六十二"工部尚书行实·徐贯"：徐贯，字原一，一作从道，浙江淳安人。天顺元年（1457）进士，时任工部尚书、太子太保。《明孝宗实录》卷一六二："弘治十三年五月……丙辰（初三），太子太保、工部尚书徐贯乞致仕，许之，命给驿还乡。"

　　吴宽《家藏集》卷二十七"诗"有《送工部徐尚书以病乞，加太子太保致仕》，闵珪《闵庄懿公诗集》卷三"七言律诗"有《送徐司空致政归严州》。

作说《铁柯说》。

　　见本集卷十四"说"。其说云："都察院右佥都御史刘公与清初为御史，或赠之古印章曰'铁柯'。公因以自号，人皆呼为'铁柯'而莫知其义也。予盖知之，因为之说。"

　　吴宽《家藏集》卷四十六"说"亦有《铁柯说》，作于弘治庚申（十三）夏六月己酉。刘与清，即刘缨，参见本谱弘治十一年条，《明孝宗实录》卷一六二："弘治十三年五月……乙亥（二十二），升……太仆寺少卿刘缨为都察院右佥都御史，巡抚四川。"

作志铭《太医院判陈君墓志铭》。

　　见本集卷二十七"志铭"。

　　陈君，即陈公贤，参见本谱弘治四年条。据本铭，陈公贤弘治十年（1497）进院判，致仕归。弘治庚申五月十三日卒，春秋六十有八。《明孝宗实录》卷一六五："弘治十三年八月癸未朔……甲申（初二），故太医院院使徐生、院判陈公贤之子，各为其父乞赐祭，礼部执不可，命特与之。"

　　吴宽《家藏集》卷七十四"墓表"有《明故太医院判陈君公尚墓表》。

作序《送南京吏部尚书林先生序》。

　　见本集卷十二"序"。其序云："三山林先生，初在翰林，鏊犹及与之同事。及为国子祭酒，又与同在经筵。今自吏侍擢冢宰之南京，鏊实继践其任。"

　　林先生，即林瀚，参见本谱弘治二年条，《明孝宗实录》卷一六三："弘治十三年六月……戊申（二十六），升吏部左侍郎林瀚为南京吏部尚书。"

闵珪《闵庄懿公诗集》卷三"七言律诗"有《送林尚书赴南京吏部二首》。

作颂赞《少傅马公像赞》。

见本集卷三十二"颂赞"。

马公，即马文升，参见本谱弘治九年条，据《明孝宗实录》卷一六三，弘治十三年六月甲午（十二），有旨加文升少傅兼太子太傅，兵部尚书如故。

李东阳《怀麓堂集》卷七十三"文后稿十三·赞题铭箴题跋"有《少傅兵部尚书马公像赞》。

七月，以韩文荐，升吏部右侍郎。

《明孝宗实录》卷一六四："弘治十三年七月……辛酉（初九），升吏部右侍郎韩文……俱为左侍郎，詹事府少詹事翰林院侍读学士王鏊……俱为右侍郎，文……本部，鏊，吏部……"

旧谱云："（弘治）十三年庚申，五十一岁。还朝进吏部右侍郎仍兼日讲。时吏部员缺，内旨欲文学纯正，操履端方者。时山西韩公文署部事，以公名进，且曰：'王公与张寿宁旧有连，既贵而绝不与通，其端方可知也。'故有是命。"

韩文，据焦竑《焦太史编辑国朝献征录》卷二十九"户部二·尚书"杨一清《光禄大夫柱国太子太保户部尚书赠太傅谥忠定韩公文墓志铭》与雷礼《国朝列卿纪》卷三三"户部尚书行实·韩文"：韩文，字贯道，号质庵，其先为相人，后徙居山西之洪洞，是为洪洞人。

张廷玉《明史》卷一百十一"七卿年表一·吏部尚书"：弘治十三年庚申，五月，屠滽加柱国致仕，六月，倪岳任。《明孝宗实录》卷一六三："弘治十三年六月……戊申（二十六），升吏部左侍郎林瀚为南京吏部尚书。"按：时尚书屠滽已去，倪岳（时在南京）未任，左侍郎林瀚调任，吴宽兼翰林院学士，故韩文署部事。寿宁，即张峦，参见本谱弘治三年条。

吏部右侍郎，张廷玉《明史》卷七十二"职官志一"："吏部。……左、右侍郎各一人，正三品。""尚书掌天下官吏选授、封勋、考课之政令，以甄别人才，赞天子治，盖古冢宰之职，视五部为特重。侍郎为之贰。""正三品，初授嘉议大夫……"

作诗《送王尚书之南京户部》。

见本集卷四"诗"。其诗有"祖道秋风忽饯行"之句，当作于本年秋。

王尚书，即王轼，据雷礼《国朝列卿纪》卷三四"南京户部尚书行实·王轼"：王轼，字用敬，湖广荆州府公安县人。天顺甲申（八年，1464）进士。《明孝宗实录》卷一六四："弘治十三年七月……戊寅（二十六），升大理寺卿王轼为南京户部尚书。"

李东阳《怀麓堂集》卷六十三"文后稿二·序"有《户部尚书王公之南京诗序》。

作诗《韩亚卿贯道见示屠冢宰诸公唱和之作》。

　　见本集卷四"诗"。其诗有"萧萧风叶厢房晚"之句，当作于本年秋。

　　亚卿，对六部侍郎的敬称。韩亚卿，即韩文。屠冢宰，即屠滽，据《明武宗实录》卷九十二、《明孝宗实录》卷一六二，屠滽，字朝宗，浙江鄞县人。成化丙戌（二年，1466）进士，弘治十三年五月庚辰（二十七），以太子太傅、吏部尚书致仕。

　　诸公唱和之作，吴宽《家藏集》卷四十三"序"《启事余情序》云："今四明屠公以都察院左都御史进拜尚书，自弘治丙辰（九年，1496）二月掌选，临事优裕，事无弗治。且以余力每选韵书，次第括三字为韵，赋绝句一首，与同事者更倡迭和，积成巨卷，取晋山公语，题曰'启事余情'。"盖指此也。

作诗《寄萧佥[给]事文明》。

　　见本集卷四"诗"。其诗有"高榆叶落汉关秋"、"七十古稀今正健"之句，当作于本年秋。

　　萧文明，即萧显，据李东阳《怀麓堂集》卷八十七"文后稿二十七·志铭"《明故福建按察司佥事致仕进阶朝列大夫萧公墓志铭》：萧显，字文明，号顺庵，更号海钓。以山海卫学生，举天顺己卯（三年，1459）京闱第二，成化壬辰（八年，1472）得进士第。弘治五年（1492）以福建按察司佥事致仕。正德丙寅（元年，1506）卒，寿七十六。由萧显卒于正德元年，年七十六，可推知其七十，为弘治十三年。

　　吴宽《家藏集》卷二十六"诗"有《寄寿萧文明七十》，闵珪《闵庄懿公诗集》卷三"七言律诗"有《寿致政萧文明金宪为李西涯赋》；张昇《张文僖公诗集》卷七"七言律"有《寿萧文明七秩》，作于弘治十三年。本集原作"萧给事"，当误。

作诗《庚申长至有事于东陵，倪冢宰、吴、韩两少宰俱有诗赠行，和之》。

　　见本集卷四"诗"。

　　长至，即冬至，自夏至后日渐短，自冬季后日又渐长，故称。

　　东陵，明太祖朱标陵墓，在南京，此当误。《明孝宗实录》卷一六八："弘治十三十一月……壬申（二十二），冬至节，遣驸马都尉黄镛、齐世美分祭长陵、献陵、景陵、裕陵、茂陵，文武衙门各分官陪祭。"倪冢宰，即倪岳，参见本谱弘治九年条，《明孝宗实录》卷一六三："弘治十三年六月……甲午（十二），时吏部缺尚书……上命改岳为吏部尚书，太子少保仍旧。"吴、韩两少宰，即吏部左侍郎兼翰林院学士吴宽、吏部左侍郎韩文。

　　吴宽《家藏集》卷二十七"诗"有《次韵韩贯道送济之以冬至谒陵》。

作诗《调韩侍郎》。

　　见本集卷四"诗"。其题注曰："韩时鳏居十余年矣。"

　　韩侍郎，即韩文，据《焦太史编辑国朝献征录》卷二十九"户部二·尚书二"杨一清《光禄大夫柱国太子太保户部尚书赠太傅谥忠定韩公文墓志铭》，韩文原配张氏，早卒，独居三十年，恒念糟糠，不再娶。徐咸《皇明名臣言行录后集》卷六"韩文"云："公年五十时，丧其阃夫人。子辈数以再娶并纳妾为劝，言及辄怒云：'我年已至此，复何为哉？'卒独处一室，虽使婢亦不容入。遇冬寒，命小孙温足，教其念书作对句。"（《杂识》）

作诗《次韵匏庵谢橘》、《匏谓木奴与鸭脚子同至，不宜见遗，仍次前韵》、《次韵玉汝谢橘》。

　　均见本集卷四"诗"。

　　盖王鏊家人送橘、银杏、鸭掌等至京，鏊分与吴宽与陈璃也。

　　吴宽《家藏集》卷二十七"诗"有《谢济之送橘次旧韵二首》、有《又次韵谢送银杏》。

　　玉汝，即陈璃，据《明孝宗实录》卷一六二，时任都察院左佥都御史。

作诗《雪后有怀小适园三首》。

　　见本集卷四"诗"。当作于本年冬。

　　小适园，王鏊京师宅邸之园也。

作诗《铜炉》。

　　见本集卷四"诗"。

作后语《文恪公家谱后语》。

　　见《太原家谱》卷首，不见于本集。其文云："鏊再拜以退因识谱后。嘉议大夫吏部右侍郎、文华殿日讲、前詹事府少詹事兼翰林院侍读学士、同修国史东宫讲读官鏊识。"

　　家谱，即《王氏家谱》，参见本谱弘治九年条。

吴俨作诗《次守溪少宰夜饮韵》。

　　见《吴文肃摘稿》卷二"七言律诗"。其诗作于弘治十三年，有"妙句曾题邴曼容，至今什袭未开封"之句，其小注云："守溪赠行诗有'宦况轻于邴曼容'之句。"

　　王鏊弘治六年《送吴编修克温归省宜兴》诗（见本集卷三"诗"）有"交情淡爱周公瑾，宦况轻怀邴曼容"之句。吴俨，参见本谱弘治三年条，据《明武宗实录》卷一七四，时任左春坊左中允。

弘治十四年辛酉（1501）　五十二岁

正月，上御房八事。

　　《明孝宗实录》卷一七〇："弘治十四年正月……丙子（二十七）……吏部右侍郎王鏊上御房八事……疏上，命所司知之。"

旧谱云："时北虏入寇，公上筹边八事：一曰定庙算，二曰重主将，三曰严法令，四曰恤边民，五曰广招募，六曰用间，七曰分兵，八曰出奇。议论激切，中有'佞幸用事，功赏倒置'之语。内寺萧敬方招权用事，指此恚曰：'此为我也。'遂尼不行。然其后建置，多采公疏语。敬尝输欸于公，公谢不往。敬乃曰：'王公自能结知主上，何以我辈为盖□之也。'"

《文渊阁四库全书》本《震泽集》卷十九"奏疏"有《上边议八事》，略同，惟"夷狄"、"虏"、"寇"均为"北兵"所代，盖清人所改。

时西、北边寇猖獗，主要为小王子、火筛，张廷玉《明史》卷三二七"外国传八·鞑靼"："弘治元年(1488)，小王子(本景帝初鞑靼首领麻儿可儿之号，后为首者多称小王子)奉书求贡，自称大元大可汗。朝廷方务优容，许之。自是，与伯颜猛可王等屡入贡，渐往来套中，出没为寇。八年(1495)，北部亦卜刺因王等入套驻牧。于是小王子及脱罗干(鞑靼可汗满都鲁手下大将)之子火筛相倚日强，为东西诸边患。""十三年(1500)冬，小王子复居河套。明年春，吏部侍郎王鏊上御敌八策……帝命所司知之。"又卷十五"孝宗纪"："(弘治)十三年……夏四月，火筛寇大同。……(五月)癸亥，火筛大举入寇大同左卫。……(冬十月)小王子诸部寇大同。……十二月辛丑，火筛寇大同，南掠数百里。……是年，小王子部入居河套，犯延绥神木堡。""(弘治)十四年……(夏四月)火筛诸部寇固原。…… 八月己酉 …… 火筛诸部犯固原，大掠韦州、环县、萌城、灵州。……己巳……火筛诸部犯宁夏东路。"萧敬，据万斯同《明史》卷四〇五《宦官上》：萧敬，字克恭，福建南平人。弘治二年(1489)司礼员缺，左右皆言老成练事，无如敬者，复使掌司礼，与机务。凡册封大婚、山陵丧祭、阅视团营诸大典，燕闲赐问如响，帝甚重之。

王鏊在奏疏中建议起用致仕南京户部尚书秦纮总制西北军务，《明孝宗实录》卷一七九："弘治十四年九月……甲辰(二十九)，起致仕南京户部尚书秦纮为户部尚书兼都察院副都御史，代史琳总制陕西固原等处军务。"上言王鏊建议多所施用，盖指此。秦纮，参见本谱弘治五年条。

长子王延喆归吴，多所兴殖，数年间致产不訾。

陆粲《陆子余集》卷三《前儒林郎大理寺右寺副王君墓志铭》："(文恪)公性高简，其为家未尝视簿书。仕既隆贵，产业无所增益。君年未二十，归吴，即慨然欲恢拓门户。当是时，吴中富饶，而民朴，畏事自重，不能与势家争短长，以故君得行其意，多所兴殖。数岁中则致产不訾，贾贷子钱若垆冶邸店，所在充斥。"

王延喆生于成化十九年(1483)，时年十九岁。

正月，作诗《郊祀斋居次韵倪冢宰》。

见本集卷四"诗"。其诗有"清谈得奉斋三日"、"残雪土膏春意透"之句。

郊祀，《明孝宗实录》卷一七〇："弘治十四年正月……丙辰（初七），以大祀天地，上御奉天殿，誓戒文武群臣致斋三日。"斋居，黄佐《翰林记》卷十五"斋宿"："凡郊祀，洪武二十年定斋戒日期，文武百官先沐浴更衣，本衙门宿歇。次日，听誓戒，致斋三日。宗庙社稷亦致斋三日，惟不誓戒。或朝廷祈祷亦如之。所谓斋戒者，不饮酒，不食葱、韭、薤、蒜，不问病，不吊丧，不理刑名，不与妻妾同处也。"倪冢宰，即倪岳。

作诗《庆成宴二首》。

见本集卷四"诗"。其诗有"积雪先春早应祥"、"年年正月纪王春"之句。

庆成宴，《明孝宗实录》卷一七〇："弘治十四年正月……己未（初十），大祀天地于南郊。礼毕，上还宫谒太皇太后、皇太后，出御奉天殿。文武群臣行庆成礼。庚申（十一），以大祀礼成，上御奉天殿，大宴文武群臣及四夷朝使。"

作诗《贺李谕德子阳五十得子》。

见本集卷四"诗"。

李子阳，即李旻，据《明武宗实录》卷四九：李旻，字子阳，浙江钱塘人。成化庚子（十六年，1480）乡试，甲辰（二十年，1484）廷试俱第一，时任左春坊左谕德。据《明孝宗实录》卷一七一，弘治十四年二月丙午（二十七），李旻升为南京太常寺少卿。故此诗约作于本年一、二月间。

吴宽《家藏集》卷二十七"诗"有《次韵李谕德生子志喜》，言李旻时年五十四岁。

作诗《次韵玉汝春寒有感》。

见本集卷四"诗"。

玉汝，即陈璚。

作诗《海月庵观灯》。

见本集卷四"诗"。其诗有"时开王月春犹浅，会在公家岁独多"之句。

海月庵，即吴宽宅邸之庵，吴宽《家藏集》卷二十七"诗"有《正月十三夜与乡友会饮》。

《明孝宗实录》卷一七〇："弘治十四年正月……庚申（十一）……上以上元节赐文武群臣假十日。"

作诗《韩侍郎庭中芍药盛开》。

见本集卷四"诗"。

韩侍郎，即吏部左侍郎韩文。

作诗《送马良佐学士还南京》。

见本集卷四"诗"。其题注云："马有二子，一为验封主事，一为庐江太守。"其诗有"北地主人供案立，庐江太守傍车行"之句。

马良佐，即马廷用，据《明武宗实录》卷一七〇：马廷用，字良佐，四川西充县人。

举成化戊戌（十四年，1478）进士。子金官布政使，龠知府。时任南京翰林院侍读学士。

吴宽《家藏集》卷二十七"诗"有《送马学士良佐还南京》。

作诗《孟秋夜陪飨太庙值雨，礼成趋出，门且闭，归途水几没膝。是夜，惟予与谢亚卿同之》。

见本集卷四"诗"。

孟秋飨太庙，《明孝宗实录》卷一七六："弘治十四年七月丁未朔，孟秋，享太庙。"谢亚卿，即谢铎，参见本谱弘治二年条，据《明孝宗实录》卷一五三，时任礼部右侍郎管国子监祭酒事。

谢铎《桃溪净稿》诗卷四十五集有《庙祀值雨，既毕，门闭，几不得出，与王济之吏侍驻西涯朝房，短述志感》。

作诗《中元朝陵值雨，已而开霁，次倪、韩二长官韵》。

见本集卷四"诗"。其小注曰："中元日多雨也。"

中元朝陵，《明孝宗实录》卷一七六："弘治十四年七月……辛酉（十五），中元节，遣驸马都尉游泰、齐世美分祭长陵、献陵、景陵、裕陵、茂陵，文武衙门各分官陪祭。"倪、韩二长官，即尚书倪岳，左侍郎韩文。

作诗《追次三原王公谒陵之韵》。

见本集卷四"诗"。

三原王公，即王恕，参见本谱成化十九年条。王鏊所和盖王恕早年谒陵之作也。

作诗《送郭挥使宏守备永平》。

见本集卷四"诗"。其诗有"高榆霜落秋临塞"之句。

郭宏，一作郭铉，《明孝宗实录》卷一七六："弘治十四年七月丁未朔……命金吾右卫指挥使郭铉守备永平等城，以都指挥体统行事。"

作记《宝坻县新城记》。

见本集卷十五"记"。其记云："弘治戊午（十一年，1498），武进庄襗以进士来知是邑……于是始谋重作之……经始于弘治庚申（十三年，1500）之四月，迄辛酉（十四）孟夏而城立矣。……于是邑之父老……相率来京请予文其事于碑。"

庄襗，《乾隆宝坻县志》卷三"建置·城池"："及弘治庚申（十三年，1500），知县庄襗乃议易之以砖，请于巡抚洪公，报可。一时巨室富民踊跃乐输，度地鸠工，甫期而竣。"又卷十一"名宦"："庄襗，字诚之，武进人。……登弘治丙辰（九）进士。庄襗盖王鏊主考会试所取士也。"

吴俨《吴文肃摘稿》卷四"记"有《新修宝坻城记》。

作诗《匏庵作板屋，诗以落之》、《再次》、《三次》、《次韵板屋二适》（《负暄》、《看雪》)。

> 均见本集卷四"诗"。

> 吴宽《家藏集》卷二十八"诗"有《园北新构板屋,制甚朴陋。济之有作,次韵答之》、《济之再和复次韵》、《济之三和复次韵》,又有《板屋二适》(《负暄》、《对雪》)。刘春《东川刘文简公集》卷二十二"五言古诗"有《奉和匏庵先生板屋诗韵》、《和匏庵爱日、对雪二适韵》。

作诗《尹冢宰寿词二首》。

> 见本集卷四"诗"。

> 尹冢宰,即尹旻,参见本谱成化十一年条,《明孝宗实录》卷一七八:"弘治十四年八月……己巳(二十四),巡抚山东都察院都御史徐源上疏言:'……致仕吏部尚书尹旻年今八十……'"

> 吴宽《家藏集》卷二十八"诗"有《寄寿太宰尹公八十》,李东阳《怀麓堂集》卷六十三"文后稿三·序"有《寿冢宰尹氏序》,卷五十六"诗后稿六·七言律师"有《寿太宰尹公八十》。

作序《壮节录后序》,箴铭《壮节祠铭》。

> 《壮节录后序》见本集卷十二"序"。其序云:"弘治庚申(十三年,1500)四月,诏作庙于香山之阳以祀故崇安侯谭公。……其曾孙[孙],今少傅兼太子太傅新宁伯祐祗承恩命,增莳松柏,立碑表,又得缙绅大夫歌诗若干篇,镂梓以示其后,属予序。"

> 谭公,即谭渊,据万斯同《明史》卷一八九《谭渊传》:谭渊,清流人。从成祖起兵,夹河之战被杀。成祖痛之,即位,追封崇安侯,谥壮节,立祠香山阳。谭祐,据费宏《太保费文宪公摘稿》卷十八"志类"《明故特进光禄大夫柱国太傅兼太子太傅新宁伯谥庄僖谭公墓志铭》:谭祐,字元助,别号云溪,天顺元年(1457)嗣爵。弘治戊午(十一年,1498)加太傅仍兼太子太傅,念大父战殁,乞建祠墓所,孝宗可之,赐祠额如其所谥,谕有司以春秋荐事。《明孝宗实录》卷一七八:"弘治十四年八月……癸丑(初八)……新宁伯谭祐以有司承命为其曾祖崇安侯渊建壮[庄]节祠,时初成,请自得送迎遗像入祠,从之。"

> 《壮节祠铭》见本集卷三二十"箴铭",盖作于同时。

作诗《顾都宪竹间书屋》。

> 见本集卷四"诗"。其诗有"淮之水,去悠悠,君家正住淮水头"之句。

> 顾都宪,即顾佐,据本集卷二十三"碑"《资善大夫户部尚书赠太子太保顾公神道碑》:顾佐,字良弼,本吴人,国初徙民实临淮,遂为临淮人。登成化己丑(五年,1469)进士,时任都察院右副都御史。

> 屠勋《屠康僖公文集》卷一"七言古诗"有《竹间书屋》。

作诗《赠戴大宾》。

见本集卷四"诗"。其题注曰:"大宾,闽人,年十三举乡试第二人。"

戴大宾,张弘道、张凝道《皇明三元考》卷九"正德三年(1508)戊辰科":"探花戴大宾,福建莆田人,字寅仲。治《书》,年二十,未娶。辛酉[丁卯](弘治十四年)乡试第三名。"

在吏部,端清公谅,尚书马文升甚敬重之。

旧谱云:"(弘治)十四年辛酉,五十二岁。公在部,凡贪昧求进者,必抑之;恬退无营者,必进之。端清公谅,人望而敬竦,不敢以私干。冢宰马文升深加敬仰,尝曰:'如王公者,当于古人中求之。今世鲜其匹也。'后公以忧去,马公每思之曰:'王公真宰辅器也。'"

马文升,《明孝宗实录》卷一八〇:"弘治十四年十月……甲子(十九),改兵部尚书马文升为吏部尚书,少傅兼太子太傅如故。"

作诗《赠刘司马时雍》。

见本集卷四"诗"。其诗有"纷纷末路竞先驰,安石东山起独迟"、"中国于今相司马,边陲得似去年时"之句。

司马,对兵部尚书的敬称。刘时雍,即刘大夏,参见本谱弘治八年条,《明孝宗实录》卷一八〇:"弘治十四年十月……壬申(二十七),升总督两广都察院右都御史刘大夏为兵部尚书。"

作说《吴奭字嗣盛说》。

见本集卷十四"说"。其说云:"天官少宰吴公名其冢子曰:奭。……故因其名,称其材,重其望,字之曰:嗣盛。"

天官少宰,对吏部侍郎的敬称。吴公,即吴宽,时为吏部右侍郎。吴奭,吴宽长子。

作记《亳州营建记》。

见本集卷十六"记"。其记云:"弘治丁巳(十年,1497),巡抚都察院左副都御史当涂李公以闻诏升亳为州,时东鲁王侯沂实来知州事……乃鸠工聚材以兴坏起废。……经始丁巳之冬迄辛酉(十四)而落成。……于是州之人来求予文,刻之石著侯之功,使来世尚有考也。"

王沂,《光绪亳州志》卷十"职官志·名宦":"王沂,山东滋阳举人。弘治十年莅任。通敏敢为,善决疑狱。亳初改州,修举多端……有王文恪整《亳州兴造记》。"

作碑《无锡县太伯庙碑》。

见本集卷二十一"碑"。其碑云:"无锡之板村有丘隆焉,《相传》曰:太伯之墓也。……而近败屋颓垣,刍牧不禁。予尝过而伤之。弘治十三年(1500),南昌姜侯文魁来知无锡，予曰：'邑有圣人之墓而芜焉，令之耻也。'姜曰：'诺。'甫下车则议复之……期年庙成。……姜侯请予文于碑以示后世。"

姜文魁，《同治南昌府志》卷二十九"选举·历朝进士"："弘治九年（1496）丙辰朱希周榜，姜文魁，进贤人。四川副使。"《（正德）常州府志续集》卷二"职官·无锡县·知县"；"姜文魁，字士元，进贤人。由进士弘治十一年（1498）任。立心平易，孜孜爱民。累升福建延平府知府。"又卷五"宫室·无锡县"："至德庙，即泰伯庙。……弘治十三年知县姜文魁仍即梅李乡泰伯渎故墟创建殿寝，门堂规制完备。……吏部侍郎王鏊为记。"姜文魁盖王鏊主考会试所取士也。

作碑《嘉议大夫南京兵部右侍郎黎公神道碑》。

见本集卷二十一"碑"，又见《焦太史编辑国朝献征录》卷四十三"南京兵部·侍郎"，名为《嘉议大夫南京兵部右侍郎黎公福神道碑》。

黎公，即黎福，据本碑与《明孝宗实录》卷一七八：黎福，字天与，江西乐平县薛塘人。成化二年（1466）进士，官至南京兵部右侍郎，致仕。弘治十四年八月己酉（初四）卒于家，年六十七。

作行状《故太子少保吏部尚书赠荣禄大夫少保谥文毅倪公行状》。

见本集卷二十五"行状"。其状云："鏊与公同在翰林，犹未知公，及承乏吏部，同事颇久，见其识之开敏，气之超迈，自恨知公之晚也。因其弟郎中皋之请，铨次治行之大者为状，上于国史氏。"

倪公，即倪岳，《明孝宗实录》卷一八〇："弘治十四年十月……甲寅（初九），太子少保吏部尚书倪岳卒。

吴宽《家藏集》卷五十九"传"有《倪文毅公家传》，李东阳《怀麓堂集》卷八十四"文后稿二十四·志铭"有《明故资德大夫正治上卿太子少保吏部尚书赠荣禄大夫少保谥文毅倪公墓志铭》。

作表碣《奉政大夫兵部武选清吏司郎中陈君墓表》。

见本集卷二十五"表碣"，又见焦竑《焦太史编辑国朝献征录》卷四十一"兵部四·郎中"。

陈君，即陈恺，据本表与吴宽《家藏集》卷六十四"墓志铭"《奉政大夫兵部武选清吏司郎中陈君墓志铭》：陈恺，字企元，世为苏之昆山人，居邑之东。成化甲辰（二十年，1484）登进士，官至武选郎中。弘治辛酉（十四年）二月七日卒，年六十。

作表碣《黄和仲墓表》。

见本集卷二十五"表碣"。

黄簾，参见本谱成化二十二年条。据本表与吴宽《家藏集》卷六十四"墓志铭"《黄和仲墓志铭》：弘治己未（十二年，1499）冬，黄簾以太学生谒选吏部，馆吴宽家。明年夏得疾,逾月加剧,还家就医药,行至德州,以庚申(十三年)十月六日卒,年五十九。以辛酉(十四年)九月九日葬于吴县荐福山先茔之次。

作志铭《承事郎徐君墓志铭》。

见本集卷二十七"志铭"。

徐君,即徐潮,王鏊长婿徐缙之父,参见本谱弘治七年条,据本铭与吴宽《家藏集》卷七十四"墓表"《处庵徐府君墓表》,徐潮以弘治辛酉(十四年)六月二十二日(一作二十四)卒,享年五十有二。

作书《与尚宝公书》。

见《太原家谱》卷二十八"杂文类下编",不见于本集。其书云:"前金孟仁婿来,已得佳橘,今孟仁至,又获鲜笋,皆汝孝心之所致也。……我今别无所望,唯欲早归林下,享数年登山玩水之乐,未知何时得遂也。"

尚宝公,即王鏊长子王延喆,后以子有壬封尚宝司卿。

弘治十五年壬戌(1502) 五十三岁

正月,被任命为会试知贡举官,阅鲁铎卷,亟称之,吴宽取为第一。

《明孝宗实录》卷一八三:"弘治十五年正月……庚子(二十七),命吏部右侍郎王鏊为会试知贡举官。"

廖道南《殿阁词林记列传》卷二"武英殿大学士王鏊":"壬戌,陟礼部尚书,知贡举。有景陵鲁铎者,屡蹶科屋。鏊偶阅其卷,亟称之。时吴文定公为考官,取铎为省元。人咸称其知人。"

鲁铎,据朱大韶《皇明名臣墓铭》巽集"正德纪年"黄佐《朝列大夫国子监祭酒谥文恪鲁公传》:鲁铎,字振之,湖广景陵人。弘治壬戌(十五)举礼部第一,擢进士高第。

作诗《送全卿赴浙江宪副》。

见本集卷四"诗"。

全卿,即陆完,参见本谱成化十八年条,《明孝宗实录》卷一八四:"弘治十五年二月……壬子(初九)……升……监察御史……陆完……俱为副使……完,浙江。"吴宽《家藏集》卷二十八"诗"有《送陆全卿赴浙江副使》。

作内制《赠太子少保南京礼部尚书谢绶诰文》。

见本集卷十八"内制"。

谢绶,据《明孝宗实录》卷一八七与朱大韶《皇明名臣墓铭》震集"弘治纪年"林瀚《资政大夫南京礼部尚书樗庵谢公墓志铭》:谢绶,字惟章,别号樗庵,江西临州县龙冈人。景泰五年(1454)进士,官至南京礼部尚书。弘治十五年五月己卯(初八),卒于官,年六十九。

作诗《送刘都宪廷式巡抚宁夏》。

> 见本集卷四"诗"。其诗有"北来烽火达甘泉"、"且喜大夫重授阃"之句。
>
> 刘廷式，即刘宪，据《明武宗实录》卷三十九与杨守阯《碧川文选》卷二"序"《送都御史刘公巡抚宁夏序》，刘宪，字廷式，湖广益阳人。成化戊戌（十四年，1478）进士。"宁夏招募士兵既合格称旨，遂拜都察院右佥都御史。适宁夏巡抚缺人，言者谓廷式最宜，吏部亦以其名荐闻，遂授之。"《明孝宗实录》卷一八八："弘治十五年六月……命都察院右都御史刘宪巡抚宁夏。"

作诗《壬戌九月》。

> 见本集卷四"诗"。其诗有"季秋甫强半，霜降才应律。顽阴十日间，陡觉寒惨慄。填然忽惊雷，百虫破新蛰。雷声甫尔收，雪势陡然急。霏微晓方晴，淅沥暮何密"之句。
>
> 《（崇祯）吴县志》卷十二"祥异"："（弘治）十五年壬戌九月，连阴雨，寒色惨慄，忽大雷电，忽大雪，两日严寒。"引王鏊《纪九月大雪诗》，即《壬戌九月》也。
>
> 吴宽《家藏集》卷二十八"诗"有《九月十八日大雪，又十日雪益大，作秋雪叹》。

作诗《秋日斋居值雨，已而大雪，呈韩亚卿二首》、《韩见和复次韵》。

> 均见本集卷四"诗"。
>
> 韩亚卿，即吏部左侍郎韩文。吴宽《家藏集》卷二十八"诗"有《次韵济之斋居苦雨》、《韩贯道示所和，复次韵答之》。

作碑《苏州府重修城隍庙碑》。

> 见本集卷二十一"碑"。其碑云："弘治十三年（1500）住持戈原广言于郡守曹侯凤……乃下令境中，愿新神庙者听，又命义官某等董其役。……明年春正月始事，至九月僝工。……会曹侯迁去，广东林侯世远继之，求予纪其事。"
>
> 城隍庙，《（正德）姑苏志》卷二十七"坛庙上"："城隍庙在武状元坊内，相传为周瑜故宅，即雍熙寺基也。洪武三年建。"曹凤，见本谱弘治十年条。林世远，《（正德）姑苏志》卷三"古今守令表中"："林世远，四会人，弘治十五年以监察御史升任（苏州府知府）。"

作诗《送韩亚卿谒陵》。

> 见本集卷四"诗"。其诗有"短日寒无辉"、"至日诏分官"、"始作三日别"、"归途雪正晴"之句。
>
> 韩亚卿，即韩文。谒陵，《明孝宗实录》卷一九三："弘治十五年十一月……壬午（初三），冬至节，遣驸马都尉黄镛、崔元分祭长陵、献陵、景陵、茂陵，文武衙门各分官陪祭。"
>
> 屠勋《屠康僖公文集》卷一"五言古诗"有《和王守溪长至日谒陵》，其韵与本诗全同。

作诗《奉和屠侍郎元勋谒陵》。

    见本集卷四"诗"。

    屠元勋,即屠勋,据顾清《东江家藏集》卷二十八"中集二十四·北游稿·行状"《故刑部尚书致仕东湖屠公行状》:屠勋,字元勋,别号东湖,先世嘉兴海盐人,后海盐析平湖,故今为平湖人。天顺壬午(六年,1462)试乡闱,时年十五,成化己丑(五)擢进士。《明孝宗实录》卷一九一:"弘治十五年九月……戊子(十九),升都察院左副都御史屠勋为刑部左侍郎。"

作诗《赠写真贾志》。

    见本集卷四"诗"。其诗有"短发今如许,烦君为写真"之句。

    贾志,孙岳颁等《御定佩文斋书画谱》卷五十七"画家传十三·明三":"贾志,字廷真,工画山水人物,尤善写真。(邹玫《临颖志》)"据《太原家谱》卷二十三"颂赞类像赞、像记"王穉登、江士铉《文恪公四像赞》,王鏊有四像,一为少宰(吏部侍郎)五十二岁时所绘,盖此也。

作诗《三忠祠》。

    见本集卷四"诗"。其题注曰:"诸葛武侯、岳武穆、文丞相。"

    吴宽《家藏集》卷二十五"诗"有《题三忠庙,庙在城东,祀诸葛武侯、岳武穆王、文信公,都人周珍买地以建者》。

作诗《和刘司马失子二首》。

    见本集卷四"诗"。

    刘司马,即刘大夏,时为兵部尚书,邵宝《容春堂前集》卷十五"表传"《东山公前传》云:"公二子,长曰祖生,次曰祖修。"

    李东阳《怀麓堂集》卷五十六"诗后稿六·七言律诗"有《慰东山刘司马哭子次谢祭酒韵二首》。

作序《赠知六安州马大夫序》。

    见本集卷十二"序"。其序云:"上之十五年,以钧阳马公为吏部尚书。其子某,时知六安州,即上疏乞致仕以去。……予日从公后,知公之意为深,故以为大夫赠且以告夫有位者。"

    马公,即马文升,马大夫,即马璁,万斯同《明史》卷二三八《马文升传》:"子璁,以乡贡士待选吏部,文升使请外,曰:'必大臣子而当京秩,谁当外者?'"《同治六安州志》卷十七"文职":明知州,弘治年间有马璁,河南钧州人,恩生。

作序《式斋稿序》。

    见本集卷十二"序"。其序云:"己未冬[春],予乞告归省,舟且发,文量之子伸哀其父遗稿为六秩,作书且万言,贻予。"

    《式斋稿》,据《中国善本书提要·集部·别集类》,现北京图书馆藏有《式斋先生文集》三十七卷，九册，明弘治间刻本，卷末记："男伸编，侄伟缮写，邑人唐日恭、日信等刻字。"前有王鏊弘治十五年（1502）序，都穆弘治十四年（1501）跋。陆容、陆伸参见本谱弘治十二年条。

作行状《礼部尚书赠太子太保谥文穆傅公行状》。

见本集卷二十五"行状"，又见焦竑《焦太史编辑国朝献征录》卷三十三"礼部二·尚书"。

傅瀚，据本状与李东阳《怀麓堂集》卷八十五"文后稿二十五·志铭"《明故资善大夫礼部尚书赠太子太保谥文穆傅公墓志铭》，弘治十五年二月癸亥（二十），傅瀚以礼部尚书殁于京师之馆舍，春秋六十有八，赠太子太保，谥文穆。"予，公所取士也，辱公知最深且久而亦自谓颇知公一二，故敢僭为之状上于太史氏。"

作题跋《恭题何都御史巡抚南直隶敕》。

见本集卷三十五"题跋"。其跋云："右刑部侍郎臣鑑为副都御史巡抚江南时所被敕也，间录一通以示臣鏊。臣鏊稽首再拜题其后……"

何鑑，据雷礼《国朝列卿纪》卷四八"兵部尚书行实·何鑑"：何鑑，字世光，浙江绍兴府新昌县人。成化戊子己丑（五年，1469）登进士。弘治六年（1493）春二月升都察院右副都御史总理江南粮储，巡抚地方，兼理嘉、湖、杭三府税粮；七年（1494）苏、松大水，九月，奉敕同工部侍郎徐贯濬吴淞、白茆等港以泄积水。后升刑部左侍郎。十五年（1502）奔母丧南还。十八年（1505）服阕。王鏊跋云"惜乎，不久以忧去矣"，而鏊亦于十六年归乡守制，故此跋当作于十五年。

张昇《张文僖公文集》卷十一"杂著"有《恭题都御史何世光玺书》。

作题跋《题夏仲昭墨竹》。

见本集卷三十五"题跋"。其题云："国朝以画竹名者唯王舍人孟端、夏太常仲昭，盖得洋州笔法。此幅乃太常为故少保于忠愍作，今中丞屠公元勋得之，保爱有加，间以示余。"

夏仲昭，即夏昶，孙岳颁等《御定佩文斋书画谱》卷五十五"画家传十一·明一"："夏昶，字仲昭，昆山人。以进士自中书舍人累进太常寺卿，直内阁。画竹石，师王绂，至远夷亦购之。（《珊瑚网》）""夏太常画竹为当时第一，有'夏卿一个竹，西凉十锭金'之谣。（《丹青志》）"中丞，即御史中丞，对都察院副都御史的敬称。屠勋，见本谱本年条。

李承箕作书《奉王少宰》。

见《大厓李先生文集》卷二十"书简"。其书云："十月六日提学姚金宪处拜领执事新文三篇，轼兄茂卿下世已六月矣。不忍视封题所谓高士者，哀感陨涕，读不见字。伏承执事位益高而政益繁，乃能及山野余残之人，痛哉！兄素蒙知爱惟执事一人;执事之外无一人恃知爱。拜干埋铭于执事,所以求重于今而取信后世。伏垂哀怜,泉壤有光矣。箕自遭母丧,及半年又适兄丧,年才五十而须发已皓然。情既荒迷,言无次第,不胜恐惧之至,伏惟照察!"

李承箕,参见本谱成化二十三年、弘治八年条。兄茂卿,即李承芳,参见本谱成化二十三年、弘治八年条,据朱大韶《皇明名臣墓铭》震集"弘治纪年"李承箕《大理寺右寺副东峤李公行状》,弘治十四年,(1501)冬十月,母太孺人卒,李承芳徒步经营葬事,冒寒,多饥苦,竟以十五年(1502)五月二十二日卒,年五十有三。

弘治十六年癸亥(1503)　五十四岁

年初,与吴宽、李杰、陈璇、吴洪作五同会,又称五老会。作诗《次韵玉汝五老会》。

> 吴宽《家藏集》卷四十四"序"《五同会序》:"吴人出而仕者,率盛于天下。今之显于时者,仅得五人,曰:都御史长洲陈玉汝,礼部侍郎常熟李世贤,太仆寺卿吴江吴禹畴、吏部侍郎古吴王济之及予为五人。去岁,五人者公暇,人辄具酒馔为会,坐以齿定,谈以音谐,以正道相责望,以疑义相辨析。兴之所至,即形于咏歌;事之所感,每发于议论,庶古所谓莫逆者。同时也,同乡也,同朝也,而又同志也,同道也,因名之曰'五同会',亦曰同会者五人耳。……五人者,初期相续为会不已,未几,玉汝擢副都御史赴南京,济之以外艰去。自是会者惟三人,良会不常,可叹也。"
>
> 又卷四十四"序"《送陈都宪玉汝赴南京诗序》:"顷予与乡人之仕于朝者姚城陈玉汝、海虞李世贤、松陵吴禹畴、震泽王济之为五同会,盖袭睢阳之意而循洛社之例。职务之余,期月一聚饮,以释其劳,相乐也。未几,玉汝擢左副都御史于南京,因叹良会之不常,感乐事之难久,有不胜其慨然者。"
>
> 吴宽《五同会序》当作于弘治十七年(1504),去岁即弘治十六年。陈玉汝,即陈璇,《明孝宗实录》卷一九六:"弘治十六年二月……辛亥(十四),升都察院左金都御史陈璇为南京都察院右副都御史。"吴宽《家藏集》卷二十九"诗"有《送玉汝擢副都御史仍赴南京》。李世贤,即李杰,参见本谱成化十八年条,据《明孝宗实录》卷一八五,时任礼部右侍郎。吴禹畴,即吴洪,参见本谱弘治元年条,据《明孝宗实录》卷一七三,时任太仆寺卿。
>
> 《次韵玉汝五老会》见本集卷四"诗"。其诗有"三三两两坐成行,忘却燕南是异乡"、"丹心旧许同忧国,清话时闻一哄堂"之句。
>
> 吴宽《家藏集》卷二十九"诗"有《新岁与玉汝、世贤、禹畴、济之为五同会,玉汝以诗邀饮,因次韵,时玉汝初治楚狱还》,作于弘治十六年正月。据《明孝宗实录》卷一九二,弘治十五年十月,司理监太监扶安、都御史陈璇往楚府按验楚府

辅国将军均锗逼淫嫂王氏、杨氏，烝庶母余氏案。玉汝初治楚狱还，盖指此。

《太原家谱》卷二十七"杂文类上编"有吴宽、吴洪、王鏊、陈璚的《五同会诗》，王鏊诗后有小注曰："五同之会未数月也，玉汝最先去，予次之，禹畴旋往易州所，最恨者匏庵遂下世。岁丙寅(正德元年，1506)予还朝，独与李公相见。未几，公亦擢南太宰去。予乃孑然独留。嗟乎！自壬戌至今，兹之岁才五年，而人事好乖如此，于人世何如也。览旧卷不胜感叹。"盖王鏊此注作于正德元年。

吴洪，《明武宗实录》卷七："弘治十八年十一月……丁酉(十六)……升太仆寺卿吴洪为工部右侍郎，管理易州山厂。"吴宽，《明孝宗实录》卷二一四："弘治十七年七月……戊戌(初十)，掌詹事府事礼部尚书兼翰林学士吴宽卒。"李杰，《明武宗实录》卷十二："正德元年四月……丙子(二十七)……升礼部左侍郎李杰为南京吏部尚书。"

作诗《送沈世隆》。

见本集卷四"诗"。其题注曰："沈度、沈粲以工书，永乐中官至学士。孝宗特爱度书，宫中尝习焉，问度亦有后乎？物色得世隆，授中书舍人。"

《明孝宗实录》卷一三八："弘治十一年六月……庚辰(十五)……命故翰林学士沈度孙世隆为中书舍人，内阁制敕房办事。盖上善书，雅好度书法，尝有旨命访其子孙，至是礼部以世隆应诏，遂有是命。"

沈度、沈粲、沈世隆，据《(正德)松江府志》卷二十九"人物三·名臣"：沈度，字民则，华亭人。少力学，善篆、隶、真、行书，以荐授翰林典籍，累官至学士，卒。弟粲，字民望，善真、草书，飘逸遒劲，自成一家。尤长于诗，有集，二千余首。累官翰林侍读、春坊、庶子，至大理少卿致仕。孝宗尤好度书，访其后得四世孙世隆，即授中书舍人，直内阁。

二月，作诗《癸亥岁二月八日看牲》。

见本集卷四"诗"。其题注曰："是岁，看牲凡三。"

看牲，张廷玉《明史》卷四十七"礼志一·玉帛牲牢"："牲牢三等：曰犊，曰羊，曰豕。……大祀前一月之朔，躬诣牺牲所视牲，每日大臣一人往视。"黄佐《翰林记》卷十五"陪祀分献"："凡郊祀，五品以上官例得看牲。"

屠勋《屠康僖公文集》卷三"七言律诗"有《看牲郊次王守溪韵》，与本首韵全同。

游京师西郊，作诗《游功德寺》、《香山》、《登毗卢阁》。

均见本集卷四"诗"。

《游功德寺》有"春入平原绿未齐"之句。

功德寺，《康熙宛平县志》卷二"营建·寺观"："功德寺在西方村。"

香山，《康熙宛平县志》卷一"地理·山川"："香山，城西北三十里，有二大石如香炉、虾蟆，泉水下注，亦名小清凉。"

《登毗卢阁》题注云："在京城西。"

毗卢阁,佛教寺庙常建的殿堂,因阁上供有万佛之像及庋置大藏,也称万佛楼及藏经阁。

作颂赞《杨侍郎维立像赞》。

见本集卷三十二"颂赞"。其赞有"昔丧镜川,有怀其人;今见碧川,如睹其真"之句。

镜川,即杨守陈,碧川,即杨守阯,《明孝宗实录》卷一九六:"弘治十六年二月……乙丑(二十八),以纂修《大明会典》成,敕吏部加……副总裁……南京吏部右侍郎杨守阯为本部左侍郎。"

二月三日,王琬卒于家,享年八十五。三月,讣闻,归家守制。上赐祭葬。

王鏊《先世事略》云:"先考生永乐十七年(1419)己亥七月十日,弘治十六年二月三日卒,春秋八十有五。"

吴宽《家藏集》卷六十四"墓志铭"《封詹事府少詹事兼翰林院侍读学士前光化县知县王公墓志铭》云:"公老益强,一日,忽盥栉更衣,夜半翛然而逝,享年八十五,以乙丑正月十一丁酉葬蒋坞,盖先茔。"

王铨《光化公传》:"大抵,公立心制行,一以诚为主本。其质似鲁,而所见甚明;其禀似怯,而信道甚笃。有不闻,闻之必行,行之必专。故学虽后时,卒能有立;官虽卑,卒能行其所志。"王铨《光化公传》有言"抵年八十三,步履饮啖如少壮者,其福寿固未艾耶",盖王铨此传作于王琬八十三岁时,即弘治十四年(1501)也。

吴宽《家藏集》卷五十六"祭文"有《祭少詹事王公文》。罗玘《圭峰集》卷二十"祭文"有《祭封少詹事翰林侍读学士王公文》,云"玘等十五人者,先生之门人也"。赵宽《半江赵先生文集》卷十三"祭文"有《祭封少詹事王公文》。

《明孝宗实录》卷一九七:"弘治十六年三月……戊寅(十一)……吏部右侍郎王鏊以父[文]忧去任。""己丑(二十二),吏部右侍郎王鏊请赐其父、封少詹事兼翰林院侍读学士朝用祭葬,从之。鏊尝侍经筵日讲及东宫讲读,有劳故也。"祭葬,《太原家谱》卷一下"敕谕"《光化公赐葬谕祭》:"弘治十六年岁次癸亥,三月朔又三日,皇帝遣直隶苏州府知府林世远等谕祭王朝用。"

作诗《橘荒叹》。

见本集卷四"诗"。其诗有"我行洞庭野,万木皆葳蕤。就中柑与橘,立死无孑遗。借问何以然,野老为予说。前年与今年,山中天大雪。自冬徂新春,冰冻太湖彻"之句。

蔡昇、王鏊《震泽编》卷三"土产":"弘治十四年至十六年,连岁大雪,山之橘尽毙,惟橙独存。"

此首以下皆作于王鏊归家守制之时。

作诗《和秉之得子》。

> 见本集卷四"诗",又见王铨《梦草集》卷二"南归唱和",题为《初秉之有子夏氏之戚,予诗云'海中仙果还重结',至壬戌(弘治十五年,1502)果报弄璋,梦得'春波浩荡宜蕃育'之句,因和之》,王铨有《得子志喜》诗。其诗有"浩荡春波先有兆"之句。

> 子夏氏之戚,即老来丧子之痛,参见本谱弘治元年条。得子,查《王氏家谱》,当为王铨第四子王延觐。

作诗《游太湖》、《赠横山人王清》。

> 均见本集卷四"诗"。

> 横山,《(崇祯)吴县志》卷四"山下":"西洞庭之北曰横山……与金铎山相望二三里,其山人家绕山临水,以舟贩为业。"王清,其人未详,盖居于横山者也。

作诗《洞庭新居成》。

> 见本集卷四"诗",又见王铨《梦草集》卷二"南归唱和",题为《卜居》,有王铨和诗。其诗有"归来筑室洞庭原,十二峰峦正绕门"之句。

> 洞庭新居,《(崇祯)吴县志》卷二十二"宅第":"王文恪公鏊宅,一在东洞庭山。"引王鏊《洞庭新居成》诗。

作诗《和秉之塘桥郊居自适之韵》。

> 见本集卷四"诗",又见王铨《梦草集》卷二"南归唱和",题为《予归自吏部,始至塘桥,喜吾弟之有是居也,因次其韵》,又有王铨诗《癸亥岁,予营别业于水东之塘桥,南望洞庭,宛然在目,名其堂曰'远喧',且耕且读,以适吾志,作诗纪之》。

作诗《兰竹石》。

> 见本集卷四"诗"。

作诗《对山》。

> 见本集卷四"诗",又见王铨《梦草集》卷二"南归唱和",题为《独坐》,有王铨和诗。

作诗《倪同知加冠服致仕》。

> 见本集卷四"诗"。其诗有"行春露冕未须奇,章服还加去郡时"、"闽山尤怪去迟迟"、"十年佐政心如水,七县生灵口似碑"之句。

> 倪同知,即倪文烜,杨循吉《苏州府纂修识略》卷三"人物上·府佐":"倪文烜,福建建宁县人。先任本府通判,以忧去。起复,复任前职。居官惟以一廉自持。弘治十二年(1499),同知缺,推保升任。……前后在任最久,清白如一。十六年(1503)援例进四品阶。"

作联句《王侍御应爵访余兄弟于山中同宿能仁寺,寺在山之长圻》(与王铨、王俸联)。

见王铨《梦草集》卷二"南归唱和",不见于本集。

王俸,《(崇祯)吴县志》卷三十四"选举三·进士":"弘治三年(1490)庚戌科钱福榜,王俸,字应爵,治《易》。历官廉州府知府。"据《明孝宗实录》卷一九三,王俸时任广东道监察御史,丁忧在家。王俸盖王鏊同考会试所取士也。能仁寺,蔡昇、王鏊《震泽编》卷四"寺观庵庙":"其在东洞庭之寺九:⋯⋯长圻之东岭曰能仁寺,梁天监二年(503)僧道适开山。"

作联句《除夜》(与王铨联)。

见王铨《梦草集》卷二"南归唱和",不见于本集。

作记《吴县修和丰仓记》。

见本集卷十六"记"。其记云:"弘治壬戌(十五年,1502),辽阳孙侯伯坚来知县事⋯⋯甲子(十七年,1504)二月,和丰之月字廒灾,民未遽怪也;三月,张字廒又灾;五月,视事之堂又灾,人情大骇。⋯⋯乃命撤污扶倾,鸠工庀材⋯⋯始于五月日,至十月日偻功焉。⋯⋯于是吴民相率求予记其成,以彰侯之美。"

和丰仓,《(崇祯)吴县志》卷十一"祥异":"(弘治)十六年癸亥,二月和丰仓月字廒灾,三月和丰仓来字廒又灾⋯⋯八月和丰仓国计堂灾。"又卷十七"仓场":"和丰仓在胥门内傍百花洲东岸。⋯⋯弘治十六年灾廒舍三连及厅事,知县孙磐建。"《(正德)姑苏志》卷二十六"仓场"略同,故王鏊记中所云"甲子"当为"癸亥"之误。孙伯坚,即孙磐,《(崇祯)吴县志》卷三十九"宦迹·县正":"孙磐,字伯坚,辽东定远中卫人。进士。弘治十五年任知县。秉性亢直,以约得民。秩满升吏部主事。"(杨循吉旧志)

作行状《光禄大夫柱国太子太傅刑部尚书谥康敏白公行状》。

见本集卷二十五"行状"。

白公,即白昂,据本状与《明孝宗实录》卷二〇一:白昂,字廷仪,直隶武进县采菱港人。天顺丁丑(元年,1457)进士,官至刑部尚书加太子太傅,致仕。弘治十六年七月己丑(二十五)卒,春秋六十有九,谥康敏。"鏊自童子则受知于公,立朝二十余年,公待之如友。顷过常州相见,舟次自若也。未几而其子圻奔讣于吴,且求为状。鏊方衔哀墓次,日理窀穸。"

吴宽《家藏集》卷五十九"传"有《白康敏公家传》,李东阳《怀麓堂集》卷八十六"文后稿二十六·志铭"有《明故光禄大夫柱国太子太傅刑部尚书致仕赠特进太保谥康敏白公墓志铭》。

作表碣《赵处士墓表》。

见本集卷二十六"表碣"。其表云:"吴有奇士,赵姓,讳同鲁,字与哲。年八十有一,弘治十六年九月九日卒,某年日日葬长洲县赵墓先茔。"

《跋羲之墨迹》、《跋献之墨迹》或作于本年。

见本集卷三十五"题跋"。其跋云:"平生爱临子敬书,然皆石刻耳。良度少卿出示此帖,恍然若值。"又小注曰:"二帖皆赵光禄卿良度家藏。"

良度,即赵竑,雷礼《国朝列卿纪》卷一四四"光禄寺卿行实·赵竑":"赵竑,顺天大兴县人。成化甲辰(二十年,1484)进士。弘治十六年任(光禄寺卿),十七年闲住。"又卷一四七"光禄寺少卿年表":"赵竑,弘治七年(1494)任。"

弘治十七年甲子(1504) 五十五岁

春,作诗《与秉之登郡城楼》。

见本集卷四"诗",本诗又见于王铨《梦草集》卷二"南归唱和",题为《和秉之登吴城眺望》,又有王铨《登吴城眺望》诗,有"九十春光捻指过"之句,作于弘治十七年。其诗有"一春风雨行游少"之句,当作于本年春。

正月,作联句《石湖阻冰联句》(与王铨联)。

见本集卷九"联句",又见于王铨《梦草集》卷二"南归唱和",作于弘治十七年。其联句有"况当阳生辰,正值春王月"之句。

居忧吴城新第,著《震泽编》成。

旧谱云:"(弘治)十七年甲子,五十五岁。居忧吴城新第,著《震泽编》成。南峰先生为之序,有'生贤木以资世,而山水亦若自托焉'等语。"南峰先生,即杨循吉。

杨循吉《松筹堂集》卷四"序"有《震泽编序》,其序云:"乡衮侍郎王公以桑梓之故,操纪作之志,会览旧录,病其无法,乃以其暇撰为十六卷。……书既成,适会郡守岭南林公方兴文教,雅意修述,乃捐俸请而绣诸梓,以序属予。"

《震泽编》,现南京图书馆藏有明弘治十八年林世远刻本,八卷,前有杨循吉序,即此。《四库全书总目提要》卷七十六"史部三十二·地理类存目五":"《震泽编》八卷……明蔡昇撰,王鏊重修。昇字景东,吴江人。……是书首纪五湖七十二山两洞庭,次石泉古迹,次风俗人物、土产、赋税,次水利、官署、寺观、庵庙、杂记,次集诗、集文。前有弘治十八年(1505)杨循吉序。……昇书本名《太湖志》,鏊为重修,乃取《禹贡》之语改今名云。"

五月,大学士谢迁因灾异求退,举吴宽、王鏊自代,不允。

旧谱云:"朝廷以灾异求直言,言者谓当策免大臣。大学士木斋谢公引过求退,且言:'当今负公辅之望者,惟礼部尚书吴宽、吏部侍郎王某,乞以臣位授之二人,则灾异可消,太平可致。'时论既称谢公之能荐贤为国,又叹美二公之不负所荐云。"

王鏊《震泽纪闻》卷下"吴宽谢迁":"成化、弘治间,翰林声望最重者吴宽,次则谢迁。两人皆状元及第,仪干修整。宽温粹含弘,迁明畅亮直,宽诗文俱有古

126

意,迁亦亚之,故一时有公辅之望。及丘文庄卒,宽适以忧去,迁时亦居忧,服将阕,遂用迁。入内阁十余年间,号能持正,不失为贤相。宽遂逡巡,终不获用。人颇为不平,而宽处之裕如也。惟迁亦以先之为不安。时刘健为首相,迁数言宽当入阁,健曰:'待我去用之。'他日又以为言,又曰:'待我去用之。'迁争之不得,至声色俱厉曰:'吾岂私于宽耶!顾宽之科第先于予,年齿先于予,闻望先于予,越次在此,吾心惭焉,故言之,而公终不入,何耶?'健但笑而已。其后天变,辅臣皆上章求退,迁求去不得,复上疏举宽及鏊自代。健大不悦,宣言于内,以迁为立党。"《明孝宗实录》卷二一二:"弘治十七年五月……甲午(初五),大学士刘健、谢迁各以灾变引咎乞避位,上曰:'卿职司辅导,匡政有年,朕方倚毗,岂可引咎退休,不允所辞。'……戊戌(初九),大学士刘健、谢迁复以灾异恳乞避位,上曰:'灾异示戒,上下交修,卿等正宜尽心辅政,共回天意,勿再固辞。'"谢迁因天变上章求退,盖指此。

又谢迁《归田稿》卷七"七言律诗"《哭王守溪少傅》中有"海内久知人仰德,天颜曾许我推贤"之句,亦指此。

吴宽,据《明孝宗实录》卷一九六,时任礼部尚书兼翰林院学士掌詹事府事。刘健,据《明世宗实录》卷七十四与焦竑《焦太史编辑国朝献征录》卷十四"内阁三"贾咏《特进光禄大夫左柱国少师兼太子太师吏部尚书华盖殿大学士赠太师谥文靖刘公健墓志铭》:刘健,字希贤,别号晦庵,其先太康人,后迁洛阳。天顺庚辰(四年,1460)举进士。时任少师兼太子太师、吏部尚书、华盖殿大学士。"健性简静,重风节。在翰林闭户读书,不事交游,入阁,练习章,有经济才。既受知孝庙,尽言匡正,多所采纳。""与西涯李公、木斋谢公同心辅政。上方倚任,入告之谋,多所嘉纳而人不及知。终十八年,海内晏然称治。"

七月初十,吴宽卒于京师。

《明孝宗实录》卷二一四:"弘治十七年七月……戊戌(初十),掌詹事府事礼部尚书兼翰林学士吴宽卒。……赠太子太保,谥文定。……宽行履高洁,志操纯正,权势荣利,所在退避,若懦夫然。于书无所不读,为文醇古有法,诗浑厚沈著,尤严体裁。书规模苏文忠公。平生重伦理,笃恩义,所行多有足范俗敦化者。位虽通显而未究其用。卒之日,士大夫无不赍咨叹惋云。"

本集卷二十二"碑"《资善大夫礼部尚书兼翰林院学士赠太子太保谥文定吴公神道碑》云:"公端靖渊穆,不涫涫为同,不峣峣为异。士无贤愚,见者靡不归心。公亦保合兼容,不见畛域。平生不闻有毁誉之言,亦不见有喜愠之色,其古所谓大雅君子者乎!"

作组诗《秉之作且适园有诗和之》。

见本集卷五"诗",亦见王铨《梦草集》卷二"南归唱和",王铨原诗序曰:"甲子(弘治十七)春,吾兄治园于洞庭之阳,弟亦治于塘桥。于时南园遍植花果,书

报弟曰:'老年惟知种树,日来栽莳略有可观。于是弟旋求旋植,乃复书曰:'两
家园圃既成,是即晋公之绿野。'因倡十绝奉寄,书'苏文忠公卜居阳羡,欲致橘
栽于洞庭,作亭曰楚颂。其后出入播迁,志竟莫能遂。今兄弟世家洞庭,昔人
欲为而不能者,不劳而至。'遂以'楚颂'名亭,仍以唱和诸作镳诸石,将传之子
孙,以为佳话。"

且适园,《(崇祯)吴县志》卷二十三"园林":"且适园,在东湖东,文恪公弟王铨
所构读书处。"据《太原家谱》卷二十七"杂文类上编"王鏊《东望楼记》,且适园
始构于弘治壬戌(十五年,1502)。

作联句《除夕》(与王铨联)。

见王铨《梦草集》卷二"南归唱和",不见于本集。其联句有"儿辈蹁跹舞,乡傩
诡怪妆","醉后冠重整,年来鬓渐苍"之句。作于弘治十七年。

作序《上海志序》。

见本集卷十二"序"。此序与天一阁藏弘治《上海县志》卷首王鏊序,略有不同,
以天一阁本为准,其序云:"卢龙郭侯载道为上海三年,威德敷施,废坠修秩,顾
志书犹缺。久之曰:'唐进士士绅,邑人也,而文,盍属诸!'绅乃为稽故籍,询遗
老,搜遐搭隐,彰善黜邪,汇次得八卷。予嘉侯之知所先也,唐君之善志也。推
其意序之。……弘治十七年岁在甲子,闰月之吉,嘉议大夫吏部右侍郎、前詹
事府少詹事兼翰林院侍读学士吴郡王鏊序。"

《上海志》八卷,据《中国地方志联合目录》,现存郭经修,唐锦纂明弘治十七年
(1504)刻本。

郭载道,即郭经,《(正德)松江府志》卷二十三"守令题名·上海县":"郭经,字
载道,直隶卢龙人。进士,弘治十一年(1498)任,十八年(1505)升开封府同
知。"张朝瑞《皇明贡举考》卷五"丙辰弘治九年会试":第三甲二百名赐同进士
出身,有郭经,直隶卢龙县。郭经盖王鏊主考会试所取士也。唐士绅,即唐锦,
据焦竑《焦太史编辑国朝献征录》卷八十六"江西·副使"《江西提学副使堂公
锦行状》:唐锦,字士绅,其先为晋阳灵石人,洪武初迁松江之上海,因家焉。弘
治乙卯(八年,1495)以经学魁南畿,明年登甲科。时因亲疾告归,侍养七年。

作序《小学集注大全序》。

见本集卷十二"序"。其序云:"《小学集注大全》凡十卷,集解作于海虞吴公讷,
正误作于吴郡陈公祚,增注作于天台陈公选。"

《小学集注》,南宋朱熹作。吴讷,万斯同《明史》卷二○七有传,其传有言"英宗
初御经筵,讷录所辑《小学集解》上之",盖指此。陈祚,万斯同《明史》卷二○五
有传,参见本集卷二十一"碑"《陈氏祠堂碑》,盖陈悦乃陈祚之孙也。陈选,万
斯同《明史》卷二四五有传,参见本谱成化四年条。

作序《善权寺古今录序》。

> 见沈敕《荆溪外纪》卷十五"序",不见于本集。其序云:"宜兴善权寺僧方册哀其寺古今石刻碑文汇次为十卷以授予曰:'愿有纪。'……自孙氏天册元年迄今弘治甲子(十七),千有余年,世变凡几。……"

> 方册,见本谱弘治七年条。

作表碣《钱隐君墓表》。

> 见本集卷二十六"表碣"。

> 钱君,即钱腴。据本表,钱腴,字时用,长洲漕湖人。弘治甲子三月十八日卒,年六十八,葬以十一月十六日。

作表碣《大理寺副李君墓表》。

> 见本集卷二十六"表碣"。

> 李君,即李承芳,见本谱成化二十三年、弘治八年、弘治十五年条。据本表与朱大韶《皇明名臣墓铭》震集"弘治纪年"李承箕《大理寺右寺副东峤李公行状》,李承芳卒于弘治壬戌(十五年,1502)五月二十二日,年五十三。"世卿命其徒萧生自楚之燕,自燕之吴,求予文碣诸墓。又遣其二子教、整自楚来速。"

> 本表云:"君归八年,弘治十六年五月卒,某年曰日葬蒲圻乌石湖之旁。"按:李承箕《大理寺右寺副东峤李公行状》与杨循吉《松筹堂集》卷六"墓志铭"《明故大理寺副东桥先生李君墓志铭》,均言李承芳卒于弘治壬戌(十五)五月二十二日;本集卷二十六"表碣"《大厓李先生墓表》亦言"壬戌五月茂卿卒"。故"弘治十六年"盖误。

作表碣《贞孝先生墓表》。

> 见本集卷二十六"表碣"。

> 贞孝先生,即吴凯,据本表与叶盛《泾东小稿》卷六"碑铭"《故礼部主客司主事吴公墓志铭》:吴凯,字相虞,昆山人。官至礼部主客司主事,成化七年(1471)七月十四日卒,葬以十月二十八日,寿八十有五,私谥曰"贞孝先生"。"子愈,历官河南参政且致仕矣,来言于整曰……"吴愈,王整表云为凯之第三子,文徵明岳父,据文徵明《甫田集》卷三十"墓志铭"《明故嘉议大夫河南布政司右参政吴公墓志铭》与《明孝宗实录》卷二一九:吴愈,字惟谦,晚号遁翁,世家苏之昆山。成化乙未十一年(1475)举礼部会试,廷试赐进士出身。官至河南右参政,弘治十七年十二月致仕。吴愈盖王整同年也。

作志铭《贵州按察司副使陈公墓志铭》。

> 见本集卷二十八"志铭",又见焦竑《焦太史编辑国朝献征录》卷一百三"贵州·副使"。

> 陈公,即陈琦,据本铭与《(正德)姑苏志》卷五十四"人物十四·文学":陈琦,字

粹之,本吴人,以医辟京师。成化丙戌(二年,1466)登进士。官至贵州按察副使,弘治十七年六月二日卒,十月四日辛酉葬吴山之上金原,寿六十有六。

作志铭《福建布政司左参政姜公墓志铭》。

见本集卷二十八"志铭",又见焦竑《焦太史编辑国朝献征录》卷九十"福建·参政"。

姜昂,参见本谱弘治六年条,据本铭与林俊《见素续集》卷十"碑碣表铭"《明中大夫左参政姜公墓表》,姜昂以福建布政司左参政致仕,某年月日卒。

本铭云"子男二:长龙,中应天甲子乡试"。按:姜龙,《(正德)姑苏志》卷六"科第表中·乡贡":"弘治十七年甲子科,崇明有姜龙,字梦宾。"又卷六"科第表下·进士":"正德三年吕柟榜,崇明姜龙,字梦宾,昂子,礼部主事、部员外、郎中、云南副使。"

李承箕作书《奉守溪王先生》。

见《大厓李先生文集》卷二十"书简"。其书云:"先兄灵筵,伏辱吊仪;墓道之碑,又承心许;哀感交至,又承手示。情意绸缪,风义高深,与世迥然。兹谨遣儿诣门下领先君墓表并求亲书,无以为报,惟以此心刻骷髅于永永而已。"

详见本谱本年《大理寺副李君墓碑》条。

弘治十八年乙丑(1505)　五十六岁

春,作诗《和秉之春雪四首》。

见王铨《梦草集》卷二"南归唱和",不见于本集。王铨《梦草集》卷二"南归唱和"有诗《春雪四首,虽非郢人之才,实有程门之志。愿启诗思于霸桥之上,继故事于谢庭之间》。

作诗《赠郭孟丘》。

见本集卷四"诗",其题注曰:"其先曾遇异人留药方于牡丹花上。自宋时赐姓赵,至今家传秘方。"其诗有"牡丹花上数行书,乞与刀圭病便除"、"自粤到吴三百里,琼瑶难报欲何如"之句。本诗又见王铨《梦草集》卷二"南归唱和",稍有不同,"病便除"作"病即除","自粤到吴"作"自越到吴",由三百里可知"越"是而"粤"非。王铨有和诗。

郭孟丘,其人未详,盖治愈王鏊三女之良医也,见本谱联句《喜邵氏女病愈》条。

作诗《次韵秉之咏走马灯》、《次韵秉之莲花灯》。

均见本集卷四"诗"。

《次韵秉之咏走马灯》又见王铨《梦草集》卷二"南归唱和",题为《走马灯》,多有不同,"达观一笑"作"达观自笑","安得儿曹三百万"作"安得芳曹三十万","阴山直唱凯歌归"作"阴山擒取可汗归"。又有王铨和诗。

《次韵秉之莲花灯》又见王铨《梦草集》卷二"南归唱和",题为《和秉之荷花灯》,又有王铨《荷花灯》。

作诗《碧桃花》。

　　见本集卷四"诗",又见王铨《梦草集》卷二"南归唱和",题为《和秉之碧桃》,王铨有《碧桃》诗。其诗有"夭夭嫩叶丽春辉"之句,当作于本年春。

作诗《谢人送杨梅》。

　　见本集卷五"诗",本诗又见王铨《梦草集》卷二"南归唱和",题为《谢人赠杨梅》。王铨有和诗。

五月,明孝宗崩,明武宗即位。作诗《孝宗皇帝挽章二首》。

　　《明孝宗实录》卷二二四:"弘治十八年五月……辛卯(初七),……午刻……上崩。……是年六月庚申上尊谥曰'建天明道诚纯中正圣文神武至仁大德敬皇帝',庙号'孝宗'。……十月庚午,葬泰陵。……上在位改元弘治,历年十有八,寿三十六。"《明武宗实录》卷一:"弘治十八年五月……壬寅(十八),上即皇帝位。"明武宗,《明武宗实录》卷一:"武宗承天达道英肃睿哲昭德显功宏文思孝毅皇帝,讳厚照,孝宗……敬皇帝嫡长子也。母今昭圣康惠慈寿皇太后张氏,以弘治四年(1491)九月二十四日生。"

　　《孝宗皇帝挽章二首》见本集卷四"诗"。

六月,服阕。

　　旧谱云:"(弘治)十八年乙丑,五十六岁。六月服阕。"

作诗《凤雏行赠毛锡朋》。

　　见本集卷四"诗"。

　　毛锡朋,《(崇祯)吴县志》卷三十六"选举五·乡举":"嘉靖七年(1528)戊子科,毛锡朋,字百朋,珵子,治《易》。"毛珵,见本谱成化十八年条。

作诗《过故状元施宗铭坟》。

　　见本集卷五"诗",又见王铨《梦草集》卷二"南归唱和",题为《过施状元墓》。王铨有和诗。其诗有"行指冈峦低偃月"、"两山已雪将军耻"之句,其小注曰:"公葬偃月冈。""郡志旧传东西洞庭皆将军始居之,故两山无文士。"

　　施宗铭,即施槃,见本谱成化三年条,《(崇祯)吴县志》卷二十八"塚墓":"翰林院修撰施槃墓在东洞庭山偃月冈金塔下。"

作诗《山行三首》(《天平》、《灵岩玩月》、《灵岩怀古》)。

　　见本集卷五"诗"。

　　天平山,王鏊弘治十三年曾游,参见本谱弘治十三年条,故诗有"此地频来殊有意"之句。灵岩山,《(正德)姑苏志》卷八"山上":"灵岩山在天平山之南,一名石鼓山。"又卷三十三"古迹":"玩月池在灵岩山。"

作诗《修书馆秋晚白莲一朵忽开》。

见本集卷五"诗"。

修书馆,即修《姑苏志》所开之馆,参见本谱正德元年条。

文徵明《甫田集》(四卷本)卷二有《奉和守溪先生秋晚白莲之作》,韵与本诗全同。俞弁《山樵暇语》卷二:"守溪王公咏白莲诗,吴中和者甚众,就敌殊罕。守溪独称赏祝京兆允明一章云……"

十一月,与李旻、朱文游虎丘,作诗《游虎丘二首》。

见本集卷五"诗"。

唐寅《唐伯虎先是外编》卷三"一集伯虎遗事":"六如题虎丘剑池石壁云:'弘治乙丑(十八)十一月十日,侍郎王鏊、少卿李旻、宪副朱文来游,诸生唐寅等从。"

虎丘,《(正德)姑苏志》卷八"山上":"虎丘山在府城西北七里。"李旻,参见本谱弘治十四年条,时为南京太常寺少卿。朱文,参见本谱成化十年条,据焦竑《焦太史编辑国朝献征录》卷一二〇"云南·按察司"李东阳《中宪大夫云南按察司副使朱君文墓表》,时以云南按察副使致仕家居。

作诗《送唐子畏之九仙山祈梦》。

见本集卷五"诗"。

唐子畏,即唐寅,据祝允明《怀星堂集》卷十七"传志"《唐子畏寅墓志并铭》:唐寅,初字伯虎,更子畏,世吴县吴趋里人。戊午(弘治十一年,1498)试应天府,录为第一人,己未(十二年,1499)往会试,应卷入科场舞弊案遭罚黜。"放浪行迹,翩翩远游,扁舟独迈祝融、匡庐、天台、武夷,观海于东南,浮洞庭、彭蠡。"唐寅往九仙山,盖此时。九仙山,陆粲《庚巳编》卷六"九仙梦验":"福建仙游县有九仙者,以祈梦著灵异。"

王鏊《震泽长语》卷下"梦兆"云:"唐寅……自吴之闽,诣九仙蕲梦。梦有人示以'中吕'二字,归以问余曰'何谓也?'余亦莫知所指。一日,过余于山中壁间,偶揭东坡《满庭芳》。下有'中吕'二字。子畏惊曰'此余梦中所见也。'试诵之,有'百年强半,来日苦无多'之句,默然。后卒年五十三,果应'百年强半'之语。"

作诗《题月桂赠邵节夫进士》。

见《永定邵氏世谱艺文外集》卷十二"诗",不见于本集。

邵节夫,即邵天和,参见本谱弘治十三年条,《嘉庆增修宜兴县旧志》卷七"选举志·进士":"弘治十八年乙丑顾鼎臣榜,邵天和,珪子,吏科给事中。"又卷八"人物志·治绩":"邵天和,字节夫……弘治十八年进士。正德初由庶吉士授吏科给事中。"

作联句《咏橘》(与王铨联)。

见王铨《梦草集》卷二"南归唱和",不见于本集。

作联句《喜邵氏女病愈》(与王铨联)。

见王铨《梦草集》卷二"南归唱和",不见于本集。其诗有"半年多困忧,一旦喜勿药","儿女爱诚深,天伦情不薄","姻缘岂偶然,婉娈亦何若"之句。

邵氏女,即王鏊第三女,嫁与宜兴永定邵銮,参见本谱成化二十三年条。

作联句《秉之女端仪将归范氏,因联诗以当衿鞶之戒》(与王铨联)。

见王铨《梦草集》卷二"南归唱和",不见于本集。

王端仪,王铨之女。

作碑《资善大夫礼部尚书兼翰林院学士赠太子太保谥文定吴公神道碑》。

见本集卷二十二"碑",又见焦竑《焦太史编辑国朝献征录》卷十八"詹事府一·掌詹事府事",名为《资善大夫礼部尚书兼翰林院学士掌詹事府事赠太子太保谥文定吴公宽神道碑》。其碑云:"弘治乙丑冬十一月丙申,葬我文定公于吴之花园山,友人王鏊刻其隧首之碑曰……予与公生同乡,仕同朝,相知最深且久,故以是表诸墓,哀而不怨,亦公之志也。"

见本集卷五"诗"《吴文定公挽词》,本集卷三十一"祭文"《祭吴文定公》,本集卷三十二"颂赞"《吴文定公画像赞》,本集卷三十五"题跋"《跋吴文定与沈石田手札》作于同时。

其诗有"公身今可赎,我分昔尤亲。先后官曹接,卑高契谊匀。上陵行并马,待漏坐联茵。唱和辞盈帙,招邀醉洽旬。看花常入夜,玩月或侵晨。送我清风埭,期公震泽滨。疏闻心独苦,书至泽犹新。岂谓终天别,空舍两地辛。玉亭盟已散,板屋迹俱尘。盛德难为绘,高风不可泯。儒林谁作传,谁刻垅头珉"之句。

其跋云:"文定以甲子七月十日奄逝,此札作于是月之六日,相去四日耳。点画法度俱在,言辞谆切温润,与平日无异也。……公于石田最厚,往来简牍尤多,而此札则若与永诀然者,故尤重之宝之,装潢成卷,俾予书其后。"

沈石田,即沈周,参见本谱成化十五年条。

十一月,上命亟取来京供职。

《明武宗实录》卷七:"弘治十八年十一月壬午朔……翰林院检讨刘瑞言:'求贤首务宜敕内阁、吏部访求名望,如南京国子监祭酒章懋、丁忧吏部右侍郎王鏊、都察院佥都御史林俊、革职都御史雍泰皆其人也,宜亟为擢用。……'下吏部,复奏:'鏊、俊尤为众望所归,宜令有司俟其服满,起送至京简用。'议入,上是之,命亟取鏊、俊来京。"

刘瑞,据过庭训《本朝分省人物考》卷一七〇"四川成都府一·刘瑞":刘瑞,字德符,号五清主人,成都府内江县人。丙辰(弘治九年,1496)进士,时任翰林院检讨。王鏊乃刘瑞会试时主考,庶吉士时老师。

十二月,被命充《孝宗实录》副总裁。

> 《明武宗实录》卷八:"弘治十八年十二月……丁巳(初七),上谕礼部……宜稽据旧典,通行中外,采辑事实,送翰林院编纂《实录》。其以……王鏊……为副总裁……"《太原家谱》卷一下"敕谕"有弘治十八年十二月初七日《文恪公编修实录总裁敕》,言"副总裁……吏部……右侍郎王鏊。"

作联句《除夕喜雪联句》(与王铨联)。

> 见本集卷九"联句",又见王铨《梦草集》卷二"南归唱和",题为《除夜喜雪》。

作志铭《通议大夫工部右侍郎谈公墓志铭》。

> 见本集卷二十八"志铭",又见焦竑《焦太史编辑国朝献征录》卷五十一"工部二·侍郎"。

> 谈公,即谈伦,据本铭与何三畏《云间志略》卷八"人物·谈司空野翁":谈伦,字本彝,号野翁,上海人。景泰丁丑(八年,1457)进士,官至进工部右侍郎,以与尹旻父子交好去职。弘治甲子(十七年,1504)卒,年七十五,明年乙丑九月,葬先茔之东。

《礼部尚书吴县杨公翥传》或作于本年。

> 见焦竑《焦太史编辑国朝献征录》卷三十三"礼部一·尚书",不见于本集。

> 据本传:杨翥,字仲举,吴县人。少孤贫,与兄戍武昌,为乡校师。仁宗素知翥,遣使驿召之,授翰林编修。后官至礼部左侍郎致仕。年八十五,卒。

> 本传或王鏊主编《姑苏志》时所作也。

明武宗正德元年丙寅(1506) 五十七岁

二月,重修《姑苏志》成,为之作序。

> 旧谱云:"重修《姑苏志》成,郡守林侯所属也。同事者祝允明等七人。阅八月而成。"

> 《姑苏志》,据《中国地方志联合书目》现有明正德元年(1506)刻本、明嘉靖间增刻本与清乾隆间《四库全书》本。林侯,即林世远,苏州知府,参见本谱弘治十五年条。

> 同事者,据《(正德)姑苏志》卷首"修志各氏":"资善大夫礼部尚书吴宽、嘉议大夫吏部右侍郎王鏊,同修奉议大夫福建按察司金事杜启、乡贡进士浦应祥、乡贡进士祝允明、苏州府学生蔡羽、长洲县儒士文璧、长洲县儒士朱存理、长洲县儒士邢参,对读儒士陈怡,提调直隶苏州府知府林世远、同知丁哲、李嘉言、通判应龙、陈肆、推官甘泉。"

> 杜启,参见本谱弘治元年条,据《(崇祯)吴县志》卷四十四"人物五·才识"引刘

缨志略,时以福建按察司佥事致仕家居。浦应祥,陆粲《庚巳编》卷七"浦应祥":"吴人浦应祥,成化丁酉(十三年,1477)领乡荐,老于礼闱凡三十有八年,至正德甲戌(九年,1514)始就选,得同知高州府。"

祝允明,参见本谱弘治五年条。蔡羽,据文徵明《甫田集》卷三十二"墓志铭"《翰林蔡先生墓志》:蔡羽,字九逵,居吴县太湖之包山。"自弘治壬子(五年,1492)至嘉靖辛卯(十年,1531),凡十有四试,阅四十年。"文璧,据文徵明《甫田集》卷三十六"附录"文嘉《先君行略》:文璧,字徵明,后以字行,更字征仲,以世本衡山人,号衡山居士,学者称衡山先生云。数试不利,"乃叹曰:'吾岂不能时文哉,得不得固有命耳。然使吾匍匐求合时好,吾不能也。'于是益肆力为古文词。"朱存理,文徵明《甫田集》卷二十九"墓志铭"《朱性甫先生墓志铭》:朱性甫,长洲人。从杜琼先生游。于时东南名士若吴兴张渊若、嘉禾周鼎,仕而显者若徐武功有贞、祝参政灏、刘参政昌、刘金宪珏并折节与交,且推之为后来之秀,既而诸老凋落,吴文定公、石田先生继起,而性甫复追逐其间。最后则交杨仪制君谦、都主客玄敬。邢参,《(隆庆)长洲县志》卷十四"人物":"邢参,字丽文,诛茅附城之野,每自杜门耽书。……户无寸田,未尝干谒,亦不轻履友人之家,虽素所厚着亦不享其一粝。……"陈怡,陈悦弟,参见本谱弘治二年、六年条,吴宽《家藏集》卷七十三"墓表"《永定知县陈君墓表》云:"(陈悦)抚其幼弟怡尤有恩意。"

阅八月,据王鏊弘治十八年《修书馆秋晚白莲一朵忽开》诗与正德元年二月序,可推知《姑苏志》大约编于弘治十八年七月至正德元年二月。

《(正德)姑苏志》卷首王鏊序云:"……弘治中,河南史侯简、曹侯凤又皆继为之,时则有若张佥事习、都进士穆,而裁决于吴文定公宽。久之,二侯相继去,文定公不禄,书竟不就。……广东林侯世远由近侍来守……一日抱文定遗稿属予曰:'敢以溷子矣。'……予以侯之美意,文定之苦心,使缺焉泯没,则予诚若有罪焉者。侯乃延聘文学,得同志者七人,相与讨论,合卢、范二志,参以诸家,裨以近事,阅八月成,得六十卷,以复于侯。……姑苏山在城西南,昔以名郡,故今以名其志。正德纪元二月之吉,嘉议大夫吏部右侍郎、国史副总裁震泽王鏊序。"

此序又见本集卷十二"序"及《太原家谱》卷二十五"序跋类上编",多有不同,且无落款。

史简,《(正德)姑苏志》卷四"古今守令表中":"史简,洛阳人。弘治三年(1490)以监察御史升任(苏州知府),十年(1497)以忧去。"曹凤,参见本谱弘治十年条。吴宽,盖其弘治八年至十年在乡守制时始编也。卢、范二志,即南宋绍熙三年(1192)范成大所修的《吴郡志》与明初洪武十二年(1379)卢熊所作的《苏州府志》。

北归途中,作诗《歌风台》。

> 见本集卷五"诗"。

> 歌风台,《同治徐州志》卷十八下"古迹考":"《汉书·高帝纪》:自淮南还,过沛、留,置酒沛宫,作歌,令儿皆和习之。《县志》:台在今县治东南,旧泗水岸,屡圮屡葺。"

> 故宫博物院藏唐寅《沛台实景图》(页),唐寅自题云:"正德丙寅(元年),奉陪大冢宰太原老先生登歌风台,谨和感古佳韵并图其实景……"其所题诗韵与本诗全同,盖指此。

四月,应召还朝,升吏部左侍郎。

> 《明武宗实录》卷十二:"正德元年四月……丙子(二十七),升吏部右侍郎王鏊为本部左侍郎。"吏部左侍郎,张廷玉《明史》卷七十二"职官志一":"吏部。……左、右侍郎各一人,正三品。"

> 故宫博物院藏有唐寅绘《王鏊出山图》(卷),卷后有张凤翼题记云:"王文恪公济之,为吴中名宰相,无论科第、德业、声望,载在志传者,照映千古。……此卷一图七诗,乃正德改元,公方大拜,诏起之洞庭,此《出山图》咏之所由也。"

焦芳为吏部尚书,欲超荐张綵,鏊等固执不可,乃止。

> 何良俊《四友斋丛说》卷九"史五":"张南园云:'华容刘东山为兵部时,极意荐才。时张綵为稽勋员外,欲求越次之举,适值北虏火筛张甚,遂以谈兵动刘,刘极称许。……时泌阳焦公芳为吏书,吴郡王公鏊为吏侍,灵宝许公进初为兵书。焦亦才綵,王、许固不可,乃止。后綵附刘瑾,起为文选郎中,升金都御史,即转吏侍,竟以瑾事伏诛。"

> 刘东山,即刘大夏,参见本谱弘治八年、正德元年条。焦芳,据《明武宗实录》卷一四七与王鏊《震泽纪闻》卷下"焦芳":焦芳,字孟阳,河南泌阳县人。天顺甲申(八年,1464)进士。先附同乡大学士李贤,后依吏部尚书尹旻。及尹龙败,事连芳,贬桂阳州同知。徐溥为首辅,召回京师,授太常少卿兼学士。后迁吏部侍郎,户部尚书韩文疏论天下经费不足,以迎合上意代马文升为吏部尚书。《明武宗实录》卷十二:"正德元年四月……丁卯(十八),升吏部左侍郎焦芳为吏部尚书。"张綵,据雷礼《国朝列卿纪》卷二十五"吏部尚书行实·张綵":张綵,陕西巩昌府安定县人。弘治庚戌(三年,1490)进士,弘治十年(1497)升稽勋司员外郎,"綵有通才,议论便利,善匿情市交以伺上意。故尚书马文升等俱受其欺且信任之。及为文选,奸状毕露。给事中许诰等屡劾綵罪状,文升力救不可已,綵以病乞归。"

作诗《海塘谣》、《燕巢叹》。

> 均见本集卷五"诗",《海塘谣》题注曰:"为充道父赋。父为温州,尝作塘,捍海,

其民赖之。"《燕巢叹》题注曰:"为充道母夫人赋。"

充道,即靳贵,参见本谱弘治九年条,据焦竑《焦太史编辑国朝献征录》卷十五"内阁四"王鏊《光禄大夫柱国太子太保户部尚书武英殿大学士赠太傅文僖靳公贵墓志铭》,时任太常寺少卿、翰林院侍讲,充日讲。"是岁,范夫人卒,京邸给驿归治葬。"

充道父,即靳瑜,据李东阳《怀麓堂集》卷八十七"文后稿二十七·志铭"《赠中宪大夫太常寺少卿兼翰林院侍读靳君墓志铭》,靳瑜,字廷璧,以监生授温州府经历。"瑞安、平阳二县界有海塘田,苦风潮。君筑治完固,民利之,名之曰'靳公塘'。"

母夫人,即范氏,李东阳《赠中宪大夫太常寺少卿兼翰林院侍读靳君墓志铭》:"弘治乙丑(十八年,1505)十有一月朔日,厥配封太恭人范氏卒于京师,其子贵以丧告上,特遣官谕祭,命有司治葬事。"《明武宗实录》卷七:"弘治十八年十一月……甲辰(二十三)……太常寺少卿兼翰林院侍读靳贵以母丧援例乞葬祭,许之。"

五月,作诗《五月七日陪祀泰陵二首》。

见本集卷五"诗"。

《明武宗实录》卷十三:"正德元年五月……丙戌(初七),孝宗敬皇帝小祥,上诣几筵行祭礼。遣驸马都尉林岳祭泰陵。"顾炎武《昌平山水记》卷上:"凡祭,清明、中元、冬至以太牢。……遣大臣行礼,文武衙门堂上官各一人,属官各一人,分诣陪祭。忌辰及圣节、正旦、孟冬亦遣官行礼。"王鏊盖陪祀者也。

作序《送太子太保兵部尚书刘公致仕序》。

见本集卷十二"序"。其序云:"上之元年,兵部尚书华容刘公以年至,乞致仕。……公行有日,公卿大夫倾朝出饯。于是相与赋诗为别,所以叹其贤,侈之逢,惜其去,而不能不望其复来也。诗凡若干首。"

刘公,即刘大夏,《明武宗实录》卷十三:"正德元年五月……丙申(十七),兵部尚书刘大夏上疏力辞……上以其情恳切,允之……加太子太保,赐敕驰驿以归。"

作奏疏《时事疏》。

见本集卷十九"奏疏"。其题注云:"未及上。"

旧谱云:"公因草《时事疏》数千言欲上之,顾时同列者皆迎合附和且有与为表里者,公独立其间,度必不能挽回,由是中止。"

文传亦云:"正德初,论时政四事,会去国,不果上。"

其疏云:"陛下即位其亦有乐于此乎?臣窃以为可忧,未可以为乐也。……比奉诏旨,仰见陛下恐惧修省之心矣。然臣愚以为有恐惧修省之心必有恐惧修省之实。所谓实者有四焉:一曰急讲学之为务,二曰急延下之为务,三曰急用人之为务,四曰急节用之为务。"

《明武宗实录》卷十四:"正德元年六月……庚午(二十二),……礼部尚书张昇等言:'天人一理,人事失于下,则天变应于上。兹有风雷雨雹非常之变……'上曰:'然,灾变非常,深用恐惧。事关朕躬者自当体行。尔内外文武臣工,宜同心痛加修省以回天意。利病之当兴革者,所司其详具以闻,务切时弊,毋事虚文。'"本疏当作于此时。

作内制《伏羌伯毛锐加封太子太保诰文》。

见本集卷十八"内制"。

毛锐,张廷玉《明史》卷四十四《毛忠传》附《毛锐传》:"孙锐,袭伯爵。……思恩土官岑浚反,与总督潘番讨平之。既又讨平贺县僮贼,加官至太子太傅。"

作内制《赠太子太保都察院左都御史史琳诰文》。

见本集卷十八"内制"。

史琳,据《明武宗实录》卷九、十一、十四:史琳字天瑞,浙江余姚人。成化丙戌(二年,1466)进士。官至都察院右都御史,正德元年正月辛巳壬辰(十二)卒。三月己丑(初九),录宣大御房功,赠太子少保左都御史;六月乙丑(十七),加赠太子太保。

七月十七日,胡夫人生一子,即王延陵,为王鏊第三子。

旧谱云:"是年,七月十七日,季子延陵生,胡宜人出。"

王延陵,据《太原家谱》卷二十一"碑志类上编"皇甫汸《中书公墓志铭》,王延陵,字子永,号少溪,王鏊第三子,生于正德元年七月十七日。

八月,进阶通议大夫,父母、亡妻皆有追赠。

旧谱云:"追赠公父如其官,母赠淑人。"

通议大夫,张廷玉《明史》卷七十二"职官志一":"文之散阶。……正三品,初授嘉议大夫,升授通议大夫,加授正议大夫。"吏部左侍郎,正三品。淑人,张廷玉《明史》卷七十二"职官志一":"外命妇之号。……三品曰淑人。"《太原家谱》卷一上"恩纶类·敕命、诰命"有《光化公加赠通议大夫,叶夫人加赠淑人诰命》、《惟道公特赠通议大夫,叶夫人周夫人特赠淑人诰命》与《文恪公进阶通议大夫,吴夫人张夫人加赠淑人诰命》,时间为正德元年八月初一日。张廷玉《明史》卷七十二"职官志一":"七品以上皆得推恩其先。……二品、三品,二代三轴。……曾祖、祖、父皆如其官。"

十月,时武宗居丧,受内侍马永成等八人导为游乐、鼓吹。大学士刘健、谢迁、李东阳连章上疏请诛之,留中不出。鏊乃与户部尚书韩文议率九卿伏阙上疏。武宗始悟复悔,乃以刘瑾掌司礼监,揽大权。刘健、谢迁、韩文等先后去,鏊被命为吏部左侍郎兼翰林院学士与焦芳同入阁供事。

《明武宗实录》卷十八："正德元年十月……戊午（十三），少师兼太子太师吏部尚书华盖殿大学士刘健、少傅兼太子太傅武英殿大学士谢迁求去位，许之。先是，健、迁与少傅李东阳以内侍刘瑾、马永成、高凤、罗祥、魏彬、丘聚、谷大用、张永等蛊惑上心，连章请诛之，皆留中不出。司礼监太监陈宽、李荣、王岳同至内阁议，且有发瑾等南京新房闲住之意。健等以为处之未尽，皆厉声曰：'先帝临崩执老臣手，复以大事。今陵土未乾而使嬖幸若此，他日何面目见先帝于地下乎！'宽等乃辞去，其意未决。而岳素忠直且提督东厂，与太监范亨、徐智皆有涣群之谋，将请于上，有所处。八人者知之，以瑾尤巧佞狠戾，敢于为恶，乃谋使瑾入司礼监，与执事伛以为脱祸固宠计。是夜，瑾命搒笞岳、亨、智于内门，遣之南行。时健等以户部尚书韩文素刚正，令倡九卿伏阙固诤，而岳从中应之。吏部尚书焦芳泄其谋于八人。明早，健及文等率九卿、科道方伏阙，俄有旨宥瑾等，遂皆罢散。健等知事不可为，即日疏辞政柄。故事，辅臣乞休，必俟三四疏乃允。于是，八人者唯恐健等去之不速，上亦竟以健等数有直言逆耳，遂听之。……寻岳、亨行至临清，瑾使人追杀之，惟智幸免焉。……壬戌（十七），以吏部尚书焦芳兼文渊阁大学士、左侍郎王鏊兼翰林院学士并入内阁供事。芳素不协士望，唯以伏阙事泄，中人德之，遂有是命。……甲子（十九），吏部尚书焦芳、左侍郎王鏊各疏辞内阁命，不许。"

《太原家谱》卷一下"敕谕"有《入内阁敕》："正德元年十月十七日，手敕吏部左侍郎王鏊兼翰林院学士，著在内阁同李东阳办事。"有正德元年十月十九日奉《（答）辞内阁疏》："……不允所辞。"《太原家谱》卷三"奏牍"有《辞免内阁一》、《辞免内阁二》，本集卷十九"奏疏"有《辞免内阁疏一》、《辞免内阁疏二》。

翰林院学士，黄佐《翰林记》卷一"官至因革"："（洪武）十八年三月丁丑，命吏部定正官：学士一人，正五品。"又卷一"职掌"："学士之职，凡赞翊皇猷，敷扬人文，论思献纳，修纂制诰、史翰等事，无所不掌。"内阁，张廷玉《明史》卷七十二"职官志一"："中极殿大学士（旧名华盖殿），建极殿大学士（旧名谨身殿），文华殿大学士，武英殿大学士，文渊阁大学士，东阁大学士，并正五品，掌献替可否，奉陈规诲，点检题奏，票拟批答，以平允庶政。……以其授餐大内，常侍天子殿阁之下，避宰相之名，又名内阁。"

《明武宗实录》卷十九："正德元年十一月……甲辰（二十九），户部尚书韩文落职闲住。先是，文倡九卿随大学士刘健等伏阙请诛内侍刘瑾等。瑾等恨之，昼夜求文过不可得，适有解户以赝银输内库，事觉，归罪于文，降一级致仕。……文驰去，乘小竹兜，夜不宿传舍，行李仅满一车。瑾密遣官校伺察，无以加罪，而盖憾之。"

李梦阳《空同集》卷四十"状疏"《代劾宦官状疏（正德元年九月）》附《秘闻》："初，今上即位青宫，旧阉等日导上狗马、鹰兔、舞唱、角抵，渐弃万几罔亲，时号

'八虎'。……于是户部尚书韩文每朝退，对属吏言辄泣泪数行下，以阉故。而郎中李梦阳间说之曰：'公大臣也，义共国休戚，徒泣何益！'韩公曰：'奈何？'曰：'比谏臣有章入，交论诸阉，下之阁矣。夫三老者，顾命臣也，闻持谏官章甚力。公诚及此时率诸大臣殊死争，阁老以诸大臣争也，持必更易力，易为辞。事或可济也。'韩公于是捋须昂肩，毅然改容曰：'善，即事弗济，吾年足死矣，不死不足以报国。'翌日早朝，韩公密叩三老，三老许之；而倡诸大臣，诸大臣又无不踊跃喜者。韩公大喜，退而召梦阳，令具草。草具，韩公读而芟之，曰：'是不可文，文，上弗省也；不可多，多，览弗竟也。'而王岳者亦青宫阉也，刚厉而无阿，颇亦恶其阉侪。初，阁议持谏官章不肯下，诸阉者业窘，相对涕泣。会诸大臣疏又入，于是上遣司礼者八人齐诣阁议。一日而遣者三，而阁议持卒不肯下，而岳者，八人中人也，顾独曰：'阁议是。'明日忽有旨召诸大臣。诸大臣者盖人人惴也，既入左掖行，吏部尚书许进首咎韩公曰：'公疏言何？'韩公于是故曳履，徐徐行，而使吏部侍郎王鏊趋诣阁，探动静。阁老刘健语鏊曰：'事已七八分济矣。诸公第持，莫轻下。'至左顺门，阉首李荣手诸大臣疏曰：'有旨问诸先生。诸先生言良是，无非爱君忧国者。第奴侪事上久，不忍即置之法耳。幸少宽之，上自处耳。'众震惧，莫敢出一语答。李荣面韩公曰：'此举本出自公，公云何？'韩公曰：'今海内民穷盗起，水旱频仍，天变日增，文等备员卿佐，靡所匡救。而上始践祚，辄弃万机，游宴无度，狎匿群小，文等何得无言。'韩公言虽端而气不劲，又鲜中肯綮。于是李荣哂而曰：'疏备矣。上非不知，今意第欲宽之耳。'诸公遂嚣然而退，盖是日诸阉者窘，业自求安置南京，而阁议犹持不从，诸公乃竟尔尔退。惟王鏊仍前谓荣曰：'设上不处如何？'李荣曰：'荣颈有铁裹之邪，而敢坏国事！'荣入，而事变矣。是夜，立召刘瑾入司礼，而收王岳、范荣，诏窜南京，寻杀二人于途。已又连斥刘、谢二老，顾独恳留李，而韩公辈讻讻咸拔茅散矣。变之起，大抵莫可详。而李荣则曰：'诸大臣退而瑾侪绕上前跪，伏哭，痛首触地曰：'微上恩，奴侪磔喂狗矣。'上为之动。而瑾辈辄进曰：'害奴侪者岳也。'上曰：'何也？'曰：'岳前掌东厂也，谓谏官曰先生有言第言；而阁议时，岳又独是阁议。此其情，何也？夫上狗马鹰兔，岳尝买献之否，上心所明也，今独咎奴侪。'既而益复伏地哭痛。上于是怒而收王岳。瑾又曰：'夫狗马鹰兔，何损于万几。今左班官敢哗而无忌者，司礼监无人也。有则唯上所欲，而人不敢言矣。'上于是诏瑾入司礼监。此其说亦近，第难尽信耳。又闻阁议时，健尝椎案哭，谢亦亹亹訾訾罔休，独李未开口，得恳留云。"

李梦阳，据张廷玉《明史》卷二八六《文苑传二·李梦阳传》："李梦阳，字献吉，庆阳人。弘治六年举陕西乡试第一，明年成进士。授户部主事，迁郎中。……武宗立，刘瑾等八虎用事，尚书韩文与其僚语及而泣。梦阳进曰：'公大臣，何泣也？'文曰：'奈何。'曰：'比言官劾群奄，阁臣持其章甚力。公诚率诸

—— 140 ——

大臣伏阙争，阁臣必应之，去若辈易耳。'文曰：'善。'属梦阳属草。会语洩，文等皆逐去。瑾深憾之，矫旨谪山西布政司经历，勒致仕。"

行状云："正德初，释服至京，复除吏部侍郎兼副总裁。武宗在谅阴，中使马永成等八人道上游乐，鼓吹日闻于外。给事中陶谐、刘苣洎诸科道官相继言之，词颇激切。公素厚户部尚书韩公，因与言：'科道能言，吾辈为大臣，可无一言乎？'时泌阳焦公为吏部，当为疏首，焦不从。韩曰：'焦不敢，吾其为之。'公毅然从臾。乃与英国张公懋率文武诸大臣于左顺门拜。疏列八人罪恶。上大惊，遣司礼监七人日至内阁议。内阁欲执八人付之于理。既有旨召诸大臣至左顺门，中人云集，宣上旨甚厉。众相视莫敢发言。李荣曰：'上言卿等所云罢宴乐则从，勤政事则从，惟八人者不可去。'公曰：'八人不去，乱本何由而除，天下何由得治？且今日之举，果何为乎？'韩公亦言：'今时天变极矣，不改患且不测。'荣等无以答，姑以温言慰解而退。八人者环泣诉于上前，谓事由王岳等。诏斥岳等于南京，八人者乃分布要路。刘瑾入柄司礼，专以摧挫外官为事矣。内阁洛阳刘公、余姚谢公皆去位，阁下有阙，众推焦与公名进。众知公之有言于门下也，意必不用，舆论所属遂以吏部侍郎兼翰林院学士，与焦同入阁。刘、谢既去，西涯李公卧病不出，焦与公同事，每事必推公。"

亮暗，即"亮阴"，帝王居丧。刘健，参见本谱弘治十七年条，万斯同《明史》卷二三七《刘健传》："健器局严整，正色率下，无党无偏。朝退，僚寀私谒，不交一言。不喜为辞藻，时东阳以诗文汲引后进，海内士皆搤腕抵掌谈文学，健若不闻，独教人治经穷理。其事业光明俊伟，为明世辅臣第一。"《明武宗实录》卷十八："正德元年十月……庚午（二十五）……少师兼太子太师吏部尚书华盖殿大学士刘健陛辞，赐之敕。"谢迁，参见本谱成化十四年，弘治十七年条，《明武宗实录》卷十八："正德元年十月……癸亥（十八）……少傅兼太子太傅礼部尚书武英殿大学士谢迁陛辞，赐之敕。"李东阳，参见本谱弘治二年条，焦竑《焦太史编辑国朝献征录》卷十四"内阁三"杨一清《特进光禄大夫左柱国少师兼太子太师吏部尚书华盖殿大学士赠太师谥文正李公东阳墓志铭》："时逆瑾已柄用，于是刘、谢二公皆得谢去，而公独留。公据案涕泣，连疏恳乞同罢，上素重公，两宫亦言旧臣唯此一人，不宜听其去。瑾不得已，故留之。公以病，不良于行，乃诏免朝。日赴阁与新命焦、王二公同治事。"《明孝宗实录》卷十八："正德元年十月……己未（十四），少傅兼太子太傅户部尚书谨身殿大学士李东阳乞致仕。……上曰：'……卿可安心供职，以副委任，毋再固辞。'先是，请诛瑾等疏实东阳秉笔，第太监陈宽等至阁议时，东阳辞颇缓，中人以为事不由之。故与健等同日具疏恳求去任，而东阳独留。人亦幸其留云。……辛酉（十六），东阳复奏乞免朝参，昼日抚病入阁供事，许之。"

刘瑾，据《明武宗实录》卷六十六与王鏊《震泽纪闻》卷下"刘瑾奴"：刘瑾，陕西兴平人。本姓谈，景泰间自宫，入掖庭，冒姓刘。鸷悍阴狡，有口辩，常慕王振之为人。在孝庙时愤郁不得志，每切齿大臣。上登极，瑾以执役钟鼓司，与同辈谷大用等俱得幸。外廷攻之甚急，瑾大言曰：“此由司礼监无人耳。”同辈以为能，因共推引入司礼。由钟鼓司而入司礼，瑾以前盖无有也。司礼监，张廷玉《明史》卷七十四“职官志三·宦官”：“司礼监。……掌印太监一员。……掌印掌理内外章奏及御前勘合。”

焦芳，《明武宗实录》卷一四七：“正德十二年三月……丁酉（二十二）……寻加少傅兼太子太傅谨身殿大学士，吏部尚书如故。……其为吏部尚书时，值正德初元，逆瑾等号八党方以盘乐导上。内阁九卿率百僚伏阙固争，将除之。芳潜通于瑾，得先为之地，由是大学士刘健、谢迁，尚书韩文、杨守随等相继得罪以去。八党势益张，瑾遂擅政，引芳入内阁，表里为奸。”王鏊《震泽纪闻》卷下“焦芳”：“……会中官八人导上为戏乐，给事中刘茝、陶谐皆上疏极谏，鏊与户部尚书韩文善，谓文曰：‘彼小官能言，吾辈大臣可默然乎！’文曰：‘此吾心也。’然疏必吏部为首，乃以告芳。芳曰：‘我知格君心之非而已，谏非吾事。’文知其意，曰：‘文当为之。’及疏上，有诏召大臣诣左顺门。芳故徐行于后，曰：‘今日之事为首者且当之。’至门下，嗫不出一言，私语内竖曰：‘疏皆文主之，余不知也。’于是文得罪去。及官内阁，制诰批答，不能措一辞，唯以口詈伤人。”

作诗《入阁次仲山见寄之韵》。

见本集卷五“诗”。其诗有“异数极知蒙帝力，凡躯深讶住天台”之句。

仲山，即徐源，据《明武宗实录》卷五，徐源于弘治十八年九月戊申（二十七）以巡抚山东都察院右副都御史致仕。徐源原诗不见。

十一月，被命充国史总裁。十二月，升户部尚书、文渊阁大学士、国史总裁、同知经筵事。

《明武宗实录》卷二十：“正德元年十二月……庚申（十六），加……吏部左侍郎兼翰林院学士王鏊为户部尚书文渊阁大学士。”

文传云：“然公仅以本官兼翰林学士，仍班尚书后。上顾见问得其故，遂进户部尚书兼文渊阁大学士、国史总裁、同知经筵事。”

《太原家谱》卷一下“敕谕”有《大总裁敕》：“正德元年十一月初八，命吏部尚书兼文渊阁大学士焦芳与吏部左侍郎兼翰林院学士王鏊为总裁……”《文渊阁敕》：“正德元年十二月十六日，手敕吏部左侍郎兼翰林院内阁学士王鏊升户部尚书兼文渊阁大学士、国史总裁、同知经筵事。”有正德元年十二月十八日奉《（答）辞户部尚书兼文渊阁大学士疏》：“……不允所辞。”《太原家谱》卷三“奏牍”有《辞免户部尚书兼文渊阁大学士》，又本集卷十九“奏疏”有《辞免户部尚书兼文渊阁大学士疏》。户部尚书，张廷玉《明史》卷七十二“职官志一”：“户部。尚书一人，正二品。……尚书掌天下户口、田赋之政令。”“文之散阶。……正二品，初授资善大夫。……"王鏊此户部尚书为虚职加授，仅代表品阶。

议景泰汪妃礼、论刘文泰狱甚合武宗意。

行状云："景泰汪妃薨于外邸，时疑其礼。公曰：'汪妃废不以罪，当追复故号，葬以妃，祭以后，从之。'"

《明孝宗实录》卷二十："正德元年十二月……丁卯（二十三），礼部以郕府妃汪氏薨，会府部大臣及翰林院儒臣科道官酌议。言：'汪妃系景皇帝之妃，与在外王妃不同，丧葬之礼宜如皇妃，礼从厚。况景皇帝陵寝已定，亦当合葬。宜自明日始辍朝三日，祭九坛。太皇太后、皇太后、中宫、亲王、公主、王妃、皇亲、驸马、文武大臣、命妇各有祭，制可。'"

汪妃，据张廷玉《明史》卷一一三《后妃传一》：景帝废后汪氏，顺天人。正统十年（1445）册为郕王妃。十四年（1449）冬，王即皇帝位，册为皇后。……景泰三年（1452），妃杭氏生子见济。景帝欲立为太子，而废宪宗，后执不可，以是忤帝意，遂废后，立杭氏为皇后。宪宗复立为太子，雅知后不欲废立，事之甚恭。"正德元年十二月薨，议祭葬礼。大学士王鏊曰：'葬以妃，祭以后。'遂合葬金山。明年上尊谥曰贞惠安和景皇后。"

旧谱云："上与公议刘文泰狱，称旨。先是，太医院判刘文泰、太监张瑜［瑜］以孝宗大渐时药误系狱。言官论列，必欲诛之。两宫太后固执不可。上迫于内外，悬曰：'二人者，杀亦不孝，不杀亦不孝。'公请其故。上曰：'杀之则违母命，不杀则忘父仇。'公曰：'此事秘密，外人不知，惟圣上两宫自明。如先帝之宾天，果由于泰，则自当杀之，杀之所以为孝；如不由于泰，则法当生之，生之亦所以为孝。惟当核其实耳。'明日传两宫及上旨曰：'正自不由于泰。'公乃议从末诚。两宫胥悦，有'好阁老'之称。"

刘文泰狱，据《明武宗实录》卷一：初，先帝以祷雨斋戒偶感风寒，命司设监太监张瑜与太医院议方药。瑜私于太医院判刘文泰、御医高廷和，不请诊视，辄用药以进，继与掌太医院事右通政钦及院判方叔和、医士徐昊等进药，孝宗遂崩。英国公张懋等及给事中王宸、薛金，御史陈世良等交劾其恶。弘治十八年五月己亥（十五），瑜、施钦、院判刘文泰、御医高廷和等有罪下狱。己酉（二十五），都察院右副都御史戴珊会英国公张懋、吏部尚书马文升等以张瑜等狱上，谓瑜、文泰、廷和宜比诸司官与内官交结作弊而扶同奏启者，律各斩；钦等罪名各有差。得旨："瑜、文泰、廷和依律论死，钦、廷和革职闲住，昊发原籍为民。"

沈德符《万历野获编》补遗"京职·刘文泰"："乙丑之夏，上本以患热得疾，文泰误投大热之剂，烦躁不堪，以至上宾，盖孝康后素信任文泰及瑜［愉］，以故不行遏止。比武宗登极，法司会奏张瑜［愉］向与文泰为奸，又荐文泰尊修《本草》，先帝不豫，文泰药不对症，宜比诸司官与内臣交结作弊扶同，奏启各斩。上允之。于是南北科道刘芑等咸谓请速诛文泰以慰先帝在天之灵，上仅报闻而已。久之，二人苦辨不已，俱免死遣戍。史云是时大臣昵厚文泰者，故不用合和御药大不敬正条，而比他律，因得为后日解脱之地。所指大臣盖谓谢、李二相也。"谢、李二相，谢迁、李东阳也。杨仪《明良记》卷二记载刘文泰为孝康张后口疮进药，孝宗亲赐刘文泰茶二事，言其深受孝宗宠顾。

两宫太后，一为宪宗孝贞皇后王氏，张廷玉《明史》卷一一三"后妃传一"："……孝宗即位，尊为皇太后。武宗即位，尊为太皇太后。"一为孝宗孝康皇后张氏，张廷玉《明史》卷一百十四"后妃传二"："……孝宗即位，册立为皇后。……武宗即位，尊为皇太后。……"刘文泰，参见本谱弘治八年条，即秉丘濬旨讦王恕者。公议恨之，皆欲借此除之而后快。故王鏊所议王守仁、文徵明、徐缙、邵宝皆未提及，为之讳也。王鏊救刘文泰，原因或二：一、王鏊多与医士交往，文泰盖其友人。二、两宫坚救文泰，因其医术深得两宫赞赏，王鏊欲借此取悦于两宫。

作内制《谕祭驸马都尉樊凯父南城兵马副指挥文》、《谕祭樊凯母文》。

均见本集卷十八"内制"。

樊凯，参见本谱弘治六年条，《明武宗实录》卷十九："正德元年十一月……乙酉（初十）……驸马都尉樊凯以母贾氏卒，乞祭葬，诏特许之。未几，凯复为其父旺援例陈乞。礼部言旺死已久，乃止，赐旺祭一坛。"

作内制《谕祭礼部右侍郎掌通政司事赠尚书沈禄文》。

见本集卷十八"内制"。

沈禄，据《明武宗实录》卷十九：沈禄，字汝学，顺天府宛平县人。由举人授通政司经历。禄妻为昭圣慈寿皇太后之姑，后官至礼部右侍郎掌通政司事。正德元年十一月甲辰（二十九）卒，赠礼部尚书。

作内制《谕祭南京都察院左副都御史陈璚文》。

见本集卷十八"内制"。

陈璚，据《明武宗实录》卷七、十七，陈璚弘治十八年十一月壬辰（十一）以南京都察院左副都御史致仕，正德元年九月丙戌（初十），卒于家。

作内制《敕工部郎中郝海、毕昭》。

见本集卷十八"内制"。其敕有"今特令尔海、尔昭会同参将某等及春和冰泮，疾速整理，自大通桥至张家湾一带"之句。

《明武宗实录》卷二十："正德元年十二月……己巳（二十五）……命户部郎中郝海、工部员外郎毕昭会同漕运参将梁玺修理会通河，仍戒其勿得急缓。河起大通桥，迄于张家湾……"毕昭，参见本谱弘治五年条。郝海，张朝瑞《皇明贡举考》卷五"癸丑弘治六年会试"：第二甲九十名赐进士出身，有郝海，直隶祁州。

—— 144 ——

作奏疏《论保国公朱晖功次》。

见本集卷十九"奏疏"。其疏云："今日蒙发下朱晖所奏,臣等看得……朱晖所上攻次,纪功御史既以为芒昧难考,覆勘官兵科兵部皆以为无显迹,而朝之舆论皆谓其功不实。此而升授,后之人皆将效尤,奸伪日滋,孰肯复捐躯赴敌,为国家立功哉?"

朱晖,张廷玉《明史》卷一七三"朱谦传附朱晖":"晖,字东阳。长身美髯,人称其威重类父。又屡从父塞下,历行阵,时以为才。……武宗即位,寇大入宣府,复命晖偕逵(太监苗逵)、琳帅师往。寇转掠大同。参将陈雄击斩八十余级,还所掠人口二千七百有奇。晖等奏捷,列有功将士二万余人。兵部侍郎阎仲宇、大理丞邓璋往勘,所报多不实。终以逵故,众咸给赐。"

作志铭《广东按察使赵君墓志铭》。

见本集卷二十八"志铭",又见赵宽《半江赵先生文集》附录,名为《广东提刑按察司按察使半江赵君墓志铭》,后多署名"嘉议大夫吏部右侍郎前詹事府少詹事兼翰林院侍读学士震泽王鏊撰"。

赵宽,见本谱成化十八年条。据本铭与《(正德)姑苏志》卷五十四"人物十四·文学",赵宽进广东按察使,莅任甫越月,卒,年四十有九。卜以正德元年葬于吴横山灵石峰之麓。《明孝宗实录》卷二一二:"弘治十七年五月……辛丑(十二)……升浙江按察司副使赵宽为广东按察使。"

作书《与尚宝公书》。

见《太原家谱》卷二十八"杂文类下编",不见于本集。其书云："我今蒙恩召入内阁,此天下之极荣,儒者之难遇也。然我处此,日常忧心忡忡,未尝少宁。盖才疏识短,不能有所建明,不能称此重任,一惧也;位高责重,谗谤易生,二惧也;恐家中不知,因此生事,以为我忧,三惧也。刘公之退,亦因家中生事,大开河港,闻于京师也,千万慎之慎之!"

刘公之退,刘公即刘大夏,《明武宗实录》卷十三:"正德元年五月……戊戌(十九),戒科道官毋得挟私举劾。先是吏部尚书马文升并南京兵部尚书王轼既得请致仕。吏部方会官推补,监察御史王时中言:'……兵部尚书刘大夏昏耄侵寻,兼有蹊田夺牛之状。"

谢迁作诗《和答王守溪少傅》、《又一首》。

均见《归田稿》卷五"五言古诗"。其诗有"乞身讵嫌早"、"久与俗驾辞"、"金兰邈何许,望望长相思"之句。

王鏊原诗不见,参考《归田稿》本诗之下有《将至临清感怀》、《泊临清遇雪》、《聊城怀古》、《答衍圣公》诸首来看,当是王鏊送别谢迁时二人唱和也。时王鏊并非少傅,题目盖后来追改也。

费宏作诗《和守溪韵送史少参文鑑之蜀》。

> 见《太保费文宪公摘稿》卷四"诗"。
>
> 费弘《太保费文宪公摘稿》卷九"序"又有《送四川少参史君文鑑序》云："郎中溧阳史君文鑑在户部几二十年……今天子嗣极,司徒韩公夙夜拳拳于裕国救时之务,日进属吏咨诹大计,方喜得史君而用之。吏部以年资序迁,百僚于是请陟君为蜀藩参议,而其所专理者建昌数郡之兵饷也。"《明武宗实录》卷十三:"正德元年五月……辛丑(二十二),升……户部郎中史学为四川布政司右参议。"
>
> 王鏊诗今集中未见。史文鑑,即史学,《嘉庆溧阳县志》卷十一"人物志·宦迹":"史学,字文鑑,成化二十三年(1487)进士。史学盖王鏊同考会试所取士也。

正德二年丁卯(1507), 五十八岁

正月,恩赐玉带一束,麒麟纻纱、罗各一袭。作诗《恩赐玉带麒麟服》。

> 旧谱云:"(正德)二年丁卯,五十八岁。正月,恩赐玉带一束,麒麟纻纱、罗各一袭。"
>
> 《恩赐玉带麒麟服》见本集卷五"诗",又见《太原家谱》卷二十七"杂文类上编",又见王铨《梦草集》卷二"南归唱和",分别题为《恩赐玉带》、《恩赐麒麟服》,王铨皆有和诗。

做碑《嘉议大夫吏部左侍郎兼翰林院学士张公神道碑》。

> 见本集卷二十二"碑",又见焦竑《焦太史编辑国朝献征录》卷十八"詹事府一·掌詹事府事",名为《嘉议大夫吏部左侍郎兼翰林院学士掌詹事府事东白张公神道碑》。
>
> 张公,即张元祯,参见本谱弘治四年条,《明武宗实录》卷二十:"正德元年十二月……甲戌(三十),吏部左侍郎兼翰林院学士张元祯卒。"本碑云:"公癯然纤弱而崖岸孤削,刚毅之气不可犯。人有过,面折之。为文必欲作不经人道语。晚乃削异为同,黜奇为平。所交若陈布政士贤、罗修撰应魁、陈检讨公甫皆以道学自许者云。"
>
> 李东阳《怀麓堂集》卷八十九"文后稿二十九·志铭"有《明故通议大夫吏部左侍郎兼翰林院学士掌詹事府府事张公墓志铭》。

时刘瑾大权独揽,焦芳与之相倚为奸。鏊与李东阳弥缝补救。瑾创立荷校枷号之法,崔璿、姚祥、张玮被枷几死,赖鏊与李东阳救之得免。

> 刘瑾,《明武宗实录》卷六十六:"时上希亲政且厌苦言者。瑾揣知上意,巧为迎合,乃变置大臣,日求官僚细过,深文以督责之。言官小有触犯辄中以危祸,散

遣官校,远近侦察,使人皆自救不给,莫敢进言。上喜,谓瑾可任,乃悉以机务委之,大小章奏不复亲决。瑾持回私第,与孙聪、张大冕辈撰伪旨,付外施行。多或累数百语,任其恣睢,往往有不可解者。诸司事无巨细,必先关白,复奏闻。在外镇抚以下官奏事皆先以红揭帖取进止,谓之'红本',其下通政司者谓之'白本'。由此大权一归于瑾,天下不复知有朝廷矣。始焦芳泄外廷谋,瑾德之,援入内阁。芳亦欲倚瑾为奸,中外附和,凡瑾所言,与芳如出一口,其所中伤无不立应。"

行状云:"郎中张玮、副使姚祥、尚宝崔璿,皆以途中乘轿被逮,枷于东西长安门与张家湾。公数言不听。一日有湾中来者曰:'玮将死矣。'公忙迫言曰:'士大夫可杀不可辱。今既辱之,又杀之。吾亦何颜复立于此!'由是三人皆释。"

《明武宗实录》卷二十二:"正德元年闰正月……乙丑(二十一)……命以重枷枷号尚宝司卿崔璿,湖广副使姚祥于长安左右门外,工部郎中张玮于张家湾。璿奉使册封,祥赴官,玮巡河,皆违例乘轿,璿又纵其奴所过需索,祥无关文冒乘传。为东厂所发,下镇抚司拷讯,狱具,请付法司拟罪。内批令枷两月,满日奏之。前此奉使远行者多乘轿,从者亦得乘驿马,因袭之弊久矣。刘瑾专政,欲厉法禁以立威,璿等遂以违例得罪。""己巳(二十五),大学士李东阳等言:'近崔璿等三人各因公差赴任在途犯法,荷蒙钦断,俱用大枷于两长安门等处,枷号一两月,天威所施,中外悚惧。……'""甲戌(三十)……太监李荣传旨:'崔璿、姚祥、张玮枷号期日未满,姑从轻开释,发辽东铁岭卫永远充军。'"

荷校,以枷加颈,校,枷。枷号,戴枷标明罪状示众。张家湾,《康熙通州志》卷一"封城志·山川":"张家湾,去城南十里许,即潞河下流。相传元时有万户张瑄者居此,故名。"张廷玉《明史》卷六十五"舆服志一":"景泰四年(1453)令,在京三品以上得乘轿。"查《明史·职官志》尚宝司卿,正五品;按察司副使,正四品;工部郎中,正五品;皆不得乘轿。

作奏疏《论言官得罪疏》。

见本集卷十九"奏疏"。其疏云:"近者言官不识大体,进言失次,致陛下震怒,相随下狱。朝臣悚惧,莫知所为。臣等新受恩命,职在辅导,不敢不言。……今言官既知罪矣,唯少霁天威,曲加宽宥,使中外人情帖然安妥。……"

《明武宗实录》卷二十二:"正德二年闰正月……庚戌(初六)……先是,给事中艾洪等劾太监高凤并侄锦衣卫指挥高得林纳贿谋升,有旨准凤致仕,得林官事如旧。及大学士刘健、谢迁之致仕也。给事中吕翀、刘蒚又上疏乞留之。南京协同守备、武靖伯赵承庆传其奏稿,办事官冯垚录邸报往,应天府尹陆珩以之传示诸司。于是兵部尚书林瀚闻之叹息,南京给事中戴铣、李充翰、任惠、徐蕃、牧相、徐暹亦劾凤、得林,又与南京御史薄彦徽、贡安甫、王蕃、葛浩、史良佐、李熙、任诺、姚学礼、张鸣凤、陆昆、蒋钦、曹闵、黄昭道、王弘、萧乾元等各具疏言健、迁先朝元老,不宜轻去,又言上晏朝废学,与六七内臣、新进佞幸游宴驰骋射猎等事。上大怒,差官校械系铣、彦徽等下镇抚司狱,鞫之。而任诺、王蕃诡奏,事不与知。狱具,请法司拟罪。词连承庆、瀚、珩、洪、翀、莅、垚。诏承庆、瀚、珩姑勿穷,承庆停半禄闲住,瀚、珩各降三级致仕。杖莅、洪、翀等三人,铣等六人,彦徽等十二人于阙下,昭道、弘、乾元、垚逮来,至即南京阙下杖之,俱令为民。而吏部拟降瀚为浙江布政司右参政,珩为两淮都转运盐使司同知,俱致仕,报可。"王鏊所说言官得罪,盖此。

本集卷三十三"杂著"有《鸡鸣夜解》作于同时,其文云:"王子夜读,有'鸡正鸣于庭,家人奔告曰:必杀之,是不祥也。'王子曰:鸡其无知乎! 彼鸣自鸣,吾何为惊;彼止自止,吾何为喜。……夫鸣,鸡职也,特非其时耳。非其时而鸣不免于死,非其时而言得免于罪乎? 虽然,宁鸣而死,不默而生,尔当与灵鸟而并名。"

作内制《礼部尚书张昇进太子太保致仕敕文》。

见本集卷十八"内制"。

张昇,参见本谱弘治九年条,《明武宗实录》卷二十二:"正德二年闰正月……辛酉(十七),礼部尚书张昇引疾乞回调理。上曰:'……特升太子太保,赐敕乘传归。……'"

三月,进阶资德大夫,父母、亡妻皆有追赠。

嘉德大夫,张廷玉《明史》卷七十二"职官志一":"文之散阶。……正二品,初授资善大夫,升授资政大夫,加授资德大夫。"户部尚书,正二品,王鏊户部尚书乃虚职加授,故阶资德大夫。张廷玉《明史》卷七十二"职官志一":"外命妇之号。……二品曰夫人。"《太原家谱》卷一上"恩纶类·敕命、诰命"有《光化公加赠资德大夫,叶夫人加赠夫人诰命》、《惟道公加赠资德大夫,叶夫人周夫人加赠夫人诰命》与《文恪公进阶资德大夫,吴夫人张夫人加赠夫人诰命》,时间为正德二年三月十八日。

作内制《封庆阳伯夏儒诰券文》、《庆阳伯夫人叶氏诰文》。

均见本集卷十八"内制"。

夏儒,据靳贵《戒庵文集》卷十三"墓志铭"《明故推诚宣力武臣荣禄大夫柱国庆阳伯夏公墓志铭》与《明武宗实录》卷二十四:夏儒,字宗鲁,别号一中。其先应天府上元县人,永乐间北徙顺天府大兴县。以女为皇后,正德二年三月丙辰(十三),封庆阳伯。

作内制《祭宜黄郡主文》。

见本集卷十八"内制"。

其文云:"惟灵:宗室懿亲,葬有殊等,盗为不道,侵毁尔坟。良用悯恻,爰命改葬。"《明武宗实录》卷二十五；"正德二年四月甲……辛丑(二十八)，以盗发永丰怀顺王并妃张氏暨宜黄郡主墓，诏江西守巡官区画安厝，仍遣所在有司致祭。"

作内制《敕辽东巡抚都御史邓璋》。

见本集卷十八"内制"。

邓璋，据朱大韶《皇明名臣墓铭》离集"嘉靖纪年"夏言《荣禄大夫南京户部尚书赠太子太保烟村邓公墓表》：邓璋，字礼方，别号烟村，涿州人。登成化丁未(二十三年，1487)进士。《明武宗实录》卷十四："正德元年六月……己未(十一)，升大理寺右少卿邓璋为都察院右佥都御史，巡抚辽东地方，兼赞理军务。"

八月，遣祭先师孔子。敕升少傅兼太子太傅、武英殿大学士，尚书仍旧。

《明武宗实录》卷二十九："正德二年八月……丁丑(初六)，释奠先师孔子，遣户部尚书兼文渊阁大学士王鏊行礼。""丙戌(十五)，手敕……户部尚书兼文渊阁大学士王鏊进少傅兼太子太傅武英殿大学士……"

黄佐《翰林记》卷十五"代祀"："凡祈告代祀多用本院儒臣。"《太原家谱》卷一下"敕谕"有《武英殿敕》："正德二年八月十四日，手敕户部尚书兼文渊阁大学士王鏊升少傅兼太子太傅武英殿大学士，尚书仍旧。"有正德二年八月十六日奉《(答)辞少傅兼太子太傅武英殿大学士疏》："……不允所辞。"《太原家谱》卷三"奏牍"有《辞免少傅兼太子太傅》，又本集卷十九"奏疏"有《辞免少傅兼太子太傅疏》。少傅，张廷玉《明史》卷七十二"职官志一"："……少师、少傅、少保为三孤，从一品，掌佐天子理阴阳，经邦弘化。其职至重，无定员，无专授。……自此(宣德)以后，公、孤但虚衔，为勋戚文武大臣加官、赠官，而文臣无生加三公者，惟赠乃得之。""文之散阶。……从一品，初授荣禄大夫……"太子太傅，张廷玉《明史》卷七十二"职官志一"："太子太师、太子太傅、太子太保，并从一品，掌以道德辅导太子，而谨护翼之。……皆东宫大臣，无定员，无专授。……东宫师傅，止为兼官、加官及赠官。……自是(永乐)以后，终明世皆为虚衔，于太子辅导之职无与也。"

十一月，以《历代通鉴纂要》成，赐白金、文绮。

旧谱云："十一月，《通鉴总类》成，有白金、文绮之赐，又奉命往景陵题汪后神主。《通鉴总类》盖即《历代通鉴纂要》。

《明武宗实录》卷三十二："正德二年十一月……丙寅(二十七)……大学士李东阳等言：'《历代通鉴纂要》成，蒙赏臣等各白金十两、彩币二袭。'"

十一月，奉命往景陵题汪后神主。作内制《景皇后尊谥敕》、《代礼部上景皇后尊号议》、《遣祭景皇后文》，作诗《十一月廿七日被诏有事景陵归途作》。

149

旧谱云："十一月……又奉命往景陵题汪后神主。"

《明武宗实录》卷三十二：""正德二年十一月……丁卯（二十八），上贞惠安和景皇后册宝，遣仪宾杨淳诣景皇帝陵寝行祭告礼。"

《景皇后尊谥敕》、《代礼部上景皇后尊号议》、《遣祭景皇后文》均见本集卷十八"内制"。其敕有"尔礼部其会群臣，仍上皇后尊谥号，盖葬以妃，祭以后"之句。其议有"臣等征诸古义，考以谥法，先皇后汪氏尊号宜天赐之曰：'孝敬慎惠皇后'"之句。

《十一月廿七日被诏有事景陵归途作》见本集卷五"诗"。有事，即被命题汪皇后神主也。

作诗《文渊阁独坐有怀秉之》。

见王铨《梦草集》卷二"南归唱和"，不见于本集，王铨有和诗。其诗曰："阙下虽叨供奉班，归心长逐雁飞还。裁书不尽千重意，退食曾无半日闲。老景逢春多局促，宦情因病转阑珊。何时诏许归田里，弟劝兄酬一解颜。"

本诗与《恩赐玉带麒麟服》盖随书信寄与王铨也。

作诗《玉泉亭》。

见本集卷五"诗"。

玉泉亭，《康熙宛平县志》卷一"地理·山川"："玉泉山，城西北三十里。"又卷一"地理·古迹"："玉泉山，山块然石也。……去山数武遂湖，裂帛湖也。……湖左有亭特立，曰'望湖亭'，今圮矣。"盖王鏊游京郊时所作也。

作内制《敕秦府永兴王府镇国中尉椵》。

见本集卷十八"内制"。其敕有"陕西镇守等官奏尔私出府第，与顺德郡君女陈氏饮酒事，皆有迹不诬。尔为朝廷宗室，蔑弃礼义，法当究问。但念亲亲，姑降敕切责，薄示惩戒"之语。

秦府永兴王府镇国中尉，张廷玉《明史》卷一六〇"诸王传"："明制，皇子封亲王……。亲王嫡长子，年及十岁……立为王世子，长孙立为世孙……。诸子年十岁……封为郡王。嫡长子为郡王世子，嫡长孙则授长孙……。诸子授镇国将军，孙辅国将军，曾孙奉国将军，四世孙镇国中尉，五世孙辅国中尉，六世孙以下皆奉国中尉。"秦府，即明太祖嫡二子樉，封秦王（亲王），为秦愍王。永兴王府，即秦愍王嫡二子尚烈，封永兴王（郡王），为永兴懿简王。镇国中尉椵，即永兴懿简王四世孙。

作内制《敕司礼监左监丞张温》。

见本集卷十八"内制"。其敕有"先该隰川王府镇国将军仕坦事多不法，不忍置之于理，革爵为庶人，命往守先王坟园，使反躬思咎。而仕坦抗敕阻挠，誓死不往。朕犹不忍，仍命尔温会同山西镇巡等官宣谕朕意。仕坦仍执迷狠愎尤甚。

朕以亲亲之故,下廷臣议。合言先年代府武邑王革爵移置太原府城,今其居尚在,宜迁仕坰居之,听晋王严加约束。如此则恩法两尽"之句。

代府,即明太祖庶十三子桂,封代王(亲王),为代简王。隰川王府,即代简王庶十子逊熼,封隰川王(郡王),为隰川懿安王。镇国将军仕坰,即隰川懿安王之子。

作碑《重修颜子庙碑》。

见本集卷二十一"碑"。其碑云:"……曲阜故有庙,其地即所谓陋巷者。岁久圮坏,过者兴嗟。弘治十五年(1502),五十代孙博士公铉奏乞修治,诏可之。正德二年告成。……公铉复乞纪其事以示久远,上以命臣。"

旧谱云:"……曲阜重修颜子庙成,复奉命撰碑文。"

作志铭《云南按察使进阶中奉大夫张公墓志铭》。

见本集卷二十八"志铭",又见《焦太史编辑国朝献征录》卷一二〇"云南·按察使",名为《云南按察使张公矞墓志铭》。

据本铭与过庭训《明分省人物考》卷二十"南直隶苏州府三":张矞,字汝振,世为苏之长洲人。登顺天丁丑(元年,1457)进士。官至云南按察使,致仕。正德丙寅(元年)冬十月二十九日卒于家,春秋七十有七。明年五月己未葬邑之金芝岭。

作志铭《通议大夫南京都察院左副都御史陈公墓志铭》。

见本集卷二十八"志铭"。

陈公,即陈璚,参见本谱成化十八年、正德元年条。据本铭,陈璚弘治乙丑(十八年,1505)冬,以南京都察院左副都御史致仕归吴,明年正德元年(1506)九月十日卒于家,享年六十有七。"又明年,其子镒来京,因请予志其墓。""公质若重迟而思致独远,不肯为寻常熟烂语。始务奇倔,卒造平澹,时辈推之。为言官随事献纳,务持大体,不沽激讦名。"

李东阳《怀麓堂集》卷八十"文后稿二十·碑铭"有《明故嘉义大夫南京都察院左副都御史陈君玉汝神道碑铭》。

作志铭《通议大夫礼部右侍郎掌通政使司事赠礼部尚书守庵沈公墓志铭》。

见朱大韶《皇明名臣墓铭》巽集"正德纪年",不见于本集。

沈公,即沈禄,参见本谱正德元年条。据本铭,沈禄卒于正德元年十一月二十九日,春秋五十有九,葬以卒之明年闰五月二十八日。"(子大理寺右寺副)锐持通政使王君汉英之状泣请铭。"

作题跋《题东湖屠氏宗谱》。

见本集卷三十五"题跋"。其题云:"屠于姓最寡,而今为特盛。八座之中凡二人焉。其一为大冢宰掌都察院事，字朝宗；其一为大司寇，字元勋。……司寇患后人莫知其受姓之源流，乃自谱其所出为一大帙，予受而读之，乃知浙之为屠者其所出自不能一，虽平湖之屠亦或不能一尽……"

八座，即六部尚书与都察院左右都御史也。大冢宰，即屠滽，参见本谱弘治十三年条，《明武宗实录》卷二十五："正德二年四月……己亥（二十六），起致仕太子太傅吏部尚书屠滽都察院左都御史。"大司寇，即屠勋，参见本谱弘治十五年条，《明武宗实录》卷二十二："正德二年闰正月……己巳（二十五）……升都察院右都御史屠勋为刑部尚书。"

作书《文恪公与秉之公书》。

见《太原家谱》卷二十八"杂文类下编"，不见于本集。其书云："蒙恩给赐三代诰命，先祖府君赠户部尚书兼文渊阁大学士，祖妣叶氏、周氏皆夫人；先考府君加赠户部尚书文渊阁大学士，妣叶氏赠夫人；本身进资德大夫、正治上卿，妻吴氏、张氏赠夫人，云锦犀轴，五采斓然，亦足以为荣矣。待腊黄至，当至坟下焚之。本欲寄去一观，但前谕德并少詹事所颁不知为谁藏去，故不复然。书至，千万令寻出来，欲并一处安置好，后日为王氏无穷之观，不独私于一房也。"三代诰命，参见本谱本年条。

作书《与尚宝公书》。

见《太原家谱》卷二十八"杂文类下编"，不见于本集。其书云："自闻南京试录，为之懊恼数日，不知乃叔之不利，天耶？人耶？……"

乃叔，即王鏊之弟王铨，盖当年乡试又未举也。

李东阳作题跋《跋王守溪所藏古墨林卷》。

见《怀麓堂集》卷七十四"文后稿十四·题跋"。其跋云："古墨林一卷，守溪王先生所藏也。……是日，在阁署，与守静焦先生同观。……"

守静焦先生，即焦芳。此跋盖作于李东阳、焦芳、王鏊同在内阁之时。

祝允明作书《上阁老座主太原相公书》。

见《怀星堂集》卷十二"书牍"。

其书首曰："正德二年正月十日，门生祝允明谨斋洁具书焚沐百拜献于端揆恩门尊先生大人钧墀下"，内有"昨日郡侯召见，赐示钧剖云云"之句。郡侯即林世远，此书乃祝允明就王鏊的询问，回答《姑苏志》校刻情况的书信。祝允明在信中言"自先生行后，众以郡公考绩期迫，相趣入刻。虽曰随刻随校，专责有人，而要之人情散解，又坐图籍单寡，日力拘局，不免漫浪作事。"

正德三年戊辰（1508）　五十九岁

二月，被命主考会试，又为廷试读卷官。作序《会试录序》。

《明武宗实录》卷三十五："正德三年二月……甲戌(初六),命少傅兼太子太傅户部尚书武英殿大学士王鏊、掌詹事府吏部尚书兼翰林院学士梁储为会试考试官。"

《明武宗实录》卷三十六："正德三年三月……辛亥(十四)……命……少傅兼太子太傅户部尚书武英殿大学士王鏊……充廷试读卷官。"

《会试录序》见本集卷十二"序"。其题注曰:"戊辰。"其序云:"正德戊辰二月,会试天下士。于时知贡举则礼部尚书臣机、侍郎臣澯,考试则大学士臣鏊、学士臣储……天下士抱艺就试者三千八百八十余人,三试之。遵制诏预选者凡三百五十人。刻其文之粹者以传,凡二十篇,名之曰《会试录》。……"

传刘瑾录五十人以示主司,因广五十名之额,舆论大哗。

王世贞《弇山堂别集》卷八十二"科试考二":"(正德)三年戊辰,命少傅、太子太傅、户部尚书武英殿大学士王鏊,吏部尚书翰林院学士梁储为考试官,取中邵锐等。……或传会试锁院后,刘瑾以片纸书五十人姓名,欲登第。主司不敢拒,唯唯而已。瑾曰:'先生辈恐夺贤者路耶!'即开科额三百五十人,皆上第。"

沈德符《万历野获编》补遗"科场·士子谤讪":"正德三年戊辰科,少傅大学士王鏊、吏部尚书学士梁储为主考,放榜后,以取舍不惬士心,流谤入禁中。大内演戏,优人为主司问答状,或讥其不公,则对曰:'王良天下之贱工也,安所得佳文字?'盖以良为梁也。是科或传刘瑾以片纸书五十人姓名入闱,主者有难色,瑾特为增额五十名,其事未必真,而刘宇之子仁,焦芳之子黄中,俱以奸党冒上第,又传奉黄中等八人为庶常,俱非常之事,士子之肆诮固宜。"

行状云:"尝同考丁未(成化二十三年,1487)、庚戌(弘治三年,1490)会试,考壬子(弘治五年,1492)应天乡试、丙辰(弘治九年,1496)会试,称公严,能得人,被命教庶吉士顾潜等二十人于翰林,多所造就。"此独遗戊辰会试,盖王鏊因受刘瑾、焦芳之请而未能拒之,缙为之讳也。教庶吉士顾潜等,参见本谱弘治九年条。

按:王鏊《会试录序》云"遵制诏预选者凡三百五十人",《明武宗实录》卷三十五:"正德三年二月……壬辰(二十四),命会试正榜取三百五十人。"盖刘瑾传武宗制诏所增也。

以焦芳子黄中未置一甲故,与之交恶。焦芳言"南人不可以为相",作《相论》辩之。

《明武宗实录》卷三十六:"正德三年三月……癸亥(二十六),授第一甲进士吕柟为翰林院修撰,景旸、戴大宾为编修,二甲第一名焦黄中、三甲第一名胡缵宗俱为检讨。旧制,黄榜赐第之后,唯一甲三名即授官,在二、三者或改为翰林院庶吉士,越三年,学有成效,二甲乃授编修,三甲乃授检讨。是岁,焦芳为大学士,必欲援其子黄中为一甲,而所对甚劣。同事以芳故,不得已寘二甲之首。

芳乃言于瑾,廷试录并刻黄中、缵宗策。及吏部奏选柟等,遂内批特授黄中官,并及缵宗。时议以芳之官非瑾不进,而瑾之权非芳不张,既谋其身,又汲汲其子孙,废廉耻,隳法制,辱科目甚矣。"

王鏊《震泽纪闻》卷下"焦芳":"芳子黄中亦傲狠不学,举戊辰进士。芳必欲寘之一甲,鏊不可,遂大恨,所以中伤者无不至矣。尝言于瑾曰:'宋人有言:南人不可以为相。'且为图以进。瑾然之,始不悦南士。芳不独党于其乡,凡闻一北人进,喜见于色;一南人退,亦喜见于色。至论古人出于北者誉之不容口,出于南者则诋毁之。其为史,下笔惟其喜怒为褒贬,又自负以为直。尝谓李东阳曰:'当今朝臣公直惟予一人。'闻者笑之。"

《相论》见本集卷三十三"杂著",其文云:"'近世有为宋人之言者曰:南人不可为相。有诸?'曰:'有之,然窃以为过矣。'……议者曰:'如子之言,则南人皆可用乎?'曰:'非然也。唯贤与佞何地无之? 南贤用南,北贤用北,亦在人君审择之而已。''然则如之何而择之?'曰:'在至公。'"

会试以陕西吕柟为第六,引起修撰康海不满。

焦竑《焦太史编辑国朝献征录》卷二十一"翰林院二·修撰"张治道《翰林院修撰康公海行状》:"戊辰,先生同考会试,场中拟高陵吕仲木为第一,而主者置之第六。榜后,先生忿言于朝曰:'仲木天下士也,场中文卷无可与并者,今乃以南北之私忘天下之公,弊贤之罪谁则当之! 会试若能屈吕矣,能屈其廷试乎?'时内阁王济之为主考,甚怒先生焉;及廷试,吕果第一,又甚服之。"

吕柟,张弘道、张凝道《皇明三元考》卷九"正德三年戊辰科大魁":"状元吕柟,陕西高陵人,字仲木,号经野。治《书》,年三十乡试第十名,会试第六名,仕至南礼部侍郎。"又"会元邵锐,浙江仁和人,字思抑,号端峰。年二十八辛酉举人,廷试二甲第二名。"黄景昉《国史唯疑》卷五"正德":"正德戊辰擢吕柟状元,方逆瑾用事,内阁意逢迎之,特用陕西人首冠。"

康海,据焦竑《焦太史编辑国朝献征录》卷二十一"翰林院二·修撰"张治道《翰林院修撰康公海行状》:康海,字德涵,别号对山,又号浒西山人。其先河南固始人,后迁陕西。弘治戊午(十一年,1498)乡试、壬戌(十五年,1502)进士第一,除翰林院修撰。康海乃吕柟同乡。

作内制《封张真人彦頨诰文》。

见本集卷十八"内制"。其文云:"……彦頨裔出神明,门高福地,特命为正一嗣教端虚冲静承先弘道真人。"

张彦頨,《明武宗实录》卷三十六:"正德三年三月……丙寅(二十九)……给正一嗣教致虚冲静承先弘道真人张彦頨诰命。"

作志铭《太子太保吏部尚书赠特进光禄大夫左柱国太师谥端毅王公墓

志铭》。

见本集卷二十八"志铭"。

王公即王恕，据本铭与《明武宗实录》卷三十七，王恕以正德三年四月二十日（一作十二日）卒于家，年九十有四，赠特进、光禄大夫、左柱国、太师，谥端毅。"恕方严伟特，扬历中外四十年，以身负天下之重，屡疏时政，多所匡救。大臣完名终始如恕者，盖不易得云。"

李东阳《怀麓堂集》卷八十"文后稿二十·碑铭"有《明故光禄大夫柱国太子太傅吏部尚书致仕赠特进左柱国太师谥端毅王公神道碑铭》。

作奏疏《荫子入监》。五月，荫次子王延素为国子生。

《荫子入监》见本集卷十九"奏疏"，又见《太原家谱》卷三"奏牍类"。其疏云："国家旧制，京官三品以上，三年考满者，许一子入监读书。……臣有长子延喆，见为吴县学生员，次子延素，今年十有七岁，亦曾有志于学。伏望圣恩俯赐昭鉴，使得预朝廷作成养育之化。……"

《明武宗实录》卷三十八："正德三年五月……己亥（初二），荫少傅兼太子太傅户部尚书武英殿大学士王鏊子延素为国子生。"荫子入监，张廷玉《明史》卷七十二"职官志一"："凡荫叙，明初，自一品至七品，皆得荫一子以世其禄。后乃渐为限制，京官三品以上，考满著绩，始荫一子，曰官生。其出自特恩者曰恩生。"

王延素，生于弘治五年（1492），至是已十七岁。皇甫汸《皇甫司勋集》卷五十三"志铭"《明中顺大夫思南府知府王公墓志铭》："……甫冠，以太傅三载考绩荫入太学，耻居纨袴被服，乐与诸生游。太傅方在枢密，乃杜门绝不通宾，以谢请谒者曰：'毋以累家大人为也。'其虔慎如此。"

作碑《伊王神道碑》。

见本集卷二十一"碑"。其碑云："太祖高皇帝第二十四子厉王封于伊，传四世而至于王。王讳某，字某。初封郏城，成化九年（1473）进今封。……王以正德三年月日薨，以某月日葬某处。"

伊王，《明武宗实录》卷三十八："正德三年五月……庚戌（十三）……伊王诨铦薨。王，安王第五子也。母妃张氏。景泰六年（1455）三月十一日生，成化四年（1468）十一月封郏城王，十二年（1476）九月二十八日袭封伊王。至是薨，年五十四。讣闻，辍朝三日，遣官祭葬如例，谥曰'定'。"

王鏊诰文言成化九年进今封。按：王世贞《弇山堂别集》卷三十二"同姓诸王表"："（安王）嫡四弟定王诨铦，安嫡四子。以成化十二年自郏城王嗣，在位三十三年，以正德三年薨，寿五十四。"与《明武宗实录》同，王鏊所言恐误。

诰文又言伊厉王乃太祖第二十四子。按：王世贞《弇山堂别集》卷三十二"同姓诸王表"："伊厉王㰻，太祖第二十五子，母丽妃葛氏。"万斯同《明史》卷一三九

"诸王世表二"亦云："伊厉王樆,高皇帝庶二十五子。"王鏊所言又误。以诰文之重,王鏊当不至写错,或后世传写之误。

作志铭《封孺人徐氏墓志铭》。

见本集卷二十八"志铭"。

据本铭,孺人乃陈霁之母,卒于正德三年五月八日,戊辰十月葬于胥台山之青铜坞。陈霁,参见本谱弘治九年条,据本铭与张邦奇《张文定公靡悔轩集》卷六"墓志铭"《明故国子监祭酒进阶中宪大夫苇川陈公墓志铭》,时任翰林院编修,经筵讲官,《孝庙实录》纂修。

时刘瑾威权日炽,摧残缙绅,韩文、刘大夏、杨一清等赖鏊与李东阳得全。

旧谱云:"瑾怒韩不已,必欲置之死,无敢言者。公曰:'韩清德粹行,海内所知。今无故加罪,恐天下不服。'不听,时中外汹汹,谓韩必不可保。会有投匿名文帖于大廷者,斥瑾罪恶,瑾意稍戢。韩得不死,亦以公言故也。"

王鏊《震泽纪闻》卷下"刘瑾奴":"瑾怒韩文,以微事逮至诏狱,必欲寘之死。百僚振恐,莫敢为言。一日朝罢,有遗籍于庭,言瑾擅威福,扶安、王伟清慎,文等无罪。其籍在御街东,疑文臣所为也,自大臣及翰林外皆令跪赤日中,喝死者数人。搜索至暮,入狱死者又数人。卒无验。上手其籍曰:'汝谓贤,吾故不用汝!谓不贤,吾今用之!'于是任瑾之意益专,扶安等皆斥南京,然文竟以是得免死云。"

《焦太史编辑国朝献征录》卷二十九"户部二·尚书二"杨一清《光禄大夫柱国太子太保户部尚书赠太傅谥忠定韩公文墓志铭》:"……瑾内衔未已,乃捃摘部曹遗失簿籍旧事,械系至京,下诏狱,考讯欲置之死。公与司马东山刘公在图圄唱和自若,人服二公雅量。理官状上,仍矫旨罚粟一千石,监押赴大同亲纳绩。以他事数次罚粟二千余石,自是业产荡然,兼称贷以给,公亦不以为意。……"

《明武宗实录》卷四十一:"正德三年八月……庚寅(二十五)……户部尚书韩文先以伏阙事忤诸权幸坐免,至是追稽任内遗失文册罪,与先任侍郎张缙俱罚米千石输大同仓,缙半之,输宣府仓。"

本集卷八"诗"《寄韩司徒》有"谦谦君子心,临事尤骨鲠。率众叩天阍,群邪期尽屏"、"嗟天独奚为,事变在俄顷。逆阉据津要,威福恣所逞"、"亟褫乃所甘,酷罚独何眚。我时忝枢近,太息莫能拯。俸资或潜输,譬割春锄胫"之句,盖王鏊虽不能救韩文,亦私下将俸禄资助之以偿罚米之资。

旧谱云:"瑾又恶华容刘公,逮至京,以其变置土官岑氏。焦亦恶刘,将坐以激变地方。公曰:'使岑氏由此反叛,谓之激变,可也。今地方如故,何名激变?'刘竟得减死。"

刘大夏,王世贞《兵部尚书刘公大夏传》:"……未几而逆瑾乱政,与中贵人修大夏郄。刘宇又微闻造膝事,衔之。与焦芳比而谮诸瑾曰:'籍大夏家可当边费十二。'于是以广西土帅岑濬事波及大夏而讯之,欲坐以激变死。中外识不识咸惜大夏先帝朝遗老,濬不反,何名变?事与大夏不相涉,何名激?而无敢以语瑾者。属三法司议,左都御史屠滽言:'检律,刘尚书无死罪。'瑾慢骂曰:'即不死,可无戍耶!'李东阳时居内阁首,不能直抗瑾而婉解之。又瑾所使使诇大夏家,实贫,始永戍甘肃卫。大夏怡然就道。……"

《明武宗实录》卷四十二:"正德三年九月……辛酉(二十六),田州府土官知府岑猛以构乱降福建平海卫千户,恋旧治不行,累令其祖母及土酋奏乞复为府佐,改设流官以参政。知府谢湖惧猛,妄托送母以归,亦迁延不即赴任。及至,猛已回据府治矣。事闻,累移守臣抚处,乃改猛附近卫所,听立功自效。而逮湖至京下诏狱考讯。湖讼冤,以为激猛叛者由镇守太监韦经、总兵官毛锐、巡抚都御史潘蕃也。经复讼冤,以为猛之初叛由巡抚都御史刘大夏激之。于是经、锐、蕃、大夏俱遣官校捕送诏狱。狱上,坐大夏为兵部尚书时不能从镇抚官降猛为同知之议,而力主调发以拂夷情,蕃任巡抚时不能抚猛,及闻迁官之命,遂委而去,致猛得肆其恶。得旨令三法司、锦衣卫仍会五府六部科道官鞫处,遂拟大夏、蕃及锐抚驭无方,致所部军人反叛之律,追夺诰敕,发遣边远充军。……复得旨:'数大夏、蕃罪当死,姑从轻,永戍肃州。……'"

旧谱云:"或言石淙[宗]杨公在陕西筑边墙,劳民伤财,瑾信之。公曰:'杨,文学政事,今不易得。其在陕,士风一变,人才辈出,皆其功也。筑边墙者,为国计,非有私也,奈何罪之?'"

杨一清,参见本谱弘治八年条,万斯同《明史》卷二六五《杨一清传》:"……一清建议修边……帝可其议,一清固辞马政,次第举行。而刘瑾憾一清不附己,一清不能安,亦见朝政日紊,明年三月引疾归,将去,籍上兴筑工费,请敕代者秉时修举。兵部议以一清计虑周悉,边工已有端绪,请谍练大臣往督,毋隳成劳。诏竟罢其役,籍所余银送京师。于是一清所筑墙仅四十里,而工遂辍。又明年,给事中安奎等核陕西边储亏折,瑾遂矫旨逮一清下诏狱。大学士李东阳、王鏊力解得释,复先后罚米六百石。"

正德四年己巳(1509) 六十岁

正月,郊祀,充分献官。作诗《己巳正月十三日夜分献星辰二坛作》、《十四日庆成宴上作》。

旧谱云:"(正德)四年己巳,六十岁。正月十三[三]日,郊祀,公为分献官。明日享宴庆成。"

《明武宗实录》卷四十六:"正德四年正月……丙午(十三),大祀天地于南郊。……丁未(十四),以大祀礼成,上御奉天殿大宴文武群臣及四夷朝使。"分献官,张廷玉《明史》卷四十七"礼志一":"凡天子所亲祀者,天地、宗庙、社稷、山川。""旧制,分献用文武大臣及近侍官共二十四人。"

二诗均见本集卷五"诗"。《十四日庆成宴上作》有"好风晴日新正后,盛事谁书己巳年"之句。

孝宗废后吴氏薨,刘瑾欲焚之灭迹,鳌与李东阳争之,乃以礼葬。

旧谱云:"废后吴氏薨,瑾秘不发丧,且将焚之以灭迹。公曰:'吴尝母仪天下。今若此,必大骇物情!'瑾曰:'奈不能成服何?'公曰:'服可以不成,葬不可以不厚。'竟得礼葬。"成服,丧礼大殓后,死者亲属按同死者关系的亲疏,穿着适当的丧服。

废后吴氏,据张廷玉《明史》卷一一三《后妃传一》:吴氏,顺天人。天顺八年(1464)七月宪宗立为皇后。因杖宪宗宠妃万氏,立甫逾月即废居别宫。《明武宗实录》卷四十六:"正德四年正月……己酉(十六),宪庙废后吴氏薨。大学士李东阳言:'……废后吴氏,原本宪宗皇帝诏书止云:退居别宫闲住。累朝以来,服食供奉,皆从优厚。今日之事,宜令礼部斟酌仪节,凡事宜从简者,而殡殓祭葬皆不可阙,以存皇上敬老念旧之心,播之天下,传至后世,亦美事也。'上谕礼部:'丧礼仿英庙惠妃故事。'……"

二月,刘瑾欲因事逮谢迁并及刘健,鳌与李东阳力救获免。

旧谱云:"先是,应诏举经明行修者六七辈,内有余姚人。瑾欲因事逮谢公并及刘公。公与西涯李公力救获免。"

《明武宗实录》卷四十七:"正德四年二月……丙戌(二十四),勒大学士刘健、谢迁为民。先是,诏访举怀材抱德之士。浙江以余姚周礼、徐子元、许龙,上虞徐文彪四人应诏。所司未纳,四人屡奏求用。时瑾恨健、迁未已,以四人皆迁同乡,而草诏由健,欲因而罪之。遂矫旨谓:'天下至大,岂无可应诏者?何余姚隐士之多如此?必有徇私援引之弊。'遂下礼等镇抚司鞫问。……而镇抚司狱辞因连及健、迁。瑾持至内阁必欲逮健、迁并坐,且籍其家。大学士李东阳徐为劝解,瑾意少释。焦芳在旁因抗声曰:'纵轻处,亦当除名。'既而旨下,健、迁皆为民,礼等谪戍边卫,符等各罚米三百石……"

三月,上疏求去。凡三上,至四月,乃允。

《明武宗实录》卷四十八:"正德四年三月……壬子(二十),大学士王鳌以衰病辞免。诏谓:'卿学行兼优,素隆闻望,方资辅导,以副朕怀,岂可遽求休致,不允。'""丁巳(二十五),大学士王鳌再以疾自陈求退。上不允,曰:'朕以卿德性端谨,擢居内阁,委任方隆。顷求休致,已有旨勉留,有疾宜加调摄。"

《明武宗实录》卷四十九:"正德四年四月……乙亥(十四),少傅兼太子太傅户部尚书武英殿大学士王鳌上疏辞曰:'……'上以鳌情词恳切,特允之,令乘传还,仍给与应得诰命。鳌以疾不能廷谢及面辞,复两具疏,诏并许之。赐之敕曰:'……'"

《太原家谱》卷三"奏牍类"有《乞归一》、《乞归二》、《乞归三》、《谢准乞归》、《辞朝》，又见本集卷十九"奏疏"。又《太原家谱》卷一"敕谕"有正德四年三月十六日奉《(答)乞恩休致第一疏》："……不允所辞。"正德四年三月二十二日奉《(答)第二疏》："……不允所辞。"正德四年四月十五日奉《(答)第三疏》："……特赐俞允，写敕给驿还乡，有司月给食米五石，岁拨人夫八名。"正德四年五月初二奉《赐给月米人夫敕谕》。诰命，《太原家谱》卷一上"恩纶类·敕命、诰命"有《光化公加赠光禄大夫，叶夫人加赠一品夫人诰命》、《惟道公加赠光禄大夫，叶夫人周夫人加赠一品夫人诰命》、《伯英公特赠光禄大夫，陆夫人特赠一品夫人诰命》与《文恪公进阶光禄大夫，吴夫人张夫人加赠一品夫人诰命》，时间为正德四年四月二十日，张廷玉《明史》卷七十二"职官志一"："文之散阶。……从一品，初授荣禄大夫，升授光禄大夫。""外命妇之号九。……一品曰夫人，后称一品夫人。"王鏊时任少傅，从一品。

旧谱云："时中外大权一归于瑾，动以诏旨从事，大臣往往有下狱者。公救之不能得，慨然忧形于面。瑾望见之，曰：'王先生身居高位，常若有所负，何也？'初开诚与言，瑾时亦见听；至是，瑾以威权日盛，横厉凶虐。缙绅罹其酷害者不可胜纪。内外诸司悉以货贿祈免于死。内阁西涯嗫不发一言，焦又惟务婩婴。公有言不能入矣。……乃上书乞骸骨。诏旨勉留，遣太医吴某、内侍某相继来视疾，赐白粲、黄封、羊豕、嘉蔬等物。疏再上，复降温诏慰勉，复遣中官候问，赐衣一袭。公志已决，势不容止。或谓公曰：'瑾权在人主右，士大夫无敢拂其意者。公独奋然不顾，屡违诏旨，祸将不测，且大臣以厚贿求固位，公何无少系恋耶？纵不爱爵禄，独不虑祸患乎？'公曰：'瑾权势虽盛，能立降祸福。然吾自省无咎，亦何所畏。且彼但知中外臣工皆求固位，今吾独求去，使知天下亦有不爱官职之人乎！'瑾使人诇公，还报公于贽币亦不受。瑾笑曰：'过矣，受之何害。'于是疏三上，情词益切，乃得旨赐俞。诏驰驿还乡，且敕有司月给禄米五石，岁给人夫八名，以示优礼。制词有云'卿德足润身，文足华国，谋猷辅益，裨益良多云云'，'抚按有司，其各加礼待，毋有所忽云云'，'卿礼进义退，保躬完名云云'，'卿之归志遂矣，江湖魏阙之心其能忘乎？尚勉进药石，时其兴居，以俟起用云云'。当时咸以为异数。"

四月，以《孝宗实录》成，赏银、纻丝罗、鞍马。

旧谱云："是年，纂修《孝宗实录》成，英国公张懋上其事，班赏有差，赐公白金五十两，纻纱罗六表里，鞍马一匹副。于私第登受，上疏谢恩。"

《明武宗实录》卷四十九："正德四年四月……壬午(二十一)，以纂修实录成，赏……故官总裁少傅兼太子太傅户部尚书武英殿大学士王鏊银五十两，纻丝罗共六表里，鞍马一匹副。"

《太原家谱》卷三"奏牍类"有《谢赐银币鞍马》，又见本集卷十九"奏疏"，内言：

"今月二十一日监修总裁英国公张懋等上《孝宗皇帝实录》，皇情悦愉，自懋以下颁赏有差。……赐臣银五十两，纻丝罗六表里，鞍马一疋。"

作诗《次谢少傅韵》。

见本集卷五"诗"。其诗有"庙廊正尔怀多故，世事那堪又一新"、"片帆出没烟波里，回羡仙舟早渡津"之句。

谢少傅，即谢迁，盖王鏊此时已有归志。

作诗《春波书屋为屠司寇赋》。

见本集卷五"诗"。

屠司寇，即屠勋，参见本谱弘治十五年条，据《明武宗实录》卷三十五与顾清《东江家藏集》卷二十八"中集二十四·北游稿·行状"《故刑部尚书致仕东湖屠公行状》，屠勋因与刘瑾不和，于正德三年二月丙子（初八），以刑部尚书加太子太保致仕。

作诗《题画牛》。

见本集卷五"诗"。、

作诗《题五同会诗后》。

见本集卷五"诗"。其诗有"乡邦自昔谁同会"、"南北故交风雨散"之句。

五同会，参见本谱弘治十五年条，时吴宽、陈璚已卒，而礼部尚书李杰因在晋靖王奇源之次嫡庶人表抚等加封郡王一事上忤刘瑾意，于正德二年九月被勒致仕（见《明武宗实录》卷三十"正德二年九月辛酉条"）；而吴洪时为南京刑部尚书，因在宁河王邓愈之孙南京锦衣卫指挥邓炳与从弟昭光等争愈赐宅一事上被劾不能督率，后于正德五年正月被勒致仕（见《明武宗实录》卷五十九"正德五年正月庚午"条）。

作诗《宣庙画猫歌》。

见本集卷五"诗"。

宣庙，即明宣宗，徐沁《明画录》卷一"宸绘"："宣庙留神词翰，尤工绘事，山水人物花鸟草虫并佳。……"盖王鏊见宣宗所画猫时所作也。

作书《与尚宝公书》。

见《太原家谱》卷二十八"杂文类下编"，不见于本集。其书云："我以今年顿觉衰病，累疏乞归。已蒙朝廷俞[谕]允，驰驿以归。名成身退，我心甚喜，此天地之恩也。所恨者，汝母病虽安，而身体尤弱，不能一路同行。我今想于五月初五日前后起程。汝若未来，只在家迎接，不必复来；若已在途，尚远，可于中途少住，接我同归亦可。只是凡事小心戒饬，下人千万勿生事……"

王延喆，时为县学生，陆粲《陆子余集》卷三《前儒林郎大理寺右寺副王君墓志铭》言王延喆"初以名隶校官"。汝母，即胡夫人，时大病初愈，盖留京由在国子监读书的王延素照顾也。

五月,启程东归。途中作诗《己巳五月东归三首》、《赠巡河王郎中》、《得雨赠王郎中》、《至徐州口占四绝》,作记《济宁州工部分司题名记》。

旧谱云:"五月上疏辞朝,东归在途,有诗。抵家复有《乐全说》等篇。"

《己巳五月东归三首》、《赠巡河王郎中》、《得雨赠王郎中》、《至徐州口占四绝》均见本集卷五"诗"。

《己巳五月东归三首》又见王铨《梦草集》卷三"归田唱和",题为《东归三首》,王铨有和诗。其诗有"莫把功名更问天,一朝阙下赋归田"、"闲非闲是俱抛却,擢足沧浪坐钓台"、"得失往时俱属梦,是非从此不关身"之句。

《赠巡河王郎中》题注曰:"溱。"其诗有"五月青齐熯若焦,全凭风力送归桡"、"九重旦夕如征召,乞取商霖洒四郊"之句。其小注云:"时山东旱甚。"

《至徐州口占四绝》有"五月舟行齐鲁间"、"朝行汴泗交流处"之句。

《济宁州工部分司题名记》见本集卷十六"记",《王文恪公集》收,《文渊阁四库全书》本《震泽集》未收。其记略曰:"正德四年春,工部都水主事王君仲锡受命分司济宁,考图相方,修举庶政,漕道无阻,人用嘉悦,乃哀前任氏名镌之石以示永久。鏊为纪其成绩。……"

王仲锡,即本年《赠巡河王郎中》诗所谓王郎中溱也,本诗当作于王鏊归乡路过济宁时。

《乐全说》见本集卷十四"说"。其说云:"王子归自内阁,日消摇乎洞庭之野。名山福地无弗登也,澄波激湍无弗泳也,悬崖怪石无弗题也。有进而问者曰:'子何乐于是欤?……'王子曰:'……庄周氏之言曰:乐全之谓得志。所谓全者,孰全哉?全天乎?全人乎?全人者有所乐而乐之者也;全天者无所乐而乐之者也。全人者得则喜,失则悲。全天者不然,贫亦乐,富亦乐,出亦乐,处亦乐,无入而不自得焉,无入而不自乐也。……"

八月,遣使问沈周病,周旋病逝。

《太原家谱》卷二十八"杂文类下编"熊伯议摘张本《五湖漫闻》:"王文恪公自内阁予告,还至苏,日闻沈石田先生病,即遣使走问。石田翁方病剧,闻公使至,遽坐起,口占诗一绝,提笔管欲书,手弱不能运笔,乃令人持腕书之。诗曰:'黄鹤白云瞻宰公,此机超出万人中。归来车马忙如海,先有闲情问病翁。'书就,授公使。使者未出门,而石田翁逝。"

何良俊《四友斋丛说》卷十五"史十一":"王文恪鏊自内阁归时,石田先生已病亟。文恪遣人问之。石田书一绝为谢,诗曰:'勇退归来说宰公,此机超出万人中。归来车马多如许,那有心情问病翁。'字墨惨淡,遂为绝笔。后二日而卒。文恪之重贤而存旧,今亦不复有此风亦。"

沈石田,即沈周,据本集卷二十九"志铭"《石田先生墓志铭》,沈周卒于正德四年八月二日。

八月生辰，作自寿词，乡中士大夫纷纷和之。

> 旧谱云："八月，诞辰，公填近体乐府自寿。乡之士大夫咸依韵和之，成巨轴云。"

> 本集卷九"词"有《六十初度自寿四首》，其小序曰："正德己巳八月十七日予六十初度之辰，时归自内阁，醉填四词。"又见《太原家谱》卷二十八"杂文类下编"，名《文恪公六十自寿词》，略有不同，且有王铨、杨循吉、浦应祥、卢雍和词，见本年按。又见王铨《梦草集》卷三"归田唱和"，名《六十寿词》，略有不同，有王铨和词。

> 浦应祥，参见本谱正德元年条。卢雍，据邵宝《容春堂续集》卷十三"墓表"《明故四川按察司提学副使卢君墓表》，卢雍，字师邵，甲子（弘治十七年，1504）举于乡。"少受知于太保吴文定公、太傅王文恪公、都御史瓜泾徐公，入朝尤为太师李文正公所喜，有相见恨晚之叹。"

作诗《偶成》。

> 见本集卷五"诗"，亦见王铨《梦草集》卷三"归田唱和"，王铨有和诗。其诗有"懒云无意复为霖，早向中天结冥阴"、"孙登不作苏门啸，诸葛聊为梁甫吟"之句。

作诗《次韵秉之》。

> 见本集卷五"诗"，亦见王铨《梦草集》卷三"归田唱和"，题为《和秉之七夕过太湖》，略有不同，"焚香日日"作"焚香默默"，"不老方"作"却老方"。又有王铨《七夕过太湖》诗。

秋，饮于横山吴氏醒酣亭，作诗《饮横山吴氏醒酣亭》、《自横山归洞庭》，作记《醒酣亭记》。

> 《饮横山吴氏醒酣亭》、《自横山归洞庭》均见本集卷五"诗"。《饮横山吴氏醒酣亭》有"就中最爱吴家亭，浪花堆里一点青。干山在北绍山南，亭山正值中间停"之句。吴氏，其人不详。

> 《醒酣亭记》见本集卷十六"记"。其记云："横山在西洞庭之西……予自内阁乞归，有山人邀予至其境，觞予于湖心亭上。是日，秋高风静，而涛声自涌。自东望之，干山在其南，绍山在其北，亭山宛然如盖，适当其中。余若阴、长、叶余诸山，出没晻霭，殆不可状。予素不能饮酒，是月饮至十觞，亦不醉，因扁其亭曰：醒酣。是岁，正德四年也。"

> 横山，《（崇祯）吴县志》卷四"山下"："西洞庭之北曰横山，曰阴山。……叶余山，一名叶山，在渡渚山北。……稍北曰大千、小千，与二千相近，绍山在横山北。"

冬,与王铨饮于范文英近竹园,作诗《过范氏近竹园》。

> 见本集卷五"诗",本诗亦见王铨《梦草集》卷三"归田唱和",题为《过范氏近竹园亭》,其题注云:"范君文英,世家城东临顿里,有竹千竿,建亭曰'近竹'。己巳(正德四)冬。邀予兄弟会饮,赋》,王铨有和诗。

> 范文英,或王铨之婿,参见本谱弘治十八年条。临顿里,在郡城。

十月,与王铨、唐寅游尧峰山尧峰寺,饮于王铨远喧堂,作诗《晚渡白洋湾》《宿尧峰寺》,作联句《十月九日登尧峰,宿僧房,时秉之并解元子畏皆从。翌日至管渎,登舟赴东庄,舟人迷路,入更乃至,舟中联句得二十二韵》(与王铨、唐寅联)、《次日阻风仍饮远喧堂》(与王铨、唐寅联)。

> 《晚渡白洋湾》见本集卷五"诗",其诗有"两岸秋虫互相应"之句。

> 白洋湾,《(崇祯)吴县志》卷五"水":"白洋湾在县西南三十里,东西南三面俱通太湖,北繇越来溪北潴于楞枷山。"

> 《宿尧峰寺》见本集卷五"诗",本诗亦见王铨《梦草集》卷三"归田唱和",题为《宿尧峰》,王铨有和诗。

> 尧峰山,《(崇祯)吴县志》卷三"山上":"横山……西南为尧峰山,于诸山中最高。"又卷二十五"僧坊二·郊外寺院":"寿圣寺在尧峰山……本朝弘治中云谷苣公与其徒文通相继在此,渐成丛林。"

> 《十月九日登尧峰,宿僧房,时秉之并解元子畏皆从。翌日至管渎,登舟赴东庄,舟人迷路,入更乃至,舟中联句得二十二韵》见王铨《梦草集》卷三"归田唱和",不见于本集。

> 解元子畏,即唐寅。

> 《次日阻风仍饮远喧堂》见王铨《梦草集》卷三"归田唱和",不见于本集。

> 远喧堂,即王铨塘桥东庄别业,参见本谱弘治十六年条。

作序《匏庵家藏集序》。

> 见本集卷十三"序"。其序云:"故礼部尚书兼翰林院学士文定吴公官禁近前后三十余年,文章传播中外。公既卒,其子中书舍人奭刻其所谓《家藏集》者,授予请序。"此序又见吴宽《家藏集》卷首,略有不同,且有落款云"正德己巳冬十月之望光禄大夫柱国少傅兼太子太傅户部尚书武英殿大学士知制诰经筵官国史总裁王鏊序"。

> 《匏庵家藏集》,据《中国善本提要·集部·别集类》,现存北京图书馆藏明正德间刻本七十七卷,补遗一卷,二十四册;另有《四部丛刊》影印正德刻本,有王鏊正德四年(1509)序与徐源正德三年(1508)序。

作诗《行次相城有感》。

见本集卷五"诗"，又见王铨《梦草集》卷三"归田唱和"，王铨有和诗。其诗有"几年约兹游，为访石田叟。石田今已亡，不使此言负。相知三四人，挈舟过湖口"之句。

石田叟，即沈周，世家长洲之相城里。

游东洞庭华严寺、兴福寺，作诗《宿华严寺》、《赠勤上人》，作记《兴福寺山居记》。

《宿华严寺》见本集卷五"诗"。其诗有"少小来游今白发，几回欲去更盘桓"之句。

华严寺，《（正德）姑苏志》卷二十九"寺观上"："华严寺，在翠峰之杨家湾。梁天监二年（503）僧戒真建。"《（崇祯）吴县志》卷四"山下"："……东洞庭之峰莫釐最高，……其阴为翠峰坞。莫釐之东重冈复嶂……其一支自北而南为宋家湾、为岱心湾、为杨家湾。"

《赠勤上人》见本集卷五"诗"。

勤上人，据本集卷三十"志铭"《勤上人塔铭》，为东洞庭俞坞兴福寺僧人。

《兴福寺山居记》见本集卷十六"记"。其记云："洞庭有湖山之胜而恒患于逼，独所谓俞坞者，窈然而深，坦然而夷，……而兴福寺又据其胜，占其幽。勤上人又择其巉绝之处作山居焉。……故因其居之成，为记诸壁而因以问之。"

兴福寺，《（正德）姑苏志》卷二十九"寺观上"："兴福寺在余坞南，梁天监二年（503）干将军舍宅建。僧本清开山，成化间重修，吴宽记。"俞坞，《（正德）姑苏志》卷十八"乡都"：东洞庭蔡仙乡白门里有俞坞村。

蔡羽来访，作诗《次韵蔡九逵投赠》，作题跋《跋蔡九逵石蛇山记》。

蔡九逵，即蔡羽，参见本谱正德元年条。

《次韵蔡九逵投赠》见本集卷五"诗"。

《跋蔡九逵石蛇山记》见本集卷三十五"题跋"。其跋云："予尝与蔡子泛舟出消夏湾，登小洞庭，见石蛇浮水面，指异之，且欲即之，而舟忽已过，而不知其胜若是也。及今乞告东归，将遍历湖中诸山……若石蛇者邪，固所愿游也。今与蔡子约秋高暑彻当重叩林屋，登石蛇，遍览湖西诸山。幸指迷焉，虽然，读是记则石蛇之胜已在吾目中矣。"

《（崇祯）吴县志》卷四"山下"引蔡羽《蔡羽游石蛇山记》，即王鏊所谓"独是记则石蛇之胜已在吾目中矣"，盖诗《次韵蔡九逵投赠》所提蔡羽所投赠之作也。王鏊与蔡羽同游，大约在其守父丧时。消夏湾、石蛇山，《（崇祯）吴县志》卷四"山下"："（西洞庭）其右诸峰……稍东为龙头山、梭山，龙头之间，是为消夏湾。""（西洞庭旁太湖中）稍西却曰金庭山，其南为垓山，为历耳山……骧首若逝者曰石蛇山。"

十二月,与蔡羽、王铨游林屋洞、石蛇山。作诗《再游林屋洞》。

> 《(崇祯)吴县志》卷四"山下"引蔡羽《游石蛇山后记》云:"……惟太傅王公则不
> 然,去台阁投山林,释轩冕憩泉石,若返故践真,曾无纤介。……一日,闻蔡羽
> 言石蛇之奇,欣动不已。即其岁己巳之腊八,挟小舸载轻座,奋发乎消夏湾之
> 上,以羽佑座,贰之以扣舷之客。缘大小明月湾,绝流西去,瞬息而造蛇山。
> ……日欲落,公手剥石衣,书名于壁而去。"
>
> 《再游林屋洞》见本集卷五"诗"。
>
> 林屋洞,在西洞庭山,王鏊弘治十二年归省时曾游,参见本谱弘治十二年条,故
> 此称"再游"。

游法华寺,访横山王元德。作诗《宿法华寺》、《坐法华寺后石上望横山,
人家历历可数,寄王元德》、《访元德》。

> 《宿法华寺》见本集卷五"诗"。其诗有"法华我曾来"、"北冈瞰空阔,风帆在其
> 下"、"阴、横、绍、干山,历历皆可睹"之句。
>
> 法华寺,《(崇祯)吴县志》卷二十六"僧坊三·湖中寺院":"法华寺,在金铎山之
> 岭,建置无考。"卷四"山下":"金铎山乃西洞庭旁支。""西洞庭之北曰横山、曰
> 阴山。……二山与金铎山相望二、三里。""我曾来"盖指弘治五年王鏊曾游西
> 洞庭也,参见本谱弘治五年条。
>
> 《坐法华寺后石上望横山,人家历历可数,寄王元德》见本集卷五"诗"。
>
> 王元德,《(崇祯)吴县志》卷四十九"人物九·卓行"引蒋铉志略:"王应贤,字元
> 德,诞于周而育于王,遂为王后。从父自吴江徙吴。为人勤劬自若,内行醇厚
> 而外靡竟于世,驯谨不失尺寸。居乡家居,人人颂其谊,虬髯广额,行不转视,
> 望而知为长者。"
>
> 《访元德》见本集卷五"诗"。

作记《恩忍堂记》。

> 见本集卷十六"记"。其记云:"……歙方氏远有承绪……有讳丰者始迁婺源,
> 以辅之大父讳功复,兄弟四人奉母抚孤,一门敦睦。至以辅又欲自三世、四世
> 传之百世,而恐子孙之不能同也,大书'忍'字于堂,使子孙睹而思之。……"
> 方以辅,其人未详。

作记《高真堂记》。

> 见本集卷十六"记"。其记云:"东洞庭之阴有峰,端正娟秀,曰嵩夏。嵩之麓,
> 呀然下饮太湖,如鸟之张啄,曰梁家濑。……自宋时则有高真堂以镇其冲,元
> 季兵毁。光怪时现,行者相戒,莫敢出于其途。成化间,里人上其事于县,作祠
> 肖玄武像以镇之。于是光怪灭息,人和岁丰,相率请予记其事。"

作记《吴兴闵氏重修先茔记》。

见本集卷十六"记"。其记云："正德丁卯(二年,1507),光禄大夫柱国太子太保刑部尚书闽公致仕,归吴兴,瞻拜先茔,喟焉兴叹。……乃鸠工庀财,完旧益新,越二年始克有成。"

闽公,即闽珪,据《明武宗实录》卷二十二、八十:闽珪,字朝瑛,浙江乌程县人。天顺甲申(八年,1464)进士,官至太子太保、刑部尚书,正德二年闰正月癸亥(十九)致仕。

正德五年庚午(1510)　六十一岁

正月与王铨、蔡羽于城中宴饮。作联句《春阴》(与蔡羽、王铨联)。

见王铨《梦草集》卷三"归田唱和",不见于本集。其联句有"开岁忽半月,繁阴犹晦蒙","新闻雷鸣朔,继以昼暴风"、"相国停轩处,寻贤集饮中"、"江湖应不忘,鼎彛期再融"之句。

正月,与王铨、徐源、沈杰往越来溪卢纲家作客。作诗《寄隐者》、《越来溪怀古》、《宿秀芝堂留别师邵师陈二首》。

王铨《梦草集》卷三"归田唱和"联句《将归洞庭途中唱和》序:"庚午(正德五)春正月既望(癸酉,十六),少傅将归林屋。是日,出阊门,过毛大余第,遂宿。乙亥(十八),自江村出彩云桥,至横塘,徐中丞来会于水滨,连舟抵行春步,寻越城故迹。复下舟,师召、师陈昆仲迓于湖中,同舟过越溪造其家,而沈方伯亦至。是夕,饮甚欢,至二鼓,二卢[陈]惧客之佚也,命仆窃其舻。吾舟人觉之,逾垣复窃以还,乘夜度发,主人不知也。"

毛大余,其人未详。江村,《(崇祯)吴县志》卷二"乡都·村"至德乡昌角里有江村,在县西三十六里。彩云桥,《(崇祯)吴县志》卷十六"桥梁·城外":"彩云桥,近横塘,跨彩云港。"徐中丞,即徐源,时致仕在家;师召,即卢雍,参见本谱正德四年条。师陈,即卢襄,雍弟,据文徵明《甫田集》卷三十四"墓表"《陕西布政使司左参议卢君墓表》,卢襄,字师陈。为都御史徐公仲山所知,又游王文恪公之门。弘治甲子(十七年,1504)以儒试应天不利,归补郡学生。沈方伯,即沈杰,字良臣,据本集卷二十三"碑"《明故中奉大夫河南等处承宣布政使司右布政使沈公碑文》:沈杰,故汴人,来家苏之长洲。成化甲辰(二十年,1484)第进士。官至河南右布政使,致仕。

《寄隐者》见本集卷五"诗"。其诗有"隐君家居何所有,绕屋二百青琅玕"之句。

隐君,指卢纲,据吴宽《家藏集》卷四十三"序"《越溪卢氏族谱序》:卢纲居乡业医,世居越来溪之上,子卢雍、卢襄。

《越来溪怀古》见本集卷五"诗"。

越来溪,《(正德)姑苏志》卷三十三"古迹":"石湖之东一溪,北流横塘,曰越来溪。……越来溪在楞枷山东南,与石湖通,北至横塘。相传越侵吴自此入,故名。"故其诗有"吴国江山亦壮哉,一朝谁信越兵来"之句。

《宿秀芝堂留别师邵师陈二首》见本集卷五"诗"。其小注曰:"时徐都宪、沈方伯在座。"

芝秀堂,《(崇祯)吴县志》卷二十二"宅第":"卢宅在石湖中,卢雍、卢襄兄弟所居,有芝秀堂。"

正月,又往陈舆家作客。作联句《将发陈氏遇雨》(与王铨、陈霁联)、《复至陈氏》(与王铨、陈霁联)、《再发张庄途中》(与王铨、陈霁联)。

王铨《梦草集》卷三"归田唱和"联句《将归洞庭途中唱和》序:"庚午(正德五)春正月……丙子(十九)由管渎经横泾造陈封君家。君命子内翰子雨昆季分日张乐设宴,优人呈戏,信宿。朝至张庄桥,度风雨,舟人不得进。封君笑曰:'天为我留客也。'复返棹至其别墅,回灯温酒,剧饮至三鼓。"

管渎,《(崇祯)吴县志》卷二"乡都·村"有管渎,在吴门乡采莲里二都,县西南二十五里。横泾,《(崇祯)吴县志》卷五"水"光福塘北河道有横泾。陈封君,即陈舆,据本集卷二十六"表碣"《陈封君墓表》:陈舆,字朝庸,其先扈宋南渡至苏之吴苑乡,家焉。吴人多逐什一之利,君独课僮仆力耕稼,久之,收入滋多,开辟浸广。内翰子雨昆季,据王鏊《陈封君墓表》,陈舆子男五:震,义官;次即霁;次雲,迪功郎;次雷,庠生;次霱,出赘陆氏。子雨,即陈霁,参见本谱弘治九年条,据《明武宗实录》卷五十,正德四年五月丁未(十六),陈霁因得罪刘瑾,被勒令致仕,时致仕在家。张庄桥,《(崇祯)吴县志》卷十六"桥梁·洞庭两山桥"有张庄桥。

联句均见王铨《梦草集》卷三"归田唱和",不见于本集。

正月,又往黄埜访沈晖,畅游宜兴山水。作诗《过黄埜沈氏阻风,望洞庭甚近而不能到》、《荆溪杂兴》(《惠山至永定》、《沈亚卿时旸约游张公洞途中风雨大作,舟人云不如先往善权为便,口占一诗赠亚卿》、《罨画溪》、《张公洞》、《善权洞》、《善权寺》),作联句《宿宝云寺》(与沈鲲、王铨联)。

王铨《梦草集》卷三"归田唱和"联句《将归洞庭途中唱和》序:"庚午(正德五)春正月……辛巳(二十四),将投远喧堂,黄埜沈氏强挽舟而去。远喧堂者,望而不得至,学凡陈氏乐戏悉还其家。复信宿,癸未(二十六),舟出新泾,风雨又作,临流不能渡。少傅叹曰:'天何以限南北耶?抑为地主留客耶?'宿宝云寺,击鼓传觞,忘阻风之岑寂。甲申(二十七),雨霁风恬,舟过湖如履平地而去,弟伫望久之,乃返。"

黄埜沈氏,即沈晖,参见本谱弘治五年条,据《明孝宗实录》卷一六四,弘治十三年(1500)七月己卯(二十七),沈晖以南京工部右侍郎致仕,时致仕家居已近十年。宝云寺,《(成化)重修毗陵志》卷二十八"寺观一·寺·郡城":"宝云寺在(武进)县东二十七里,隋名'摄山'。……国朝洪武元年(1368)重建。"

《过黄墅沈氏阻风,望洞庭甚近而不能到》见本集卷五"诗"。

《荆溪杂兴》(《惠山至永定》、《沈亚卿时旸约游张公洞途中风雨大作,舟人云不如先往善权为便,口占一诗赠亚卿》、《鼋画溪》、《张公洞》、《善权洞》、《善权寺》)见本集卷五"诗"。

沈亚卿时旸,即沈晖。荆溪、惠山、永定、鼋画溪、张公洞、善权洞、善权寺皆在宜兴,《嘉庆增修宜兴县旧志》卷一"山川·溪河":"荆溪在县南,以近荆南山得名。上通芜湖,下注震泽。"卷九"名胜":"鼋画溪,在县东南三十六里,本名东溪。""张公洞,在县东南五十五里,湖汊之上。""善权洞,在县西南五十里,固山东南。"卷末"寺观":"善权禅寺在县西南五十里善权山。齐建元二年(480)以祝英台故宅建。"

《宿宝云寺》见王铨《梦草集》卷三"归田唱和",不见于本集。

沈鲲,或为沈晖之子。

王铨《梦草集》卷三"归田唱和"有《将归洞庭途中唱和》,序云"得诗六首",即《将发陈氏遇雨》二首,《复至陈氏》二首,《再发张庄途中》一首,《宿宝云寺》一首。

本集卷十六"记"《东丘会老记》作于同时。其记云:"正德己巳(四年,1509),宜兴之仕而归者十一人。城东有周孝侯祠,……前山东副使邵君用之,始经营之,面丘作堂,堂之后有阁,阁之西有楼,以为燕饗之所。……予过宜兴,览而叹曰……予故为记之……"

本记又见《太原家谱》卷二十九"杂文类上编",名《会老堂记》;沈敕《荆溪外纪》卷十七"记"亦收,名《东丘会老记》,后列出十一人官职、姓名;《嘉庆增修宜兴县旧志》卷九"遗址"亦收,名《东丘会老记》,但云"正德戊辰(三年,1508),宜兴之挂冠而老者十二人",且列十二人姓名。十一人与十二人均包括工部侍郎沈晖与山东按察司副使邵贤。盖沈晖请王鏊作之也。东丘,《(正德)常州府志续集》卷五"宫室":"东丘娱晚堂,在周孝侯祠,邑人致仕副使邵贤建。大学士王鏊为记。"邵用之,即邵贤,据《嘉庆增修宜兴县旧志》卷八"人物志·文苑·明":邵贤,字用之。成化壬辰(八年,1472)进士,官至山东副使,弘治九年告归。

沈敕《荆溪外纪》卷十七"记"《小蓬丘记》作于同时,不见于本集。其记云:"宜兴沈公贰南都冬官卿之政甫三年,则曰'盍归乎',乃抗疏乞休,筑室于黄渎之湾而老焉。未几,则又曰'盍归乎',乃即大潮之阳而营寿藏焉。……公行得之,乃以亭堂祠宇凡若干楹……扁曰'小蓬丘'。……予过宜兴,则偕予登焉,意若欲予记之者。……公名晖,字时旸……"

二月,陈霁来访于山中,同吊施槃之墓。作联句《宿弥勒寺》(与陈霁、王

168

铨联)、《东冈宴集》(与陈霁、王铨联)。

　　《宿弥勒寺》见王铨《梦草集》卷三"归田唱和",不见于本集。其题注云:"时子雨内翰来山中。"其联句有"方春汗漫游,景物韶华竞"之句。

　　子雨,即陈霁。弥勒寺,蔡昇、王鏊《震泽编》卷四"寺观庵庙":"其在东洞庭之寺九:……饭石峰下曰弥勒寺,唐乾符间僧德润开山。"

　　《东冈宴集》见王铨《梦草集》卷三"归田唱和",不见于本集。其序云:"庚午(正德五)二月十有二日,与子雨、秉之同吊故翰林修撰施公之墓,瞻拜之余,睹其松竹森然成列,池台曲有幽趣,盖公之子鸣阳之为也。慨前修之不作,喜后人之能绍,相与联句,得二十韵。"

　　鸣阳,即施凤,参见本谱本年条。

作诗《和钱元抑投赠》。

　　见本集卷五"诗"。其诗有"春山乞竹眠思荫"之句。

　　钱元抑,即钱贵,据文徵明《甫田集》卷三十"墓志铭"《明故鸿胪寺寺丞致仕钱君墓志铭》:钱贵,字元抑,长洲漕湖人。弘治戊午(十一年,1489)中应天府乡试,既而试礼部数不中,而其名日益起,从游者日众。其父即钱腴,参见本谱弘治十七年条。

作诗《贞甫大参立二石于庭,邀予赋之》(《垂云》、《漏雪》)。

　　见本集卷五"诗"。

　　贞甫,即毛珵,参见本谱成化十八年条,据《明武宗实录》卷十三,正德元年(1506)五月壬午(初三),毛珵以浙江左参政致仕,时正致仕家居。

作诗《苦雨二首》。

　　见本集卷五"诗"。其题注曰:"庚午岁。"其诗有"南方春夏交,正是插秧候。望望惜雨乾,事乃胡大缪。霖霪已弥旬,雨意犹未透"、"方春常苦雨,入夏势转疾"之句。

五月,焦芳致仕。

　　《明武宗实录》卷六十三:"正德五年五月……癸未(二十九),少师兼太子太师吏部尚书华盖殿大学士焦芳乞致仕,许之……"

五月,长兄王铭卒,作志铭《伯兄警之墓志铭》。

　　见本集卷二十九"志铭",又见《太原家谱》卷二十一"碑志类上编",名《安隐公墓志铭》。

　　据本铭,王铭以正德五年五月十七日卒,年六十有八。六年十二月二十六日葬蒋坞先茔之侧。王铭,参见本谱弘治元年条,长鏊七岁。

夏,养病山中。作诗《病中五适》(《蒲墩》、《竹夫人》、《曲几》、《绨帏》、《布被》)。

见本集卷五"诗"。

王俸来访,作诗《王应爵侍御过访,将发阻风复留》。

> 见本集卷五"诗"。其诗有"病从此日如轻健,诗续前题更唱酬"之句,盖作于病中。

> 王应爵,即王俸,参见本谱弘治十七年条。

八月,刘瑾伏诛。

> 《明武宗实录》卷六十六:"正德五年八月……戊申(二十五)……刘瑾伏诛……"

访唐寅,作诗《访子畏别业》。

> 见本集卷五"诗"。其诗有"十月心斋戒未开,偷闲先访戴逵来"、"生计城东三亩菜,吟怀墙角一株梅"之句。

> 子畏,即唐寅,参见本谱弘治十八年条,祝允明《怀星堂集》卷十七"传志"《唐子畏寅墓志铭》云:"子畏罹祸后,归心佛氏,自号六如,取四句偈旨。治圃舍北桃花坞,日般饮其中,客来便共饮,去不问,醉便颓寝。"

访王观,作诗《王唯颙款鹤轩》,作颂赞《王惟颙像赞》。

> 《王唯颙款鹤轩》见本集卷五"诗"。

> 王唯颙,即王观,《(隆庆)长洲县志》卷十四"人物·艺术":"王观,字惟颙。……观为医,操远识集,奇效先后不可胜算。自成化以来,江之南北,达于京师,以及四远,称上医者,观为之冠。为人秉志饬行,高简自爱。"

> 《王唯颙像赞》见本集卷三十二"颂赞"。

作词《贺林冢宰二首》。

> 见本集卷九"词"。

> 林冢宰,即林瀚,参见本谱弘治二年、正德二年条,《明武宗实录》卷六十八:"正德五年十月……乙未(十二),复……林瀚南京兵部尚书……俱仍旧致仕,以言官荐也。"

> 本集卷十三"序"《赠南京兵部尚书林公复官序》作于同时。其序云:"方逆瑾柄朝,浊乱海内,泉山公以直道不容,去。及逆瑾伏法,公道大明,泉山公以论荐复旧衔。……公子利瞻来守吴郡,郡之士夫皆作歌诗为公贺。……予与公同在翰林,有同官之雅,在吏部有交承之分,于今郡公又有邦人之义,又安能无言耶?"

> 林公,即林瀚。利瞻,即林庭㭿,万斯同《明史》卷二五〇"林瀚传":"庭㭿,字利瞻,瀚次子也。"据朱大韶《皇明名臣墓铭》离集"嘉靖纪年"龚用卿《荣禄大夫太子太保工部尚书赠少保谥康懿林公墓志铭》:林庭㭿,字利瞻,别号小泉,世为闽人。弘治己未(十二年,1499)会试第五人,廷试登进士二甲第二人。因与吏

部尚书张綵有隙，正德四年（1509）出知苏州府。

十一月，右副都御史林俊上疏言宜召用先朝旧臣，如王鏊等，不纳。

《明武宗实录》卷六十九："正德五年十一月……辛未（十九）……巡抚四川右都御史林俊言：'……臣又闻吏部取杨一清，当矣，其他或失举；正贼瑾之党，当矣，宥二党魁犹失刑。夫为户部莫如韩文、许进，为内阁莫如刘健、林瀚、谢迁、王鏊。《春秋》举仇举亲，方拨乱反正之始，而不引忠亮端谨不可屈之人，徒取圆熟，治未可望也。……'得旨：'瑾已正典刑，俊乃补奏成于瑾乱政之日，未及进呈，其怀奸畏罪明矣。宜从究问，但以流贼未平，姑令自劾。'"

林俊疏又见林俊《见素集》卷四"奏疏·西征稿"，名《庆幸讨贼永绥福祚疏》。林俊，据林俊《见素集》附录下"墓志铭"杨一清《荣禄大夫太子太保刑部尚书见素林公俊墓志铭》：林俊，字待用，号见素。世为莆人。成化戊戌（十四年，1478）进士。时任都察院右都御史，巡抚四川。

与贺元忠、施凤、王鏊、陆均昂、叶明善、王铨六老结社，约年年相会。

王铨《梦草集》卷三"归田唱和"王铨《和次韵贺宪副泽民会老诗》诗小序曰："少傅归吴未几，与故旧六人为社，仿香山洛阳之意。予时以疾不及赴，丁丑（正德十二年，1517）始入社，追次前韵。六人者：宪副贺泽民、东冈施鸣阳、壑舟涤之、友朴陆均昂、南园叶明善及铨也。"

贺元忠，据本集卷三十"志铭"《亚中大夫云南按察司副使贺公墓志铭》：贺元忠，字泽民。其先自宋南渡来家吴包山之阳。成化壬辰（八年，1472）登进士。官至云南按察副使，致仕。施凤，据本集卷二十四"传"《东冈高士传》：施凤，字鸣阳，其伯父即施槃，无子，施凤嗣其后。少有志绍施槃之烈，因勤学过苦，因得眩疾，自是不复事举业。"君因庐于墓所，开门授徒，辟园凿池，养鱼种树。"王鏊，即王鏊仲兄，字涤之。陆均昂，叶明善，其人未详。

作诗《次韵贺宪副泽民会老诗》。

见本集卷五"诗"，本诗亦见王铨《梦草集》卷三"归田唱和"，王铨有和诗。其诗有"年年共约林间醉，世上升沉总不知"之句。

作诗《盛汝弼得孙》。

见本集卷五"诗"。其题注云："在洞庭东山闻报。"其诗有"老蚌生珠亦未迟，庭槐又报长孙枝"之句。

盛汝弼，即盛俌，据祝允明《怀星堂集》卷十八"传志"《苏州府医学正科盛公墓志铭》：盛俌，字汝弼。家世医，成化中，任苏州府医学正科，"侣与冢宰马公、吴文定、王文恪二公群荐入太医，辞以止。"得子亦晚，既逾六十，举其犹子早以自代，遂致仕。

作序《苏郡学志序》。

见本集卷十三"序"。其序云:"国家学校之设,遍于海隅,而苏学独名天下。于是吾友蔡君惟中始为之志。……得其颠末汇为四卷,间以示予。予盖与君同游于学者也。嘉其志之勤,且郡之文献有足征者,故为序。"

蔡惟中,即蔡昂,《同治苏州府志》卷八十六"人物十三"引黄省曾志:"蔡昂,字惟中……成化甲辰(二十年,1484)以诸生贡入南雍,寻历南大理寺。……久之,谢归。于宅西种蔬自给,自称西圃老翁。尝创修《郡学志》四卷,以《姑苏志》尚有牴漏,作补遗以遗王鏊。"

作志铭《封太安人杨氏墓志铭》。

见本集卷二十九"志铭"。

杨氏,顾鼎臣之母,据本铭,"正德四年十月二日以疾卒,明年九月七日葬吴县潭山之新阡,年七十有四。"顾鼎臣,据陆深《俨山集》卷八十"行状三"《光禄大夫柱国少保兼太子太傅礼部尚书武英殿大学士赠太保谥文康顾公行状》:顾鼎臣,字九和,别号未斋,苏之昆山人。弘治乙丑(十八年,1505)举会试,对大廷,赐进士及第第一人。时任授翰林院侍讲,正德四年(1509)十二月,丁杨夫人忧。

作颂赞《先少傅昆弟行乐像赞》。

见本集卷三十二"颂赞",又见《太原家谱》卷二十三"颂赞类像赞、像记",名《公荣公昆弟行乐像赞》。其赞云:"先少傅昆弟三人,伯讳璋,仲讳琛,先少傅为季。伯颀而长,仲丰而硕,季润而秀,德各称其貌焉。鏊童时见海虞朱孟诚实传其像,时天顺己卯(三年,1459),至今正德庚午,盖五十余年。"

王璋卒于成化十五年(1479),王琛卒于成化十七年(1481),王琬卒于弘治十六年(1503)。

作颂赞《自赞》。

见本集卷三十二"颂赞",又见《太原家谱》卷二十三"颂赞类像赞、像记",名《文恪公自赞》。

盖王鏊为己之像所作之赞也,据王稺登、江士铉《文恪公四像赞》,王鏊有四像,分别画于二十九岁、四十八岁、五十二岁、六十二岁时,此盖前三幅也。

作颂赞《伯兄安隐像赞》。

见本集卷三十二"颂赞",又见《太原家谱》卷二十三"颂赞类像赞、像记",名《安隐公像赞》。

作颂赞《巡检李祯像赞》。

见本集卷三十二"颂赞"。其赞云:"正德五年,吴下大水,饥殍载途。有司奉命检灾赈饥而往往旁缘以为利。予伏林下,窃伤之,窃恨之。甪头巡司李祯领檄散财于鳏寡甚均,而公有忧民之言。予甚多之,乃因其像赞之曰……"

《明武宗实录》卷六十六:"正德五年八月……乙酉(初二),户部以苏松等府灾,请总理粮储都御史魏讷赈济,从之。"

是岁,北方大旱,江南大水。刘六、刘七起义。

北方大旱,万斯同《明史》卷四十一"五行志五·金·恒旸":"(正德)五年五月,命皇后、妃嫔各蔬食,久不雨也。是岁,北平、清献、隆平三州县及辽东金复二州旱。"

江南大水,张廷玉《明史》卷二十八"五行志一":"(正德)五年九月,安、宁、太三府大水,溺死二万三千余人。十一月,苏、松、常三府水。"《(崇祯)吴县志》卷十一"祥异":"(正德)庚午,旧水未消,春雨连注。五月淫潦三旬,六月大风决田园,水及树杪,浮尸积骸塞途蔽川。秋,大疫,岁凶。"并引王鏊《纪雨诗》。

刘六、刘七,刘六即刘宠,弟刘七即刘宸,文安人。据《明武宗实录》卷九十一,刘宸、刘宠、齐彦名、杨虎等最初皆为文安县大盗张茂之徒。后张茂被擒,众人欲出首。太监张忠与马永成为之请于上,趁机索贿万两白银。"宠、宸计无所出,潜令杨虎劫近境,冀以足所献。会虎焚官署,宠、宸知事败,乃四散逃去,其徒日多。"

李东阳作书《与王公守溪书》。

见《怀麓堂集》卷七十"文后稿十·书"。其书云:"自接迹台阁四三年来,饮醇挹清,赖以不堕,汗浊者多矣。扰乱之怀,近益加甚。亟欲乞身辞退,而横惟羁绊。……久疏候问,亦坐初心日负,无辞以相白耳。比闻尊候未调,旋已勿药,不胜忻慰。"

尊候未调,殆指王鏊生病之事。

正德六年辛未(1511) 六十二岁

在东洞庭山前建别墅招隐园。作诗《洞庭新建厅事,柱下获一甏,中有钱曰'太平',喜而口占》。

旧谱云:"(正德)六年辛未,六十二岁。公祖居洞庭东山之后,至是始创新第于山之前,入山则居之。……盖自公归田后,不乐居城市,且不忘故土之恩,故有此建置。其规模颇卑狭,仅可比中人之家云。"

新第,即招隐园,《(崇祯)吴县志》卷二十三"园林":"招隐园在东洞庭,即王文恪公鏊别墅,已久废。"

《洞庭新建厅事,柱下获一甏,中有钱曰'太平',喜而口占》见本集卷五"诗"。

春,游虎丘,作诗《虎丘》。

见本集卷七"诗",又见王铨《梦草集》卷三"归田唱和",略有不同,作于正德六年,王铨有和诗。

作诗《春日山行三首》。

> 见本集卷五"诗"。其诗有"暖风迟日近清明"之句。

> 陈田《明诗纪事》丙籤卷七"王鏊"言第一首"风软波平一鉴开"亦见《文森中丞集》,文森,参见本谱本年条。

作序《文涞水诗集序》。

> 见文洪《文涞水诗集》卷首,不见于本集。

> 文涞水,即文洪,参见本谱成化二年条。其序云:"故易州涞水县学教谕文先生……晚乃授涞水教谕,未几辄自免归以卒。……闻其家有所谓《括囊稿》者,思一见而读之,则未暇也。今年春,先生仲子监察君森始出以授鏊。读之数过,未尝不喜其精而恨其少也。……正德辛未(六)二月之吉。"

> 监察君森,即文森,据文徵明《甫田集》卷二十六"行状"《先叔父中宪大夫都察院右佥都御史文公行状》:文森,字宗严,苏之长洲人。成化丁未(二十三年,1487)中进士,时任河南道监察御史。

作志铭《中宪大夫云南按察副使致仕朱公墓志铭》。

> 见本集卷二十九"志铭",又见焦竑《焦太史编辑国朝献征录》卷一二〇"云南·按察使",名为《云南按察司副使朱公文墓志铭》。

> 朱公,即朱文,据本铭与焦竑《焦太史编辑国朝献征录》卷一二〇"云南·按察司"有李东阳《中宪大夫云南按察司副使朱君文墓表》,朱文以正德六年三月二十八日卒,春秋六十有八。七年二月二十一日葬吴县阳抱山之先茔。

作诗《谢贺宪副泽民示摄生书》。

> 见本集卷五"诗"。

> 贺泽民,即贺元忠,参见本谱正德五年条。

作诗《送李给事贯使占城》。

> 见本集卷五"诗"。

> 李贯,张朝瑞《皇明贡举考》卷五"弘治十五年会试"第二甲九十五名赐进士出身有李贯,福建晋江县。时王鏊为知贡举。《明武宗实录》卷六十六:"正德五年八月……丙戌(初三)……封占城国世子沙古卜洛为占城国王,以礼科都给事中于聪充正使,行人司行人刘宓充副使。初左给事中李贯以次当行,内批改命聪,因其乡人嘱刘瑾以免。才数日,瑾败,聪以为言,仍令贯往。贯至徐州,遇盗割其发,奏乞养疾于家,俟发长乃行。后宓亦卒于路,贯至广东,屡奏迁延,七年不行,乃议其国人领封册而还。"此盖李贯发长复行时所作也。

作诗《恭题宣庙画马》。

> 见本集卷五"诗"。参见本谱正德四年条。

作诗《鼠须笔》。

见本集卷五"诗"。

作诗《送尤宗阳进士之京》。

见本集卷五"诗"。

尤宗阳，即尤樋，《(正德)姑苏志》卷六"科第表中·乡贡"："长洲尤樋，弘治十一年(1498)戊午科乡贡，字宗阳，淳子。"又卷六"科第表下·进士"："尤樋，正德三年戊辰(1508)吕柟榜进士，字宗阳，吏部主事，郎中，光禄少卿。"盖王鏊主考会试所取士也。尤樋为尤淳第三子，淳，参见本谱弘治十三年条。

作诗《赠石湖卢隐君伯常》。

见本集卷五"诗"。其诗有"吴山青，越溪碧"、"其间特起是为卢家芝秀之高堂"、"卢家有翁不求仕，年可六十须眉苍"、"二儿自小工文章"之句。

卢伯常，即卢纲，参见本谱正德五年条。

作诗《赠写真》。

见本集卷五"诗"。

据王穉登、江士铉《文恪公四像赞》，王鏊共有四像，第四幅作于六十二岁时为光禄大夫柱国少傅兼太子太傅户部尚书武英殿大学士时，盖指此也。江士铉像赞还言："当年六十二，时则家居已二年。"

作诗《偶成》。

见本集卷五"诗"。其诗有"南国新寒九月时"之句。

作志铭《光禄大夫柱国少保兼太子太保刑部尚书闵公墓志铭》。

见本集卷二十九"志铭"，又见焦竑《焦太史编辑国朝献征录》卷四十四"刑部·尚书"，名为《光禄大夫柱国少保兼太子太保刑部尚书赠太保谥庄懿闵公珪墓志铭》。闵公即闵珪，参见本谱正德四年条。《明武宗实录》卷八十："正德六年十月……壬辰(十五)，致仕少保刑部尚书闵珪卒。……珪敦朴质直，器度博大，扬历中外，不矫不随，盖亦一代之巨人长者也。"

作赋《去思赋并序》。

见本集卷一"赋"。其序曰："三山林侯利瞻知吴郡甫二年，擢分省滇南。阖郡之民咸戚嗟，……予乃推愿留者之意为之词。"

林利瞻，参见本谱正德五年条，《明武宗实录》卷八十一："正德六年十一月……壬子(初六)，升……苏州府知府林庭㭿为云南左参政。"朱大韶《皇明名臣墓铭》离集"嘉靖纪年"龚用卿《荣禄大夫太子太保工部尚书赠少保谥康懿林公墓志铭》云："擢云南参政。去任之日，民追送塞途，至有泣下者，或家图公像以寓思焉。"

本集卷三十二"颂赞"《林知府利瞻像赞》作于同时。

作赋《吊阖庐赋》。

见本集卷一"赋"。其赋有"岁正德之协洽兮,剑池忽焉其枯涸"之句。

剑池,在虎丘山,《(正德)姑苏志》卷八"山上":"虎丘山在府城西北七里。……比入则奇胜万状,其最著为剑池。……相传秦皇发阖庐墓,凿山求剑无所得,其凿处遂成深涧,今名'剑池'。……"

陆粲《庚巳编》卷二:"虎丘剑池水清冽,虽经旱不少减。辛未(正德六年,1511),无故忽涸见底。"文徵明《甫田集》(四卷本)卷三有诗《虎丘剑池相传深不可测,旧志载秦始皇发阖闾墓,凿山求剑,其凿处遂成深涧,王禹偁作剑池铭,尝辨是非。正德辛未冬,水涸池空,得石阙中空,不知其际。余往观之,赋诗贻同游者,和而传焉》。

年底,重到宜兴。作诗《重到宜兴》、《宿毗陵驿》。

均见本集卷五"诗"。`

重到,因王鏊正德五年曾到宜兴,故曰重到。毗陵驿,《(成化)重修毗陵志》卷六"官寺·武进":"毗陵驿,在朝京门内。"

与韩文有书信往来。

本集卷三十六"书"有《与韩尚书》。其书云:"仆受性愚戆,与世寡谐,立朝三十余年,不妄交人,人亦无肯与交。其号相知者才三四人焉。及官铨曹,获与执事为僚,引分推诚,罔有疑贰……诚不意晚年何幸之深得友于君子也。……事变仓促,众曹愕眙,世之君子,各务自全,莫肯相援,甚者推咎于人以自解。某诚不佞,愤不自制,忘身直前而力寡谋浅,不能少裨万分之一,心窃愧之。盖起事之初,志同许国,则祸患之至,义无独殊,而当事之人莫究本末,荣辱顿殊,此某所以惓惓而不能舍。……今幸权奸摧伏,公道昭宣,而海内老成零落殆尽,惟公长庚晓月,独殿诸公,岂第君子,实神明之所扶持,谓无天意不可也。……今子官嘉兴,间得相接,获承动止,深以为慰。衰病不能一诣起居,而两获手书垂问,推奖过当,非所克堪。……"

韩尚书,即韩文。《明武宗实录》卷六十八:"正德五年十月……乙未(十二),复……韩文……户部尚书……俱仍旧致仕,以言官荐也。"今子官嘉兴,万历《嘉兴府志》卷九"郡职":正德辛未(六)通判有韩士贤,据杨一清《光禄大夫柱国太子太保户部尚书赠太傅谥忠定韩公文墓志铭》,瑾诛,韩文二子士聪、士奇俱得复官致仕,此韩士贤盖即韩文之子也。衰病不能一诣起居,盖指王鏊正德五年生病之事。

正德七年壬申(1512) 六十三岁

长子王延喆为鏊于城西第左别建一室,其入城则居之,名"燕喜堂"。又在旁筑园名"怡老"。公入城,常与诸门生故人于其中宴游唱和。

旧谱云:"(正德)七年壬申,六十三岁。公初告归,长子建城西第适成。公嫌其宏丽,不乐居之。长君乃别建一室于第左,规制稍庳,类中人之家。公乃喜,入城则居之。或颜其堂曰:'燕喜'。后卒老于斯焉。"

城西第,《(崇祯)吴县志》卷二十二"宅第":"王文恪公鏊宅……一在西成桥南。"又卷十六"桥梁":吴城西北隅有西成桥,县治西,弘治八年知县邝璠建。

旧谱云:"又长君亦筑园于西城之关,名'怡老'。公入城,则与诸门生故人宴游其中,更相唱和,动盈卷帙。诸士子或因之以发誉,如吴文之、陆子余、黄勉之辈,能为后进推毂,士皆倾心焉。"

怡老园,《(崇祯)吴县志》卷二十三"园林":"王文恪公西园,在西城桥西夏驾湖上。"《太原家谱》卷二十七"杂文类上编"引《苏州府志》:"怡老园在西成[城]桥,王文恪公鏊致政归,喜居山塾。子尚宝卿延喆命工仿山中景物为园以娱之,旁枕夏驾湖,临流筑室,雉堞环其前。"

吴文之,《(崇祯)吴县志》卷四十八"人物十一·文苑"引吴氏谱略:"吴文之,字与成,信之曾孙。资禀绝人,七岁能属文,读书目数行下。未冠登正德庚午(五年,1510)乡举。"陆子余,即陆粲,据焦竑《焦太史编辑国朝献征录》卷八十"给事中"黄佐《贞山先生给事中陆公粲墓表》:陆粲,字子余,一字浚明,号贞山先生,长洲之陈湖人。焕与季氏采皆太学生,并称聪警。先正震泽王文恪公见所作,叹曰:"此子当魁天下,今翰林无此文也!"黄勉之,即黄省曾,据《(崇祯)吴县志》卷四十七"人物十·风雅"引史兆斗表征:黄省曾,字勉之,少为县学诸生,攻古文,词规六代。少受知于王文恪。

皇甫汸《皇甫司勋集》卷五十六"碑表"《明吏部文选清吏司员外郎王君墓表》:"君(王穀祥)生而器雅,童乌之龄即能属文,乐安之岁,选充县学弟子员。文恪公一见奇之,曰:'吾宗千里驹,殆此子矣。'"王穀祥,据皇甫汸《明吏部文选清吏司员外郎王君墓表》:王穀祥,字禄之,号西室,吴之长洲人。王观之子。

皇甫汸《皇甫司勋集》卷五十七"状略"《华阳长公行状》:"(皇甫冲)日与诸弟商榷《易》意于世业堂,由是海内知有皇甫《易》矣。先达王文恪公、吴文端公大器之。"皇甫冲,据皇甫汸《华阳长公行状》:皇甫冲,字子浚,皇甫录子。皇甫录,即皇甫信子,参见本谱成化十年条。

《华氏宗谱/华氏传芳集》卷二"西楼府君宗谱传":"府君讳世祯,字善卿,号西楼。世饶于赀,率俭约善保,府君独好客为豪举。少从王文恪公学经,补博士弟子,以才藻见推。"

鏊归田后,终日读书著述,闲暇则与乡里诸名士登山临水,游赏寺观园林。每有所感则托著述以自况。

旧谱云:"……公性恬退,既归田,不复预闻世务,日惟耽玩书史,操弄文翰,朝夕坐起不离卷帙。暇则其乡里诸名士登山临水,敖游园林寺观。在山则有隐士东冈施凤、林屋蔡羽、五湖张本、弟秉之等，入城则有门下诸生祝允明、文徵明、唐寅、陆粲、黄省曾、王守、王宠、陈怡、杜璠等。相与谈说古今，花前月下，饮酒赋诗，挥毫染翰，竟日不厌。有所感触，每托之著述以自况，若《拟招》《短解》《谪解》《罪言》及《十三绝句》等篇是也。"

施凤，参见本谱正德五年条。蔡羽，参见本谱正德元年条。张本，《民国吴县志》卷六十六上"列传三·明"引陆师道传："张本，字斯植，洞庭东山人。少试有司，名在高等，而吏误书'张木'。适有张木者冒其名，本弗与竞。复试辄不利，遂弃去，从王鏊学文。鏊素慎许可，本独能当其意。"祝允明，参见本谱弘治五年条，时为举人。文徵明，参见本谱正德元年条，时为儒士。唐寅，参见本谱弘治十八年、正德五年条，时为儒士。陆粲，参见本谱本年条，时为县学生。黄省曾，参见本谱本年条，时为县学生。王守，《（崇祯）吴县志》卷四十一"人物二·德望"刘凤志传与黄省曾记合参："王守，字履约，其先本吴江章氏，为王馆甥，来吴，后遂袭王姓。守自少整雅持己，和逊接人。"时为县学生。王宠，据文徵明《甫田集》卷三十一"墓志铭"《王履吉墓志铭》：王宠，字履吉，别号雅宜山人。少学于蔡羽先生，居洞庭三年，既而读书石湖之上二十年。时为县学生。王宠《雅宜山人集》卷六"七言律诗一·正德稿"有《上大学士守溪王公四首》。陈怡，参见本谱正德元年条。杜璠，据文徵明《甫田集》卷三十"墓志铭"《杜允胜墓志铭》：杜璠，字允胜，别号澹岩，先世淞江之青龙镇人，后迁长洲。王文恪公归自内阁，遂往游其门，因得作文之要，益务博综，群经子史，靡不讲习，下至稗官小说，若唐宋诸名贤文集，亦皆隽永而掇其腴。自正德丙子（十一年，1516）至嘉靖戊子凡五试，试辄斥。《拟招》，集中不见，《短解》见本集卷三十三"杂著"，《谪解》见本集卷三十四"杂著"，《罪言》，见本集卷三十三"杂著"，名《拟罪言》，《十三绝句》见本集卷八"诗"。

作赋《槃谷赋》。

见本集卷一"赋"。其赋有"嗟夫人之好脩兮，乃行义于其中。握瑾瑜而不耀兮，甘自混于凡佣。朝出耕而暮读兮，澹浮名之夕空。非夫人之独善兮，慨斯世之不庸。不吾庸其亦已兮，信横目以为恫。仰观山之峨峨兮，俯玩水之溶溶。俯仰山水中以资德兮，将有言兮是从，将无言兮是从"之句。

作赋《待隐园赋》。

见本集卷一"赋"。其序曰："冢宰杨公作园于京口，曰'待隐'，谓将归老于此也。而遭际明时，愿莫之遂。予为作赋以明其初志云。"其词有"既授钺于阃外兮，节制通乎三边。旋持衡于庙堂兮，坐进退乎百官"之句。

冢宰杨公，即杨一清，参见本谱弘治八年、正德三年条，《明武宗实录》卷六十二："正德五年夏四月……丙午（二十一）……命右都御史杨一清总制陕西延绥、宁夏、甘凉各路军务。"卷七一："正德六年正月……甲寅（初三）……改户部

178

尚书杨一清为吏部尚书，太子少保如旧。"

与林俊有书信往来。作诗《次韵林都宪待用蜀中行师二首》。

本集卷三十六"书"有《与林都宪待用书》，云："往在京师略见颜色，旋闻抗疏言人所不敢言，天怒不测，中外危之，而怡然就狱，不沮不挠，若此奇节，非独人所难继，谓公亦不可再试矣。逆瑾伏诛，又得疏，文危言正，色不替于前，读之洞心骇目，不觉降叹。……自愧孱弱不敢求知于公，且谓公亦无自而知我也，岂意古灵荐稿，玷名其中，且恐且愧，莫知所由。……近读《西征录》，既伟其节又伟其辞，……和高韵二首因附往……"

林待用，即林俊，参见本谱正德五年条。"抗疏言人所不敢言"，即林俊上疏请诛太监梁方与妖僧继晓事，见《明宪宗实录》卷二五七。"逆瑾伏诛，又得疏"，即林俊正德五年所上之《庆幸讨贼永绥福祚疏》及《急除大逆以已大乱疏》。"古灵荐稿，玷名其中"，即林俊推荐王鏊之事。"和高韵二首"即《次韵林都宪待用蜀中行师二首》。

《次韵林都宪待用蜀中行师二首》见本集卷六"诗"。其诗有"何当奏凯归朝署，还整当年旧豸冠"、"单骑曾先万马群，绿林诸盗伏斜曛"、"千里仁风行若偃，三年炎毒坐如焚"之句。

据《明武宗实录》卷八十一与林俊《见素集》附录上"编年纪略"，正德五年，四川盗起，驿召为右副都御史，特敕专征。正德六年六月，捷上，晋右都御史，疏辞。十一月致仕。重庆人刻其奏议文移十五卷，曰《西征集》，藏于家。

作诗《饮陈以严颔孙堂》。

见本集卷六"诗"。

陈以严，即陈镰，陈璚幼子，本集卷二十八"志铭"《通议大夫南京都察院左副都御史陈公墓志铭》云陈璚子男四：镃、钥、键、镰。由文徵明《甫田集》(四卷本)卷三诗《同次明过伍君求雁村草堂，邂逅陈以严高希贤及以严子津同集》可知，陈以严即陈镰。

作诗《夜过西虹桥》。

见本集卷六"诗"。

西虹桥，《(崇祯)吴县志》卷十六"桥梁"：城外桥有西虹桥，引王鏊《夜过西虹桥》诗。

作诗《贺师邵初授御史次师陈韵》。

见本集卷六"诗"。

师邵，即卢雍，参见本谱正德四年条，《(崇祯)吴县志》卷三十四"选举三·进士"："正德六年(1511)辛未科杨慎榜，卢雍，字师邵，治《易》。历官御史，四川提学副使。"《明武宗实录》卷八二："正德六年十二月丁丑朔……己丑(十三）……授……进士……卢雍……为监察御史……雍，河南道。"

作诗《题旧写真》。

> 见本集卷六"诗"。

> 旧写真，盖王鏊之前三幅画像也，参见本谱弘治十四年条。

作诗《赠僧还杭州》。

> 见本集卷六"诗"。

春，往瓜泾访徐澄、徐源兄弟，作诗《访徐季止于瓜泾》、《襟带江湖楼为仲山都宪作》，作联句《醉中联句》（与杜启、徐源、徐澄、陈怡联）。

> 《访徐季止于瓜泾》见本集卷六"诗"。其诗有"太湖东转碧溪斜，来访南州孺子家"、"好约年年为此会，前村踏雪看梅花"之句。

> 徐季止，即徐澄，徐源弟，参见本谱弘治元年按。瓜泾，《（正德）姑苏志》卷十八"乡都"：长洲县尹山乡堵城里三十都下有瓜泾村。

> 《襟带江湖楼为仲山都宪作》见本集卷六"诗"。其诗有"三江东去五湖西，特起高楼枕碧溪"之句。

> 襟带江湖楼，盖徐源所起之楼也。

> 《醉中联句》见《中国法书全集》第十二册"明一"王鏊《草书联句试卷》，现藏于故宫博物院。其释文曰："一年一度到瓜泾，况有佳人送我行。（济之）白发交游能有几？（子开）画船追饯若为情。（济之）船头春酒江为酿，（仲山）屋里桃花锦作城。（季止）才喜相逢又相别，（宗让）烟云须订百年盟。（子开）壬申（正德七）仲春，过望洋书屋为寿，留二日乃去，仍约一年一至。时瓜泾、中丞与五存金宪、宗让孝廉，同饯我于兰台清鉴，直至蠡塘而别。四人者皆醉，乘兴联此，亦一时之胜也。王鏊书。"

> 子开，即杜启，参见本谱弘治元年条，以福建按察司金事致仕，故称金宪，五存，其号也；仲山，即徐源，以都察院右副都御史致仕，故称中丞；季止，即徐澄，以居于瓜泾，故称瓜泾；宗让，即陈怡，参见本谱弘治元年条，时为儒生，故称孝廉。

秉之作东望楼成，作诗《题秉之塘桥新楼》，记《东望楼记》。

> 《题秉之塘桥新楼》见本集卷六"诗"。

> 新楼即东望楼也。

> 《东望楼记》见本集卷十六"记"其记略曰："弘治壬戌（十五年，1502），吾弟秉之始去洞庭，筑室乎太湖之墺。……乃独阙其高。予曰：'是宜为楼焉，以瞰乎远，据乎胜。'弟曰：'诺。'召工相方，不浃旬而楼成。……曰东望者，倦倦故土，水木本源之义也。"

春，与徐源、唐寅等游城西阳山、天池山，作诗《登阳山大石》、《游天池山和仲山韵》,联句《阳山大石联句》(与唐寅联)。

  《登阳山大石》见本集卷六"诗"。

  《游天池和仲山韵》见本集卷六"诗"。

  天池山,《(正德)姑苏志》卷八"山上":"花山,旧名华山,去阳山东南五里。……山半有池,在绝巘,横浸山腹,逾数十丈,故又名天池山。"

  《阳山大石联句》见本集卷九"联句"。

春,与文徵明饮于怡老园,作诗《徵明饮怡老园有诗次其韵》。

  见本集卷六"诗",又见《太原家谱》卷二十七"杂文类上编",且有文徵明和诗;又见王铨《梦草集》卷三"南归唱和",题为《怡老园会饮次徵明韵》,王铨有和诗;文徵明《甫田集》(四卷本)卷四有《侍守溪先生西园游集,园在夏驾湖上》,韵与本诗全同。其诗有"绿杨动影鱼吹日,红药留香蝶护春"之句,当作于本年春。

作诗《偶成三首》。

  见本集卷六"诗"。其诗有"山东未报收群寇"、"忽思右掖门前侣,隐几无言候早朝"、"忽思左顺门前侣,屈首无言向内人"之句。

  山东未报收群寇,张廷玉《明史》卷十六"武宗纪":"(正德)七年……夏五月丙午,陆完败贼于莱州,山东贼平。"

与卢襄游天平山、灵岩山,作诗《登龙门次师陈韵》、《灵岩山》。

  《登龙门次师陈韵》见本集卷六"诗"。其诗有"知君头角崭然久,只候秋风八月潮"之句。

  龙门,《(正德)姑苏志》卷八"山上":"(天平山)又有穿山洞、蟾蜍石、龙头石、灵龟石及龙门。"天平山,参见本谱弘治十三年条。师陈,即卢襄,参见本谱正德五年条。

  《灵岩山》见本集卷六"诗"。其诗有"草漏琴台微有字,鸟啼禅院寂无僧"、"悬崖斧凿纷如雪,何处题诗记我曾"之句。

  灵岩山,《(崇祯)吴县志》卷三"山上":"灵岩山在县西三十里,高三百六十丈。一名石鼓山。……山之西北绝顶为琴台,……其西南石壁峭拔,曰佛日岩,其中平坦处为灵岩寺,久废于火,仅存一塔与僧舍数间耳。王鏊弘治十八年曾游,参见本谱弘治十八年条。

春,与王铨访施凤于偃月冈,同游栲栳墩。作诗《栲栳墩》、《游湖》,联句《偃月池落花》(与王铨、施凤联),词《过太湖》。

  《栲栳墩》见本集卷六"诗",又见王铨《梦草集》卷三"归田唱和",但为联句,第一、二句为施凤所作,第三、四句为王鏊所作,第五、六句为王铨之子王延学所作,第七、八句为王铨所作。

栲栳墩,《(崇祯)吴县志》卷四"山下":"(东洞庭)一支自平岭而南为虾啜岭,为象鼻岭,稍东为栲栳墩。"

《游湖》见本集卷六"诗"。其诗有"游遍南湖又北湖"、"轻桡又转东湖去"之句。

《偃月池落花》见王铨《梦草集》卷三"归田唱和",不见于本集。其序曰:"余兄弟同访施君鸣阳于偃月冈。时桃花盛开,落红点点,水面可爱,共成四韵。时李花亦盛开,以时晚乃遗之。明年此时,更约重过,不负池亭之二奇也。"

《过太湖》见本集卷九"词",为《梁州序》。

作诗《韩文公蓝关图》。

见本集卷六"诗"。其题注曰:"为陈以严赋。"

陈以严,参见本谱本年条。

作诗《送吴县簿董仁之任鄞丞》。

见本集卷六"诗"。其诗有"自顷权奸偷国柄,一时在位贪相竞"、"谁知小官之中乃有吴县簿,守法廉平独如故"、"三年佐县民爱深"之句。

董仁,《(崇祯)吴县志》卷三十九"宦迹·参佐"引王鏊《震泽先生集》:"董仁,正德四年任主簿,居官廉严,满三载升鄞县丞。小民攀辕者以千计。"

七月,陆完等指挥官军大败刘七等于通州狼山,余众皆平。

见《明武宗实录》卷九十一。

旧谱云:"是年,官军大败贼众于狼山。先是,群盗泛舟东下,窥吴会之志。吴中居民多入山逃窜。贼败,始复安堵。"

作杂著《拟荡平群盗露布》。

见本集卷三十四"杂著"。其文有"故旌旗所指,反侧归心;金鼓才开,元恶授首。兵车既敉,徒劳六月之师;干羽载陈,奚俟七旬之格。遂使燕赵齐魏四郊之狐兔都无;江汉淮沂万里之波涛咸息"之句。盖王鏊为平定刘六、刘七之乱而作也。

与谢迁有书信往来。作赋《双松赋寄同年谢少傅》。

本集卷三十六"书"有《复谢阁老书》。其书云:"春初特枉手教,副以土宜,而因循至今,莫克裁谢。……近闻飓风陡作,海滨之人多被其灾,高居近海虽盛德君子神明拥护其亦不能无少警动……"

谢阁老,即谢迁,时归隐山林。飓风陡作,《(光绪)余姚县志》卷七"祥异":"正德……七年七月大水,海溢山崩,堤决,漂没庐舍人畜。"

《双松赋寄同年谢少傅》见本集卷一"赋"。其赋有"万木凌冬而僵死兮,独青青其不刊。似端人义士之立朝兮,正色俨然曾不可乎犯干"、"愿千秋以相保兮,历冰霜于岁残。使明堂大厦之弃遗兮,非予心之所患"之句。

双松,盖以喻谢迁及公自喻也。

秋，与王铨同游太湖，登猫鼠山。作联句《游湖》（与王铨联）、《是日遂登猫鼠山》（与王铨联）。

> 《游湖》见王铨《梦草集》卷三"归田唱和"，不见于本集。本联句韵与王鏊《游湖》诗全同，当依前韵作。其联句有"画船载酒出南湖，上相来游兴不孤"、"菰蒲淅沥秋将晚"之句。当作于本年秋。

> 《是日遂登猫鼠山》见王铨《梦草集》卷三"归田唱和"，不见于本集。

> 猫鼠山，蔡昇、王鏊《震泽编》卷一"七十二山"："东洞庭之南……有逸于前，后追而及之者猫鼠山。"

作词《六十三初度君谦以词为寿和之》。

> 见本集卷九"词"，又见《太原家谱》卷二十八"杂文类下编"王名《文恪公六十三自寿词》。其《一封书》词有"玉堂近日无宣召，且是山中卧得牢"之句。

> 君谦，即杨循吉。

作词《吴惟谦同年寿词》。

> 见本集卷九"词"。其《梁州序》词有"投簪前日，悬弧今旦，节值中秋刚半"、"看英雄三百纷消散，年七十，几人健"之句。

> 吴惟谦，即吴愈，王鏊同年、同乡也，参见本谱弘治十七年条，文徵明《甫田集》卷三十"墓志铭"《明故嘉议大夫河南布政司右参政吴公墓志铭》云吴愈嘉靖五年（1526）卒，年八十有四。由此可推，正德七年，吴愈年整七十。

十二月，李东阳致仕。

> 《明武宗实录》卷九十五："正德七年十二月……丁卯（二十七），少师兼太子太师、吏部尚书、华盖殿大学士李东阳致仕。东阳屡以老病乞休，至是复上疏。……上始可其请……"

作碑《郧阳府知府赠中议大夫赞治尹俞公墓碑》。

> 见本集卷二十二"碑"，又见焦竑《焦太史编辑国朝献征录》卷八十九"湖广二·知府"，名为《郧阳府知府俞公茊墓碑》。

> 俞公，即俞茊。据本碑：俞茊，字廷臣，成化中以进士拜监察御史，官至郧阳知府，致仕卒于成化二十年（1484）七月四日也，葬以次年正月一日，春秋五十有五。"公卒之十四年，仲子谏……以御史中丞，治水利吴中，间诣予。"

> 俞谏，据万斯同《明史》卷二五四《俞谏传》：俞谏，字良佐，桐庐人。举弘治三年（1490）进士，正德六年（1511）擢右金都御史，治水苏、杭诸府，修治圩塘，民享其利。俞谏盖王鏊同考会试时所取进士也。

作碑《盛氏先茔之碑》。

> 见本集卷二十二"碑"。其碑云："寓翁曾孙俌言于鏊曰：'先墓在吴中者凡九，而黄山岇焉独存。……'予唯盛氏在吴中占科第，登仕籍者累累有焉，其余又

各以医名……予故为著之。"

黄山，《(正德)姑苏志》卷九"山下"："黄山在茶磨山北四里，胥塘之北。"盛俌，参见本谱正德五年条。

作碑《庐州府马侯遗爱碑》。

见本集卷二十二"碑"。其碑云："马侯汝砺初以秋官员外郎谪判庐江，久之进同知，遂知府事。上之元年，擢参贵藩。去之日，庐江父老遮道挽留不得，则相率作祠城东，肖其貌以事。讫于今，民爱戴如初不替。合肥诸生丁子奇走吴求纪其事。……今为浙江左布政使。"

马金，字汝砺，蜀之西充人，参见本谱弘治十四年条，《明武宗实录》卷八十六："正德七年四月……己卯(初五)，转浙江布政司右布政使马金为左布政使。"

作表碣《汉阳府推官致仕刘府君墓表》。

见本集卷二十六"表碣。"

刘府君，即刘海，据本表：刘海，字用涵，吴县人。成化戊子(四年，1468)始占南畿乡荐。试礼部复不利，以铨次授湖广汉阳府推官。卒于正德辛未(六年，1511)五月廿六日，年七十有四。以明年十二月二日葬郡城西武江之先茔。

作表碣《华封君墓表》。

见本集卷二十六"表碣"。

华封君，即华庄，华昶之父。据本表：华庄，字守庄，无锡涂林人。卒于正德辛未(六年，1511)十一月九日，以卒之明年壬申九月十五日合葬涂林之西原，年八十三。华昶，参见本谱成化十六年条。本表云华昶时任贵州布政司左参政。《明武宗实录》卷八一："正德六年十一月……丙寅(二十)，升韶州府知府华昶为贵州布政司左参政。"

作志铭《通议大夫都察院右副都御史林公墓志铭》。

见本集卷二十九"志铭"，又见焦竑《焦太史编辑国朝献征录》卷六十一"都察院八·巡抚"。

林公，即林元甫，据本铭与林元甫，《明武宗实录》卷三十六：林普长，字元甫，后以字行，而更字秉仁，福建莆田人。成化甲午(十年，1474)占福建乡荐，明年赐同进士出身。官至巡抚云南都察院右副都御史，致仕。正德戊辰(三年，1508)三月九日卒于家，以壬申十二月六日葬公于邑之紫帽山先茔之右。其子有孚"过吴乞铭于予"，"予于公同年友也，知公特深"。

林有孚，元甫第三子，据过庭训《明分省人物考》卷七十四"福建兴化府"：林有孚，字以吉，福建莆田县人。时任山东道监察御史。林俊《见素集》卷十七"墓志铭"有《明通议大夫都察院右副都御史林公豫斋神道碑》。

作志铭《石田先生墓志铭》。

见本集卷二十九"志铭"。石田先生，即沈周。

据本铭，沈周以正德四年(1509)八月二日卒，寿八十有三，以壬申十二月二十一日葬相城西牒字圩之原。"文徵明曰：'石田之名，世莫不知，知之深者，谁乎？宜莫如吴文定公及公。阐其潜而掩诸幽则唯公。'"文徵明《甫田集》卷二十五"行状"有《沈先生行状》。

现存有《石田先生墓志铭》拓本，落款云"光禄大夫柱国少傅兼太子太傅户部尚书武英殿大学士知制诰国史总裁同知经筵事郡人王鏊撰。章浩刻"。

文徵明作书《上守溪先生书》。

见《甫田集》卷二十五"书"。其书首言："顷者恭侍燕间，获承绪论，领教实深，又承命献其所为文。"其书乃文徵明向王鏊献文时所附之书也。其书有言"被长者赏识，遂不容以陋劣自晦。检其中得论议十有四首，叙事十有五首，辄尘尊览。昔张籍、皇甫湜虽皆一时豪俊，精于文者，然其所作，视韩愈非其拟也。而韩公得其文以为奇，从而品目焉。……某于籍、湜无能比拟，而明公则今之韩子也。傥不以某为不肖而与进焉，使他日人称之曰是亦尝出王氏之门者，岂不幸哉！……"

又《中国法书全集》第十三册"明二"收有南京博物馆藏文徵明《行书自书诗卷》，诗后云"右金陵近诗十四首，录上，乞批教。门生文徵明顿首稿。"或亦为文徵明上王鏊诗。

正德八年癸酉(1513)　六十四岁

在东洞庭山前复作真适园，弟王铨则作且适园。作记《且适园记》。

旧谱云："(正德)八年癸酉，六十四岁。……公既卜筑山前之居，复作园，树花果、柑橘，凿池蓄鱼鳖、水鸟，名之曰'真适'，为之语曰：'五亩园林，敢慕温公之独乐；十年廊庙，曾怀范老之先忧。'弟秉之复构园于涧水之东，公名之曰'且适'，而为之纪。"

《且适园记》见本集卷十六"记"，其记云"太湖之东有闲田焉，南望包山，数里而近；北望吴城，百里而遥。吾弟秉之行得之……乃构屋买田，且耕且读。又辟其后为园，杂莳花木以为观游之所。……又作楼曰'东望'，示不忘本源也。予往来必憩焉，与吾弟观游而乐之，因名其园曰'且适'。予于世无所好，独观山水园林花竹鱼鸟，予乐也。昔官京师，作园焉，曰'小适'。今自内阁告归，又作园曰'真适'，盖至是始足吾好焉耳。"

真适园、且适园，《(崇祯)吴县志》卷二十三"园林"：真适园，"在东洞庭，亦王文恪公所构，有莫釐巘、太湖石、苍玉亭、香雪林、湖光阁、款月榭、寒翠亭、鸣玉洞、玉带桥、舞鹤衢、来禽圃、芙蓉岸、深砚池、疏畦、菊径、蹈媵十六景。"且适园，"在太湖东，文恪公弟王铨所构，读书处。"东望楼，参见本谱正德七年条。

按:据王鏊《东望楼记》,王铨之且适园始建于弘治壬戌(十五年,1502),盖园内诸景乃陆续建成,至正德七年,东望楼才成。而'且适'之名当八年始有,因王鏊致仕在正德四年,其构真适园而名之当在此之后。且适源自真适,当又在其后。王鏊真适园大约当建于其东洞庭之宅建成之后,即正德六年到正德八年。文徵明《甫田集》(四卷本)卷三有《柱国王先生真适园十六咏》。小适园,见本谱弘治五年条。

著《广隽》、《震泽纪闻》成。

旧谱云:"《广隽》成,《震泽纪闻》成。"

《广隽》未详其书。据《四库全书总目提要》卷六十五"史部二十一·史钞类",江苏巡抚采进本有宋林越(一作林钺)撰《汉隽》十卷,"其书取《汉书》中古雅之字,分类纂纂为五十篇","盖为习宏博便利"。王鏊学习秦汉古文,此书或仿《汉隽》增而广之也。

《震泽纪闻》,据《中国善本书提要·史部·杂史类》,现存明嘉靖间刻本,北京图书馆藏,一册,有嘉靖三十年(1551)魏良贵序。落款为"中宪大夫山东按察司副使前进士新建魏良贵"的《震泽纪闻后序》云:"此编者乃其监修之暇,述所见闻以备笔削,盖自洪、永,迄于弘、德,凡忠贤之遗行,奸佞之隐情,靡不毕载,而列圣圣政之大者亦多附见。其文直,其事核,而是非不谬于古人,其于正史不为无补。"魏良贵,据《同治新建县志》卷三十二"科第"、卷四十"贤良上",魏良贵,字师孟。举嘉靖四年(1525)乡试,嘉靖十四年(1535)乙未进士,官至操江右副都御史。

作诗《传盛楼初成》。

见王铨《梦草集》卷三"归田唱和",不见于本集。王铨有和诗。

传盛楼,从王鏊、王铨诗作可知为王铨别业之楼,大约在且适园。

作联句《元宵观戏》(与王铨联)。

见王铨《梦草集》卷三"归田唱和",不见于本集。

春,王涞来访,作诗《留别王瀋之和文定公韵》。

见本集卷六"诗"。其诗有"铜瓶早漏春消息,欲取寒香入酒杯"之句。

王瀋之,即王涞,民国《相城小志》引文徵明撰墓志铭:"长洲之野,有隐君王处士,讳涞,字瀋之,茗醉其别号也。家世耕读,因其所居,称荻溪王氏。三吴缙绅,咸与交游,宅邻于湖中,蓄图书万卷,竹炉茶灶,日与白石翁、祝京兆诸名流咏吟其中,遂隐终身。"文定公,盖吴宽也,谥文定。

作诗《邹道士听雨堂》。

见本集卷六"诗"。

邹道士,黄鲁曾《吴中往哲记补遗》"先应第二十二·羽士邹炳之":"阊门外朝真宫有羽士姓邹,名炳之。素持道行……言其家将至之祸福,无有不验。"盖此人也。

二月,作诗《赠仲山》。

> 见本集卷六"诗"。其诗有"夹浦桥边二月时"之句。

作诗《癸酉春雪》。

> 见本集卷六"诗"。

饮于王俸园林,作诗《王应爵侍御家园八景》(《爱山楼》、《静观轩》、《栖岩亭》、《友石亭》、《水月轩》、《慕濂亭》、《后乐亭》、《味菜园》)。

> 见本集卷六"诗"。王应爵,即王俸,参见本谱弘治十七年条。

与严经、施凤等登莫釐峰、游法海寺、饮于偃月冈,作诗《与严太守道卿同登莫釐峰》、《与道卿、鸣阳辈同游法海寺,循平岭涉杨家坞还饮偃月冈》。

> 《与严太守道卿同登莫釐峰》见本集卷六"诗"。其诗有"微雨发春妍"之句。
>
> 严道卿,即严经,据本集卷三十"志铭"《中顺大夫知河南彰德府事严君墓志铭》与《(崇祯)吴县志》卷四十五"人物六·政事"引王鏊《墓志铭》:严经,字道卿,丙辰(弘治九年,1496)登进士。官至河南彰德府知府,致仕。王鏊一女嫁严经之子严濡,杨循吉《文恪公侧室胡太宜人墓志铭》:"女二人……次适府学生严濡,彰德府知府经子。"
>
> 《与道卿、鸣阳辈同游法海寺,循平岭涉杨家坞还饮偃月冈》见本集卷六"诗"。鸣阳,即施凤。法海寺,在东洞庭,参见本谱成化十四年条。平岭、杨家岭、偃月冈,据《(崇祯)吴县志》卷四"山下",皆在东洞庭莫釐峰附近。

春,王铨以贡北上,作联句《秉之以贡北上,饯之虎丘》(与范文英、王铨、王缪联)。

> 见王铨《梦草集》卷三"归田唱和",不见于本集。其联句有"微茫烟柳隔斜曛"、"春回官道惜离群"之句。盖王铨北上在春天。
>
> 《太原家谱》卷三"科第":"贡士:铨,治《诗》,正德七年(1512)岁贡,苏州府学。"范文英,参见本谱正德四年条。王缪,即王鏊同父异母弟,周夫人生,《太原家谱》卷六"宗谱"云:"(王琬第四子)缪,行七,字进之。"

作序《重刊左传详节序》。

> 见本集卷十三"序"。其序云:"《春秋左传详节》三十五卷,宋鲁斋朱申周翰注释,今董南畿学政黄侍御希武翻刻以示后学者也。侍御以近世学者莫不为文而未知文之有法,故刻示之。予叙之曰……"
>
> 《重刊左传详节》,现上海图书馆藏有明刻本《音点春秋左传详节句解》三十五卷,前有王鏊序,署曰:"正德癸酉二月既望震泽王鏊叙",盖即此。
>
> 朱申,字周翰,号鲁斋(《宋元学案补遗》卷四九)。休宁人,光宗绍熙元年

（1190）进士。（弘治《徽州府志》卷六）。黄希武，即黄如金，张弘道、张凝道《皇明三元考》卷八"弘治十七年（1504）甲子科"："（解元）福建黄如金，莆田人……治《诗》，乙丑（十八年，1505）进士，庶吉士，擢御史。"

作记《通州重建狼山庙门记》。

见本集卷十七"记"。其记云："自顷奸臣擅朝，盗贼纷然起北方，所过屠掠，流血成川，城市为墟。久之，上乃命都御史陆完、彭泽节制山东河南诸军，且调沿边健卒，屡与贼战，贼始北奔溃。……捷闻，完等及将士皆晋爵有差。而晖、永念神之功不可忘，乃捐赐金改作庙门。经始正德壬申（七年，1512）十月，癸酉三月告成。求纪其事于碑以彰神异。……"

本集卷二十二"碑"《江淮平乱碑》作于同时。其碑云："至是，群盗荡平，中外乂安。……七月甲午班师，诛余贼于市，劫胁者悉纵归之。捷闻，自节制而下襃赏进爵者有差，诏建江海神祠于狼山，相与伐石纪勋以示永久。"

江海神庙，《明武宗实录》卷九八："正德八年三月……癸未（十四）……命立江海神庙于狼山，岁致祭。"《（万历）通州志》卷五"坛庙"："江海神祠在狼山巅。正德七年（1512）知州高鹏奏请，九年（1514）知州蒋孔旸奉敕建。吴人大学士王鏊有碑。"

作诗《云间曹宪副时中梦予抱病，作诗见及，有"可惜中兴天下计，独留忠鲠老东吴"之句，因酬之》。

见本集卷六"诗"。

曹时中，即曹节，据何三畏《云间志略》卷九"人物·曹宪副定庵公传"：曹时中，初名节，后以汉阉曹节为耻，故以字行，别号定庵、宜晚居士，华亭人也。登成化己丑（五年，1469）进士榜。年仅四十有余以浙江海道副使致仕。

作诗《予伏林下睹闾阎之疾苦，悯征求之繁多，伤循吏之难值也，每以为叹。癸酉六月，客有过予，谈海虞胡令之政者，为赋诗》。

见本集卷六"诗"。

海虞胡令，即胡巍，《康熙常熟县志》卷十"官师表·明·知县"："胡巍，字世高，开州人。进士，正德五年（1510）至九年（1514）任。"又卷十五"宦迹"："胡巍，字世高，任知县，淳质有吏能，被召，卒。王文恪公有诗赞美。"张朝瑞《皇明贡举考》卷六"戊辰正德三年会试"：第三甲二百三十一名赐同进士出身，有胡巍，直隶开州。盖王鏊主考会试所取士也。

作诗《再游南湖》。

见本集卷六"诗"。

再游，王鏊正德七年《游湖》诗有"游遍南湖又北湖"之句，故此云再游。

作诗《湖心亭》。

见本集卷六"诗"。其诗有"归来还约中秋时,把酒青天看明月"之句。

作记《吴江城记》。

见本集卷十七"记"。其记云:"大盗南窥,三吴骚动,鲸奔豨突,人莫自保。而城居者独晏然恃以无恐。时苏之属县无城者四:昆山、嘉定、常熟、吴江。……吴江尹萧君九成独曰:'吾其试为之。'……始事于正德癸酉二月,至九月壬午而城成矣。……于是吴江父老请予纪其事。"

吴江城,《乾隆吴江县志》卷六"城池":"正德九年(九字误,按王记云,城之修始正德癸酉二月,终是年九月,则当云八年也),知县萧韶复大筑之,大学士王鏊记。"

作诗《送陈指挥璠[蕃]迁浙江都司》。

见本集卷六"诗"。其诗有"朝廷又起故将军,浙水吴山阃外分"之句。

陈璠,据韩邦奇《苑洛集》卷七《提督操江南京后军都督府都督佥事陈公墓表》:陈璠,字汝玉,号思古,浙江湖州府安吉之荆溪乡人。年甫十七嗣温州卫指挥同知。《明武宗实录》卷一〇五:"正德八年十月……壬寅(初八)……命浙江署都指挥佥事陈璠本都司掌印管事。"

作诗《户部正郎无锡钱世恩乞归养母,作楼曰"爱日",予为赋诗》。

见本集卷六"诗"。

钱世恩,即钱荣,参见本谱弘治十六年条,据毛宪、吴亮《毗陵人品记》卷八与《明武宗实录》卷五十:钱荣弘治癸丑(六年,1493)进士,官至户部郎中,正德四年五月癸卯(十二)乞终养。爱日楼,刘瑞《五清集》卷八"禁垣稿"《爱日楼记》云:"今都水郎中君世恩以弘治辛酉(十四年,1501)假归,始筑楼居其母太安人,榜曰'爱日',尊所养也。"

作诗《赠钱元抑》。

见本集卷六"诗"。

钱元抑,即钱贵,参见本谱正德五年条。

游邓尉、天平诸山,作诗《过邓尉山天真上人新开禅院》、《有约登天平绝顶者,行至龙门力惫而止》、《天平范氏坟》。

均见本集卷六"诗"。

邓尉山,《(正德)姑苏志》卷八"山上":"邓尉山,在光福里,俗名光福山。在锦峰西南,离城七十里。"

天平山,参见本谱弘治十三年条,王鏊多次游历。龙门,参见本谱正德七年条。

范氏坟,《(正德)姑苏志》卷八"山上":"(天平山)南趾白云寺,范文正公祖墓在焉。"又卷三十四"坟墓":"范文正公仲淹祖墓在天平山三让原。"

冬,汤鼐来访,与汤鼐、徐源、刘杲游石湖及治平寺。作诗《游治平寺登吴王郊台》、《同年汤侍御用之自寿春来访予,于吴中流连久之。时同年在者,惟仲山、世熙两中丞,因邀为石湖之游,日云莫矣,直至上方而还。因赋诗为别二首》。

《游治平寺登吴王郊台》见本集卷六"诗"。其诗有"朝发石湖渍,暮抵太湖岸"、"越来溪边越城在,夫差受困云在兹"之句。

治平寺。《(正德)姑苏志》卷二十九"寺观上":"治平教寺在上方山下,梁天监二年(503)僧法镜建,旧名楞枷寺,宋治平元年(1064)改今名。"吴王郊台,《(正德)姑苏志》卷二十九"古迹":"郊台在横山东麓,石湖之上。相传吴僭王号时尝郊祭于此,今坛壝之形尚存。"

《同年汤侍御用之自寿春来访予,于吴中流连久之。时同年在者,惟仲山、世熙两中丞,因邀为石湖之游,日云莫矣,直至上方而还。因赋诗为别二首》见本集卷六"诗"。其诗有"迟日溪山好放舟,同人同作石湖游"、"姑苏台上看斜阳"、"岁寒尚有篱边菊"之句,当作于本年冬。

汤侍御,即汤鼐,据万斯同《明史》卷二四六《汤鼐传》:汤鼐,字用之,寿州人。成化十一年(1475)进士,官至监察御史。弘治初,因中书舍人吉人事,以受贿戍海州。详见《明孝宗实录》卷二四"弘治二年(1489)三月戊寅条"及王鏊《震泽纪闻》卷下"汤鼐"。仲山,即徐源。世熙,即刘杲,参见本谱弘治三年条,据《明武宗实录》卷八十、一○六,刘杲正德六年十月丙申(十九)以都察院右副都御史致仕,正德八年十一月甲午(三十)卒。

作诗《金泽僧辨如海年八十九矣,手制莼菜并诗见贻,因和之》。

见本集卷六"诗"。

如海,参见本谱弘治元年条。

作诗《送萧九成》。

见本集卷六"诗"。其诗有"吴枫叶落洞庭波,之子还朝整珮珂"、"三年邑里减征科"之句。

萧九成,即萧韶,《(正德)姑苏志》卷四"古今守令表下":"萧韶,南平人。举人,正德五年(1510)任(吴江县令),升户部主事。周伟,永新人。进士,九年(1514)任(吴江知县)。"盖萧韶进京述职也。

本集卷十七"记"《天趣园记》作于同时。其记云:"延平多佳山水,而萧君九成之园特占其盛。……予乃为记于壁,庶后人观其园以考其政也。"邵宝《容春堂后集》卷九"歌"《天趣园十景歌》:"地官萧九成作园于延平里第之旁,名曰'天趣园'。有景十,皆自成也。"

作诗《次韵徵明失解兼柬九逵》。

见本集卷六"诗"。文徵明《甫田集》卷五"诗"有《失解无聊用履仁韵写怀兼柬蔡九逵》,韵与本诗全同。盖文徵明与蔡羽乡试失利也。

作诗《碧螺峰》。

> 见本集卷六"诗"。
>
> 碧螺峰,《(崇祯)吴县志》卷四"山下":"碧螺峰在东洞庭山莫釐峰西南。"

作序《瓜泾集序》。

> 见本集卷十三"序"。其序云:"《瓜泾集》者,集通议大夫都察院右副都御史长
> 洲徐公之文也。……故公之门下士与弟季止哀类其诗若文得若干卷,刻之,而
> 予为之序。公名源,字仲山,瓜泾,其所家处也。"

作记《慈湖书屋记》。

> 见本集卷十六"记"。其记云:"有自浙东来者曰走也作室于慈溪之慈湖。湖,
> 先正杨文元公之遗也。吾居滨焉。……唯执事记之以勖其成。'"

作记《尧峰山佛殿记》。

> 见本集卷十七"记"。其记云:"吴横山之西南有峰名尧。……弘治初,有云谷
> 禅师讳莅始谋居之,与其徒文通,披蓁剔荟,支倾葺颓。……而大雄殿费巨,未
> 遽议也。久之,云谷示寂,通矢卒先志,乞诸檀越。……于是富者施财,贫者施
> 力……大雄之殿,倏还旧观矣。初予自内阁告归,间一造焉。……"
>
> 尧峰山,王鏊正德四年致仕归吴,曾宿焉,参见本谱正德四年条,《(崇祯)吴县
> 志》卷二十五"僧坊二·郊外寺院"引王鏊《尧峰山佛殿记》,其"初予自内阁告
> 归,间一造焉"作"初予北归,造焉"。

作志铭《亡妹故叶元在室人墓志铭》。

> 见本集卷二十九"志铭"。
>
> 亡妹,即王鏊胞妹,据本铭,嫁南濠叶元在(璇),正德辛未(六年,1511)五月十
> 七日卒,年五十,森以癸酉三月二十八日奉其柩葬横山西仓坞。森,即叶森,叶
> 元在与王氏之子,参见本谱弘治十三年条。

作志铭《勤上人塔铭》。

> 见本集卷三十"志铭"。
>
> 勤上人,参见本谱正德四年条,据本铭,勤上人"正德八年五月忽示疾,辟谷者
> 五十余日,俨然而化,春秋八十有九",其年九月十七日葬俞坞之冈。

正德九年甲戌(1514)　六十五岁

二月,靳贵入阁。

> 《明武宗实录》卷一〇九:"正德九年二月……丙午(十二),命掌詹事府事礼部
> 尚书兼翰林院学士靳贵改文渊阁大学士,内阁办事。"

作诗《甲戌春偶成》。

见本集卷六"诗"。其诗有"正好春光二月天"之句。

作诗《二月十二日雪》。

见本集卷六"诗"。其诗有"正德九载春,开岁始十日。青天忽闻雷,远近惊辟易。雷声甫云收,大雪忽盈尺。连阴二月中,节候过惊蛰。春分晴复雨,雨后雪仍积"之句。

《(崇祯)吴县志》卷十一"祥异":"(正德)九年甲戌正月十日,天鼓鸣声如雷。二月十二日,大雪,连阴雨。"引王鏊《纪二月十二日大雪诗》。

作诗《苦雨和施鸣阳》。

见本集卷六"诗"。其诗有"十日愁霖一日晴"、"摧颓杨柳春无奈"之句。

施鸣阳,即施凤。

与邵天赐游象鼻岭,作诗《与宜兴邵天赐小饮象鼻岭》。

见本集卷六"诗"。其诗有"漠漠轻阴雨复晴,晴时还不废郊行"之句。

邵天赐,《永定邵氏世谱》卷九"世表分编·存拙公派":"第十世:瓘子天赐,弘治五年输粟赈饥,恩授七品散官。行正二,字良畛,号橘隐。生明天顺三年乙卯二月二十二日,卒正德十三年戊寅八月初六日,寿六十。……"但据《永定邵氏世谱艺文外集》卷十"祭文"《祭蒲轩邵公文》,邵天赐当卒于正德十二年十二月之前,此当为"正德十二年丁丑"之误。邵天赐子邵銮娶王鏊第三女。

往昆山朱氏行礼,作诗《至太仓欲观海不遂》、《舟中望昆山》、《还至维亭》。

《至太仓欲观海不遂》见本集卷六"诗"。

《舟中望昆山》见本集卷六"诗"。

昆山,《(嘉靖)昆山县志》卷三"山":"昆山高一百七十丈,周回八里。……今虽在华亭境内,而县名犹存,实吾邑之旧物也。"

《还至维亭》见本集卷六"诗"。其诗有"早潮时去晚潮回,陆市巴城迤逦来"之句。

维亭,即潍亭,黄暐《蓬轩吴记》(《烟霞小说》本)卷上:"潍亭去郡城东三十里,昆山去潍亭东四十里,又东百里为刘家港。港口,大海也,海潮入港,抵昆山。"

陆市、巴城,《(嘉靖)昆山县志》卷三"水":"巴城湖在县西北二十五里。"卷三"市":"陆家浜市,县东南十二保木瓜浦,创于宣德初。"

作书《文恪公与秉之公书》。

见《太原家谱》卷二十八"杂文类下编",不见于本集。其书云:"将行礼于昆山朱氏,四姐珠冠,闻在延望处,请假一用,千万带来为妙。吉日有期,请预先到城,有事可商议,且有数处游山之期未了。专待上来同一行以散抑郁之怀。"

行李于昆山朱氏,或即王鏊之女,嫁与朱文次子朱希召也,参见本谱成化二十三年按。四姐，即王鏊第四女也，嫁靳贵子懋仁；延望，王铨子也。抑郁之怀，盖王铨科举不遂之事。

避暑偃月冈施凤处，作诗《六月十九日避暑偃月冈》。

见本集卷六"诗"。

偃月冈，即东冈，施凤之所居也。

作诗《东山图寄同年谢少傅》。

见本集卷六"诗"。其诗有"谢公昔隐东山阿，其如海内苍生何？谢公今隐东山上，海内其若苍生望"、"奸邪作奸今亦已，中外望公犹未起"之句。

谢少傅，即谢迁。

八月，为文徵明书近作五首。

王应奎《柳南随笔》卷六："前代不以书名而其书绝佳者，为震泽王文恪公。家侍御次山峻尝为余言之。友人顾文宁士荣藏公行书一卷，为公自书所作《泛南湖饮湖心亭》、《游治平寺登吴王郊台》、《至太仓欲观海不遂》、《舟中望昆山》、《雨登昆山，雨阻还至夷亭》、《六月十九日避暑偃月冈》诸诗。公自题其后云：'征仲以此卷索近作，草草书此以复。征仲览之，能不有以见教乎？东山拙叟王鏊。时正德甲戌（九）八月也。前有'颜乐斋印'，后有'济之'及'大学士章'二印。此书瘦硬通神，全是晋人风格，视文、祝当胜一筹。观此而知侍御品题果为不爽云。"

《泛南湖饮湖心亭》盖即《湖心亭》诗，与《游治平寺登吴王郊台》作于见正德八年；《雨登昆山，雨阻还至夷亭》盖即《还至维亭》，与《至太仓欲观海不遂》、《舟中望昆山》、《六月十九日避暑偃月冈》作于本年。

作诗《九月二日登高》。

见本集卷六"诗"。其诗有"重阳未到便登高"之句。

与谢琛登阳山，游西洞庭山，作诗《与谢宪副德温游阳山箭缺至半山寺而止》。

见本集卷六"诗"。

谢德温，即谢琛，《同治弋阳县志》卷九"人物·宦业"："谢琛，字德温，弘治十二年（1499）进士。"《明武宗实录》卷九十八："正德八年三月……辛卯（二十二），命苏松兵备副使谢琛……分管水利。"阳山，参见本谱弘治十三年条，《（正德）姑苏志》卷八"山上"："阳山……大峰一十五而箭缺为绝顶。……箭缺下有文殊寺。"

本集卷十三"序"有《赠谢封君序》作于同时。谢封君，谢琛之父。

作诗《奉次杨、靳二阁老见寿之韵》。

见本集卷六"诗"。其诗有"宋玉怀人感暮秋"、"多谢新诗寄林下"之句。

杨、靳二阁老,即杨一清与靳贵。杨一清时尚未入阁,诗题盖后来追改。杨一清《石淙诗稿》卷十一"吏部稿"有诗《寄寿守溪王先生》。

作诗《陈以钧得子二首》。

见本集卷六"诗"。其诗有"半舫斋前种玉时,森森才见出墙枝"、"年逾耳顺发鬖鬖,其奈诸孙未见何"之句。

陈以钧,其人未详,或为陈璠子,因半舫斋乃陈璠在京师之宅邸。

作诗《将游毛公坛宿包山寺,明日雨不克至》。

见本集卷六"诗"。

毛公坛,《(崇祯)吴县志》卷四"山下":"(西洞庭)其峰缥缈最高,缥缈之南左偏坡陀为竹坞岭。岭东为上方山,又东为罗汉山,毛公坛在其阴。"

包山寺,《(正德)姑苏志》卷二十九"寺观上":"包山禅院在洞庭西山,梁大同中(535—546)置为福惠寺。……唐上元九年(唐上元仅三年,此当误)改包山寺。"

作诗《次师陈西干草堂韵》。

见本集卷六"诗"。

师陈,即卢襄。

作说《澹庵说》。

见本集卷十四"说"。其说云:"歙之潜川有人焉,春秋八十,而有童孺子之色。……翁汪姓,相其名。"

汪相,据严嵩《钤山堂集》卷三十一"志铭"《汪处士墓表》:汪相字以辅,别号澹庵,歙州潜川人也。家世以赀雄,正德戊寅(十三年,1518)十二月十九日卒,享年八十有四。"予往读少傅王文恪公所著《澹庵说》,谓'处士春秋八十而有童孺之色'"由汪相正德十三年年八十四卒,可推知其年八十在正德九年。

正德十年乙亥(1515) 六十六岁

正月,访友于陈湖,作诗《乙亥新正十日过陈湖二绝》。

见本集卷六"诗"。其诗有"陈湖东畔是君家"、"漫作陈湖两日游"之句。

陈湖,《(正德)姑苏志》卷十"水":"澹台湖,在太湖之东。……自此东过宝带桥入运河,分流入黄天荡、入陈湖、入金泾淹。"此当指陈镒,即陈璠子,世家陈湖。

与王铨饮于怡老园,作联句《怡老园宴集》(与王铨联)。

见王铨《梦草集》卷三"归田唱和",不见于本集。其联句有"西城鸟雀噪斜曛"、"弱柳受风低岸绿,红梅得雨压枝肥"之句,盖作于初春也。

作诗《二月真适园梅花盛开四首》。

见本集卷六"诗"。

真适园,参见本谱正德八年条。

作诗《三月六日庭前柏树有露如脂,其味如饴,或曰甘露,或曰非也,作诗纪之》。

　　见本集卷六"诗"。

　　《(崇祯)吴县志》卷十一"祥异":"(正德)十年乙亥,大水。三月六日,洞庭东山柏树有露如脂,其味如饴。"引王鏊《纪甘露诗》。

与蔡羽畅游西洞庭湖山,作诗《和九逵见招山行》、《消夏湾》、《明月湾石板》、《石公山石洞》、《石公山试剑石》、《石公山》、《林屋洞口古井》、《徐氏薜荔园》。

　　均见本集卷六"诗"。

　　九逵,即蔡羽。

　　消夏湾,《(崇祯)吴县志》卷六"古迹":"消夏湾在西洞庭,湾可十余里,三面皆山,独南面如门阙,传吴王避暑处。"

　　明月湾,《(崇祯)吴县志》卷六"古迹":"明月湾在西洞庭山(消夏湾之东),吴王玩月处。"

　　石公山,《(崇祯)吴县志》卷四"山下":"(西洞庭缥缈峰)稍东为洞山,林屋洞在焉……其南西走长而狭者为梭山,明月湾在焉;一峰入湖为石公山……其后诸峰……稍东为龙头山、棱山,龙头之间为消夏湾。"

　　林屋洞,参见本谱弘治十二年条。

　　《徐氏薜荔园》有"帆影春归渡渚稀"、"却嫌旧日园林主,凤沼承恩久未归"之句。

　　徐氏,即徐缙,西洞庭人,王鏊之婿也,据《(崇祯)吴县志》卷四十八"人物十一·文苑"引章焕状略,徐缙弘治十八年(1505)登进士,正德十年(1515)进侍读。时徐缙在朝为官,故诗曰"凤沼承恩久未归"。

作序《重刊唐六典序》。

　　见本集卷十三"序"。其序云:"……唐有六典……而世无刻本,间于中秘得其书,伏读玩绎,手录以归。……浙江按察使潼川席君文同[同文]不知何自得之而意独嘉焉,捐俸命工刻之苏郡,未竟升任去。继其任者为嘉鱼李君立卿,实成之,且以序属鏊曰:'六典自公而传,非公谁序者。'"

　　《唐六典》,唐玄宗御撰,李林甫等注,今台北"国立故宫博物院"藏有正德乙亥李承勋苏州刊本三十卷,卷首有王鏊序,落款为"正德乙亥夏四月之吉,光禄大夫柱国少傅太子太傅户部尚书武英殿大学士王鏊序,吴郡陈怡书"。

　　席文同,即席书,据焦竑《焦太史编辑国朝献征录》卷十五"内阁四"杨一清《光禄大夫柱国少保兼太子太保礼部尚书武英殿大学士赠太傅谥文襄席公书墓志铭》:席书,姓氏,字文同,别号元山,系出蜀潼川州之遂宁。弘治庚戌(三年,1490)第进士。《明武宗实录》卷一一四:"正德九年七月……甲申(二十三)……升浙江按察司按察使席书为山东布政司右布政使。"李立卿,即李承勋,据焦竑《焦太史编辑国朝献征录》卷三十九"兵部二·尚书二"《兵部尚书李公承勋传》:李承勋,字立卿,嘉鱼人。弘治六年(1493)进士。《明武宗实录》卷一一四:"正德九年七月……戊子(二十七)……升江西南昌府知府李承勋为浙江按察司按察使。"

闰四月,杨一清入阁,陆完任吏部尚书。

《明武宗实录》卷一二四:"正德十年闰四月……辛酉(初四),命吏部尚书杨一清兼武英殿大学士入内阁供事。……庚午(十三),改太子太保兵部尚书陆完为吏部尚书。"

作书《与陆冢宰书》。

见本集卷三十六"书"。其书云:"得邸报,知已正位冢宰,甚盛甚盛!铨曹自昔所重,入国朝尤重,而南士居之者颇鲜。若吾苏则自昔无之,而始见于今也,可不谓盛乎!"陆冢宰,即陆完。

往东冈访施凤,作诗《五月十三日过东冈看新竹,时杨梅正熟,红绿掩映,甚可观也,诗因及之》。

见本集卷六"诗"。其诗有"我来避暑年年事"之句。

六月,王铨以贡生授杭州府经历,不赴。作诗《慰秉之》,词《贺秉之授经府》。

《(崇祯)吴县志》卷三十七"选举六·贡生":"正德岁贡:王铨,字秉之,鏊弟。治《诗》,府学,授杭州府经历。"

本集卷三十一"志铭"《亡弟杭州府经历中隐君墓志铭》:"予弟入郡膠学行为一时冠,部使者皆推重,至科场辄不利,最后以年例贡入京。值逆瑾盗政,叹曰:'此岂求任时耶?'遂告。入太学久之,乃授迪功郎杭州府经历空名告身,亦不之官。"经历,张廷玉《明史》卷七十五"职官志四":"府。……经历司,经历一人,正八品。"迪功郎,张廷玉《明史》卷七十二"职官志一":"文之散阶四十有二。……正八品,初授迪功郎。"空名告身,未填姓名的补官文凭。

《慰秉之》见本集卷六"诗。"其诗有"功名不用叹差池,利钝人生固有之"、"芥蒂胸中都扫尽,兄酬弟劝复贺疑"之句。盖王铨终以贡士授杭州府经历,其心不甘也。

《贺秉之授经府》见本集卷九"词",又见《太原家谱》卷二十八"杂文类下编",名《秉之公授经府词》,略有不同;又见王铨《梦草集》卷三"吏隐唱和",名《秉之授经府》,略有不同。其小序云:"秉之弟积学力行而困于数奇。正德十年六月蒙恩特授古杭经府之衔,有其荣而无其劳。"其《梁州序》词有"输与伊人一著高"之句。《太原家谱》卷二十七"杂文类上编"与王铨《梦草集》卷三"吏隐唱和"又有王铨《遂高堂诗》,其小序曰:"东庄厅事,旧匾'远喧'。至正德十年,遥授古杭经府之职,兄赠词一阕,中有'输与伊人一著高'之句,因取'遂高'以颜其堂。"

作诗《酬鸣阳苦热韵》。

见本集卷六"诗",又见王铨《梦草集》卷三"归田唱和",王铨有和诗。

九月,右副都御史王懋中上疏荐王鏊等,诏责之滥举。

《明武宗实录》卷一二九:"正德十年九月……辛卯(初八)……巡抚云南右副都御史王懋中言四事:'……一,致仕大学士谢迁、李东阳、王鏊、刘忠,尚书刘大夏、韩文,都御史李士实、林俊宜启用,咨访政事,委托机务。……'诏责其泛言滥举,令具实自陈。"

王懋中,据雷礼《国朝列卿纪》卷七四"南京都察院左右都御史行实·王懋中":王懋中,字时与,号心远,江西吉安府安福县人。成化甲辰(二十年,1484)进士。《明武宗实录》卷一三七:"正德十一(1516)年五月……庚戌(三十),巡抚云南都察院右副都御史王懋中乞致仕,许之。"

作诗《喜玄敬少卿致仕》。

见本集卷六"诗"。其诗有"似我归来亦未迟,夫君得谢又先之"之句。

玄敬,即都穆,据胡缵宗《鸟鼠山人小集》卷十五"墓志铭"《明中宪大夫太仆寺少卿致仕都公墓志铭》:都穆,字玄敬,先为丹阳人,后徙苏,居吴县南濠里。弘治八年(1495)"举于乡",十二年(1499)第进士。年五十有四,仕为礼部主客司郎中,上书乞骸骨归,加太仆寺少卿致仕。嘉靖乙酉(四年,1525)九月二十二日,年六十有七卒。

按:由都穆嘉靖四年年六十七卒,可推其年五十四致仕是在正德七年,但据其《使西日记》,正德八年都穆仍以礼部郎中册封庆府,盖其正德七年即上书乞仕,正德十年始获允。

本集卷十三"序"有《游名山记引》作于同时。《游名山记》浙江图书馆、南京图书馆、清华大学图书馆现藏有明闵元衢刻本,前有王鏊引,署名"正德乙亥(十年)冬十月光禄大夫柱国少傅太子太傅兼户部尚书武英殿大学士致仕王鏊书"。

《震泽长语》编成。

旧谱云:"(正德)十年乙亥,六十六岁。《震泽长语》成。"

《震泽长语》,据《中国善本书提要·子部·杂家类》,现有明刻本二卷,一册,北京图书馆藏。前有王鏊自序云:"余久居山林,不能嘿嘿。阅载籍有得则录之,观物理有得则录之,有关治体则录之,有裨闻见则录之,久而成帙,名曰《震泽长语》云。吴郡王鏊济之。"《四库全书》"子部·杂家类"亦收,其提要云:"《震泽长语》二卷,明王鏊撰。……此本乃其退休归里时随笔录记之书,分经传、国猷、官制、食货、象纬、文章、音律、音韵、字学、姓氏、杂论、仙释、梦兆十三类。鏊文词醇正,又生当明之盛时,士大夫犹崇实学,不似隆庆、万历以后聚徒植党,务以心性相标榜,故持论颇有根据。……"

作记《太仓州新建城楼记》。

见本集卷十七"记"。其记云:"弘治十年(1497),诏建州治于太仓。……其为州也,而西北之楼独缺。正德十年,监察御史邵阳唐君凤仪按其地,则命建之。莆田黄君廷宣知州事,鸠工庀材,不期月而楼成。……间属予记。……"

唐凤仪,何出光等《兰台法鉴录》卷十四"正德朝":"唐凤仪,字应韶,湖广邵阳人。正德三年(1508)进士。六年(1511)由行人选江西道御史,巡按苏松浙江。……"盖王鏊主考会试所取士也。黄廷宣,《(正德)姑苏志》卷四"古今守令表下":"黄廷宣,莆田人。进士,(正德)十年任(太仓州知州)。升南京右府经历,湖广佥事。"《(嘉靖)太仓州志》卷二"城池":"正德十年,巡按御史唐凤仪、知州黄廷宣建。"

作记《壑舟记》。

见本集卷十七"记",又见《太原家谱》卷二十七"杂文类上编"。其记云:"仲兄涤之既倦游,筑室洞庭之野,穹焉如舟,因曰:'是宜名壑舟。'属弟鏊记之。"

涤之,即王鏊仲兄王鏊,参见本谱正德五年条。壑舟园,据《洞庭东山志》,园成于成化丁未(二十三年,1487),现存有《壑舟园图》二,一为沈周绘,有唐寅、祝允明、罗玘、白钺、涂瑞、刘机六人题诗;一为蒋藻绘,有李旻、姚绶、杨廷和、费宏、杨循吉、蒋冕、沈翼七人题诗及王鏊所作《壑舟记》。

作碑《苏州府建文丞相庙碑》。

见本集卷二十二"碑"。其碑云:"公既死,燕京、庐陵皆有祠,而吴独缺。太仆少卿文君森,其先自庐陵徙衡山,自衡来吴,盖公之裔胄也。子斗愿以其地作庙,世守其祀。巡按监察御史谢君琛以闻,诏可,赐其庙曰'忠烈'。有司春秋饗祀如礼。正德十年月日庙成,斗来请予纪其事于丽牲,以诏来裔。"

文丞相庙,《(崇祯)吴县志》卷十九:"坛庙":"忠烈旧祠在永丰仓西北,祀宋丞相前平江知府文信国公天祥。正德十年巡按御史谢琛建。"文森,参见本谱正德六年条,据文徵明《甫田集》卷二十六"行状"《先叔父中宪大夫都察院右佥都御史文公行状》,时任南京太仆寺少卿。

作志铭《定之公寿藏铭》。

见《太原家谱》卷二十一"碑志类上编",不见于本集。

定之公,王鏊堂兄弟王镇,据《太原家谱》卷七"世系图·伯英公支",惟能,即王谨,王鏊祖王逶之幼弟;友泽,即王琛,王谨之长子;又卷六"宗谱":"(王琛第二子)镇,行二,字定之。"据本铭,王镇年七十有三,诸子为其寿藏于山之西马坞。配叶氏,正德四年(1509)正月四日卒,寿止六十有七,十年十二月二十日葬焉。

作箴铭《敦叙堂铭》。

见本集卷三十二"箴铭"。其铭云:"少保太子太保兼户部尚书武英殿大学士京口靳公作先庙于第之东,春秋饗祠如礼。已又作敦叙堂于祠之前,以为利成享馂合族之地,而属予铭。"

靳公,即靳贵,参见本谱弘治九年条。祝允明《怀星堂集》卷九"箴铭"《靳氏祭器祭服二铭·器铭》:"正德甲戌(九年,1514)岁,文渊阁大学士礼部尚书内相戒庵先生靳公作祠堂于京江里第。"

正德十一年丙子(1516) 六十七岁

二月,侧室万氏生一子,即王延昭,为王鏊的幼子。由长子王延喆夫妇代为抚养。

旧谱云:"(正德)十一年丙子,六十七岁。……二月,幼子延昭生,侧室万氏出。公晚年得子,深为后虑。长子及妇毛氏齐声曰:'勿忧也,愿抚育如子。'公喜,即托付之。甫在襁褓,随携去,命乳媪乳哺之。时长君未有子,爱之如己出,实能体公心焉。"

延昭,据《太原家谱》卷八"世系图·北宅卓峰公支",延昭,字卓峰,陆粲《陆子余集》卷三《前儒林郎大理寺右寺副王君墓志铭》云:"(王延喆)家居事文恪公孝养隆备,抚幼弟延昭有恩。"随携去,盖指随王延喆往京师赴任也。毛氏,毛珵之小女,文徵明《甫田集》卷二十六"行状"《明故嘉议大夫都察院右副都御史毛公行状》云:"女五人:……次适大理寺副王延喆,太傅王文恪公长子。"

三月,荫长子王延喆为中书舍人。

《明武宗实录》卷一三五:"正德十一年三月……丁亥(初六),荫致仕大学士王鏊子延喆为中书舍人。"

中书舍人,张廷玉《明史》卷七十四"职官志三":"中书科,中书舍人二十人,从七品。……中书舍人掌书写诰敕、制诏、银册、铁券等事。"

作诗《酒熟志喜》。

见本集卷五"诗",本诗又见王铨《梦草集》卷三"归田唱和",王铨有和诗。

作诗《追思慈爱堂为武定侯郭勋赋》。

见本集卷七"诗"。

郭勋,万斯同《明史》卷一六五"郭英传":"(英玄孙良)正德初卒,子勋嗣,勋桀黠有智数,颇涉书史。正德中,镇两广,入掌三千营。"

四月,与弟王铨、王镠访妹夫顾氏,与都穆游城西诸山。作诗《四月九日与弟秉之、进之过通安桥顾氏,因携玄敬登阳山绝顶。次日过虎山桥、七宝泉至灵岩山而还,得诗三首》(《佚名》、《虎山桥》、《七宝泉》),作联句《第三泉联句》(与王铨、都穆联)。

旧谱云:"四月,与秉之过顾氏(公之妹家)。偕都玄敬穆登阳山,过虎山桥、七宝泉至灵岩山,赋诗纪兴。又送子北上,泛江登金、焦山,皆有诗。"

顾氏,吴宽《封詹事府少詹事兼翰林院侍读学士前光化县知县王公墓志铭》云:"女二,皆有归。"嫁与顾氏者盖周夫人生,王鏊同父异母妹也,叶夫人所生其同母妹嫁叶元在。

三首诗见本集卷七"诗",又见王铨《梦草集》卷三"归田唱和",题为《四月十三日与秉之、进之过通安[安通]桥,遂偕太仆同登阳山绝顶》(《佚名》、《虎山桥》、《七宝泉》),王铨均有和诗。

第一首缺题目,从其内容来看,当名《阳山》。进之,即王鏊同父异母弟王镠,周夫人生,参见本谱正德八年条。通安桥、虎山桥,《(崇祯)吴县志》卷十六"桥梁·城外":"通安桥;虎山桥,在光福,西接太湖。……成化十一年(1475)重修。"玄敬,即都穆,参见本谱正德十年条。七宝泉,王锜《寓圃杂记》卷六"七宝泉":"光福之西五里,有西崦,周遭皆山,中有一水,其景绝类杭之西湖。然地僻而游者甚少。山有泉曰'七宝',莹洁甘饴,素不经浚凿,纯朴未散,其味迥过于惠山、虎丘也。"

《第三泉联句》见本集卷九"联句"。

第三泉,在虎丘山,《(正德)姑苏志》卷八"山上":"虎丘山在府城西北七里。……其最著为剑池,两岸划开,中涵石泉,深不可测。……泉即张又新所品第三泉也。"王鏊联句有"池涵宝剑气犹腥"之句。

七月,李东阳卒。

《明武宗实录》卷一三九:"正德十一年七月……己亥(二十)……致仕特进光禄大夫左柱国少师兼太子太师吏部尚书华盖殿大学士李东阳卒。……至是卒,讣闻,上辍视朝一日,祭葬如例,仍赐米布五十石疋,新钞一万贯,赠太师,谥文正,给之诰命。……正德初……刘瑾威权日盛,狎视公卿,惟见东阳则改容起敬。时焦芳与东阳同官,又助瑾煽虐。东阳随事弥缝,去太去甚,或疏论廷辩,无所避忌,所以解纾调剂,潜消默夺之功居多,否则衣冠之祸不知何所极也。或者乃以其依违隐忍,不即决去非之,过矣。"

王鏊《震泽纪闻》卷下"李东阳":"东阳以文学负大名,性善因事弥缝将顺,又能以术牢笼士类,使出门下。士之有才艺而好名者多归之。朝有美政,则为扬于外,曰:'非西涯不能为。'有不当,则曰:'西涯争之不能得。'正德初,诸大臣叩阙欲去嬖幸八人。中官以上命日至阁议可否。刘、谢争之强,忤旨皆去位。而东阳噤无一言,遂独被留。刘瑾初得政,亦不满之。必欲其去,鳌等固留之,乃止。瑾独不能平,乃出其所修《纂要》示朝臣曰:'恶用是为?当时执政欲为援引私人,假此为名耳!'又属文华殿侍直诸人,使指摘疵谬,以是大困,曰:'吾智力俱竭矣!'谋之焦芳,芳为言于张綵,綵为纳款于瑾,稍得自安。自是一意奉瑾。每四方奏疏入,将批答,必先问曰:'上面意云何?'有重大事难处者,命堂后官抱至河下问瑾。得瑾者,然后下笔。于是瑾大悦焉。……及鳌去位,东阳留自若;瑾败,亦自若。于是,始不为公论所容。……南京吏部侍郎罗玘,其所取士也,曰:'吾不复为公门下士也。'贻之书……东阳得书甚惭,然犹不退。御史张芹劾之曰:'使逆瑾事成,则传位之诏当出诸怀中矣。'有无名子投之诗云:'日暮湘江春草绿,鹧鸪啼罢子规啼。'(鹧鸪言'行不得',子规言'不如归去')一日内竖有求不遂,至阁中大诟曰:'汝欺人多矣!汝每称病求退,必先乞哀于中,得旨不允。明日,上不我听也。此路人所知,将谁欺乎?'愧无所容,始求去云。及卒,时适杨一清在内阁,其所厚也,诸门下士又为营斡,得谥'文正'。好事者为之诗,有'大风吹倒梧桐树,自有旁人说短长'之句。"

作诗《和林都宪见素待用见寄之韵三首》。

见本集卷七"诗"。

林见素,即林俊,参见本谱正德五年、七年条。

八月,杨一清致仕。

《明武宗实录》卷一四〇:"正德十一年八月……甲子(十五),少傅兼太子太傅吏部尚书武英殿大学士杨一清乞致仕,许之。"

八月,送王延喆北上,作诗《八月四日送子延喆北上,八日至镇江,游甘露寺,看狠石,泛舟焦山,至绝顶,顺风扬帆直抵金山。壮哉,游乎! 得诗四首》(《甘露寺》、《焦山》、《金山》、《鹤林寺》)。

见本集卷七"诗"。

金山,见本谱成化十四年条;甘露寺、焦山,见本谱弘治十三年条。狠石,《乾隆镇江府志》卷二十二"古迹":"苏文忠《游甘露寺诗》有'狠石卧庭下,穿窦如伏豲。……'其序云:'寺有石似羊,相传谓之狠石。诸葛孔明坐其上与孙仲谋论拒曹操。'"鹤林寺,《乾隆镇江府志》卷二十"寺观":"鹤林寺,在黄鹄山下,旧名'竹林'。晋太兴四年(321)创,宋高祖微时尝游焉,及即位改今名。"又卷二"山川上":"黄鹤山,在城南三里,一名黄鹄山。……中有鹤林寺。……"

据《中国法书大全》第十二册"明一",故宫博物院现藏王鳌《行草书五律诗轴》,即四首之一的《金山》诗,落款为"光禄大夫柱国少傅兼太子太傅户部尚书武英殿大学士王鏊"。

所编《春秋词命》刊刻。作引《春秋词命引》。

　　《春秋词命》，今天津图书馆藏明正德刻本《春秋词命》三卷，王鏊辑，王彻注，前有王鏊《春秋词命引》。《四库全书总目》提要云："彻自署松江人，始末未详。是书杂采左氏所载应对之词，释以通俗之语，似非鏊之所作，疑为书肆所托名。然序文乃载鏊集中，朱彝尊《经义考》亦著录，则事之不可解也。"从王鏊对《左传》的偏爱来看，此书当为其所作。

　　《春秋词命引》见本集卷十三"序"。其引云："予独《左传》，爱其文而尤爱其词命。……予生謇讷，甚思所以变其气质而无由，因汇粹其词而日讽焉，庶有益乎！"

作诗《怀泉》。

　　见本集卷七"诗"。

作诗《野航》。

　　见本集卷七"诗"。

作诗《庭前牡丹盛开》。

　　见本集卷七"诗"。其诗有"一年花事垂垂尽，忽见庭前锦绣层"之句。

作诗《送萧九成》。

　　见本集卷七"诗"。其诗有"致身霄汉上，林下望升平"之句。

　　萧九成，即萧韶，吴江知县，参见本谱正德八年按，盖升户部主事而去。

作诗《八仙献寿图》。

　　见本集卷七"诗"。

作诗《飞仙图》。

　　见本集卷七"诗"。

王延喆夫妇始生一子，作诗《得孙喜而有作》，后不幸夭折。

　　见本集卷七"诗"。其诗有"七十年来孙始见，啼声一听便开眉"、"三朝袍笏吾无用，付汝他年佐盛时"之句。

作诗《广成子寿图》。

　　见本集卷七"诗"。

作诗《韩文公勘书图》。

　　见本集卷七"诗"。

作诗《赠况山人》。

　　见本集卷七"诗"。其诗有"云是况家孙，兼邃青乌术。洞庭白沙间，为我卜窀穸。"之句。

　　况家，即况钟，《（正德）姑苏志》卷三"古今守令表"中："况钟，宣德七年（1432）

以礼部郎中升任(苏州知府)。至正统五年(1440),九年通满,考绩仍留任。正统六年(1441)再任,十年(1445)卒于位。"

焦竑《焦太史编辑国朝献征录》卷八十三"南直隶·知府"引杨循吉《吴中故语》,有《苏州知府况钟传》,万斯同《明史》卷二一一亦有传。青乌,传黄帝之时青乌子精通堪舆之学,故堪舆又称青乌。

作诗《览黄省曾明水集》。

见本集卷七"诗"。

黄省曾,见本谱正德七年条。

八月十五日,王延素夫妇又得子,即王有辅。作诗《八月十五夜再得孙复次前韵》。

旧谱云:"八月十五日得孙,公不胜喜,赋诗有'书卷家传吾欲付'之句。先是,长君始生子,公赋诗志喜,儿竟不育。至是次君得子,即有辅也。"

有辅,《太原家谱》卷十七"世系表·北宅文恪公二房十一世思南公支":"(王延素长子)有辅,行一,字丰山。"延素生于弘治五年(1492),时年二十五岁。

《八月十五夜再得孙复次前韵》见本集卷七"诗",又见王铨《梦草集》卷三"归田唱和",王铨有和诗。其诗有"一岁中间孙再见"、"冰轮满正中秋夜,光岳完当丙子期"之句。前韵,即《得孙喜而有作》诗之韵。

作诗《东冈隐士筑亭于松竹之间,名曰"欵相",意以为予,予不敢当而有也,为易曰"来贤"。八月二十四日初会亭上,口占一律》。

见本集卷七"诗"。东冈隐士,即施凤。

本集卷二十四"传"有《东冈高士传》、本集卷三十二"颂赞"有《施鸣阳画像赞》作于同时,《东冈高士传》又见焦竑《焦太史编辑国朝献征录》卷一百十六"隐逸"。其传云:"……晚归洞庭,得一人焉,曰:东冈高士,作《东冈高士传》。"

作序《赠鸿胪卿毛公序》。

见本集卷十四"序"。其序云:"贞甫将之南京鸿胪卿之任。……若予则甘老林下矣。"

毛贞甫,即毛珵,《明武宗实录》卷一四〇:"正德十一年八月……甲戌(二十五)……起致仕右参政毛珵为南京鸿胪寺卿。"

作诗《送吴文之会试》。

见本集卷七"诗"。

吴文之,见本谱正德七年条,王鏊《乡贡进士吴文之母万氏墓志铭》云:"文之才性绝人,年二十擢应天解试高等,声振远迩,功名可俯拾,忽以疾沮。疾愈且北上,又以服沮,天固迟之。"吴文之母万氏卒于正德八年七月,本诗盖其服阕后北上时王鏊所作也。

203

据《中国法书全集》第十二册"明一",苏州博物馆藏王鏊《草书七律诗轴》,即本诗,落款作"光禄大夫柱国少傅兼太子太傅户部尚书武英殿大学士王鏊",但第七句集中作"洞庭自昔钟灵秀",诗轴作"三吴自昔钟灵秀"。

本集卷二十九"志铭"有《乡贡进士吴文之母万氏墓志铭》作于同时。

据本铭,万氏卒于正德癸酉(八年,1513)七月四日,春秋六十,以正德丙子(十一)春三月丁酉,葬洞庭西金山之陈岭。

与王铨、项楷饮于传盛楼,作联句《传盛楼赏菊》(与王铨、项楷联)、《送出新泾》(与王铨、项楷联)。

均见王铨《梦草集》卷三"归田唱和",不见于本集。

《传盛楼赏菊》有"跋酒楼头看菊花,重阳已过数枝斜"之句。项楷,其人不详。

作记《阳山草堂记》。

见本集卷十七"记"。其记云:"阳山在吴城之乾位,盖众山所从始。顾君仁孝结庐其下。……悠然自得,人无知者,知之者,其阳山乎?因扁其居曰'阳山草堂'。……遂书其室以为记。"

顾仁孝,皇甫涍《皇甫少玄外集》卷十"铭杂题"《阳山草堂铭》序:"顾君仁孝,世家蠡湖之东。……乐闻一言而退,是以吴之贤士大夫咸与往来。……居面阳山,……滋久恍乎若御列仙、乘太虚,不复与世接。……于是君为堂以临之,以专其胜。"

作记《芝秀堂记》。

见本集卷十七"记"。其记云:"吴越来溪之阴,卢氏家焉。天顺癸未(七年,1463),有芝生于庭,人皆曰卢氏之瑞也。……伯常二子:伯雍举进士,为柱下吏;仲襄一举乡贡,进士其名位赫然将日显而未艾也。"

卢雍,时为监察御史。卢襄,《(崇祯)吴县志》卷三十六"选举五·乡举":"正德十一年丙子科,卢襄,府学。"

作碑《资善大夫户部尚书赠太子太保顾公神道碑文》。

见本集卷二十三"碑",又见焦竑《焦太史编辑国朝献征录》卷二十九"户部二·尚书",名为《资善大夫户部尚书赠太子太保简庵顾公佐神道碑》。

顾公,即顾佐,参见本谱弘治十四年条,《明武宗实录》卷一四二:"正德十一年十月……乙卯(初七)……致仕户部尚书顾佐卒。"本碑云:"(公)以戊寅年某月某日葬城西朱家之园。……比葬,仲谐自临淮奔至苏。"

作表碣《崇明医学训科杜府君令人吴氏墓表》。

见本集卷二十六"表碣"。

吴氏,杜璠之母,杜璠,见本谱正德七年条。据本表,吴氏正德十年(1515)十二月二十三日卒,春秋八十有八。"其庶子璠力举丧事,且涉太湖踵余门拜且泣曰……"训科，张廷玉《明史》卷七十五"职官志四"："医学。……县，训科一人。洪武十七年(1384)置，设官不给禄。"

作志铭《吴德润墓志铭》。

见本集卷三十"志铭"，《王文恪公集》收，《文渊阁四库全书》本《震泽集》未收。吴德润，即吴裕，参见本谱成化七年条。据本铭，吴裕卒于正德十一年□月□日，年六十。唐寅《唐伯虎先生外编续刻》卷十"墓表"有《吴君德润夫妇墓表》，云"吴君德润卒，柱国太原公志其墓曰'余门弟子也，寔才且贤'"。

作志铭《南京刑部郎中应天府丞中宪大夫张君墓志铭》。

见本集卷三十"志铭"，又见《焦太史编辑国朝献征录》卷四十九"南京刑部二·郎中"。

张君，即张黼，据本铭与何三畏《云间志略》卷九"人物·张京兆养恬"：张黼，字仕钦，号养恬，上海人。甲午(成化十年，1474)占应天乡试，丁未(二十三年，1487)登进士。官至应天府丞致仕。年七十八，以□年□月□日卒，以丁丑十二月葬某处。"予考丁未会试得君，丙辰(弘治九年，1496)又得鸣凤。鸣凤因是远涉太湖来请铭。"盖王鏊乡试同年，又同考会试时所取进士也。

张鸣凤，据陆深《俨山集》卷七十"墓志铭"《中宪大夫湖广提刑按察司副使张公墓志铭》：张鸣凤，字世祥，上海人，别号梧冈子。丙辰(九)进士。时任湖广按察司副使，以父丧解任。盖王鏊主考会试所取进士也。

作志铭《故河南监察御史程君墓志铭》。

见本集卷三十"志铭"，又见焦竑《焦太史编辑国朝献征录》卷六十五"道御史"。程君，即程材，据本铭：程材，官至河南监察御史，正德丙寅(元年，1506)九月十七日卒，年止四十有一。"君之葬十有□年，其子然举应天乡试高等，始以状来泣请铭曰：'先君累不第，公考应天则在选。癸丑复不第，公考会试又在选，岂生能知之，死不能表之乎？'冢宰陆公又以书来曰：'程君属圹忍死以属完曰：必得公铭。此言不可忘也。'"盖程材中弘治五年(1492)应天乡试，九年(1496)会试，王鏊皆主考也。

作志铭《明故通议大夫都察院右副都御史徐公墓志铭》。

见本集卷三十"志铭"，又见焦竑《焦太史编辑国朝献征录》卷六十一"都察院八·巡抚"。

徐公，即徐源，《明武宗实录》卷一二〇："正德十年正月……丁亥(二十九)，……致仕右副都御史徐源卒。"据本铭，徐源正德乙亥(十年，1515)正月二十九日卒于家，丁丑(十二年，1517)三月某日葬尧峰山之先茔。"余与公交四十余年。公弟南昌经府澄状公行来请铭。"徐澄，参见本谱弘治元年条，《(隆庆)长洲县志》卷六"岁贡由府学"："弘治年间，徐澄，字季止，源弟，南昌经历。"

正德十二年丁丑（1517） 六十八岁

春，游陆元泰园林，作诗《杏林》。

> 见本集卷七"诗"。其诗有"陆家园里千株杏，处处花开不待春"之句。
>
> 陆家，当指陆元泰，陆容《菽园杂记》卷十三："陆元泰，字长卿，吴之昆山人。先世故宋进士，以赀雄一邑。至长卿，不求显达，而专志书史，家声不坠焉。"

三月，焦芳卒。

> 《明武宗实录》卷一四七："正德十二年三月……丁酉（二十二），焦芳卒。"
>
> 王鏊《震泽纪闻》卷下"焦芳"："……芳出京治装，盗窥其重载，尽劫以去。及家居，治第宏丽，劳被数省，积财如山。盗起山东、河南，至泌阳，纵火焚其居，掘其先人塚墓，积骸烧之，淆以死盗骨曰：'使无择焉。'发其地窖，仆其墙，皆得藏金云。赵风子之死也，呼于市曰：'吾非反者，吾恨焦芳父子导瑾为乱，欲诛之以谢天下而未能也。然老贼子亦已屈辱之，少泄吾愤；而小贼遭诛，独为是介介耳。'瑾之从子刘二汉者死亦曰：'吾死固当，但吾家所行始由焦芳，后由张綵，綵与我皆极刑，而芳晏然无事，何也？'"

作诗《三月三日庭前白牡丹一枝独开》。

> 见本集卷七"诗"。

董玘来访，作诗《董谕德文玉归省其父太守德初，诗以寄之。德初，余同年进士也》。

> 见本集卷七"诗"。董文玉，即董玘，据焦竑《焦太史编辑国朝献征录》卷二十六"吏部三·侍郎"徐玠《通议大夫吏部左侍郎兼翰林院学士中峰先生董公玘墓志铭》：董玘，字文玉，其先汴人，后徙会稽之东小江。年十九领浙江乡荐第二，弘治乙丑（十八年，1505）举会试第一，廷试第一甲第二。时任左春坊左谕德兼侍读。《明武宗实录》卷一四六："正德十二年二月……辛酉（十五），左春坊左谕德兼翰林院侍读董玘请给假省亲，许之，令乘传归。"盖董玘归省途中拜访王鏊也。
>
> 德初，即董复，《万历会稽县志》卷十"选举"：成化十一年（1475）进士有董复。又卷十一"人物"："董复，字德初。以进士知黟县。……奏最，征拜御史。孝宗登极，首疏斥贵幸数十人，直声大起。然以是为用事者所摧，出知云南府。治一如黟县时。……晚归，衣无纨绮，屋数楹，仅避风雨。足迹罕入城市，日惟课诸子读书，故其子玘卒然大其业。"

四月，靳贵致仕。

> 《明武宗实录》卷一四七："正德十二年三月……癸巳（十八），户科给事中王俊民劾奏大学士靳贵：'先主正德六年会试，家人通贿，无检身持家之道。今春告

疾，已不扈从郊祀，人谓其或鉴前日之嫌也。而寻出主考，欺而不直，贪而不止，不可使居大臣之位。'命所司知之。"卷一四八："正德十二年四月……壬子（初七），……太子太保户部尚书见武英殿大学士靳贵以被劾乞休致，许之。"

作诗《秉之齿落有诗，且羡予齿之牢，和其韵以慰之，且自慰云耳》。

见本集卷七"诗"，又见王铨《梦草集》卷三"吏隐唱和"，题为《和秉之齿落》，王铨有《齿落》诗，有"予年四十七，齿落已不支。逮今五十八，落落如残棋"之句。

王铨小王鏊九岁。

五月，与弟侄饮湖上，作诗《侄延学作亭湖上，甚壮，欲予诗以落之，率成二首》。

见本集卷七"诗"，其诗有"风风雨雨过端阳"、"闻道湖州围未解"之句。

延学，王鏊大哥王铭之子，王鏊《伯兄警之墓志铭》："子男四：宠、宰早卒，延质、延学皆工举业。"《太原家谱》卷六"宗谱"："（王铭第四子）延学，行六，字子行。……"又卷八"世系图·北宅安隐公支"，延学字子经。

湖州围，当指朝廷派兵围剿湖州孝丰县强寇事，参见本谱本年条。

王铨《梦草集》卷三"归田唱和"有联句《侄延学作亭曰"清风"，会饮联句》（与王铨联）作于同时，不见于本集。

《太原家谱》卷二十七"杂文类上编"有诗《承徽楼诗并序》或作于同时。

其小序云："侄学作楼于林屋山之西，壮观特甚。余归自内阁，时登之，喜吾兄之有子肯构而其望有未止此也。为题曰'承徽'，且为之诗。然楼之作实原于静观楼，故前二诗亦附焉。"

侄学，即王延学，静观楼，参见本谱成化十四年条，前二诗即《静观楼成众山忽见》、《登楼诸山忽不见盖为云雾所隐》。诗后有王鏊裔孙王仲鎏注曰："此诗集中未载，其墨迹今藏于友毛君叔美家。卷首题三篆字，旁署曰'碧山翁'，盖恪祖晚年所自号也。"

作组诗《读击壤集效其体》。

见本集卷七"诗"。

第一首又见于王铨《梦草集》卷三"吏隐唱和"，题为《自述效尧夫》，多有不同，"非封侯"作"与封侯"，"民生遂"作"民生乐"，"工鲧"作"兜鲧"，"羌夷永永"作"羌夷处处"，"熙然万载"作"千秋万载"。王铨有和诗。其诗有"林下老人何所求，求非拜相非封侯。所求海内民生遂，所愿朝廷圣德修"之句，盖有所讽喻也。

第二首又见于王铨《梦草集》卷三"吏隐唱和"，题为《和秉之七夕》，多有不同，"二气阴阳"作"乾坤二气"，"三王二帝时节少"作"唐虞三代治安少"，"五季六朝丧乱多"作"魏晋六朝丧乱多"，"又见歌赤燕"作"勿复睹涎燕"，"还闻羞紫驼"作"仍闻出紫驼","近事天高何处问"作"天高此意那可问"。王铨有《七夕》诗。其诗云："二气阴阳相荡摩，不知真宰意如何。三王二帝时节少，五季六朝丧乱多。仓琅又见歌赤燕，翠釜还闻羞紫驼。近事天高何处问？牛女今宵方渡河。"盖作于七夕，时武宗方欲北行。

《击壤集》，即北宋邵雍《伊川击壤集》。尧夫，邵雍字。

作诗《水仙花》。

见本集卷七"诗"。其题注云："为张。"后明显有脱字。

文徵明《甫田集》卷七"诗"有《赋王氏瓶中水仙》，或指此。

八月，武宗始北行。

《明武宗实录》卷一五二："正德十二年八月……辛未（二十八），上度居庸关遂幸宣府……"卷一五三："正德十二年九月甲戌朔，上驻跸宣府。江彬，宣府人，欲挟上自恣，始诱为西北之行。……"卷一五四："正德十二年十月……丁未（初五），上亲督诸军御虏于应州。……是役也……乘舆几陷。"

八月，与弟侄游太湖，作诗《丁丑八月二十日，与弟侄泛太湖，将游石蛇山。舟发微雨，既而雨大作，抵消夏湾蔡九逵舍宿。明日雨又作，游兴索然，乘便风而还。至家则日出皎然矣，为之一笑，赋诗纪之》。

见本集卷七"诗"。

石蛇山、消夏湾，见本谱正德四年条。

王铨《梦草集》卷三"归田唱和"有联句《予闻石蛇之奇旧矣。丁丑八月二十三日将往游，扁舟至中流，风雨忽作，莫知所之，乃泊消夏湾，访蔡九逵，遂宿。明日风雨不止，望石蛇咫尺莫能到，乘便风指东洞庭而归。舟面设席，弟侄行觞唱和，须臾舟已抵清风亭下，日出呆然矣。是游甚险甚奇，因联以志》（与王铨联）作于同时。

八月，为邵宝作《容春堂文集序》。

见本集卷十四"序"。

《容春堂集》，据《中国善本书提要·集部·别集类》，现存明正德间刻本，前集二十卷、后集十四卷、续集十八卷、别集九卷，十六册，北京图书馆藏，题有"后学华希闵校刊"。有李东阳序、王鏊正德十二年（1517）序、浦瑾正德九年（1514）序。王鏊所见盖其前集、后集也。

《容春堂集》卷首王鏊序与本集中所载内容多有不同，且多落款"正德丁丑岁秋八月望震泽王鏊撰"。盖本集所收，王鏊后改也，兹以《容春堂集》卷首序为本，其序略曰："董南畿学政侍御张君手一编授予曰：'是为户部侍郎无锡邵公之文，鏊山盖尝师焉，将梓刻以传，惟先生序之。'初予承乏翰林北上，公时始得解，过予舟中，出所著示予。……其后官于朝，公以进士补外，久之，召还，予且以告归。今兹公亦告归,地且孔迩而衰病锢之不能朝夕数数,独时得其文与诗。"

无锡邵公,即邵宝,据焦竑《焦太史编辑国朝献征录》卷三十六"南京礼部一·尚书"杨一清《资善大夫南京礼部尚书赠太子少保谥文庄邵公宝神道碑铭》:"邵宝,字国贤,号泉斋,又曰二泉,学者称为二泉先生,世居无锡。成化甲辰(二十年,1484)进士。因母老,正德七年九月以户部左侍郎乞终养,许之。"

邵宝《容春堂后集》卷十四"书简"《与张提学》:"……守溪公文字,承欲再速,此必得之道。公尝与莫、李二生言,集如刊出,不拘多寡,须得一观。兹印出二本奉上,幸为转达,此间不可径送故也。"盖指此事也。

张鳌山,《同治安福县志》卷十一"人物·名臣":"张鳌山,字汝立,号石磐,西乡梅溪人。正德辛未(六年,1511)进士。选庶吉士,授御史。……督学南畿,作人称盛。……"《明武宗实录》卷一三一:"正德十年十一月……己酉(二十七),命监察御史张鳌山提调南直隶学校。"

作诗《庭梧七首》。

见本集卷七"诗"。又见王铨《梦草集》卷三"吏隐唱和",题为《咏庭前双桐六首》,题注云"一律五绝句",缺第七首,另六首内容也多有不同,盖经王鳌修改。王铨有和诗。

秋,作诗《和秉之送菊,菊有杨妃、西施之号》。

见本集卷七"诗",又见王铨《梦草集》卷三"吏隐唱和",题为《和秉之送菊》,多有不同,其序曰:"秉之近得种菊法,有黄、白、红、紫,种种奇绝,邀予共赏。予以湖波之险,不克赴,乃具舟驰送四本于予。予不敢擅有也,会相知共赏之,因和来韵为报。"王铨有《送菊》诗,其序曰:"一水之隔,兄不果来,弟不能去,奈何此清节何?驰上酒一樽,菊花四本,侑以歌童,想邀东冈辈畅饮花下,庶不负一年好景也,诗三绝并往。"

作诗《瑞柑诗》。

见本集卷七"诗",又见王铨《梦草集》卷三"吏隐唱和",其序略有不同,王铨有和诗。其小序曰:"洞庭柑橘名天下。弘治正德之交,江东频岁大寒,其树尽槁。民间复种又槁。包贡则市诸江西、福建,谓柑橘自此绝矣。予圃漫载数株,丁丑秋,树有五千余颗,皆珍柑也。其余才盈二尺许,亦结五千余颗。山人争谓之瑞,喜而赋之。"

参见本谱弘治十七年《橘荒叹》诗。

作诗《素履诗》。

见本集卷七"诗"。

作诗《东菑诗》。

见本集卷七"诗"。此两首盖仿陶渊明风格之作也。

作诗《西湖》。

见本集卷七"诗"。

十一月作诗《丁丑十一月得宣府报》。

见本集卷七"诗"。其诗有"土木垂殷鉴，俄传北狩音"、"谁扶鳌极正，持慰杞人心"之句。

旧谱云："(正德)十二年丁丑，六十八岁。……上北狩。公得报，惊异，作诗有'谁扶鳌极正，持慰杞人忧'之句。"

作诗《再次曹定庵宪副见寄之韵》。

见本集卷七"诗"。其诗有"九十未及八十余，惓惓忧国心如初"之句。

曹定庵，即曹时中，参见本谱正德八年条，据万斯同《明史》卷二三六《曹时中传》，曹时中家居三十年，年九十余卒。

十二月，送女归葬永定，作组诗《十二月二十日与秉之同至义兴，途中得诗十首》(《枫桥夜泊》、《用杜工部客夜韵》、《夜泊方桥》、《晓发》、《宿毗陵》)。

见王铨《梦草集》卷三"吏隐唱和"，又见本集卷七"诗"，惟本集缺《枫桥夜泊》。其题注云："时送邵氏女葬。"

邵氏女，即王鏊第三女，嫁宜兴永定邵銮，卒于本年二月。盖其卒于娘家，王鏊十二月送其枢归葬永定也。十首，王鏊、王铨各五首。

《枫桥夜泊》曰："乌啼霜月五更天，枫叶芦花搅客眠。依旧姑苏城外寺，夜深灯火隔江船。"王铨有和诗。

《用杜工部客夜韵》，本集作《丁丑季冬二十三日过永定邵氏，舟次荆溪，和杜子美客夜韵，时杜允胜、陈宗让同行》，王铨有和诗。

荆溪，见正德五年按。杜子美，即杜甫，《全唐诗》卷227"杜甫诗集卷十二"有《客夜》。杜允胜，即杜璠；陈宗让，即陈怡。

《夜泊方桥》，本集多有不同，其诗有"邻邦犹蹇涩，况欲走天涯"之句。王铨有和诗。方桥，其地未详。

《晓发》，本集作《河桥舟发归途作》，略有不同其诗有"伐鼓侵星发，吴门此日还"、"衰年仍事役，翻羡白鸥闲"之句。王铨有和诗。

《宿毗陵》，本集作《宿毗陵驿》。其诗有"孤舟城下宿，城漏滴更寒"之句。王铨有和诗。

《永定邵氏世谱艺文外集》卷十"祭文"有《祭蒲轩邵公文》作于同时，不见于本集。

其文云："维正德十二年岁次丁丑十二月二十一日少傅太子太傅兼户部尚书武

— 210 —

英殿大学士王鏊谨具柔毛刚鬣之奠,致祭于蒲轩处士太亲家、太孺人杜氏暨婿伯谐、女三姐之灵。"

蒲轩处士太亲家,即邵天赐,见本谱正德九年条,当卒于本年八月;伯谐,即邵天赐之子,王鏊婿邵銮,参见本谱成化二十三年条,卒于正德六年;三姐,即王鏊第三女。

作诗《黄勉之明水草堂》。

见本集卷七"诗"。黄勉之,即黄省曾。

邵宝《容春堂续集》卷二"五言律"有《明水草堂次守溪王公韵》。

作诗《送李尹经述职之京》。

见本集卷七"诗"。

李经,《(崇祯)吴县志》卷三十一"职员三":"李经,河南真阳县人。进士,正德九年(1514)任。十二年升户部主事。"又卷三十九"宦迹·县正":"李经,真阳人。进士。正德九年任知县。政惟公严,负气不屈。三载考最,擢户部主事。士民攀辕泣送,如有所失。"

作诗《苔石幽篁图》。

见本集卷七"诗"。

《震泽文集》编成。

旧谱云:"……《震泽文集》成。"

张廷玉《明史》卷九十九"艺文志四·集类"有王鏊《震泽文集》三十卷,盖指此也。《震泽文集》虽成书于本年,王鏊实不断增补,至嘉靖年间。

作序《孙可之集序》。

见本集卷十二"序"。其序云:"近世文章家,要以昌黎公为圣。……昌黎授之皇甫持正,持正授之来无择,无择授之可之。……少读《唐文粹》,得持正、可之文则往返三复,惜不得其全观。之后获内阁秘本,手录以归……遂梓刻以传,庶昌黎公不传之秘或有因是而得者。"

《孙可之集》,即《孙可之文集》,国家图书馆、上海图书馆、复旦大学图书馆、湖北省图书馆现藏正德十二年王鏊、王谔刻本,十卷,前有王鏊正德十二年(1517)序。孙可之,即孙樵;皇甫持正,即皇甫湜;来无择,即来择,均为唐朝人。《孙可之文集》卷三"书"《与王霖秀才书》:"樵尝得为文真诀于来无择,来无择得之于皇甫持正,皇甫持正得之于韩吏部退之。"

本集卷三十五"题跋"有《书孙可之集后》作于同时。

作序《嘉善志序》。

见本集卷十四"序"。其序云:"……此倪君公在《嘉善县志》所以作也。君登戊辰(正德三年,1508)进士,给事门下,华且要矣。俄左迁而为丞。兹异适振武张君焕知县事,推诚相与……又以其间成斯志。"

《嘉善县志》六卷,据《中国地方志联合目录》,现存明正德十二年(1517)县丞倪玑修,致仕训导孙璧、邑生沈概、蒋岳、高廪、夏光宇、郁衮等纂,清文水长发堂抄本及抄本。

倪公在,即倪玑,《(光绪)嘉善县志》卷十四"职官·明":倪玑,正德十年至十一年为县丞,十一年至十五年署知县。又卷十五"名臣":"倪玑,字公在,陕西咸宁人。正德戊辰(三)进士,历官给事中。乙亥(正德十年,1515)谪嘉善丞。……创修邑志。……三载擢任丘知县,入邑名宦祠。"盖王鏊主考会试所取进士也。张焕,《(光绪)嘉善县志》卷十四"职官·明":张焕,字奎光,山西振武卫籍,陕西葭州人,举人。正德九年至十一年任知县。

作序《金山卫志序》。

见本集卷十四"序"。其序略曰:"正德某年,张君文光以都指挥佥事来莅其任,久之,政平盗息……乃咨询故老,搜辑异闻,得遗事若干,汇为六卷。"

《金山卫志》六卷,据《中国地方志联合目录》,现存明正德十二年(1517)张奎修,夏有文等纂刻本、民国二十一年(1932)上海传真设影印明正德本、清乾隆嘉庆间抄本、清嘉庆七年(1802)洛邨居士抄本及抄本。

张文光,当即张奎。

作记《苏州府重修学记》。

见本集卷十七"记"。其记云:"苏学于天下为第一,有深广巨丽之称,而近年乃若驰而弗治。……会安成张君鏊山奉诏董南畿学政……文登孙君乐时以御史按吴中……金华徐侯讚适知府事……未数月也,予复过之,则……复于旧观矣。……是岁,皇明正德之十二年也。"

苏州府学,《同治苏州府志》卷二十五"学校一":"(正德)十二年,知府徐讚言于提学御史张鏊山,巡按御史孙乐,大修庙学。"孙乐,何出光等《兰台法鉴录》卷十三"弘治朝":"孙乐,山东福山县人。弘治十五年(1502)进士,十八年(1505)由秀水知县选云南道御史,刷卷京畿。……"查张朝瑞《皇明贡举考》卷六,孙乐中进士在弘治十八年。徐讚,《(正德)姑苏志》卷三"古今守令表中":"徐讚,永康人。正德十一年(1516)以监察御史升任(苏州知府)。"过庭训《明分省人物考》卷五十三"浙江金华府":"徐讚,字朝仪,永康人也。登弘治乙丑(十八年,1505)进士。"

作碑《重修花龙池碑亭勒碑后》。

见《太原家谱》卷二十一"碑志类上编",不见于本集。其文云:"先少傅之葬,孝宗皇帝遣官治茔域,树碑亭。三亭以石为之,图久也。而武康石脆,忽为风雨所摧,岁久不治。鏊义不烦有司,欲以己财治之。族长皆曰:'水木本源之心,谁其无之?'争出财力,孙镇、延义、延学又率先各治其一,旋复旧观而加美。……正德丁丑重修。"

先少傅，即王鏊父王琬。王镇，王鏊堂兄，参见本谱正德十年条；据《太原家谱》卷七"世系图·东宅惟善公支惟德公支惟贞公支"，延义，字子宜，王鏊堂兄王钟之子；延学，王鏊侄，参见本谱本年条。

作表碣《诰封淑人刘氏墓表》。

见本集卷二十六"表碣"。据本表，刘氏乃都御史韩雍之外甥女，今右副都御史顾逢源妻，其继子椿娶陆完女，卒于乙亥（正德十年，1515）九月十四日，葬于丁丑三月三日，春秋六十有四。

韩雍，参见本谱弘治元年条。顾逢源，《（正德）姑苏志》卷六"科第表中·进士"："成化十七年辛丑（1481）王华榜长洲县有顾源，字逢原，刑部主事、员外郎、郎中，湖广副使，河南按察使，湖广布政使，都御史。"

按：本表云陆完为太子太保吏部尚书，据张廷玉《明史》卷一一一"七卿年表一"，陆完晋太子太保在正德十一年（1516）七月。此表或陆完所求也。

作表碣《陈封君墓表》。

见本集卷二十六"表碣"。陈封君，即陈舆，参见本谱正德五年条，王鏊曾拜访其家。据本表，陈舆卒于正德甲戌（九年，1514）九月癸未，春秋七十有二，葬于正德丁丑正月戊寅。

作志铭《中顺大夫知河南彰德府事严君墓志铭》。

见本集卷三十"志铭"，《王文恪公集》收，《文渊阁四库全书》本《震泽集》未收。本铭后半部分乃《户部郎中钱君墓志铭》混入。

严君即严经，参见本谱正德八年条，《（崇祯）吴县志》卷四十五"人物六·政事"引王鏊《墓志铭》略云："（严经）致政归。六年，长林绿野，萧然自适，卒，年仅五十五。"

作志铭《延质圹铭》。

见本集卷三十"志铭"，又见《太原家谱》卷二十一"碑志类上编"，名《子文公圹铭》。

王延质，《太原家谱》卷十四上"世系表·北宅光化公长房十世安隐公支"王："（王铭第三子）延质，行三，字子尚，号子文，吴庠廪膳生。"据本铭，王延质年三十有六，正德六年（1511）十二月二十日忽卒，以丁丑闰十二月十一日葬蒋坞祖茔之东偏。

作祭文《祭钱世恩文》。

见本集卷三十一"祭文"。其文云"畴昔之夕，惠而过我。信宿惓惓，欲去不果。去不三日，忽以讣闻。……乃知前来，盖以永诀。……念昔词垣，从游诸彦。一朝归来，雨消云散。岁时寒暄，子独不变。……"

钱世恩,即钱荣,参见本谱成化十六年及正德八年条,据本集卷三十"志铭"《户部郎中钱君墓志铭》残文:"予自内阁告归,君数过余,最后岁率三四过。丁丑(正德十二年,1517)春过余城西之第,依依不能去,因信宿焉。时颇患足疾,不良行,未遽衰也。归数日而卒,三月□日也。……以庚辰(十五年,1520)正月□日葬军帐山祖茔之西长安坞。"

作祭文《祭白都宪文》。

见本集卷三十一"祭文"。

白都宪,即白圻,参见本谱弘治五年条。

本集卷二十三"碑"有《通议大夫都察院右副都御史白公神道碑》作于同时,又见焦竑《焦太史编辑国朝献征录》卷五十九"都察院九·督储"。

《明武宗实录》卷一五四:"正德十二年十月……甲子(二十二)……致仕右副都御史白圻卒。"

邵宝《容春堂续集》卷十四"传"有《白中丞传》,朱大韶《皇明名臣墓铭》巽集"正德纪年"收王守仁《通议大夫都察院右副都御史敬斋白公墓志铭》。

作箴铭《瑞芝园铭》。

见本集卷三十二"箴铭"。其铭云:"水部正郎上虞朱君朝章作园于五癸峰下。正德丙子(十一年,1516)冬,乡人来告,园有异植……明年春,复有一本,生于故处……君时授水部之命以归,视之曰:'芝也。……'遂援笔而识之,好事者咏歌焉。余为之铭。"

朱朝章,《光绪上虞县志校续》卷九"人物":"朱衮,字朝章,号三峰。……弱冠中弘治戊午(十一年,1498)举人,壬戌(十五年,1502)第进士。授工部都水司主事。……升都水司郎中巡视苏杭七郡水利,疏治归塈,病归。……"盖王鏊之铭作于朱衮巡视苏杭水利之时也。

作杂著《贺平孝丰贼文》。

见本集卷三十四"杂著"。其文云:"湖之孝丰,丘壑巉岩,草树蓁荟,爰有剧寇,而姓曰汤、许者据之,谓天讨之莫及,敢王税之靡供。……遂敕巡抚苏松等处都御史张公督师讨之。"

孝丰贼,《明武宗实录》卷一五三:"正德十二年九月……壬寅(二十九)……录浙江孝丰讨叛功,直隶巡抚右副都御史张津升户部右侍郎,仍巡抚浙江。……初,湖州孝丰县民汤毛九、许密四等并居深山中,恃宗强多为不法,威力行于州里。既而虑见收,因约合势保力自卫。每有司追捕急,辄号召诸宗人相与持梃敌,间有杀伤。如是者殆二十余年,然实未尝谋叛也。堂(镇守太监王堂)欲张大其事以邀功,遂与冕(巡按御史鲜冕)等以反叛闻。有旨令津托他事赴浙,密调兵讨之。及兵卒至,毛九等不知所为,皆就缚。其宗人往往延颈受刃,狱具,坐凌迟及枭首者八十九人,籍没者凡九家,谪戍及徙者又有百余人,而无辜连

— 214 —

及者尤众云。"

张公,即张津,据《明武宗实录》卷一六二:张津,字广汉,广东博罗人。成化丁未(二十三年,1487)进士。乙亥(正德十年,1515)转右副都御史,巡抚苏松。以征湖州孝丰贼迁户部侍郎兼宪职。

正德十三年戊寅(1518) 六十九岁

作诗《偶成》。

> 见本集卷七"诗"。其诗有"生世七十年,回看如一日"、"俯仰天地间,无愧亦无
> 慄"之句。

正月,与王铨饮于传盛楼,作诗《戊寅正月十二日为秉之耳顺之初度,后三日,余往贺之。正值观灯之夕,设筵于传盛楼上。嘉宾云集,燃九华之灯,美天魔之舞,歌舞交作,亦一时之盛也。酒酣援笔赋此以记其事,且期年年为此会云》。

> 见王铨《梦草集》卷三"吏隐唱和",不见于本集。王铨有和诗。
>
> 本集卷七"诗"有《秉之六十初度》作于同时,又见《太原家谱》卷二十七"杂文类
> 上编",名《秉之公寿诗》;王铨《梦草集》卷三"吏隐唱和",名《寿秉之词》,内容
> 多有不同,以《太原家谱》本为准,其诗有"兹予乞告来归兮子亦解此郡章"、"喜
> 戊寅之献岁兮上元节"、"念耳顺之华年兮亦人生之难到"之句。
>
> 据王鏊《亡弟杭州府经历中隐君墓志铭》,王铨生天顺己卯(三年,1459)正月十
> 二日,至是正六十岁,故有"上元节"、"耳顺"之语。
>
> 王铨《梦草集》卷三"吏隐唱和"有词《秉之六十初度》作于同时,不见于本集,又
> 见于《太原家谱》卷二十八"杂文类下编"。
>
> 王铨题曰:"戊寅(正德十三)正月十有二日寔予六秩之初度,亲朋持酒远贺,承
> 倚柱国兄《凉州序》一阕,俾童子歌之以侑觞。"

作诗《次韵东冈十咏》。

> 见本集卷七"诗",又见王铨《梦草集》卷三"吏隐唱和",题为《东冈园亭十咏》,
> 有题注云:"为施鸣阳赋。"内容略有不同,王铨有和诗。

作诗《和秉之药枕诗》。

> 见王铨《梦草集》卷三"吏隐唱和",不见于本集。其序曰:"前制药枕,几为长
> 物,忽加藤室,始获相亲,且有子母相权,阴阳配合之美。他年长生久视,吾知
> 端有赖乎是矣。奉次来韵一笑。"
>
> 王铨有《药枕诗》,其序曰:"向制药枕无功,想犹柏坚不着人,药味不能入耳。
> 今结藤衬,二物相济如子母然,自有以宜筦簟也。公其试之,诗以博笑。"

作诗《双湖诗为金宪谢廷柱作》。

见本集卷七"诗"。

谢廷柱，《民国长乐县志》卷二十三"列传三·名臣"："(谢士元)子廷柱，字邦用，弘治己未(十二年，1499)进士。……历官湖广按察司金事。"《明武宗实录》卷一五五"正德十二年十一月……丁亥(十五)……令湖广按察司金事谢廷柱致仕，以巡按御史王度劾其延礼丹客，交纳富商，有乖宪体故也。"

作诗《偶成三首》。

见本集卷七"诗"。其诗有"忽忽吾将老，纷纷物自营。百年天地内，事业竟何成"、"黄阁三台辅，青山一病翁。伊周曾有志，房杜本无功"之句。

作诗《题四皓图》。

见本集卷七"诗"。

作诗《谢安围棋图》。

见本集卷七"诗"。

作诗《秉之惠巾，制甚奇，似东坡而小异，老夫之所宜戴也，赋诗谢之》。

见本集卷七"诗"，又见王铨《梦草集》卷三"吏隐唱和"，题为《和秉之赠巾》，其序曰："巾制甚奇，似东坡而不同，此老苦心亦宜感也，赋此谢之。"

王铨有《赠巾》诗，其序云："兄谢事还吴，戴冠帽则嫌于亵，小帽则近于俗。予近造一巾，略似东坡之制而小变之。公试戴之，何如?"

三月，饮张延德园亭，作诗《三月望日饮张延德园亭》。

见本集卷七"诗"。

张延德，其人未详。

四月，饮陆元泰园亭，作诗《四月八日饮陆长卿园亭》。

见本集卷七"诗"。陆长卿，即陆元泰，参见本谱正德十二年条。

四月，王延喆再得子，即王有壬。

旧谱云："(正德)十三年戊寅，六十九岁。四月，公再得孙，即有壬也，长君出。"王有壬，陆粲《陆子余集》卷三《前儒林郎大理寺右寺副王君墓志铭》："原娶毛氏，封孺人……无子。诸少房生子男五人，长有壬，尚宝司丞。"《太原家谱》卷十五"世系表·北宅文恪公长房十一世尚宝公支"："(王延喆长子)有壬，行一，字克大，号文峰，正德戊寅(十三)四月十八生。"

五月，武宗自宣府还京。七月，复至宣府，始巡边。

《明武宗实录》卷一五九："正德十三年二月……己卯(初十)，慈圣康寿太皇太后崩。"卷一六二："正德十三年五月……戊申(初十)，上还京。"卷一六四："正德十三年七月……丙午(初九)，上复北幸……""丁未(初十)，上度居庸关，历怀来、保安诸城堡，遂驻跸宣府。……至是更以宣府为家矣。"

作诗《延喆使归，自福建得衢州锦川石立于庭前，戏作》。

见本集卷七"诗"。

延喆使归,陆粲《陆子余集》卷三《前儒林郎大理寺右寺副王君墓志铭》云:"正德间繇荫叙升朝拜中书舍人,奉使颁诏闽中。"盖指此也。

作诗《玉林》。

见本集卷七"诗"。

作诗《东湖书院为吴献臣都宪赋》。

见本集卷七"诗"。其题注云:"献臣先家湖湘,有东湖,后徙广西,作东湖书院,不忘先也。"

吴献臣,即吴廷举,据崔铣《洹词记事抄·吴尚书传》:吴廷举,字献臣,嘉鱼人,洪武中隶梧州戍籍。成化丁未(二十三年,1487)举进士。何良俊《四友斋丛说》卷九"史五":"吴献臣号东湖。"《明武宗实录》卷一五二:"正德十二年八月……癸亥(二十)……升广东左布政使吴廷举为都察院右副都御史,往湖广赈济。"盖王鏊同考会试所取进士也。

作诗《送李端彝、端行昆仲还嘉鱼》。

见本集卷七"诗"。其题注曰:"二子,故评事李承芳之侄,自楚至吴为其父乞墓铭。"其诗有"二李高风挽不回"、"自楚来吴几千里"之句。

李端彝,即李承箕第三子李整,李端行,即李承箕第六子李放,本集卷二十六"表碣"《大厓李先生墓表》:"(李承箕)子男六:教、严、整、虔、改、放。……昔茂卿之葬,君命教、整自楚来吴,属予表其墓;及是,整与放复来请。"

本集卷二十六"表碣"有《大厓李先生墓表》作于同时,又见焦竑《焦太史编辑国朝献征录》卷一百十四"儒林",名为《李大厓先生承箕墓表》。

大厓李先生,即李承箕,据本铭,李承箕卒于弘治十八年二月二十日,春秋五十有四。

秋,作诗《野人献菊,碧色,每丛作双鸟并立,名鸳鸯菊,为之赋诗》。

见本集卷七"诗"。

重游天王寺,作诗《再至天王寺有感》。

见本集卷七"诗"。

天王寺,参见本谱成化六年条。

旧谱云:"(成化)六年(1470)庚寅……读书于吴城天王寺……后宦成过此,辄兴感徘徊不忍去,作《过天王寺诗》及《吴子城赋》,最后有'深锁禅扉暂一开,竹间那复旧池台。岁寒只有庭前柏,五十年前见我来',又曰'昔日沙弥一老禅,白头吾亦异当年。恒河性见依然在,莫为浮生一惘然'。又联句'窗开南极皆诗趣,帘卷西山总画图',字迹今在壁柱云。"本集所收诗句略有不同,"昔日"作"旧日","一老禅"作"今老禅","吾亦"作"我亦","恒河性见"作"见恒河性"。

本集卷一"赋"有《吴子城赋》作于同时。其赋云:"予每过吴故墟,未尝不慨想其盛而悼其丧也,故为之赋。"

施凤丧子,作诗《慰东冈失子》、《挽施仁德》。

均见本集卷七"诗"。

施仁德,即施凤子。

作赋《洞庭两山赋》。

见本集卷一"赋"。其赋云:"东冈子曰:'山川之秀,宝生人才;人才之出,益显山川。显之维何?盖莫过于文。两山者,秘于古而显于今,其实有待子,无用辞。'予曰:'然。'乃为之赋。"

洞庭两山,即东、西洞庭山也。

与王铨、吴文之饮于护玉亭,作联句《护玉亭小集》(与王铨、吴文之联)。

见王铨《梦草集》卷三"吏隐唱和",不见于本集。其联句有"数椽新构竹间亭"、"近接莫釐横晻霭,远连震泽渺沙汀"之句。

《山居杂著》成。

旧谱云:"《山居杂著》成。(今具全集)公晚年探讨群书,洞邃理学,深入道奥。论人心道心曰:'心者,神明之舍,湛然虚,莹然明。虚明之外无物也,安有二哉?心主一[人]而应百,其有异者,所感者异也。感之以欲则危而易纵,感之以理则微而易泯。于此而审之,理邪,则存之,欲邪,则去之,是所谓精也。存之之久,守而勿失,所谓一也'云云。论性曰:'寂然不动之中而有至虚至灵者存焉,非有也,亦非无也,不堕于中边,不杂于声臭。当是时也,善且未形,而恶有所谓恶,恶有所谓善恶混与,所谓三品者哉'云云。又曰:'天地间隔塞充满者皆气也。气之灵,则性也。人得气以生,而灵随之,非物物而有之也'云云。可以折衷诸儒矣。他若《拟罪言》、《职官考》、《教太子》、《尊号议》皆经世之远猷,而《春王正月辨》、《获麟说》、《昭穆对》、《河源辨》、《十二辰对》等篇则博古穷理之学也。至于风角、音律、声韵、字学、姓氏、仙释、杂论莫不皆有考焉。语云:通天人之谓儒,公无愧于斯言矣。"

《山居杂著》,即今三十六卷本集中卷三十三、卷三十四"杂著",虽云成于本年,但之后一直有所增补,如《尊号议》、《昭穆对》等明显作于嘉靖年间。

《人心道心论》(卷三十三),论心无二,因感于欲理则有人心道心之分,故因去欲存理,使心守一。《性善对》(卷三十四),论性乃虚灵,本为善,然性寓于气质,因气质异而分高下;心性则为一,心之神明是为性。其他还有《儵母传》(卷三十三),以《史记》手法为神话人物儵母作传,最后借太史公言,感叹"多才为累,功高不赏";《短解》(卷三十三),以《庄子》手法辩证地论述了短长都是相对的,万事万物本质皆同;《鸡鸣夜解》(卷三十三),见正德二年按;《相论》(卷三十三),见正德三年按;《拟罪言》(卷三十三),就言官进谏、史官写史、科举取士、马政之法发表了看法;《职官考》(卷三十三),以司马光所著述历代职官沿革梗概,参见《震泽长语》卷上"官制";《读宋史》(卷三十三),梳理了《宋史》,认为宋世并非没有贤臣,然君不能用之也;《教太子》(卷三十三),就太子的教育问题提出了一些建议;《尊号议》(卷三十三),见嘉靖元年按;《昭穆对》(卷三十三),见嘉靖元年按;《春王正月辩》(三十四)对《春秋》所书之"春,王正月"具体指哪一月的不同观点进行了分析,认为周时正月、正岁实兼行之;《获麟说》(卷三十四)探讨了《春秋》为何终于获麟的问题,认为获麟乃纪异也,孔子感其道终不行,故以是终;《河源辩》(卷三十四)探讨了黄河的源头问题,根据大量古书,坚持认为在昆仑山;《读墨》(卷三十四)认为墨家乃窃儒家之似以文其说;《书皮日休集后》(卷三十四)批驳了皮日休投靠黄巢的观点,认为其晚遁吴越;《答问》(卷三十四)解释了十二生肖、纳音、纳甲三个事物;《谪解》(卷三十四)以主客问答形式解释自己归田的原因。

徐咸《皇明名臣言行录后集》卷八"王鏊":"王守溪阁老在翰林有名,文章亦明畅严整。尝作《拟罪言》,其论修史一条切中今时之弊。……"(《麈谈录》)

王传云:"公既归吴,屏谢纷嚣,翛然山水间,究心理性,尚友千古。至其与人清而不绝于俗,和而不淆于时。无贵贱少长咸敬慕悦服,有所兴起。平生嗜欲澹然,吴中士夫所好尚珍赏观游之具,一无所入,惟喜文辞翰墨之事。至是亦皆脱落雕绘,出之自然。……及充养既久,晚益纯明,凡所著述必有所发。……其所论造,后儒多未之及。"

作序《重刊王逸注楚辞序》。

见本集卷十四"序"。其序云:"《楚辞》十七卷,汉中垒校尉刘向编集,校书郎王逸章句。其书本吴郡文学黄勉之所蓄,长洲尹左绵高君公次见而异之,相与校正梓刻以传。"

《王逸注楚辞章句》,即《楚辞章句》,现存明正德间刻本,十七卷,四册,北京图书馆藏,原题:"汉刘向子政编集,王逸叔师章句,后学西蜀高第、吴郡黄省曾校正。"前有王鏊正德十三年(1518)序。黄勉之,即黄省曾,其《五岳山人集》卷二十五"序"有《汉校书郎中王逸楚辞章句序一首》。高公次,即高第,参见本谱本年条。

作碑《杭州重修岳武穆庙碑》。

见本集卷二十二"碑"。其碑云:"宋少保鄂国岳武穆王祠墓在钱塘栖霞岭之阳……后迫于山麓湫隘沮洳,日以颓圮。正德某年月某官某承上命镇杭,首谒祠下,顾瞻咨嗟,乃捐资鸠工……仍谒余文纪其事。"

岳武穆庙,《(万历)杭州府志》卷四十六"祠庙上":"忠烈庙,在西湖北栖霞岭之阳,祀宋少保鄂国武穆王岳飞。……正德十二年镇守太监王堂肖王夫人子女像后寝,匾曰'一门忠孝'。"

靳贵《戒庵文集》卷十"记"集《重修岳武穆王庙记》:"去年秋八月,镇守浙江太监王公重修宋岳鄂武穆王庙成。维时左布政使王君绍、右布政使何君天衢、按察司副使张君琏、都司都指挥佥事陈君璠各与其僚具书走使来请予文为记。……庙经史丙子(正德十一年,1516)春正月,落成于丁丑(十二年,1517)秋八月,凡一年有奇。"当指此也,不言王堂而言某官,盖以王堂为中官而讳之也。

作表碣《周煦庵墓表》。

见本集卷二十六"表碣"。

周煦庵,即周敷,据本表,周敷,字时荣,别号煦庵,无锡人。业医,正德丙子(十一年,1516)二月六日卒,春秋七十有四。己卯(十四)二月甲申葬邑九里之先茔。

作表碣《中议大夫江西知南安府张公墓表》。

见本集卷二十六"表碣"。

张公,即张弼,据本表与何三畏《云间志略》卷八"人物·张太守东海":张弼,字汝弼,号东海,华亭人。成化二年(1466)中进士。官至南安知府,致仕,成化丁未(二十三年,1487)六月某日卒,享年六十三,其年冬十一月廿五日葬郡城北之凤凰山。"至是,弘宜亦已卒,弘至与弟收拾遗文得若干卷刻之,又求予表其墓。"

张弘至,据何三畏《云间志略》卷九"人物·张宪副后乐公传":张弘至,字时行,号龙山,华亭人。东海翁季子。弘治丙辰(九年,1496)进士。后以户科都给事中致仕。张弘至盖王鏊主考乡试、会试时所取士也。

张弼《东海集》卷首有王鏊《书张东海文集后》,不见于本集,作于同时。

其文云:"公既殁,其子时行经事,遍搜箧笥,参访知旧,得诗与文若干卷,梓刻以传。……正德戊寅(十三)春三月甲子,光禄大夫柱国少傅太子太傅、户部尚书、武英殿大学士震泽王鏊著。"

作志铭《嘉议大夫南京工部右侍郎沈公墓志铭》。

见本集卷三十"志铭"。

沈公,即沈晖,参见本谱弘治五年、正德五年条。《明武宗实录》卷一六六:"正德十三年九月……辛亥(十四),致仕南京工部右侍郎沈晖卒。……晖扬历中外几四十年,颇不失职。其为侍郎,较工计直,细及锱铢,人多怨之,用是屡遭浮议。然晖既去,继者阅旧牍,颇以晖所执为是云。"

本铭云:"往年至宜兴,公约予游张公、善卷二洞,又至大潮山,则已自茔。"

作箴铭《井井亭铭为吴南夫太常作》。

见本集卷三十二"箴铭"。

吴南夫,即吴一鹏,参见本谱弘治八年条,据《明武宗实录》卷一二三、一九三,吴一鹏时任南京太常寺卿,守制在乡。

井井亭,李东阳《怀麓堂集》卷七十三"文后稿十三·赞题铭箴题跋"《井井亭铭并序》:"苏之天平山白云泉,世传有吴中第一水。山半有井,味极清冽,盖其支派也。井旧有亭,岁既久,亭井俱废。弘治庚申(十三年,1500)封翰林编修吴君仲恒命工治井,且伐石为亭于是。……南京工部侍郎徐公肃名其亭曰'井井'。君既卒,葬于山麓。其子编修一鹏请予铭,刻之亭中。"

作颂赞《尹侍御伦像赞》。

见本集卷三十二"颂赞"。其题注云:"昆山尹嗣忠父。"

尹嗣忠,《道光昆新两县志》卷十八"名宦·明":"尹嗣忠,字子贞,神策卫籍,涿州人。御史纶子。正德丁丑(十二年,1517)进士,知昆山。……"

作杂著《重修善卷寺募缘疏》。

见本集卷三十四"杂著"。

善卷寺,即善权寺,为避南齐东昏侯萧宝卷讳,曾改善权寺。盖王鏊为方册所作重修善卷寺之募缘疏也。

作题跋《题蓬轩类纪》。

见本集卷三十五"题跋"。其文云:"故友刑部正郎黄君讳晔,字日昇,为人儇发有奇气。……及筮仕,乃始汎观博取,虽稗官小说,街谈巷议,经于耳而彻于心。……及得所著《蓬轩类纪》凡若干卷,上自国家勋德,下及闾阎委巷,方技滑稽,灾祥神怪,可喜可愕,罔不具焉。乃知其学有自也。"

《蓬轩类纪》,现北京图书馆藏明抄本《蓬窗类纪》,前有署名"震泽王鏊题"的《题蓬轩类纪》,内容全同,盖即此也,"蓬窗"者,后人所改也;又北京图书馆藏万历十八年(1590)刻《烟霞小说》第一帙收《蓬轩吴记》与《蓬轩别记》,前有署名"震泽王鏊题"的《蓬轩吴记题词》,内容基本相同,而文中《蓬轩类纪》改成了《蓬轩吴记》,盖黄省曾在刻印时所改也。黄省曾《蓬轩吴记序》云:"……吾祖刑部郎中府君少好稗官之学,故常手抄类说百家以言谈玩,久之,型范其作,乃有《吴记》二卷、《别记》一卷。……故请少傅王公题而传焉。蓬轩云者,志居也。"

黄晔,《(崇祯)吴县志》卷四十六"人物七·刚正":"黄晔,字日昇,苏卫舍余。补县学生,举成化丁酉(十三年,1477)乡试,弘治庚戌(三年,1490)第进士。授工部主事……迁刑部郎中。……忤权贵,引疾归。……所著有《蓬窗类纪》……"(杨循吉、刘凤传合参)

作书《复邵尚书书》。

见本集卷三十六"书"。其书云:"伏承不遗,猥示高制,意若欲使某为之评者。

愚于诸经读之未熟,历代史尤多遗忘,恒自病其记识之弗强也,则于高议又安能窥其涯涘之浅深。……顷焉,山居无所用心,偶书所见,亦欲录一通就正,未能出,而亦不能终隐,惟订其讹,耘其移,是所望于知己也。"

偶书所见,盖指王鏊《山居杂著》也。

谢迁作词《戊寅腊月,予幸七十初度,同年王守溪少傅寄梁州序为寿,依韵奉答》。

见《归田稿》卷四"词类"。

正德十四年己卯(1519)　七十岁

正月,作诗《己卯开岁连雪有作》。

见本集卷七"诗",又见王铨《梦草集》卷三"吏隐唱和",题为《春阴》,多有不同。王铨有和诗。其诗有"江南开岁逢三白,阴乍晴时晴复阴"之句。其小注云:"是岁年俭民饥。"

《(崇祯)吴县志》卷十一"祥异":"(正德)十四年己卯……夏秋大水,米价腾勇,民大饥疫。"

正月,观灯于弟王镠宅,作诗《戏题羊皮灯》、《己卯开岁九日弟镠宅观灯次秉之韵》、《咏鱼枕灯》。

《戏题羊皮灯》见本集卷七"诗",又见王铨《梦草集》卷三"吏隐唱和",题为《羊皮灯》,略有不同。王铨有和诗。

《己卯开岁九日弟镠宅观灯次秉之韵》见本集卷七"诗",又见王铨《梦草集》卷三"吏隐唱和",题为《和秉之雪夜观灯》,略有不同。王铨有《雪夜观灯》诗。

弟镠,即王镠,王鏊同父异母弟。

《咏鱼枕灯》见本集卷七"诗"。

二月,武宗还京。

《明武宗实录》卷一七一:"正德十四年二月……壬申(初八),上自宣府还京。"

作诗《朱半山挽词》。

见本集卷七"诗"。

朱半山,即朱彬,字天成,参见本谱弘治二年条。朱彬为朱文四弟,而朱文次子朱希召为王鏊女婿,故诗有"晚从秦晋结葭莩"之句。

三月,文徵明跋王鏊所藏《秋岭归云图》。

见孔广陶《岳雪楼书画录》卷一"《唐阎右相秋岭归云图卷》"。其跋云:"……是卷旧藏松陵史氏,一夕为奴子窃去,不知所之。少傅王公向慕久矣,无从状睹。今年春孙文贵持来求售,少傅公不惜五百购之,可谓得所。一日,出示索题,余何敢辞,敬书其后。正德十四年三月三日,文徵明跋于湖光阁。"其后又有唐寅跋云:"敬阅少傅王老师所藏阎立本画《秋岭归云图》并赋一律。……苏台唐寅。"

三月,作诗《三月二十三日赏牡丹,秉之不至,有诗来,次其韵》。

见本集卷七"诗",又见王铨《梦草集》卷三"吏隐唱和",题为《和秉之紫牡丹》。

王铨有《紫牡丹》诗。

作诗《虎丘陆羽泉埋没荒翳久矣,高君尹长洲,始命疏瀹,且作亭其上以表之。予贺兹泉之遭也,赋诗纪之》。

见本集卷八"诗",又见王铨《梦草集》卷三"吏隐唱和",题为《虎丘复第三泉》,王铨有和诗。

高君,即高第,《(隆庆)长洲县志》卷三"宦迹·县":"高第,绵州人,进士。(正德)十一年(1516)任,儒雅以文学饰吏,郡士多被礼接。"

王铨《梦草集》卷三"吏隐唱和"有《虎丘第三泉联句》(与王铨联)作于同时,不见于本集。

此联句与正德十一年王鏊、王铨与都穆《第三泉联句》多有相同。

本集卷十七"记"有《虎丘复第三泉记》作于同时。其记云:"今中泠惠山名天下,虎丘之泉无闻焉。顾闭于颓垣荒翳之间,虽吴人鲜或至焉。长洲尹左绵高君行县至其地,曰:'可使美蔽而弗彰?'乃命撤墙屋,夷荆棘,疏沮洳,荒翳既除,厥美斯露。……遂作亭其上,且表之曰'第三泉'。吴中士夫多为赋诗,而予纪其事所以贺兹泉之遭也。"

作诗《至乐楼诗为大学士费宏赋》。

见本集卷八"诗"。

费宏,据焦竑《焦太史编辑国朝献征录》卷十五"内阁四"江汝璧《光禄大夫柱国少师兼太子太师吏部尚书华盖殿大学士赠太保谥文宪费公宏行状》:费宏,字子充,江西铅山人。丁未(成化二十三年,1487)举进士为廷试第一人。正德六年(1511)十二月,兼文渊阁大学士入阁供事,因反对恢复宁王护卫,遂致仕。"比抵家,闭门谢客,足迹不履城府,惟筑楼一区,颜曰'至乐',日课诸子读书其中。"

作诗《重赋吊文丞相祠》。

见本集卷八"诗"。

王鏊成化二十三年(1487)作有《谒文丞相祠》(见本集卷一"诗"),此其依韵改作也。

六月,宁王朱宸濠反。七月,宁王兵败被擒。

《明武宗实录》卷一七五:"正德十四年六月……丙子(十四),宁王宸濠反。""庚辰(十八),吉安府知府伍文定及提督南赣汀漳军务都御史王守仁起兵讨宸濠。"卷一七六:"正德十四年七月壬辰朔……宸濠统兵发南昌。""辛亥(二十),提督南赣等处军务都御史王守仁等率兵复南昌。""丁巳(二十六)知府伍文定等败宸濠兵于樵舍,知县王冕兵获宸濠。"

夏,卢雍来访,作诗《卢侍御师邵来谒予于山中,时酷暑,与约为山寺之游。未明,舟乃潜发,有诗来次其韵》。

> 见本集卷八"诗"。卢师邵,即卢雍。

作诗《次韵施东冈喜雨》。

> 见本集卷八"诗"。
>
> 其诗有"酷暑今年直破秋"、"一朝雨势翻天至,两月炎威掠地收"之句。

八月,武宗南行。十二月,武宗至南京。

> 《明武宗实录》卷一七七:"正德十四年八月……癸未(初二)……上发京师。""丁亥(初六),上至涿州……时都御史王守仁平宸濠之奏已至。上决意南幸,忠及太监张永、都督江彬、许泰等各以兵从,欲掩为己功,于是留守仁之疏不下。"卷一八一:"正德十四年十二月辛酉朔……丙戌(二十六),上至南京。"

八月,七十寿诞。沈杰、乔宇、林俊、邵宝、谢迁、靳贵、蒋冕等皆有诗寄赠。唐寅作《长松泉石图》为寿,且有序,唐寅、王宠有寿诗,王成宪来贺寿。

> 旧谱云:"(正德)十四年己卯,七十岁。……是年,沈方伯、乔白岩、林见素、邵二泉诸公皆有寄赠之作。公次韵酬答。"
>
> 沈方伯,即沈杰,参见本谱正德五年条,王鏊本年有诗《次韵沈方伯良臣为余七十之寿,沈与余同生庚午,又同在郡膠,今同致仕》,见本集卷八"诗"。
>
> 乔宇,据焦竑《焦太史编辑国朝献征录》卷二十五"吏部二·尚书"陈璘《光禄大夫柱国少保兼太子太保吏部尚书白岩乔公禹行状》:乔宇,字希大,别号白岩,世居太原之乐平。十七岁以金吾卫籍中成化庚子(十六年,1480)顺天乡试,甲辰(二十年,1484)中进士。时任南京礼部尚书。"公在南都,礼曹事务清简,公余得纵读国初所藏秘书,于是所见愈邃。清暇肆游江南山水,大放厥词。"
>
> 林俊,王鏊本年有诗《次林见素中丞见寄之韵》,见本集卷七"诗"。其诗有"却羡云庄千颗玉,炎风五月擘红香"之句。云庄,林俊之园也。
>
> 邵宝,王鏊本年有诗《次邵侍郎国贤见寿之韵》,见本集卷七"诗"。邵宝《容春堂续集》卷一"歌行"《寿毛都宪》小序云:"砺庵毛公新领郧阳之命,自滁阳归候敕符于吴。于是公寿七十,其婿太学生秦君国英请予言庆之。予病余荒落,无以应塞,辄用己卯岁寿少傅守溪公诗韵为赋一章。"其诗有"前年曾寿守溪翁"之句,盖即此。
>
> 谢迁,谢迁《归田稿》卷四"词类"有《守溪明年亦七十,中秋后二日其初度也。

仍用前词一阕寄寿》。

蒋冕《湘皋集》卷十"七言律诗"有《次宫保戒轩先生靳公诗韵寄寿少傅守溪先生王公》,作于正德十三年末。蒋冕,据焦竑《焦太史编辑国朝献征录》卷十五"内阁四"《弇州别记·内阁大学士蒋公传》:蒋冕,字敬所[之],全州人。十四举省解第一,又十载举进士。从上幸南都,还进少傅、户部尚书、谨身殿大学士。

《太原家谱》卷二十五"序跋类上编"唐寅《文恪公七十寿序》:"柱国少傅太原郡公寿七十诞辰,寅备门下诸生之列,敢献祝颂。……故绘《长松泉石图》,复俾太仓张雪槎补公小像于中,以代称祝兼陈公福祉备有之故。公之令器中书舍人、国子上舍命书其详,不揆浅鄙,遂为序之。"

中书舍人,即王鏊长子王延喆;国子上舍,即王鏊次子王延素。

《太原家谱》卷二十七"杂文类上编"有唐寅、王宠《文恪公寿诗》。

王宠,参见本谱正德七年条。

本集卷八"诗"有《王成宪府博自昆山来为予七十寿,成宪时年七十八矣。追数京师诗社中人,惟予两人在者,感刘禹锡诗,因成四首》。其诗有"当年阙下会群才,日日赓歌把酒杯"、"谁知独有安阳客,还到吴门举一觞"之句。其小注曰:"成宪,安阳都尉门客。"

王成宪,据张大复《吴郡人物志》"王英孙成宪传":王成宪,初名廷纲,以字行,号真愚先生。应诏试吏部,选授樊都尉府训导。与吴文定宽、王文恪鏊、王三原恕赋诗饮酒,颉颃当世。得岁九十六考,终于家。樊都尉,即樊凯,安阳人,见本谱弘治六年条。

作诗《费伦同七十,少同砚席者也》。

见本集卷八"诗"。费伦,其人未详,盖少时同学也。

作序《槜李屠东湖太和堂集序》。

见屠勋《屠康僖公文集》卷首,不见于本集。其序云:"槜李屠公……于词章末技若不暇以为,而乃日事估毕,更倡迭和,与幽人曲士争工拙于毫鬐,然皆和平之音也。……公之子兵部郎应埙出其集示予,予故为之序。正德十四年中秋节,光禄大夫柱国少傅太子太傅、户部尚书、武英殿大学士致仕王鏊撰。"

屠勋,见本谱弘治十五年条。屠应埙,据顾清《东江家藏集》卷二十八"中集二十四·北游稿·行状"《故刑部尚书致仕东湖屠公行状》,屠应埙为屠勋长子,正德辛未(六年,1511)进士,时任兵部郎中。

作诗《赠叶巡按忠》。

见本集卷八"诗"。

其诗有"鄱阳漏网触奔鲸,南国烽烟彻夜明。江上貔貅雄远戍,浙西士女赖长城"之句。

叶忠,据《焦太史编辑国朝献征录》卷九十"福建一·按察司"王度《福建按察司佥事叶公忠墓志铭》:叶忠,字一之。应庚午(正德五年,1510)乡举,中第二,辛未(六年,1511)连取进士。时任江西道监察御史,按治江西南四郡,"己卯(十四),宸濠变起,远近骚动。公外示安静,阴实为备,立檄数百言,誓死无二。事定,民为立祠祀焉。"

作诗《陆长卿为三山甚伟,因赋》。

> 见本集卷八"诗"。

> 陆长卿,即陆元泰,参见本谱正德十三年条。三山,即传闻东海上三神山蓬莱、方丈、瀛洲,此当为仿三山之假山也,故其诗有"曾闻海上有三山,飞坠君家苑囿间"之句。

作诗《延素藏李嵩画因题其上》。

> 见本集卷八"诗"。

> 李嵩,孙岳颁等《御定佩文斋书画谱》卷五十一"画家传七·宋二":"李嵩,钱唐人。……后为李从训养子。工画人物、道释,得从训遗意,尤长于界画。光、宁、理三朝画院待诏。"(《图绘宝鉴》)

作诗《送王守会试》。

> 见本集卷八"诗"。其诗有"双珠出南国"、"一入天府选,一嗟沧海遗"之句。

> 王守,参见本谱正德七年条,《(崇祯)吴县志》卷三十六"选举五·乡举":"正德十四年己卯科,王守,府学。"盖王守中乡举,进京会试,而其弟王宠失利也。

作诗《五色菊》。

> 见本集卷八"诗"。其题注曰:"嘉定童以逊用水草接菊,五色俱有。"

作诗《松石斋》。

> 见本集卷八"诗"。

作诗《送贺志同少参之官广东》。

> 见本集卷八"诗"。

> 贺志同,即贺泰,贺元忠之子,据万斯同《明史》卷二五七《贺泰传》:贺泰,字志同,吴县人。弘治十二年(1499)进士。《明武宗实录》卷一七九:"正德十四年十月……甲申(二十五)……升……南京兵部武库司郎中贺泰为广东右参议。"

作诗《偶成》。

> 见本集卷八"诗"。

作序《申鉴注序》。

> 见本集卷十四"序"。其序云:"《申鉴》五卷,汉荀悦著。……其书世有罕见,吾苏黄勉之好蓄异书,又为之训释……"

> 《申鉴》,浙江图书馆、上海图书馆现藏有正德十六年黄氏文始堂刻本,黄省曾

注,五卷,前有王鏊序,落款为"正德十四年岁在己卯冬十月既望吴郡王鏊撰"。

黄省曾《五岳山人集》卷二十五"序"有《注申鉴序一首》。

作记《提调学校御史厅壁记》。

见本集卷十七"记"。其记云:"正统初,始设宪臣以董之,而两畿则以御史治与教兼焉。正德十四年,林君有孚以御史来董南畿学政,乃追考前任姓名,至己得十有九人,题名于署,俾后来者续书之。予为纪……"

林有孚,即林元甫子,参见本谱正德七年条,《明武宗实录》卷一五○:"正德十二年六月……辛酉(十七),命山东道监察御史林有孚提调南畿学校。"

作志铭《故中宪大夫知温州府事文公继室吴安人墓志铭》。

见本集卷三十"志铭"。

吴安人,即文徵明继母,据本铭,吴安人卒于正德己卯九月某日,其年十二月十有三日祔葬祁安人之右。

作志铭《亚中大夫云南按察司副使贺公墓志铭》。

见本集卷三十"志铭",又见焦竑《焦太史编辑国朝献征录》卷一百二"云南·按察使",名为《云南按察司副使贺公元忠墓志铭》。

贺公,即贺元忠,据本铭,贺元忠归林下凡二十四年,正德丙子(十一)八月十日以疾卒,春秋七十有八,其年十二月廿有六日葬山之西坞。盖其子贺泰所请也。

邵宝作诗《守溪公惠洞庭新茶,侑以长句奉谢》。

见《容春堂续集》卷三"七言律"。

王宠作诗《侍燕大学士守溪王公作》。

见《雅宜山人集》卷一"五言古诗"。

此诗前一首为《赠别家兄履约会试七首》,参见本谱本年条。

正德十五年庚辰(1520)　七十一岁

正月,文徵明跋王鏊所藏《曹云西山水卷》。

见陆心源《穰梨馆过眼续录》卷四《曹云西山水卷》。其跋云:"胜国曹云西名知白,东吴人。画师北苑、巨然,间亦出入郭熙。……一日,偶过少傅公园居,值腊梅盛开。赏玩之余,出此索跋,为识数语,而复系以短句。……正德庚辰(十五)春王正月,长洲文徵明题。"前还有吴宽题,署名"延陵吴宽为守溪先生题",盖非同时也。

作诗《瓦屋山歌》。

见本集卷八"诗"。其题注曰:"瓦屋山在雅州之荥经,其地绝胜。长洲尹高君第闻之曰:'吾将老矣。'余悲其长往而不来也,以吴人之意招之。"

高第,见本谱正德十三年条。

作诗《白岩歌为乔希大司马赋》。

见本集卷八"诗"其题注曰:"白岩在太原之乐平,南京兵部尚书乔公希大家焉。吴门周臣写其图,余为题其上。"其诗有"一朝还为苍生起,坐镇留都惟隐几"、"苻坚入寇不须惊,隐然人倚如长城"、"只将忠赤佐天子,不管白璧来青蝇"之句。

乔希大,即乔宇,参本谱正德十四年条,时任南京兵部尚书。

作诗《和林见素次苏子卿见寄之韵四首》。

见本集卷八"诗"。

苏子卿,即苏武,其诗见南朝梁萧统编《文选》。

作诗《闻尚书泉山林公讣》。

见本集卷八"诗"。

泉山林公,即林瀚,《明武宗实录》卷一七八:"正德十四年九月……庚申(二十九),南京兵部尚书致仕林瀚卒。……瀚天性仁恕,其处宗族亲旧惟厚之从。与人交久而益笃,见者无不敬爱之。居官不以介名而其所守有常,人不能夺。其在兵部于用事内臣及取道进献者不轻假借。晚年子孙满前……奉养丰裕,福履人亦难及。"

作诗《怀恃诗为归仁赋》。

见本集卷八"诗"。

归仁,其人不详。

作诗《荆山小景为王维纲兵侍赋》。

见本集卷八"诗"。

王维纲,即王宪,据焦竑《焦太史编辑国朝献征录》卷三十九"兵部二·尚书二"《兵部尚书王公宪传》:王宪,字维纲,东平人。第弘治庚戌(三年,1490)进士。《明武宗实录》卷一七六:"正德十四年七月……甲辰(十三)……是日,复传旨:'……传闻已至湖口,将犯南京,即令总督军务威武大将军总兵官后军都督府太师镇国公朱寿亲统各镇边兵征剿,以侍郎王宪率户、兵、工部属官各一人整理粮草什物。……'"

作诗《赠黄道士》。

见本集卷八"诗"。

黄道士,其人未详。

作诗《送高德元还越》。

见本集卷八"诗"。其诗有"解缆钱塘过五湖,童蒙求为指迷途"、"十载交情如一日,九师精义重三余"之句。

高德元,其人未详,盖浙人而在苏为塾师者也。

作诗《寄韩尚书贯道》。

见本集卷八"诗"。其诗有"河东夫子近何如,北雁联翩不得书。一片丹心终许国,半生华发只鳏居"之句。

韩贯道,即韩文也。

闰八月,武宗自南京至镇江,幸致仕大学士杨一清第,临致仕大学士靳贵丧。

《明武宗实录》卷一九〇:"正德十五年闰八月……丁酉(十二),上自南京旋跸。""癸卯(十八),上自瓜洲济江,登金山,遂至镇江,幸致仕大学士杨一清第。明日复幸焉……又明日饮于一清第……是日,一清有所献,上大悦,及驾还,凡五幸焉。又幸大学士靳贵第,时贵已卒,殡于堂。上临其枢,嗟悼之。命所从番僧为之诵经荐福。贵家亦有所献云。"

旧谱云:"上南巡至京口,幸杨、靳二阁老第,载杨以后车还京。初闻驾欲幸江浙,人情汹汹,公窃忧之,辄见于辞赋,因有《拟招》、《十三绝句》之作。"

沈德符《万历野获编》卷一"御赐故相诗":"杨文襄在正德末年,以次遂少傅居丹阳,适武宗南巡,以征宁庶为名,幸其第,前后凡三至焉。上赋绝句十二首赐之,杨以绝句贺上圣武,数亦如之;又有应制律诗诸篇,刻为二编,名为《车驾幸第录》。吴中王文恪为诗四章侈其事,其最后一律云:'漫衍鱼龙看未了,梨园新部出西厢。'想其时,文襄上南山之觞,以崔张传奇命伶人侑玉食,王诗盖纪其实也。杨是时特荷殊眷,徒以邀至六飞为荣,而不能力劝旋轸,仅以《册府元龟》等书为献,似乖旧弼之谊,然能止苏浙之行,则功亦足称。"

杨一清,焦竑《焦太史编辑国朝献征录》卷十五"内阁四"《特进光禄大夫左柱国少师兼太子太师吏部尚书华盖殿大学士赠太保谥文襄杨公一清行状》云:"武宗南征,特幸公第,宴饮赓歌两昼夜。左右有导上幸江浙者,公从容婉谏,不果行。"《(万历)丹徒县志》卷四"居第":"大学士杨一清第,在黄祐街。正德庚辰闰八月,皇上四幸其第,宴于茂祉堂,御制诗十二章。"时杨一清并未随武宗还京,年谱言"载杨以后车还京"不确。

靳贵,据本集卷三十"志铭"《光禄大夫柱国太子太保户部尚书武英殿大学士赠太傅文僖靳公墓志铭》:"正德庚辰八月七日,太子太保户部尚书武英殿大学士靳公卒。未葬,武宗南巡,还师过镇江,幸其第,亲临其丧,抚枢悼者久之。"《(万历)丹徒县志》卷四"居第":"大学士靳贵第,在虎踞门内。正德庚辰闰八月,皇上幸时,贵已卒,殡于堂,上嗟悼久之。"

《拟招》,集中不见。《十三绝句》,本集卷八"诗"有《十三绝句》。王文恪公为诗四章,即《十三绝句》后四首也。

《十三绝句》见本集卷八"诗"。

第一首有"燕山台殿虽然好,宣府元来是我家"之句,言武宗北幸宣府不归也;第二首有"少年天子重边功"、"行遍渔阳并上谷"之句,言武宗巡边也;第三首有"安化跳梁即日平,中原群盗敢纵横"、"鸿都造乱谁堪使,除是君王自领兵"之句,言安化王寘鐇谋反,中原刘六、刘七起义,宁王朱宸濠谋反,武宗亲征也;第四首有"彭蠡风帆一箭收,九江安庆是安流"之句,言宁王宸濠谋反,旋被平也;第五首有"天子临江渡六军"之句,言武宗南征也;第六首有"缚得名王气转雄"、"合与官家第一功"之句,言宁王就擒也;第七首有"莫道十旬犹不返,金陵原是帝王州"之句,言武宗留南京不返也;第八首有"二水三山入豫游,八方无事更何忧"之句,言武宗在南京耽于山水之游也;第九首有"相国移家江水浔,金山望幸已多时"之句,言武宗幸致仕大学士杨一清第也;第十首有"三顾频繁亦未闲"、"载得贤人与共还"之句,言武宗多次幸杨第,且载之后车也;第十一首有"难虚雪夜相逢意,海错犹堪佐酒巡"之句,言武宗饮宴于杨第也;第十二首有"太湖怪石惭多幸,也得相随载后车"之句,言杨一清向武宗献太湖石也;第十三首有"漫衍鱼龙看未了,梨园新部出西厢"之句,言杨一清在其第上演《西厢记》以娱武宗也。

朱竹垞《静志居诗话》卷八"王鏊":"济之以经义重,诗非所长。集中《十三[二]绝句》甚得讽谏之体,今录其三。诸公南巡诗虽多,皆当逊席。"

作诗《闰中秋观月仍两度生辰喜而有作》。

见本集卷七"诗"。其诗有"一年最好中秋月,岂谓今年两见之"之句。

王鏊生辰在八月十七,而正德十五年有闰八月,故云。

作诗《木石居士为叶文节赋》。

见本集卷七"诗"。

叶文节,其人未详。

作诗《闰八月中秋夕再至灵岩》。

见本集卷七"诗"。其诗有"往事凄凉那可问,悬崖荒藓没前题"之句。

灵岩山,王鏊弘治十八年、正德七年、十一年均曾游,故此言"再至",见本谱以上三年条。

作诗《重改灵岩玩月诗》。

见本集卷七"诗"。

王鏊弘治十八年(1505)作有《灵岩玩月》(见本集卷四"诗"),此乃依韵改作也。

作诗《悯松》。

见本集卷七"诗",本诗又见王铨《梦草集》卷三"吏隐唱和",但序很短,王铨有和诗。其小序曰:"翠峰,洞庭古刹也。自寺门至官道,皆双松夹峙,大可数围,……盖宋元故物也。予甚爱焉,每至,辄坐其下移日。今年夏至,则无复孑遗。

— 230 —

予甚愕焉,召其僧尤之。僧曰:'县官征徭急,身之不存,松于何有?盖粥之以充徭费也。'吾闻释民为出世法,谓世网不能加也。徭且不免焉?非独人力之加,而翦伐及于兹松,千年故物且不能逃于苛政之害如是哉!是岁,正德十五年也。"

翠峰寺,《(正德)姑苏志》卷二十九"寺观上":"翠峰禅寺在莫釐山之阴,唐将军席温舍宅建。天宝间(742—756)僧智洪开山。"

九月,武宗北返,渔于清江浦积水池,溺水,遂不豫。

《明武宗实录》卷一九一:"正德十五年九月……戊午(初四)……上自扬州北还。""丙寅(十二),上至清江浦……逾三日,上自泛小舟渔于积水池,舟覆,溺焉。左右大恐,争入水掖之而出,自是遂不豫。"

卢雍建范文穆祠、石湖书院,作诗《卢师邵侍御新建范文穆祠于石湖傍,有诗次其韵》。

见本集卷八"诗"。

卢襄《石湖文略》"国朝"引王鏊此诗,题为《正德庚辰五月,过石湖,睹宋参政范文穆公新祠,次卢师邵韵》。

范文穆公祠,《(崇祯)吴县志》卷十九"祠庙":"范文穆公祠在石湖上,祀宋参政范成大。本朝正德间乡人御史卢雍建。"引王鏊《范文穆公祠堂记》,云"正德庚辰六月,庙成";又卢襄《石湖志略》"书院第九":"正德戊寅(十三年,1518),兄以御史在告,思毕往志,乃白于家君,请于有司,购茶磨山之地作书院一区。郡守永康徐公讃以昆山旧额来揭之,经始于己卯(十四年,1519),成于辛巳(十六年,1521)。……大学士王文恪公鏊为之记。"引王鏊记,云"正德庚辰(十五年,1520)十月,庙成"。

范文穆,即范成大,据《宋史》卷三八六"范成大传",范成大,字致能,自号石湖,吴郡人。

卢雍,邵宝《容春堂续集》卷十三"墓表"《明故四川按察司提学副使卢君墓表》云:"家居时,请立石湖书院,祀宋范文穆公。又求其遗像及所书《田园杂兴》手摹勒石。以文穆故居湖上,君与邻焉,用是致景行意。"《明武宗实录》卷一九五:"正德十六年正月……己巳(十六),升监察御史卢雍……为副使……雍……四川。"

本集卷九"联句"有《石湖联句》(与卢雍联)作于同时。本集中仅与卢雍联,且未分人。《太原家谱》卷二十七"杂文类上编"亦收,名《石湖书院初成联句》;王铨《梦草集》卷三"吏隐唱和"亦收,名《石湖联句》,皆分王济之、刘与清、王惟颙、王秉之与卢师邵诸人,字句也多有不同,当为多人共联也。

刘与清,即刘缨,参见本谱弘治十一年条,据《明武宗实录》卷一〇七,刘缨正德八年十二月甲辰(初十),以南京刑部尚书致仕。王惟颙,即王观,参见本谱正德五年条。

十一月，吏部尚书陆完有罪被执。

> 《明武宗实录》卷一九三："正德十五年十一月……庚申（初三）……吏部尚书陆
> 完有罪，执赴行在。完自为江西按察使时与宸濠相比。既去任，常以赠遗致殷
> 勤。濠之乞复护卫也，完在兵部先为游说，内阁柄事者既乃援祖训复奏，实阴
> 为之地。……及濠既擒，太监张永至江西，擒阅簿籍，得完平日交通事，奏之。
> 上还至通州，乃传执完，并收其母妻子女，封识其家。班师日，完裸体反接，揭
> 白帜杂俘囚中以入。"

十二月，宁王宸濠被赐死。武宗还京。

> 《明武宗实录》卷一九四："正德十五年十二月乙酉[己亥]朔……己丑（初五），
> ……赐宸濠死。……甲午（初十）上还京。"

冬，与文徵明、蔡羽、王守、王宠燕集于东堂。

> 郁逢庆《书画题跋记》卷十二"《文衡山王[主]文恪公燕集图》"："冬日，侍柱国
> 太原公东堂燕集，奉纪小诗。同集者济阳蔡羽九逵，太原王守履约、王宠履吉，
> 敬邀同赋。是岁正德庚辰（十五）。"后有诸人题诗，分布署名"学生文徵明"、
> "门下生蔡羽"、"门下生王守堇书"、"门下生王宠谨书"、"门生蔡羽顿首录"。

次子王延素以谒选任南京中军都督府经历司都事。

> 皇甫汸《皇甫司勋集》卷五十三"志铭"《明中顺大夫思南府知府王公墓志铭》：
> "……亡何，谒选铨曹。太宰为长洲陆公，执其卷曰：'非王太傅子耶？可谓得
> 青箱之学者，即取父第何有，但朝廷盛典不可虚稽。……仕贵及时尚奚待焉！'
> 适有左军督府之缺，拟铨授，乃以亲老求南，冀便省问。众益贤之，因拜南京中
> 府都事。履任即恪守职司，……在南都三载，多所裨益。"

> 行状云："延素，南京中军都督府都事，娶陈氏。"

> 太宰长洲陆公，即吏部尚书陆完。南京中军都督府都事，张廷玉《明史》卷七十
> 六"职官志五"："南京五军都督府……分掌南京卫所，以达于南京兵
> 部。……其属，经历、都事各一人。"

> 顾清《贡举家藏集》卷十五"中集十一·北游稿·诗"有《王子仪将赴南京中府
> 都事，与乃兄子贞中舍来别，赋此兼简成国朱公》，作于弘治十五年，子仪即王
> 延素，子贞即王延喆。

作序《皇甫持正集序》。

> 见本集卷十四"序"。其序略曰："昔孙可之自称得昌黎心法，而其传实出皇甫
> 持正。……予即刻可之文而持正未逮。今世庸乃能嗣吾志而梓之。予嘉其仕
> 伏而不忘学，又不忘其世裔之所出也，为序其端。"

> 《皇甫持正文集》六卷，国家图书馆、上海图书馆现藏明正德十五年皇甫录世业

堂刻本,前有据王鏊正德十五年(1520)序,称此本乃据王鏊从内阁携出的残宋蜀刻本刻成。

　　皇甫持正,即皇甫湜,《新唐书》卷一七六"韩愈传附皇甫湜传":"(韩愈徒)皇甫湜,字持正,睦州新安人。"孙可之,即孙樵,参见正德十二年条。世庸即皇甫录,皇甫信子。

作序《送袁山人序》。

　　见本集卷十四"序"。其序云"有为青乌之学者袁子来自宣城,为余卜寿藏于洞庭之阴。……其人君名德,字宗善,号松月云。"

作序《送工部正郎蒋君抡材还朝序》。

　　见本集卷十四"序"。其序略曰:"正德九年正月乾清宫灾,……乃名官采材于四方。……不怠不怨,材克用集,而民忘其劳,若蒋君舜臣之于闽浙其庶乎?君且还朝,严州通守薛君昂远走使求予言为赠。昂,予故人也,不能辞。"

　　蒋舜臣,即蒋恺,《明世宗实录》卷八:"正德十六年十一月……甲戌(二十六),乾清宫成,上自文华殿入居之。……升……工部都水司署郎中蒋恺为广西布政使司左参议。"薛昂,《(万历)严州府志》卷九"秩官志·通判":"正德年,薛昂,吴县人。十年(1515)任。"

　　文徵明《甫田集》卷八"诗"有《送蒋员外浙东采木还朝》。

作记《从适园记》。

　　见本集卷十七"记"。其记云:"静观楼之景胜矣,去楼百步故皆湖波也。侄学始堰而涸之,乃酾乃畚乃筑乃耨,期年遂成沃壤,而规以为园。……予园名真适,学盖知予之乐而有意从之者也,故名之曰'从适',而为之记。"

　　侄学,即王鏊大哥王铭之子王延学,参见本谱正德十二年条。

作记《董南畿学政御史厅壁记》。

　　见本集卷十七"记"。其记云:"前莆田林君有孚惧其久而或湮,始谋劚之石以示久远,俄以忧去。山阴萧君来继其任,始克成之,仍属余记。"

　　参见本谱正德十四年《提调学校御史厅壁记》条。

　　山阴萧君,即萧鸣凤,张弘道、张凝道《皇明三元考》卷八"弘治十七年(1504)甲子科":"(解元)浙江萧鸣凤,山阴人,字子雍,甲戌(正德九年,1514)进士。授御史。"《明武宗实录》卷一八三:"正德十五年二月……己巳(初十),命御史周宣于北直隶,萧鸣凤于南直隶,俱提调学校。"

作碑《明故中奉大夫河南等处承宣布政使司右布政使沈公碑文》。

　　见本集卷二十三"碑",又见焦竑《焦太史编辑国朝献征录》卷九十二"河南一·布政使",名为《河南右布政使沈公杰墓碑》。

　　沈公,即沈杰,据本碑,沈杰居吴下十年,正德庚辰六月十三日,年七十一卒,十二月某日祔葬吴县竺山之先茔。

作表碣《乐丘阡表》。

> 见本集卷二十六"表碣"。其表云："无锡邹君孚伯卒，二子承、式谋卜吉
> 壤……乃因其地，易其向，山增而高，池濬而广，山之下为阡城……或题之曰
> '乐丘之阡'，而属余纪其事。……孚伯讳观，别号颐斋，其行历见谢少傅、邵尚
> 书所撰碑文。"

> 据邵宝《容春堂续集》卷十五"墓志铭"《邹君孚伯墓志铭》，邹观正德庚辰闰八
> 月朔卒。

作书《与徐文敏公书》。

> 见《太原家谱》卷二十八"杂文类下编"，不见于本集。其书云："玄度进学可喜，
> 使一、二年不懈，高科可掇也。充道[道充]之殁，使人哀伤，不能已已。家无主
> 母，姻事蹉跎，又可恨也。比驾幸其家，亲临其丧，诚人臣之希遇，而所费亦不
> 赀也。……苏人汹汹，余亦且惊且喜，不然余贫薄和以堪之。当今之时，凡事
> 当心，收敛为宜，至祝至祝！"

> 徐文敏公，即徐缙，时为侍读也。玄度，徐缙长子，时徐缙之妻、王鏊之女已卒，
> 玄度盖依王鏊读书，参见王鏊《亡女翰林院侍读徐子容妻墓志铭》（见本集卷三
> 十一"志铭"）。充道，靳贵字。姻事蹉跎，指王鏊之女与靳贵之子靳懋仁的婚
> 事，杨循吉《文恪公侧室胡太宜人墓志铭》："……女二人：长适中书舍人靳懋
> 仁，文僖先生子；……"文僖，即靳贵，谥号文僖。

顾清作书《奉守溪少傅书》。

> 《东江家藏集》卷二十六"中集二十二·北游稿·书简"。其书云："门生顾清顿
> 首座主守溪老先生执事。违远弗获频候问，然梦寐间时见颜色，秋来尤数。方
> 时艰虞，朔德雅望，鸿冥赤霄如执事者固天下之所仰赖，使一日复居廊庙，则天
> 下可知，不知生民命果如何耳！……"

> 顾清，见本谱弘治五年条。

黄省曾作诗《酬少傅太原王公见赠》。

> 见《五岳山人集》卷六"五言古诗"。

> 黄省曾，参见本谱正德七年条。此诗后一首为《瓦屋山歌赠高公次一首》，参见
> 本谱本年条。

> 黄省曾《五岳山人集》卷六"五言古诗"又有《虎丘寄王少傅一首》、《观江淮平乱
> 碑文歌赠王少傅一首》或作于同时。

> 江淮平乱碑文，参见本谱正德八年条。

正德十六年辛巳(1521)　七十二岁

正月，作诗《奉和东冈岁暮有怀见寄之韵》。

见本集卷八"诗"。其诗有"岁暮相望思渺然"、"舟辞震泽无多日,历改王春又一年"之句。

作诗《辛巳新春有感》。

见本集卷八"诗",本诗王铨《梦草集》亦收,题为《和秉之新春有感》,多有不同。

王铨《新春有感》诗。其诗有"山林朝市本无干,怪事惊心欲遣难"、"天与百年双老眼,可堪看遍世途艰"之句。

作诗《送颜楫,楫同年水部澄之之子也》。

见本集卷七"诗"。

颜澄之,即颜泾,《(崇祯)吴县志》卷三十四"选举三·进士":"成化十一年(1475)乙未科谢迁榜,颜泾,字澄之,治《书》,历官南京工部郎中。"

作诗《次石田松石图》。

见本集卷七"诗"。

石田,即沈周。

作诗《题任月山饮饲图》。

见本集卷七"诗"。

任月山,孙岳颁等《御定佩文斋书画谱》卷五十三"画家传九·元一":"任仁发,字子明,号月山,松江人。……以画马得名。"(《画史会要》)

作诗《米南宫苕溪春晓图》。

见本集卷七"诗"。

米南宫,即米芾,《宋史》卷四四四"文苑传六":"米芾,字元章,吴人也。……特妙于翰墨,沈著飞翥,得王献之笔意。画山水人物,自名一家,尤工临移,至乱真不可辨。"

三月,明武宗崩,四月,明世宗即位。

《明武宗实录》卷一九七:"正德十六年三月……丙寅(十四),上崩于豹房。……五月己未上尊谥曰'承天达道英肃睿哲昭德显功宏文思孝毅皇帝',庙号'武宗'。九月庚午,葬康陵。上在位改元正德,立十有六年,寿三十有一。"

《明世宗实录》卷一:"正德十六年四月……癸卯(二十二),至自安陆。先是三月丙寅,大行皇帝遗诏:'……皇考孝宗敬皇帝亲弟兴献王长子聪明仁孝,德器凤成,伦序当立,遵奉祖训兄终弟及之文,告于宗庙,请于慈圣皇太后与内外文武,群众合谋同词,即日遣官迎取来京嗣皇帝位。'……""即位正德十六年四月二十二日……"

明世宗,《明世宗实录》卷一:"世宗……肃皇帝之孙也,父睿宗知天守道洪德渊仁宽穆纯圣恭俭敬文献皇帝,母慈孝贞顺仁敬诚一安天诞圣献皇后。以正德二年(1507)八月初十日生上于安陆藩邸。……是时,上年十有五矣。"

杜瑶与陆子潜兄弟来访,作诗《杜允胜偕陆子潜兄弟携酒至园亭》。

见本集卷七"诗"。其诗有"高柳暖风初罢絮"之句。

四月,与门下士宴集于怡老园。作诗《诸友饮怡老园分韵得春字》。

见本集卷七"诗"。其诗有"题诗昨日送残春,桃李阴阴入夏新"、"独有江湖忧未谢,北来消息苦难真"之句。

陆粲《陆子余集》卷一《怡老园燕集诗序》:"岁辛巳四月之朔,少傅太原公张燕于怡老园之池亭,门下士侍坐者凡八人。……公取杜少陵句分韵,命人为诗一章。章次第成。……公曰:'今日之会也,可无述乎?'于是颍川陈怡取诸诗联为卷以授粲。……粲也不敏,敢卒书以请焉,作《怡老园燕集诗序》。"

陈怡,参见本谱弘治二年、六年条。陆粲,见本谱正德七年条。

旧谱云:"(正德)十六年辛巳,七十二岁。……公自内阁告归,多居山中,间入城,不久即返。巡按有司绝不干谒,部使者至吴,往往有不得一见面者。居官既久,以清高自持,归山略不改其操,所以位虽高则家则贫。苇川陈公谓之'穷阁老',贞山陆子称之曰'贵而能贫'。此非相知之深得于亲炙而目击者莫能信也。"

苇川陈公,即陈霁,号苇川,见本谱弘治九年条。贞山陆子,即陆粲,号贞山。

与刘缨等游天平山、穹窿山,作诗《重游一云寺》、《游穹窿山》。

《重游一云寺》见本集卷八"诗"。其小序曰:"一云在天平之西,余弘治间曾一至焉,留诗而去。正德辛巳复至其地,俯仰二十余年矣,感叹之余,漫赋一绝。"

一云寺,参见本谱弘治十三年条,王鏊弘治十三年(1500)曾游,作《游吴城西诸山》组诗,其一为《一云》,故其诗有"山僧认得曾来客"之句。

《游穹窿山》见本集卷八"诗"。其小序云:"与铁柯辈泛舟至胥口潘氏,日已西,遂宿。明日雨,将午少霁,至穹窿寺,寺在山腰。饮法雨亭而还,不能穷绝顶之胜也。"其诗有"十年林下无羁绊,吴山吴水饱探玩"、"喜闻地主有嘉招,春服初成杂童冠"之句。

潘氏,其人未详,盖诗中所谓"地主"也。穹窿山、法雨亭、穹窿寺,《(正德)姑苏志》卷九"山下":"穹窿山,比阳山尤高。……半山有泉名法雨,四时流不绝。""山东岭下有盘石,……号为读书台,穹窿寺在焉。"卷二十九"寺观上":"穹窿禅寺在吴县西南四十五里穹窿山,旧名福臻禅院。……梁天监二年(503)建。"

铁柯,即刘缨。

作诗《和邵二泉申诏许终养韵》。

见本集卷八"诗"。

邵宝《容春堂续集》卷三"七言律"有《闻申诏侍养喜而有述》,其诗有"一封书奏再逾年,温诏春来忽自天"之句。《明武宗实录》卷一九五:"正德十六年正月……己巳(十六)……南京礼部尚书邵宝以母老乞终养,许之。"

严嵩来访,与游虎丘,作诗《月夜与客饮千人石》、《余断送迎久矣,内翰严维中奉使三湘,还过吴,治具邀余过虎丘,余不能辞也,赋诗一笑》。

> 《月夜与客饮千人石》见本集卷八"诗"。

> 客,当指严嵩。千人石,《(正德)姑苏志》卷八"山上":"虎丘山在府城西北十里。……其前为千人坐,盖僧竺道生讲经处。大石盘陀,径亩,高下平衍,可坐千人。"

> 《余断送迎久矣,内翰严维中奉使三湘,还过吴,治具邀余过虎丘,余不能辞也,赋诗一笑》见本集卷八"诗"。其诗有"如何地主翻为客,多少荣途未得闲"、"夕阳共下山门去,处处停桡未拟还"之句。

> 严维中,即严嵩,据焦竑《焦太史编辑国朝献征录》卷十六"内阁五"王世贞《大学士严公嵩传》:严嵩,字惟中,江西分宜人。二十六进士高第。时任翰林院编修。

> 严嵩《钤山堂集》卷六"诗·使粤稿二"有《虎丘寺侍少傅守溪公游奉次高韵》,其诗有"分明仙舸中流坐,瞻送宫袍月下还"、"石留僧讲谩遗踪"之句。据《钤山堂集》严嵩与王鏊子王延喆,王延素及婿徐缙皆有交往。

> 本集卷三十二"箴铭"有《钤山堂铭》,作于同时。

> 钤山堂,严嵩之书斋名也。钤山,在其家乡江西分宜,严嵩曾在山下结庐读书,故名。此铭盖王鏊为严嵩作也。

作诗《邵二泉点易台[亭]右得泉有诗次其韵》。

> 见本集卷八"诗"。

> 邵宝《容春堂续集》卷三"七言律"有《点易台右得泉》。

> 点易台,邵宝《容春堂续集》卷八"杂著"《点易台铭》序云:"邵子读《易》九龙山中,作台而时登焉,手一卷坐以终日。于是正德庚辰(十五年,1520),邵子六十有一矣。先是张侍御汝立归二象笔,辞曰'点易'。邵子谓:'若有以起我者。'故名其台云。"张汝立,即张鳌山,邵宝门生也。

作诗《钱汝砺院使八十》。

> 见本集卷八"诗"。其诗有"当年医国更何人,闾阖传宣入对频"之句。

> 钱汝砺,即钱钝,《(崇祯)吴县志》卷五十三"人物十九·方术"引徐有贞记略:"(钱恒)子钝,字汝砺,能世其业,亦仕为院判。"

作诗《次韵文徵明见赠之作》。

> 见本集卷八"诗"。其诗有"十年稳卧碧山河,姓字无缘落谏坡"、"正逢圣理方更化"、"几度怀恩思自效,蹇疲难进欲如何"之句。

> 文徵明《文太史甫田集》(文嘉抄本)卷八有诗《闻太原公起用》,韵与本诗全同。

作诗《和谢少傅晚步见寄之韵》。

> 见本集卷八"诗"。其诗有"愿公早为苍生起，林下还需圣泽宽"之句。

> 谢迁《归田稿》卷七"七言律诗"有《晚步》，又有《次韵答王守溪二首》。

五月，大礼议起，终其年不止。作《尊号议》、《昭穆对》以议大礼。

> 详见《明世宗实录》卷二、卷四、卷六、卷七、卷八、卷九。

> 《尊号议》见本集卷三十三"杂著"有，其文云："今上自亲藩入继大统，兴献王妃，上所生父母也，未之所以尊崇之，有以问于鳌曰：'如之何？'……予尝反复思之，事有两难而可以两全者。……今参《仪礼》之文，酌古今之宜，定谥曰'兴献皇、兴献后'，而以太皇太后之旨行之，则于大统无干犯之嫌，所生亦极尊崇之义，其亦庶乎两全矣。"王鏊的主张与明世宗一致。

> 《昭穆对》见本集卷三十三"杂著"，其云："有问于王子曰：'宗庙之礼，所以序昭穆，父为昭，子为穆，三昭三穆以次而迁，礼也。其或兄弟相代，世数参差，礼之变也，有不得如常者，如之何？'曰：'顺其常而已矣。昭常为昭，穆常为穆，次当昭乎，同为昭可也；次当穆乎，同为穆可也。而何参差之有。'曰：'是则犹为兄弟也。'曰：'然。'……"

五月，作诗《久旱喜雨》。

> 见本集卷八"诗"。其诗有"五月炎熇炽若焚，西来一夜雨翻盆"之句。

作诗《唐子畏临李成群峰霁雪图》。

> 见本集卷八"诗"。

> 李成，孙岳颁等《御定佩文斋书画谱》卷五十"画家传六·宋一"："李成，字咸熙，本京兆长安人，唐末徙家青州。……"（《宋史·李觉传》）"成幼属文，能画山水林木，当时称为第一。……"（《圣朝名画评》）

作诗《毛都宪七十，邵二泉以前韵为寄复次之》。

> 见本集卷八"诗"。

> 邵宝《容春堂续集》卷一"歌行"《寿毛都宪》小序云："砺庵毛公新领郧阳之命，自滁阳归候敕符于吴。于是公寿七十，其婿太学生秦君国英请予言庆之。予病余荒落，无以应塞，辄用己卯岁寿少傅守溪公诗韵为赋一章。"

> 毛都宪，即毛珵，据文徵明《甫田集》卷二十六"行状"《明故嘉议大夫都察院右副都御史毛公行状》：毛珵生景泰壬申（三年，1452）七月十又八日，卒嘉靖癸巳（十二年，1533）二月十又九日，享年八十有二。由此可推正德十六年，毛珵正七十岁。《明世宗实录》卷一："正德十六年四月……戊申（二十七），……罢……都察院右副都御史毛珵……皆以奉诏自陈也。"

作诗《题西湖春景》。

> 见本集卷八"诗"。

作诗《志喜和秉之诗》。

见本集卷八"诗"，又见王铨《梦草集》卷三"吏隐唱和"，题为《和秉之辛巳五月伏读诏书志喜二首》，略有不同。王铨有《辛巳五月伏读诏书志喜二首》诗。其诗有"周邦虽旧命维新，历尽冰霜快值春"、"天上真人方出震，海滨大老定来臣"、"奸回已报都从殛，风俗何忧未尽淳"、"但使遗才收拾尽，不妨垂老太湖滨"、"郢邸一朝潜忽现，苍生四海负皆蠲"之句。

奸回，即钱宁、江彬等，《明世宗实录》卷二："正德十六年五月……壬申（二十一），钱宁伏诛。"卷三："正德十六年六月……戊子（初八），江彬伏诛。"

郢邸，献国安陆，在湖北，故称。

五月，作题跋《书梦草集后》。

见王铨《梦草集》卷末，不见于本集。其文云："余自筮仕迄于今四十余年间，与余弟不能无离合，离则思，思则发之诗；合则喜，喜则发之诗，然皆率然口占以道一时之怀，不暇追琢求工，谓且云散鸟逝，无复存者。不意吾弟自后收拾纤悉不遗，萃而观之，数十年离合忧喜如在目前，岂以诗之不工而遂弃也。余弟因刻之以传于家。……正德十六年夏五月庚午，鏊书。"

五月，作记《范文穆公祠堂记》。

见本集卷十七"记"。其记云："监察御史卢君雍家越来溪上，少时数过其地，与其弟襄约曰：'他日且讲俎豆文穆于斯。'及为御史，始克如志。正德庚辰某月，庙成，肖公像于中。……有司岁时饗祀如仪，间属予纪其事于丽牲。"

参见本谱正德十五年条。

《太原家谱》卷二十六"序跋类下编"有《范文穆公书院碑记后跋》，不见于本集。其小序曰："正德辛巳五月为卢侍御师邵文穆公祠作。"

作诗《观福建内臣进花鸟赋》。

见本集卷八"诗"，又见王铨《梦草集》卷三"吏隐唱和"，题为《和秉之进花鸟使》，略有不同。王铨有《进花鸟使》诗。其诗有"藩方故事修应旧，圣主当阳德正新。一路光荣人莫羡，已闻千里罢还民"之句。

作诗《故顺庵骆先生挽词》。

见本集卷八"诗"。其诗有"泮水重游处，重来尚宛然"、"讲授春风里，弦歌夜雨天"、"四方多弟子，深愧表新阡"之句。

骆先生，其人不详，盖王鏊昔日老师也。

作诗《石田学蒙泉阁老画葡萄》。

见本集卷八"诗"。

石田，即沈周。蒙斋阁老，即岳正，据李东阳《怀麓堂集》卷七十一"文后稿十一·传"《蒙泉公补传》：岳正，字季方，别号蒙泉，学者称为蒙泉先生。顺天漷县人。"尝戏画葡萄,遂称绝品。"陆容《菽园杂记》卷五:"岳季方能画葡萄,尝作《画葡萄说》。"

作书《复邵二泉书》。

见本集卷三十六"书"。其书云:"伏睹清朝更化,特起老成,此正君子汇进之时也。素守虽不可夺,而诏旨不可屡违。鍪窃为公思之,南畿去家不远,而太夫人闻已勿药,兹奉以之官,则高义不失,而官事亦不废,似两得之。……虽然,此奏未上,望更思而处之。已上,恐亦未得俞旨,……病暑匆匆作报,言不尽意。"

此书盖劝邵宝复起为官也。邵宝《容春堂续集》卷七"奏疏"《第六疏》首言:"正德十六年奉圣旨'卿才行老成,特兹简任,先期已有成命,不允所辞。着上紧到任管事,吏部知道,钦此!'"《第七疏》首言:"正德十六年八月初日,通政司官奏,本月十二日奉圣旨'朕以卿才行老成,新政之初,特兹起用。既累乞终养,孝诚恳切,勉从所请,着有司以礼存问。待亲终之日来说吏部知道。钦此!'"盖指此也。《明世宗实录》卷五:"正德十六年八月……庚寅(十一)……南京礼部尚书邵宝乞终养,许之。宝以户部左侍郎侍养八年,为言官荐用。乃复以母老无托,恳疏辞职。上特从其请,仍命有司存问其母,宝候亲终日具奏。"

八月,弟王铨卒。

本集卷三十一"志铭"《亡弟杭州府经历中隐君墓志铭》:"吾弟生天顺己卯(三年,1459)正月十二日,以正德十六年八月初四日卒。"

作序《东莱滕氏族谱序》。

见本集卷十四"序"。其序云:"知镇江府东莱滕侯谧出其族谱二册授予曰:'吾家本汴人,宋靖康间始祖以武功大夫佐定海,因家焉。后又徙东莱,载其声光,世有闻人。今自十五世合为一图,盖大宗之法也;又五世各为一图,小宗之遗也。愿公序之。……'"

滕谧,《掖县志》卷三"选举·进士":正德戊辰(三年,1508)吕枏榜有滕谧。又卷四"政治":"滕谧,字危言,……弱冠成进士,出文恪公门。官户部主事,督饷古北口,以廉称。改镇江府,历湖广副使,致仕。"《乾隆镇江府志》卷二十三"刺守":"滕谧,山东掖县人。戊辰进士,正德十五年(1520)任(镇江知府)。"盖王鍪主考会试时所取进士也。

作序《云水诗集序》。

见本集卷十四"序"。其序云:"无锡华某生而好道,……弃其妻子来林屋山中,独居三十余年,往来兴福寺,博参内典。……间尝与之游。久之,出一编以示余,曰《云水集》。……"

无锡华某,其人未详。

邵宝作诗《暑坐追次文正公韵怀守溪先生》。

> 见《容春堂续集》卷三"七言律"。

黄省曾作书《与文恪王公论撰述书一首》。

> 见《五岳山人集》卷三十一"书"。其书首云:"十月二十三日省曾顿首相国守溪
> 先生门下。月来不奉提诲,近谒阶下,得侍清谦之谈,而夫子者慨然有志于著
> 书,门下末子何胜踊跃。"

> 此书前一首为《再寄冢宰乔公宇书一首》,乔宇为吏部尚书在正德十六年。

明世宗嘉靖元年壬午(1522)　七十三岁

正月,作书《与徐文敏公书》。

> 见《太原家谱》卷二十八"杂文类下编",不见于本集。其书云:"自入新年来,音
> 问久缺。吾自丧吾弟,如失左右手,虽陈家□者,亦不禄,林下益无伴侣,好怀
> 何由得开。行人闻已差,久未见至。因林司空北上,驻近郊,心竢一见,感此
> 意,特为入城,见可谢之。留此待行人之至。……玄度府考第一,提学在无锡,
> 未至也。……玄成闻甚颖敏,为喜。……"

> 徐文敏,即徐缙。玄度、玄成,徐缙子,玄度时依王鏊读书,玄成盖从徐缙在任。

二月,林俊来访。作诗《嘉靖元年二月年九日与林司空见素同登上方,
俯视云水,千顷青黄绚斓,见素曰:此一片锦也。赋诗纪之》。

> 旧谱云:"二月,林司空见素远来相访,有登山唱和诸作。"

> 《嘉靖元年二月年九日与林司空见素同登上方,俯视云水,千顷青黄绚斓,见素
> 曰:此一片锦也,赋诗纪之》见本集卷八"诗"。

> 林俊,林俊《见素集》附录下"墓志铭"杨一清《荣禄大夫太子太保刑部尚书见素
> 林公俊墓志铭》云:"今皇帝嗣位之初,敕召致仕都察院右都御史见素林公于其
> 家。寻以廷荐升工部尚书,公具疏辞,温诏褒答,不允。又与推吏部尚书,不
> 果。嘉靖壬午(元)春正月,公强就道,既而改刑部尚书。途间又上疏辞,再荷
> 温旨不允,且趣其来。以五月四日入京陛见。"又《见素集》附录上"编年纪略":
> "今上皇帝御极,敕召为工部尚书,……九月推吏部尚书。嘉靖元年壬午,公年
> 七十一。正月四日,公始赴召。舟次镇江,闻大礼未定,上《辑成论以备议礼
> 疏》,四千余言。次沛县,上致仕第三疏。四月改刑部尚书,辞,不允。次天津,
> 上《亲大臣疏》。五月六日至京朝见。……"盖林俊访王鏊在其进京途中也。
> 上方山,《(崇祯)吴县志》卷四"山下":"(西洞庭)其峰缥缈最高,缥缈之南左偏
> 坡坨为竹坞岭,岭东为上方山。"

作诗《送毛百朋之北京应举》。

> 见本集卷八"诗"。

毛百朋,即毛锡朋,毛珵子,参见本谱弘治十八年条,毛锡朋乃例监,故往北京应试。

二月,朝廷遣行人柯维熊至家存问。鏊上疏谢,并进《讲学》、《亲政》二篇。

《明世宗实录》卷九:"正德十六年十二月……戊子(初十),遣行人存问原任大学士王鏊、杨一清,赐之敕。"

旧谱云:"嘉靖元年壬午,公七十三岁。上既嗣统,遣行人柯维熊赍敕至家存问。……公拜,上疏陈谢,附奏献《讲学》、《亲[勤]政》二篇。上嘉纳焉。"

《太原家谱》卷一下"敕谕"有时间为嘉靖元年正月初三的《赐羊酒敕谕》。又《太原家谱》卷三"奏牍"有时间为嘉靖元年二月初四日的《谢存问疏》,又见本集卷二十"奏疏"。又《太原家谱》卷三"奏牍"有《讲学篇》、《亲政篇》,又见本集卷二十"奏疏",《讲学篇》大旨建议世宗"于便殿之侧修复弘文馆故事,妙选天下文学行艺著闻者七八人,更番入直,内阁大臣一人领之","陛下万机有暇时,造馆中,屏去法从,特霁天威,从容访问","大略如家人父子,上有疑则必问,下有见则必陈,日改月化,有不知其然而然者";《亲政篇》大旨主张皇帝、臣子之间应多沟通,"欲上下之交莫若复古内朝之法",即"常朝之外即文华、武英仿古内朝之意,大臣三日或五日一次,起居侍从台谏各一员,上殿论对,诸司有事咨决,上据所见决之,有难决者,与大臣面议之"。

柯维熊,《民国莆田县志》卷十二"选举":正德八年(1513)癸酉乡举有柯维熊,字奇征,英子,丁丑进士;正德十二年(1517)丁丑舒芬榜有柯维熊,工部郎中。本集卷八"诗"有《送大行人柯君使毕还闽中省觐。余窃伏草野,无复当世之望,忽承九天遣使衔命,下赉丘园,此三代养老引年之盛礼也。斯礼也,不见于天下久矣,顾余何人而际其盛。君使既竣,便道拜太夫人于堂,感激之余,无以为报,因赋诗赠之》,作于同时。

本集卷十七"记"有《石庄记》作于同时。其记云:"乌石山在莆城之阳,大行人柯君奇微,读书其下,间行其地,得异境焉。……前后左右皆奇石也……因名曰'石庄',而属予记。"

作书《与徐文敏公书》(又)。

见《太原家谱》卷二十八"杂文类下编",不见于本集。其书云:"久不获来者,日趋朝、讲读、纂修为劳耶?顷蒙宠命存问,北壑生光。兹遣家人抱本谢恩。本稿已具,恐其中书写不合格,烦为我仔细看过,可用用之;如不可用,重寻惯写,本人重录,如法封进。《讲学》、《亲政》二篇,似为赘语,然无大触忌讳,亦不妨。迁生愚见,九重一达,为幸多矣。……"

作诗《林见素自吴过二泉,二泉有作,次其韵》。

见本集卷八"诗"。

邵宝《容春堂续集》卷三"七言律"有《素翁宿我山堂，晨起奉承二首》，其诗有"堂成忽枉司空驾"之句，即此。盖林俊拜访王鏊后，又往宜兴拜访邵宝。

本集卷三十六"书"有《复邵二泉书》作于同时。

其书云："虚薄谬承误恩，特遣使臣存问于家。……得与见素唱和高篇，读之，但觉兴寄高妙……但恐郢人白雪，难为和耳。"

与见素唱和高篇，见本年《林见素自吴过二泉，二泉有作，次其韵》诗按。

三月，大礼议渐息。

《明世宗实录》卷十二："嘉靖元年三月……壬戌（十五），上御奉天殿，颁诏曰：'……谨奉册宝上圣母尊号曰昭圣慈寿皇太后，皇嫂曰庄肃皇后，又奉圣母懿旨，上圣祖母尊号曰寿安皇太后，本生父母曰兴献帝、兴国太后。……'"

四月，礼部右侍郎顾清为监察御史李献劾罢，作《风闻论》为辨之。

《明世宗实录》卷一："正德十六年四月……己酉（二十八）……十三道监察御史李献等亦上疏论劾储等而及礼部右侍郎顾清……得旨：'……顾清……致仕……'"朱大韶《皇明名臣墓铭》兑集"嘉靖纪年"孙承恩《南京礼部尚书谥文僖顾公墓志铭》："……公时誉望日起，佥谓旦夕爰立，而有忌公欲倾之者嗾台谏摭他人事诬公不根特甚。众论嚣然，内阁亦持之不下。而公从容镇静，因诏例自引退，无少濡滞。一时皆为公不平。王文恪公方家居，因作《风闻论》以雪之。论一出而舆论益定。"

顾清，参见本谱弘治五年条，王鏊主考乡试所取解元也，顾清《东江家藏集》卷三十三"中集二十九·北游稿·奏议"《辨明诬罔奏》言"御史黎龙、萧淮、何鳌等劾臣与见禁吏部尚书陆完弟陆和卿结亲，交通请托，陆完事败之后，将银两寄在臣家；又劾臣奸宿学士颜某妻，乖师生之义；宠用家僮紫芝，薄夫妇之恩；争敚歌僮，取门生之侮；以妾配家人，致其父母喧闹；及受知县王轼银，谋退知府吴钺，起用王轼；及纵子杀人，强买田地，不纳税粮，把持官府，包揽钱粮等事"。又云"奏内交通受寄事出黎龙本，余出何鳌、萧淮本。语闻，众论嚣然，内容遂持之不下，盖恐予辩也。及奉诏自陈，诸人皆批答，而予奏独留，故予初本不可明言被劾，而此奏竟不及上。至五月十一日东城祖道，始闻诸奏以前夕发行，则大臣之意可见矣。"盖顾清实上疏自辩，然为阁臣所挠。

顾清《东江家藏集》附录有王鏊《风闻言事论》："华亭顾君士廉为礼侍，众称得人，忽言者蔑以暧昧事，士廉不辩，自引去。或以问于王子曰：'若是者，盍廷辩之，可乎？'应之曰：'可，凡物不得其平，则鸣。如所言者，有之，是天下之大恶也；无之，是天下之大冤也。恶得而不辩哉？'……曰：'朝廷以耳目寄之谏官，许之风闻言事，岂不欲是非之得其实乎？而以暧昧不实之事蔑人可乎？……凡前世所谓风闻者，亦必事关安危利害，迫切势不可缓，故虽不实，莫之罪也。今乃以之攻讦阴私，何哉？……且百官之贤愚邪正较若白黑，乃有所阿避，不敢言，舍昭昭之白过，掇暧昧之浮言，以自沽其直也，是果得为直乎？自昔小人之害君子，多为流言飞语以中伤人。或为歌诗以传播于众而不知其所自来，盖多出于怨家之言，妒者之口，若是者当为辩明禁止，庶几抑遏谗邪，保全良善。今反据之以加诸人，人谁不可加者。如此，在位者人人自危矣，谁肯为国任怨，直道而行哉！……今朝廷保全臣子，爱惜名节，每为留中不下，不知外议喧传，已快怨者之心，堕妒者之计，而亦不能安于位矣。……如臣之愚，凡以风闻讦人者，莫若下其章，根究所从来。从来果实邪，自当伏法以谢言者；若诬焉，言者亦安得无罪哉。'曰：'如是则于言路有阻。朝廷不问所以示含容而广言路也。'曰：'拒之而不纳则于言路有阻，因所言而根究之是行其言也。何名为阻哉！……''然则所谓风闻者固当禁乎？'曰：'禁之非，纵之非，故尝为之说曰，许以风闻言事者，人主求言之心；不以风闻中伤人者，人臣进言之体。'"

顾清《东江家藏集》卷三十九"后集六·归来稿·书简"《回守溪》云："令甥至，奉诵高文，无任愧感。清本以疏拙，不慎防捡，自取烦言，执事不以为罪，足矣。又从而洗涤表扬之，清何以得此于门下士也。士不幸而遭诬蔑，亦幸而得大人君子之知，以有辞于世，如清当复何言，惟有日慎一日，以九十为半百，求无辱于门墙而已。……"盖即此也。

七月，作诗《伤庭梧，嘉靖改元七月廿五日，飓风大作，庭前双梧，其一忽颠，赋诗伤之》。

见本集卷八"诗"。

飓风，《明世宗实录》卷十六："嘉靖元年七月乙巳朔……己巳（二十五）……是日，南京暴风雨，江水涌溢。郊社、陵寝、宫阙、墙垣、吻脊、栏楯皆坏，拔树至万余株，大江船只漂没甚众。直隶凤阳、扬州、庐州、淮安等府同日大风雨雹，河水泛涨，坏官民庐舍树株，溺死人畜无算。"庭梧，王鏊正德十二年作有《庭梧七首》（见本集卷七"诗"）

杨一清《石淙诗稿》卷十五"归田后稿"有《七月二十五日纪异》。

八月，王延素三年初考满，进阶文林郎。

《太原家谱》卷一上"恩纶类·敕命、诰命"有时间为嘉靖元年八月初六日《思南公进阶文林郎，陈宜人封孺人敕命》。

思南公，即王延素，据皇甫汸《皇甫司勋集》卷五十三"志铭"《明中顺大夫思南府知府王公墓志铭》，王延素后任思南府知府，时为南京中军都督府经历司都事，参见本谱正德十四年条，为正七品，张廷玉《明史》卷七十二"职官志一"："文之散阶。……正七品，初授承事郎，升授文林郎。"杨循吉《文恪公侧室胡太宜人墓志铭》："……嘉靖元年，思南以府中绩，蒙恩封宜人为孺人。"

作书《与思南公书》。

　　见《太原家谱》卷二十八"杂文类下编",不见于本集。其书云:"恩诏已到,褒封有定例矣,不必客心。今略数语以备事实曰:事体颇谐,财用能节,御臧获惟谨,而内外之分尤严,抚卑幼以慈而晨昏之教不废。大略如此。……延陵府考,在科举之数,意谓得与汝相见,乃以病不及往。今止预入学之数,此子懒惰,不肯奋发向前之故也。命也夫。"

　　思南公,即王延素。恩诏,即其任南京都督府都事三年初考满,进阶文林郎之恩诏。王延陵,王鏊此言王延陵本已通过府考,可参加八月的乡试,顺便与在南京的延素见面,奈因病未成行。

作书《与思南公书》(又)。

　　见《太原家谱》卷二十八"杂文类下编",不见于本集。其书云:"得八月廿六书,何其言之异也。中府尊严,人所歆羡,而汝以为下流污浊,何耶?……汝在官三年,待乡人有礼,人归者皆感德,汝作何事羞见江东父老耶?三年不见父母,乘此考满之隙,一归定省,又携家属以归,至乐至德之事,人谁不然?乃欲冲寒冒雪涉三千七百里之途果何谓耶?且既厌此官如粪土,则所谓考满者去亦可,不去亦可,迟亦可,速亦可,何汲汲乃尔耶?不如携妻挈子归拜父母于堂前,奉觞上寿,与乡人燕饮,亦乐从容。一二月治装北上,未为迟也。有事亦可当面计议,商可而行,不亦美乎!……"

　　此信盖王延素官场遇事不顺,王鏊开导之也。

　　严嵩《钤山堂集》卷十九"序"有《赠王子仪序》,其序略曰:"……子仪,公之仲子也。以荫补南京督府都事。……故其以三载考绩而归也,众相与谋绘图赋诗佐其称觞之庆,而嵩遂书所以为公寿者,致之俾归而献焉。赋者八人,出翰林者五,皆公之门人也,三人同里云。"王延素,字子仪。

作诗《金氏亭上赏菊,昔曾于此看牡丹》。

　　见本集卷八"诗"。

　　王鏊正德十四年作有《三月二十三日赏牡丹,秉之不至,有诗来,次其韵》(见本集卷七"诗"),盖指此。金氏,其人未详。

作诗《寄韩司徒》。

　　见本集卷八"诗"。其诗有"何时睹至治,四国仰嘉靖"之句。

十一月,荫第三子王延陵为中书舍人。

　　《明世宗实录》卷二十:"嘉靖元年十一月……庚申……致仕少傅兼太子太傅、户部尚书武英殿大学士王鏊以上遣使存问,具疏谢,因上《讲学》、《亲政》二篇。……上贤其奏,答曰:'卿辅佐先朝,志切匡救。朕在藩邸已知卿名,新政之初,方将起用,特遣使存问。览奏具悉忠爱至意。宜善自颐养,以副朕怀。其荫一子为中书舍人。"

旧谱云："时大臣被赐者,遣子弟入谢,即授中书舍人。公不可曰:'吾在阁日浅,忝窃已多,岂可更此徼冒。'遂从递中人疏。有旨特荫一子为中书舍人(季子延陵)。公具疏辞,不允。"

文传云："有旨特官一子中书舍人,力辞不允。公卒后,乃卒授之。"

王延陵,参见本谱正德元年条,《太原家谱》卷二十一"碑志类上编"皇甫汸《中书公墓志铭》:"(太傅公)手摘五经要语授子永,余因得观,与子永通考入郡库。太傅罢相还山,小构其上,将匾之,书者咸未当太傅意。公方髫年,操管立就,即所书皆自以为不及也。太傅由是特爱之。"王延陵时年仅十六岁。

冬,陆粲来访,公甚喜,有"斯文之传,非子谁任"之语。

《太原家谱》卷二十四"哀祭类"陆粲《祭王文恪公文》:"壬午之冬,乞铭先君。衰经拜稽,太湖之渍。公闻其来,喜动眉宇。山亭篝灯,从容教语。'吾得子晚,实获我心。斯文之传,非子谁任。'在昔昌黎,殷勤籍湜。我非其人,敢忘公德。公曰:'子来,无渝斯谊。'申之婚姻,用笃世契。爰以弱息,字公元孙。我辞非耦,公命实敦。闻公属疾,往候榻前。犹为申眉,谆谆诲言。……"

陆粲,参见本谱正德七年条。王鏊为其父作的墓志铭,今集中不传。陆粲《陆子余集》"四库提要"言:"粲详于经史、训诂,尤熟于当代掌故,受业于王鏊,传其文法。……黄宗羲云:贞山文秀美平顺,不起波澜,得之王文恪居多,乃欧阳氏之支流,斯为能得其实矣。"元孙,即王延喆子王有壬也,陆粲《陆子余集》卷三《前儒林郎大理寺右寺副王君墓志铭》:"……余少为文恪公所知爱,为其孙娶余女,即有壬也。"

与巡抚李充嗣书信往来反复,极言吴中赋税徭役之苦,李上章荐公。

旧谱云："公居家辄怀民瘼,患吴中赋税征徭之弊苦。《与巡抚李司空书》极论之。李亦虚心咨访,书札往来反复,卒如公议举行之,万民称便。李公先被诏治吴中水利,至是功成,请公文碑之河上。又上章荐公于朝。公复书云'久伏林下,衰病匼匝,功名之念灰冷'云云,'不敢谢亦不敢忘也'。与王都宪某书,亦云'甘老于林下矣'。"

李充嗣,据焦竑《焦太史编辑国朝献征录》卷四十二"南京兵部一·尚书一"李松《太子少保南京兵部尚书赠太子太保谥康和李公充嗣行状》:李充嗣,字士修,系出蜀之内江,别号梧山。成化丙午(二十二年,1486)领乡荐亚魁,登丁未(二十三年,1487)进士。《明武宗实录》卷一九五:"正德十六年正月……癸未(三十),升总理粮储巡抚应天等处户部右侍郎兼右金都御史李充嗣为工部尚书兼管水利。"《明世宗实录》卷五:"正德十六年八月……甲辰(二十五)……命总理粮储兼修水利工部尚书李充嗣兼都察院左副都御史,仍旧任,赐之敕。复添设工部郎中二员协理水利。"卷十九:"嘉靖元年十月……丁丑(初五)……以修治苏松等处水利功完,赏总督粮储尚书李充嗣,郎中颜如环、林文沛,参政徐赞各银币有差。"

《太傅文恪公年谱》所载至本年止,提及世宗即位,言"今上皇帝自兴府入继大统",又言及上疏辞免恩荫不允事(事见嘉靖二),当作于嘉靖二年末或三年初。本集卷二十三"碑"有《吴郡治水之碑》。其碑云:"……吴郡于东南地最下,最多水患。……于是在廷之臣争言水利,而以吴淞白茆港为首,请设官专治。时巡抚应天等处都察院左副都御史西蜀李公方著名绩,诏即委之,进太子少保、工部尚书,得便宜从事。……吴淞白茆之役最大,功费尤多。始事于正德十六年十月,嘉靖元年四月讫工。……予家于吴,嘉公之绩之有成,又欲其久而不坏也,刻碑河上以示后人。"

本集卷三十五"题跋"有《恭题巡抚南畿李司空四世诰命图》,作于同时。

《吴中赋税书与巡抚李司空》见本集卷三十六"书"。

李司空,即李充嗣。王鏊在书信中介绍了苏州地区田税与徭役的现状,并提出了自己的解决方案"使官田无大半之税,内府无出纳之艰,有司无侵刻之扰,则诸弊可一扫而去,而民有息肩之所"。

《与李司空论均徭赋》见本集卷三十六"书"。

王鏊在书信中介绍了苏州地区均徭之现状及其根源,并提出了自己的看法"愿公不惑群议,断而行之,符下州县照里定役,一年足一年之用,更不许金余剩,若有余剩,即同赃论。如此,数十年之害,一旦除去"。

《复巡抚李司空》见本集卷三十六"书"。

其书云:"九重遣使存问丘园,今昔人臣之所罕遇而执事余光之所及也。……治水功完,又闻有均田之举,此吴下无穷之利也。……如仆之愚,……尤愿民田仍为二则,官田为三则四则……如是定为五六则,削去奇零细碎之数,易于查考,吏胥无缘为奸。若山荡岁入望仍其旧为宜,稍增则民难堪矣。"

《明世宗实录》卷五:"正德十六年八月……丙午(二十七),总理粮储工部尚书李充嗣言苏州、松江、常州、嘉兴、湖州五府正德间以内府新添小火者五千三十一名,岁用食粮各府赠派共二万四千一百四十八石,余解送供用库及节年所派、南京酒醋局等衙门复不下数千通,计加耗共一十三万七千余石。岁比不登,小民重困。乞敕该部查免,户部题覆从之。"

《复巡抚李司空》(又)见本集卷三十六"书"。

其书云:"仆伏林下,衰病隤陨,功名之念灰冷。阁下不以其愚不肖,乃以其名上尘九重,闻之惴恐累日,自愧虚薄中亦何有而屡玷古灵之疏。……近不自揆,辄陈吴中利害,顾未知阁下察否也。及赐教,督不以其言为迂,且将行之。……仆居林下,备见民间疾苦,欲陈之而无路,幸阁下有可行之位,有能行之才,何惜不少竭涓埃以裨海岳。……"

作记《云南省城庙学记》。

见本集卷十七"记"。其记云："……正德乙亥(十年,1515),巡抚云南都御史何公孟春、巡按监察御史陈君察始至视学,堂殿门庑梁栋圮腐,圣贤像设默昧剥落,相顾咨嗟。……乃节冗费,募闲民,迁尊经阁于后,大成殿则因其旧而广之。……始事于乙亥十一月,明年十月讫工。……"

何孟春,据焦竑《焦太史编辑国朝献征录》卷五十三"南京工部二·侍郎"罗钦顺《南京工部左侍郎赠礼部尚书燕泉何公孟春墓志铭》:何孟春,字子元,别号燕泉。先世本吉庐陵人,后徙郴。壬子(弘治五年,1492)乡举第二人,连登进士第。戊寅(正德十三年,1518)由太仆卿升右副都御史巡抚云南。辛巳(十六年,1521)升南京兵部右侍郎。陈察,据朱大韶《皇明名臣墓铭》坤集"嘉靖纪年"王世贞《都察院左金都御史虞山陈公传》与万斯同《明史》卷二八六《陈察传》:陈察,字原习。一作元习,其先闽人,徙常熟,遂为常熟人。弘治十五年(1502)进士。帝将亲征宸濠,察谏,忤旨,夺俸一年,且谕群臣更有谏者,必置极典,俄巡按云南。

按:此云"乙亥",当为"己卯(正德十四年,1519)"之误,何孟春巡抚云南在正德十三年至十六年,陈察巡按云南则在武宗南征(正德十四年,1519)之后。

本集卷二十六"表碣"有《赠监察御史陈府君配太孺人谭氏墓表》作于同时。

谭氏,即陈察之母,据本表,以嘉靖初元九月廿九日终于家,享年七十有六。"监察御史陈君察与弟检讨寰,累然衰绖诣余,泣曰:……余闻其语而悲之,为表于墓。"

陈寰,据雷礼《国朝列卿纪》卷一六〇"南京国子监祭酒行实·陈寰":陈寰,字原大,直隶苏州府常熟县人。正德辛未(六年,1511)进士。时任翰林院检讨,后养病。嘉靖元年补原职,本年丁忧。

作碑《邵尚书母过氏太淑人贞节之碑》。

见本集卷二十三"碑"。

过氏,即邵宝之母,本碑云"……遣有司以礼存问,时太淑人八十有一矣。……乃作贞节之碑以表太淑人之操,以扬天子之休命于无疆。鳌尝执笔隶太史,属之铭。"

邵宝《容春堂续集》卷九"杂著"有《请太淑人贞节碑文于少傅守溪王公状》,卷四"七言律"有《少傅王公书来,谓贞节碑制有泰山之遗,不胜愧叹》。

作碑《通议大夫南京兵部右侍郎王公神道碑》。

见本集卷二十三"碑",又见《焦太史编辑国朝献征录》卷四十三"南京兵部·侍郎"。

王公,即王倬,王世贞的祖父,据本碑与顾鼎臣《顾文康公文草》卷七"志铭"《明故通议大夫南京兵部右侍郎质庵王公墓志铭》:王倬,字用简,别号质庵,太仓州人。成化戊戌（十四年，1478）登进士。官至南京兵部右侍郎，致仕。正德辛巳（十六）三月九日卒，嘉靖二年十二月葬某处，春秋七十有五。

《明武宗实录》卷一六〇："正德十三年三月……戊辰（二十九）……致仕南京兵部右侍郎王倬卒。"此言王倬卒于正德十三年，当误。

作表碣《封奉直大夫礼部员外郎吴府君墓表》。

见本集卷二十六"表碣"，又见焦竑《焦太史编辑国朝献征录》卷一一六"隐逸"，名为《吴府君墓表》。

吴府君，即吴纶，吴俨之叔父，吴经之兄弟。据本铭，吴纶，字大本，宜兴人。嘉靖壬午（元）十月九日卒，春秋八十有三，明年月日葬某山之原。"余昔过宜兴，与君邂逅荆溪间，同余游善卷，还过其家。余归吴，贻予茶炉、茶灶，已又贻驯鹿一。"昔过宜兴，参见本谱正德五年条。

顾清《东江家藏集》卷四十一"后集八·归来稿·墓表墓志"有《封礼部员外郎心远吴公墓志铭》。

作志铭《光禄大夫柱国太子太保户部尚书武英殿大学士赠太傅文僖靳公墓志铭》。

见本集卷三十"志铭"，又见焦竑《焦太史编辑国朝献征录》卷十五"内阁四"。

靳公，即靳贵，据本铭，靳贵卒于正德庚辰（十五年，1520）八月七日，其子懋仁以嘉靖元年二月二十五日葬公于其邑长山之原。"某于公为寮友，又姻家也，固为之铭。"

靳懋仁，《明武宗实录》卷一四四："正德十一年十二月……丁巳（十一），荫太子太保礼部尚书兼武英殿大学士靳贵子懋仁为国子生，以三年考满也。"卷一四八："正德十二年四月……壬子（初七）……再荫子懋仁为中书舍人以延世泽。"本集卷三十一"祭文"有《祭靳文僖公文》，作于同时。

作志铭《明故嘉议大夫都察院右府都御史巡抚山东沈公墓志铭》。

见本集卷三十一"志铭"，又见焦竑《焦太史编辑国朝献征录》卷六十一"都察院八·巡抚"。

沈公，即沈林，据本铭与文徵明《甫田集》卷二十六"行状"有《明故嘉议大夫都察院右副都御史沈公行状》：沈林，字材美，世为苏之长洲人。成化甲午（十年，1474）占应天乡试，辛丑（十七年，1481）进士第。官至巡抚山东都察院右副都御史，致仕。辛巳（正德十六年，1521）十月四日卒，春秋六十有九，嘉靖元年九月十八日葬吴江罗字圩之新茔。盖王鏊乡试同年也。

《明世宗实录》卷三三："嘉靖二年十一月……赐故巡抚山东右副都御史沈林祭葬如例。"

作志铭《南雄府推官魏府君墓志铭》。

见本集卷三十一"志铭"。

魏府君,即魏志宁,据本铭与《同治苏州府志》卷八十"人物七·明·吴县":魏志宁,字以道,吴县阊门之南濠人。试科场凡十上,皆不利。久之,以岁贡上。戊寅(正德十三年,1518),授广东南雄府推官,正德某年某月某日卒,以嘉靖元年九月二十七日葬雁宕村之先茔。"余时在郡膠,见君于众中,粹如也",盖王鏊郡学同学也。

作志铭《亡弟杭州府经历中隐君墓志铭》。

见本集卷三十一"志铭",又见《太原家谱》卷二十一"碑志类上编"名《中隐君墓志铭》。

中隐君,即王鏊弟王铨,其铭云:"……时予亦自内阁归,日从予徜徉山水间,扁其堂曰'遂高',更号曰'中隐'。每佳山胜地,花朝月夕,有会必从,有唱必和。然予性懒,而弟好吟,故弟倡予和者十九,若《梦草集》所载是矣。今则吟无倡也,会无从也,独行而无徒也,予其何以为心也。予性寡谐而与弟独气合,以天伦之亲而加以契。我弟以予为师,予以弟为友,非但世之兄弟而已也。今其忍舍而去耶!……吾弟生天顺己卯(三年,1459)正月十二日,以正德十六年(1521)八月初四日卒,嘉靖元年十月二十五日葬洞庭东山曹坞之原,春秋六十有三。"

作书《与王都宪懋中书》。

见本集卷三十六"书"。其书云:"某久伏草野,无复当世之才,亦无复当世之志。往年得邸报,乃若以不肖之名玷古灵之稿,非鏊之所宜蒙也。……读之茫然,不知何以得察于左右,久之颇忆于同年谕德景元座上若有半面之识,而亦不甚了了。滋自愧也,抑又喜焉,喜其不涉于朋比之私耳。……迩逆藩造乱,又闻仗帅义旅以济王师,克成肤功,还任台端,亦无咫尺之牍达于左右。……使过吴中,复承存问。……若仆之疏拙,自甘老于林下矣。"

玷古灵之稿,指正德十年王懋中上疏荐王鏊等人事,参见本谱正德十年条。谕德景元,即王鏊同年刘戬,参见本谱成化十四年条,王懋中与刘戬皆江西安福人,晚九年中进士。仗帅义旅以济王师,《明武宗实录》卷一七五:"正德十四年六月……庚辰(十八),吉安知府伍文定及提督南赣汀漳军务都御史王守仁起兵讨宸濠。……时致仕都御史王懋中亦遣子敏贺濠生日,被留,伪授领军职事。懋中力赞守仁起兵,曰:'吾已弃不才子,惟知杀贼效忠尔。'"还任台端,《明世宗实录》卷二:"正德十六年五月……辛酉(初十)……以原任云南巡抚都察院右副都御史王懋中抚治郧阳。"

嘉靖二年癸未(1523)　七十四岁

春,送女至京口与靳懋仁成亲,访杨一清,读杨所作《李东阳墓志铭》,作文驳之。

本集卷八"诗"有《癸未春,予送女至京口,至之明日为上元节。是夜,宴邃庵杨少傅第,少傅悬灯于山,灿烂奇甚》。

送女至京口,当即王鏊之女与靳贵之子懋仁成亲之事。靳贵《戒庵文集》卷十二"祭文"《祭徐子容妻王氏文》云:"敕封孺人王氏之枢道经丹徒,于是病叟大学士某特遣表弟范资以柔毛刚鬛庶馐之奠告之曰:吾与而翁亲联姻好,而夫于我义重师生。在京廿载,情犹一家。"可知,最迟在王鏊长女王仪去世的正德十二年,王鏊之女已与靳贵之子定亲。邃庵杨少傅,即杨一清。

本集卷八"诗"有《张旭春草帖予闻其奇久矣。今年至京口始得观于少傅杨公之第,天下奇迹也。公欲予题其后,以诗来云"敝墨残毫一尺余,老来犹得伴幽居。宋元好事题将遍,当代名公可缺书",余谢不敢当,次其诗云》作于同时。

本集卷二十四"传"有《容庵葛君家传》作于同时。

葛君,即葛钦,据本传:葛钦,字敬之,别号容庵。其先下邳人,后籍凤阳,商于广陵,遂定居焉。卒于正德戊寅(十三年,1518),"诸义事具载杨少傅、靳文僖公文。嘉靖癸未(二),余至京口,君之子洞抱其遗行诣余,求传其事。"

本集卷三十一"祭文"有《祭靳夫人文》,作于同时。

靳夫人,即靳贵之妻夏氏也,据靳贵《戒庵文集》卷十七"墓志铭"《诰封一品夫人夏氏墓志铭》,夏氏卒于正德丁丑(十二年,1517)五月十九日也,寿仅四十有三。此当为王鏊送女成亲时所作也。

《震泽纪闻》卷下"读李文正墓志":"右志文大学士杨一清所撰。一清亦湖广人,少亦以神童举,二人最相得相似,而才华清俊,一清不及也,然二人同心推挽,互相标榜而善钩引笼络之术,故多士亦翕然称之,其为此志最所加意者。称誉过情,固铭志所不免,然亦必据事实,若夫以有为无,以无为有,则将谁欺乎?凡志所称,余未入阁之先不及知,余既归之后亦不及知,惟是同事之时而驾虚凿空则不得不与之辨。……大抵李公在内阁几二十年,因事纳言,周旋粉饰不可谓无。至瑾用事,一切阿奉,又何正救之有哉?及瑾败,乃令有司查革,何前谀之而后革之也?其作瑾碑文,立齐化门外,自比剧秦美新,瑾败乃先首实,谓瑾传旨使为之,则又欺之甚矣。"

王世贞《弇山堂别集》卷二十九"史乘考误十"引王鏊"读李文正墓志"条后云:"文恪与西涯有隙,不无过于攻驳,然亦少足证谀墓之过。余既以王文恪所辨李文正墓志为董狐之笔而志之矣,考国史乃有大不然者。……按,二疏载之内阁,纪之《实录》,岂有伪理?而文恪则谓身与同事,证其必无,此最不可解。岂李公预忧身后,作此掩覆计耶?不然,王公岂耄而忘之,抑其恨李公之甚?但知行状之可驳,而以阁稿、《实录》俱秘书,人不得而见之耶?二公之不得为君子,必居一矣。"

游招隐寺、茅山等，访孙思和。

> 《游招隐等寺》见本集卷八"诗"。其诗有"春寒漠漠上宫袍"之句。
>
> 招隐寺，《(万历)丹徒县志》卷四"寺观"："招隐寺，在招隐山，宋景平元年(423)
> 创。……寺后有古井及真珠泉、虎跑泉。"又卷一"山"："招隐山，在城西南
> 七里。"
>
> 《茅山》见本集卷八"诗"。其诗有"大峰小峰连中峰"之句。
>
> 茅山，《(弘治)句容县志》卷四"地理类·山岩"："茅山在县治东南四十五里茅
> 山乡。周回一百五十里。……又号其峰曰大茅峰、中茅峰、小茅峰。"
>
> 《茅山巧石亭》见本集卷八"诗"。
>
> 《孟子河孙氏楼》见本集卷八"诗"。
>
> 孟子河，其地未详。孙氏，当指孙思和，其人未详。

作诗《禽言》。

> 见本集卷八"诗"。其小序曰："吴中蚕熟时，有鸟日夜鸣，其声云：'摘笆！看
> 火！'相传昔有妇摘笆栖蚕，火发笆上，焚死化为鸟。余悯其志，为赋二首。"

春末，作诗《次木斋阁老见寄之韵》。

> 见本集卷八"诗"。其诗有"行年七十又加三"、"才说迎春又送春"之句。
>
> 木斋阁老，即谢迁。

作诗《知乐亭》。

> 见本集卷八"诗"。其诗有"日长读罢《参同契》，正对前山一点青"之句。

六月，作诗《六月苦热，壬子日得雨喜甚》。

> 见本集卷八"诗"。其诗有"两月炎威一夕消"之句。

七月，作诗《七月三日大风》。

> 见本集卷八"诗"。其诗有"去年七月飓风作，驾海驱山势何恶。沿江滨海万人
> 家，一半漂流喂蛟鳄。今年七月仍飓风，驱山驾海势略同。人家有备幸多免，
> 禾偃木拔岁则凶"之句。
>
> 去年七月飓风，见本谱嘉靖元年《伤庭梧》诗条。
>
> 今年七月飓风，《(崇祯)吴县志》卷十一"祥异"："(嘉靖)二年癸未，……七月三
> 日，大风拔木，湖溢，漂溺民居。"引王鏊《纪大风诗》。
>
> 顾清《东江家藏集》卷三十四"后集一·归来稿·赋"《秋雨赋》题注云："予南归
> 之明年，壬午(嘉靖元)秋七月大风雨拔木害稼，民庶劳止。又明年八月，复然，
> 乃作此赋。"

七月，上书辞免恩荫，不允。

> 《明世宗实录》卷二十九："嘉靖二年七月……庚午(初二)……致仕大学士王鏊
> 以存问谢恩，且辞免恩荫。上优诏答之，不允辞。"

本集卷二十"奏疏"有《辞免恩荫疏》。

本集卷三十六"书"有《与某书》，作于同时。某，盖传恩荫旨之中人也。

作诗《送盛斯征都宪巡抚江西》。

见本集卷八"诗"。其诗有"鸿都兵后望来苏"之句。

盛斯征，即盛应期，参见本谱弘治六年条，《明世宗实录》卷二十二："嘉靖二年正月……庚午（二十八）……命右副都御史盛应期巡抚江西，应期疏辞，不允。"

陆粲《陆子余集》卷四《明故资善大夫都察院右都御史盛公行状》："今上登极，以疾乞休，不许。壬午（嘉靖元）起巡抚江西。值兵燹之后，加以饥馑，民物凋残。公以癸未二月至所在。"

作诗《题画》。

见本集卷八"诗"。

作诗《和东冈憎蝇》。

见本集卷八"诗"。其诗有"炎宵扰扰困蚊虻，稍喜新凉奈尔蝇"之句。

作诗《谢郭长洲惠橘》。

见本集卷八"诗"。

郭长洲，即郭波，《（隆庆）长洲县志》卷三"宦迹·县"："郭波，闽县人。进士。（正德）十六年任。尚察喜名，性敢挚击无所避。……升工部主事，调按察照磨。"

八月寿诞，杨廉、方鹏、方凤、胡缵宗、刘瑞有贺诗。

杨廉《杨文恪公集》卷十"七言律诗"有诗《守溪阁老寿旦，郎中方时举贺之。守溪以诗见答，时举索和为之续貂。时举与弟时鸣中会试，守溪时为主考》。

此诗前有诗《癸未岁人日和杜工部韵柬吴东湖》，癸未岁，嘉靖二年也。

杨廉，据焦竑《焦太史编辑国朝献征录》卷三十六"南京礼部一·尚书"孙存《南京礼部尚书赠太子少保谥文恪杨公廉行状》：杨廉，字方震，号月湖，一号畏轩。世家豫章之丰城。成化丁酉（十三年，1477）举乡试第一，丁未（二十三年，1487）魁会试进士。时刚以南京礼部尚书致仕。

方时举，即方鹏，据其《矫亭存稿》卷十五"墓志"《矫亭先生圹志》：方鹏，字时举，号矫亭，昆山南新漊里人。领弘治辛酉（十四年，1501）乡荐第二名，正德戊辰（三年，1508）与母弟凤同举进，时为南京文选郎中。

《矫亭存稿》卷十七"律诗"有《寿守溪座主》，其题注云："八月十八日"，其诗有"弓旌使者日边来"、"曾是平原门下客，欲传衣钵愧非才"之句。

方鹏此诗与杨廉诗韵全同，盖作于同时，皆和王鏊之诗也。"弓旌使者日边来"盖指嘉靖元年朝廷遣使存问王鏊一事。

方凤《改亭存稿》卷九"诗"有《呈守溪座主和伯兄韵》，其诗有"文齐北斗无双

253

士,梦稳东山见一人"、"门墙桃李知多少,回首东风又十春"之句。

方凤,据万斯同《明史》卷二八二《方凤传》:方凤,字时鸣,昆山人。与兄鹏同举正德三年进士。嘉靖二年(1523)出为广东提学金事,旋谢病归。

又张大复《昆山人物传》卷六"方鹏 弟凤":"太常卿方鹏,字时举,弟侍御凤,字时鸣。祖盛,王文恪所传'槐庭先生,羽仪吾乡者也'。……"盖王鏊曾为方鹏、方凤之父方盛作传也,今集中不见。

胡缵宗《鸟鼠山人小集》卷六"近体七言"有《和方礼部时举寄寿溪翁相国次韵》,胡缵宗,据焦竑《焦太史编辑国朝献征录》卷六十一"都察院八·巡抚二"《通议大夫都察院右副都御史可泉胡公缵宗墓志铭》:胡缵宗,初字孝思,后更世甫,秦安人也,号可泉,亦号鸟鼠山人。正德戊辰(三年,1508)吕柟榜进士三甲第一人。嘉靖二年江南大旱,岁饥民流,复诏公移守姑苏。盖王鏊主考会试所取进士也。

刘瑞《五清集》卷十七"外台稿"有《寿王守溪》,其诗有"黄阁归来又几年"、"文章不让苏明允,风致聊同白乐天"、"温诏还从鸾掖下"之句。

刘瑞,参见本谱弘治十八年条,据过庭训《本朝分省人物考》卷一七〇"四川成都府一·刘瑞",嘉靖二年四月进南京太常寺卿,八月,进南京礼部侍郎。

孙思和来访,作诗《丹阳孙思和访余于洞庭,诗以次之》。

见本集卷八"诗"。其诗有"曾访南徐孟子湾"之句。

孙思和,见本谱本年条。

九月,作诗《重阳前二日东冈人来约登高之处,诗以次之》。

见本集卷八"诗"。东冈人,即施凤处也。

作诗《东冈有"只愁风雨似今朝"之句,走笔次韵答之》。

见本集卷八"诗"。其诗有"太湖高处望夫椒,佳节登临不惮遥"之句。

作诗《九日登象鼻诸岭》。

见本集卷八"诗"。其诗有"秋来日日风和雨,犹喜重阳一日晴"之句。

象鼻岭,参见本谱正德七年条。

作诗《重阳后复雨速东冈》。

见本集卷八"诗"。

作诗《和见素尚书得谢之韵二首》。

见本集卷八"诗"。其诗有"把袂枫桥忆去年,旋闻廷论几扶颠。尚方甫听尚书履,春水忙归野渡船"之句。

林俊,《明世宗实录》卷二十九:"嘉靖二年七月……庚寅(二十二),刑部尚书林俊请老……上曰:'……特从所请,给驿以归。仍加太子太保……'"

本集卷三十六"书"有《与林见素书》,作于同时。其书云:"比趋召过吴,事严程峻，驻节近郊，必俟一见，服此高情，何能已已。往往在京师略见颜色，自后乖隔三十余年，南北相望，钦想风节……适兹披接，容貌词气，充然粹然，所谓不言而饮人以和者耶！……"

作诗《重阳后五日，延陵奉菊为寿，五色皆具，而紫菊特奇，因赋》。

见本集卷八"诗"。

作诗《金碧山水为丹阳孙思和赋》。

见本集卷八"诗"。

金碧山，《(崇祯)吴县志》卷三"山上"："金碧山，在天平山东一里，牛头坞普贤寺后。"

作诗《胡太守孝思奉诏存问，过太湖有作，次其韵》。

见本集卷八"诗"。

胡孝思，即胡缵宗。胡缵宗《鸟鼠山人小集》卷六"近体七言"有《泊太湖呈座主守溪相国》、《太湖六首》，后者与王鏊诗韵全同。

作诗《毛给事玉高祖刘、曾祖母魏双节诗》。

见本集卷八"诗"。

毛玉，据焦竑《焦太史编辑国朝献征录》卷八十"六科都给事中"董玘《吏科左给事中毛君玉墓志铭》：毛玉，初字国珍，后更用成，其先世盖顺天之良乡人，国初从征云南，为云南人。时任吏科左给事中。"曾、祖母皆以节著，人称双节毛氏。"林俊《见素续集》卷七"序"有《毛氏两节诗序》曰："毛为良乡右姓，洪武间从让从征滇南，留戍而夭，时刘始二十有四岁，鞠孤义以长。义夭，魏始十有八岁，鞠孤瑀以长。"

作诗《胡太守再次前韵，复答之》。

见本集卷八"诗"。

作诗《岁暮有怀木斋阁老因寄》。

见本集卷八"诗"。

谢迁《归田稿》卷七"七言律诗"有《次韵答守溪见怀》，其诗有"转盼光阴又一初"、"暮云春树立踟蹰"之句，当作于次年春。

冬，作诗《胡太守冬季存问，谢之》。

见本集卷八"诗"。

作诗《复生》。

见本集卷八"诗"。

张本来访。

《太原家谱》卷二十八"杂文类下编"熊伯议摘张本《五湖漫闻》："公年七十四岁，本一日诣公，见公若有不豫色色然，问之。公曰：'我居，恒汲汲恨不及古人，故自幼至今，夜读不辍。昨夜观书，目渐昏，不能了了。老至而学不进，是以忧耳。'本因问公生平读书若干遍。公曰：'我须十遍乃成诵，若李西涯不过一遍，即能成诵。顾西涯自为翰林后，不能专精史籍，其为主试时，以策问七道示余，内中舛误处颇多。余为指出改正。余则孜孜日夜不敢自逸，故凡有所著，误处较少。'"

《五湖漫闻》还收王鏊遗事二则，姑录于此："文恪公居乡时，有富人子慕公勋望，欲馈田二千亩藉联姻好，公辞之。遇岁饥，乡人男妇聚公门者数百人，诉艰苦。公出慰之，曰：'我只有田二百亩，计岁人食，剩尚余米若干，当悉以赒尔等。'乃计人而界以米，使各持去。明日，人又集公门。公曰：'我米已尽，尚有钱在，乃又出钱若干，分与众乡人。此二事皆公之小节，然亦足见公之自守严而与人惠矣。"

作传《先世事略》。

见本集卷二十四"传"。

其文末曰："……今老矣，惧无以报，因具列褒封之等于丽牲，以识其荣且遇。"

作志铭《封翰林院编修徐君室太孺人沈氏墓志铭》。

见本集卷三十一"志铭"。

沈氏，王鏊婿徐缙之母也，据本铭，沈氏卒于嘉靖元年七月十有六日，二年四月廿六日祔葬金铎山，春秋七十有五。《明世宗实录》卷十八："嘉靖元年九月……翰林院侍读徐缙守制回籍，援讲读例，乞给驿以归，许之。"

作志铭《陆冢宰母太夫人华氏墓志铭》。

见本集卷三十一"志铭"。

华夫人，即陆完之母，据本铭，陆完下狱，官校籍其家，太夫人怡然就道，至京，出诏狱，正德辛巳（十六年，1521）四月二十五日卒于长安之官舍，嘉靖元年二月十九日葬邑仰天山之阡，春秋八十有七。《明武宗实录》卷一九三云"时母年九十余，竟死于狱。"

陆完《在惩录·哭少傅王守溪先生五百字》云："……公归我在朝，相望如参商。音问虽不断，不见千载强。力小任乃重，嗟我罹祸殃。皇慈不忍杀，免死投炎荒。便道得过家，将举老母丧。公犹不弃绝，唁我来墓傍。语及危辱状，泪出瞙眼眶。深悲我不幸，喟许铭幽房。……"

作志铭《南京礼部尚书邵公母太淑人过氏墓志铭》。

见本集卷三十一"志铭"。

过氏，即邵宝之母，据本铭，过氏嘉靖元年冬十二月二日卒，嘉靖二年十月丁酉葬慧山绣岭之原，春秋八十有二。"予尝书于贞节之碑，至是尚书复属予铭其墓。"

邵宝《容春堂续集》卷十七"书简"有《请铭于守溪王公启》,其文曰:"春中辱枉驾吊奠先母,不胜哀感之至。兹者墓事苟完,人以冬十月朔勉襄大事,惟是幽堂之铭必得名世之笔,足以信今传后。……去岁贞节之碑之请既获不靳,于母之生前发潜表微,宁忍靳于死后而不以慰不肖之望哉!……"

本集卷三十六"书"有《复邵二泉书》,作于同时。其书略曰:"仆今春归自京口,即还故山,久不及问讯……华生来辱手诲,以墓文见属,此意甚厚,而不敢承,何也?先夫人之德与节前既为之碑,复缀以芜陋之辞,不能增益盛德之光而徒起人之厌。……华生终不见谅,则亦无如之何矣,俯从之而犹望于察。若厚币则终不敢闻命也……"

作志铭《亡女翰林院侍读徐子容妻墓志铭》。

见本集卷三十一"志铭"。

徐子容妻,即王鏊长女王仪,参见本谱成化十二年条。据本铭,王仪卒于正德丁丑(十二年,1517)三月二十日,己卯(十四年,1519)三月廿八,葬阳山华鹿之原,以地卑湿,嘉靖二年十二月十八日改葬光福凤凰山之阳。

作书《与思南公书》。

见《太原家谱》卷二十八"杂文类下编",不见于本集。其书云:"奏稿之类,已具久矣,子容书未得,……盖子容正值出丧,丧事总总。丧事毕,又生牙痛,因此至今未写。……四姐与靳中舍现在此,匆匆不能多述。前柳总戎所言,既非中府亦已矣,不详究也。陈子雨之子与延喆小女议姻将成之际也,余不多及。……林见素书,葛铨已至,而不到何也?与王庆追之。近闻贺志同有一女,察年貌之细,聘与似祖如何?若可者,回书来,再令人细访。……前诗后联颇觉窒塞,今改一联云'淮水清漪斜绕郭,钟山晚翠正当门',盖前联多实,自此当消散。……"

奏稿,盖王鏊辞恩荫之疏。子容正值出丧,即徐缙母沈氏之丧。四姐与靳中舍,即王鏊女与靳贵子懋仁夫妇。柳戎总所言,盖指嘉靖元年《与思南公书》言及延素官场不顺之事。陈子雨,即陈霁。贺志同,即贺泰。似祖,盖王延素长子有辅。

邵宝作诗《谢守溪翁致洞庭新茶及罗纹笺》。

见《容春堂续集》卷三"七言律"。

嘉靖三年甲申(1524)　七十五岁

三月十一日,卒于吴城里第,春秋七十有五。五月,讣闻,赠太傅,谥文恪,给祭葬如例。嘉靖四年正月一日葬东洞庭梁家山。

行状云:"(嘉靖)三年又命有司时加存问。公雅抱经济,与时不合,未究厥施。

在林下十余年,实负海内重望,两京卿大夫暨科道所荐不辍,士林望其复起。不意公遽病,病且亟,以嘉靖三年三月十一日终于正寝。讣闻,上为辍视朝一日,赐赙米及布,命礼部谕祭者九。工部治葬事,赠太傅,谥文恪,皆异数云。公生景泰元年(1450)八月十七日,春秋七十有五。先娶吴氏,继张氏,俱赠一品夫人,有贤行。子男四:延喆,中书舍人,娶毛氏;延素,南京中军都督府都事,娶陈氏;延陵,郡学生,娶朱氏;延昭,尚幼。女五:长适缙,次适都事朱希召,次适生员邵銮,次适中书舍人靳懋仁,次许生员严濡。孙男三女二。"

文传云:"于是公闲居十有六年,年七十五矣,嘉靖三年甲申三月十一日以疾卒于家。讣闻,上为辍视朝一日,追赠太傅,谥文恪,赙米若干石,布若干匹。诏工部遣官营葬,自始卒至葬,赐谕祭者九。⋯⋯子男四人:延喆,大理寺寺副;延素,南京中军都督府经历;延陵,中书舍人;延昭,郡学生。生女五人:适吏部侍郎徐缙、贵州都司都事朱希召、宜兴县学生邵銮、中书舍人靳懋仁、郡学生严濡。⋯⋯"

从文徵明所撰《太傅王文恪公传》述及王鏊诸子官职,可推知此传盖作于王鏊卒后十年左右。

墓志铭云:"嘉靖三年三月十一日,少傅王公卒于吴城里第。于是,公致仕归十五年矣。⋯⋯墓在东洞庭梁家山之原,葬之日为明年乙酉正月一日庚申。"

王鏊墓,《(崇祯)吴县志》卷二十八"塚墓":"少傅兼太子太傅、武英殿大学士、赠太傅、谥文恪王公鏊墓在东洞庭梁家山,朝廷遣官营葬。"又卷十九"祠庙":"王文恪公祠,在旧景德寺基。嘉靖十一年(1532)子中书舍人王延喆奏,下巡按御史李士翱勘覆,建。"陆粲《陆子余集》卷三《前儒林郎大理寺右寺副王君墓志铭》:"⋯⋯而建文恪公祠,工费最巨,壮丽严洁,乡人称焉。"

《明世宗实录》卷三十九:"嘉靖三年五月⋯⋯己巳(初五),赐故致仕少傅兼太子太傅武英殿大学士王鏊赍粮、麻布五十疋石,赠太傅,谥文恪,给祭葬如例。⋯⋯至是卒,鏊幼颖悟不群,问学赡博,为文春容醇雅,当世式之。其立朝大节卓有可观。士大夫惜其用之未穷也。"

《太原家谱》卷一下"敕谕"有时间为嘉靖三年四月二十七日的《文恪公恤赠太傅、谥文恪》,言"特赠致仕少傅兼太子太傅户部尚书武英殿大学士王鏊为太傅,谥文恪";有《文恪公赐葬谕祭》,言"嘉靖三年岁次甲申,九月壬戌朔越十五日丙子,皇帝遣直隶苏州府知府胡缵宗等谕祭王鏊",《临窆再申谕祭》言"嘉靖三年岁次甲申,九月壬戌越二十八日己丑,皇帝遣直隶苏州府知府胡缵宗等谕祭王鏊"。

《太原家谱》卷二十四"哀祭类"有"巡抚应天等府地方都察院右都御史吴廷举"(嘉靖三年十一月二十八日)、"南京礼部尚书予告乡晚生无锡邵宝"、"同年友致仕少傅兼太子太傅礼部尚书武英殿大学士谢迁"、"门生前承直郎应天府通判祝允明"(嘉靖三年十一月二十日)、"门生礼部右侍郎顾清"(嘉靖三年十一月二十八日)、"子婿翰林院侍读徐缙"、"门生总督两广军务兼理巡抚兵部右侍郎兼都察院右佥都御史盛应期"、"中书舍人子婿靳懋仁"、"太子太保南京兵部尚书李充嗣遣直隶苏州府通判熊伯峰"(嘉靖四年正月初七)、"钦差总督粮储兼巡抚应天等处地方都察院右副都御史门生泰和欧阳铎"(嘉靖十六年十月十八)、"门生陆粲"等人祭文。

吴廷举,参见本谱正德十三年条,据《明世宗实录》卷三十三,时任都察院右都御史总理粮储兼巡抚应天等处地方。顾清,时致仕家居。盛应期,据陆粲《陆子余集》卷四《明故资善大夫都察院右都御史盛公行状》,时任兵部右侍郎兼都察院右佥都御史,总督两广军务。李充嗣,据《明世宗实录》卷三十三,时任为南京兵部尚书,参赞机务,太子少保如故。欧阳铎,据张廷玉《明史》卷二百三《欧阳铎传》:欧阳铎,字崇道,泰和人。正德三年(1508)进士。历右副都御史,巡抚应天十府。盖王鏊主考会试时所取士也。

陆完《在惩录》有《哭少傅王守溪先生五百字》,作于嘉靖三年五月,时陆完在福建靖海卫戍所,据《在惩录》卷末所云,陆完于嘉靖四年六月二十八日卒于戍所。

王守仁、文徵明为作传,徐缙作行状,邵宝作墓志铭。

王守仁《太傅王文恪公传》见《王文成全书》卷二十五"外集七·传",其文曰:"……史臣曰:世所谓完人,若震泽先生王公者,非耶? 内裕伦常,无俯仰之憾;外际明良,极禄位声光之显。自为童子至于耄耋,自庙朝下逮闾巷,至于偏隅,或师其文学,或慕其节行,或仰其德业,随所见二异,其称莫或有瑕疵之者。所谓寿、福、康宁、攸好德而考终命,公殆无所愧矣。"

题注曰"丁亥",即嘉靖六年(1527)。王守仁,据焦竑《焦太史编辑国朝献征录》卷九"伯一·世封伯"《新建伯王文成公传》:"王守仁,字伯安,余姚人。弘治五年(1492)举浙江乡试,公十二年(1499)进士。嘉靖改元,诏录公功,封新建伯兼南京兵部尚书,参赞机务。"《尚书·洪范·九》:"五福:一曰寿,二曰富,三曰康宁,四曰攸好德,五曰考终命。"

文徵明《太傅王文恪公传》见于《甫田集》卷二十八"传"。

其文曰:"……及今圣天子图治,方切求贤如不及,而公则既老而逝矣。呜呼! 岂天不欲斯道之行耶,抑人事之罪耶? 方正德之初,故老相继去国,天下事未有所付,而公又以正去,于己则得矣,其如天下何? 故有隐忍以就功名者,君子与之。然自今日观之,果孰多少哉? 呜呼! 人臣之义要当出于正也。"

徐缙《文恪公行状》见于《太原家谱》卷二十一"传状类下编"。

其文曰:"缙窃念昌黎之集,李汉序之;考亭之集,蔡沈序之,缙于李、蔡无能为役,而受公之知最深且久,颇亦自谓知公一二,又重以公之命也,故敢僭为之状上于国史氏。"

邵宝《文恪公墓志铭》见于《容春堂续集》卷十六"墓志铭",又见于《太原家谱》卷二十一"碑志类上编"。

其文曰:"其子延喆等以其长婿徐侍读子容状属铭于宝,宝以'公国之元老,宜馆阁大笔,且公乡郡固有作者,宜至于宝哉?'延喆曰:'先公遗命也,先公知公深矣。'宝乃不敢辞。"

王鏊之为人。

文传云:"公为人敦恫靖谧,于世寡与,而能以道自胜。……自是刚果自信,遇事直前,无少系吝,虽势利在前,不为屈折。植志高明,下视流俗,莫有当其意者。与人处,不为翕翕热,而默然之间,意已独至。平生未尝干人以私,人亦不敢以私意干之。立朝四十年,权门利路,不一错足;班资下上,未尝出口。每进官辄逊避不敢当,晚益韬敛以逾越为戒。"

行状云:"性沈静,寡言笑,与人交简而若严,自不敢干以私。见人之贤,汲汲然引用之唯恐不及。立朝三十余年,廉正守道,恒如一日。望之如泰山乔岳,不见运动而足以坐镇雅俗。至于声色货利,淡然不以经心;博弈奇玩,一不留意。事或非礼,须臾不苟处;财有非义,秋毫不苟取。惟读书著述,虽老未尝一日废。"

墓志铭云:"公立朝三十年,廉正守道,恒如一日。史馆谔谔,有所可否,不少徇总裁意。经筵之进,以不及执政门,故迟之,然公望重,终不能抑也。主考南畿,知有典法,不知权势,绝闲节苞,震撼隐然,为吾党重。先后会试,再为同、主考,主考尤称公严,能得人。教诸吉士,不惟其业,亦惟身率以道,称能成人。论者拟诸泰山乔岳,盖坐镇之功大矣。……而东山之望,晚系天下尤重。惇叙慎修,持身持家,表里周浃,读书著文,乐以忘老。虽士大夫博雅清玩,一不屑意,人不敢干以私者。"

钱谦益《列朝诗集小传》丙集"王少傅鏊":"……先生经学通明,制行修谨,冠冕南宫,回翔馆阁。"

万斯同《明史》卷二四八《王鏊传》:"鏊为人和平简易,无贵贱少长,咸敬慕悦服。立朝三十年,廉正守道如一日。"

王鏊之学术。

王传云:"……公之文规模昌黎以及秦汉,纯而不流于弱,奇而不涉于怪。雄伟峻洁,体裁截然,振起一代之衰。得法于孟子论辩,多古人未发。诗萧然清逸,有王岑风格。书法清劲自成,得晋唐笔意。天下皆以为知言,阳明子曰:'王公所深造,世或未之能尽也,然而言之亦难矣。'"

文传云:"好学专精,不为事夺。少工举子文,……及官翰林,遂肆力群经,下逮子史百家之言,莫不贯总。……为文渊宏博赡而意必己出。时翰林以文名者,吴文定公宽、李文正公东阳皆杰然妙一世,公稍后出而实相曹耦。议者谓公于经术为深,故粹然一出于正。晚益精诣,铸词发藻必先秦两汉为法,在唐亦惟二三名家耳,宋以下若所不屑。其见诸论撰,莫不典则雅驯,丽质兼备,至所得意,不知于古人何如也?惟公之学,本欲见之行事,属以记载为职,周旋于文词翰墨之间者三十年,未尝有兵民钱谷之寄。或因事一见,而其高才卓识亦自有不可得而掩者。……"

行状云:"及官翰林久,刊落浮华,力追古作,规模昌黎及秦汉,其文始变矣。尝言:'吾读《孟子》得为文之法。'识者论其文,纯而不流于弱,奇而不涉于怪,雄伟峻洁,体裁绝然,振起一代之衰,功不在韩柳下。"

墓志铭云:"其为文,先爱三苏,才思川涌,援笔如不能止;既自超蜕,力追古作,自昌黎上遡秦汉,骎骎乎几矣。……尝言:'吾文得法于孟子。'君子曰:'信雄而辨,畅而雅。'晚精理学,论辩多古人未发。诗萧散清逸,有王岑风格。书法精劲自成,得晋唐笔意。"

黄佐《翰林记》卷十九"文体三变":"国初,刘基、宋濂在馆阁,文字以韩柳欧苏为宗,与方希直皆称名家。永乐中,杨士奇独宗欧阳修而气焰或不及,一时翕然从之,至于李东阳、程敏政为盛。成化中,学士王鏊以《左传》体裁倡;弘治末年,修撰康海辈以先秦两汉倡,稍有和者,文体盖至是三变矣。"

俞弁《山樵暇语》卷一:"王文恪公鏊云:唐以格高,宋以学胜,至元乃颇出入二者之间,其实似宋,其韵似唐,而世变之高下则有不可强者矣。"

钱谦益《列朝诗集小传》丙集"王少傅鏊":"文章以修洁为工,规摹韩、王,颇有矩法。诗不专法唐,于北宋似梅圣俞,于南宋似范致能,峭直疏放,于先正格律之外,自成一家。"

万斯同《明史》卷二四八《王鏊传》:"学问该博,有识鉴。为文春容尔雅,议论明畅。……晚益充养纯粹。……少年善制举义,后数典乡、会试,程文为一代冠。取士专尚经术,险诡者一切屏去,弘、正间文体一变,士习以端。"

参考文献

经 部

春秋类

（元）朱申撰.音点春秋左传详节句解[M].据上海图书馆藏明刻本影印.四库全书存目丛书本.经部第116册.济南：齐鲁书社，1997.

四书类

（南宋）朱熹撰.四书集注[M].校刊吴县吴氏仿宋本.聚珍仿宋四部备要本.台北：台湾中华书局，1981.

史 部

正史类

（西汉）司马迁撰.史记[M].北京：中华书局，1959.

（东汉）班固等撰.汉书[M].北京：中华书局，1962.

（南朝宋）范晔撰.后汉书[M].北京：中华书局，1965.

（唐）房玄龄等撰.晋书[M].北京：中华书局，1974.

（南朝梁）萧子显撰.南齐书[M].北京：中华书局，1972.

（后晋）刘昫撰.旧唐书[M].北京：中华书局，1975.

（宋）宋祁、欧阳修等撰.新唐书[M].北京：中华书局，1975.

（宋）薛居正撰.旧五代史[M].北京：中华书局，1976.

（元）脱脱等撰.宋史[M].北京：中华书局，1977.

（明）宋濂等撰.元史[M].北京：中华书局，1976.

（清）张廷玉等撰.明史[M].景印文渊阁四库全书本.第297—302册.台北：台湾商务印书馆，1986.

别史类

（清）万斯同撰.明史[M].据北京图书馆藏清抄本影印.续修四库全书本.第324—331册.上海：上海古籍出版社，2002.

杂史类

（明）胡广、杨荣、胡俨总裁，金幼孜、杨士奇等纂修.明太祖实录[M].影印原北平图书馆藏"红格本"校勘本.台北：台湾"中央研究院"历史语言研究所，1962.

（明）杨士奇、杨荣、金幼孜等总裁，曾棨、王英等纂修.明太宗实录[M].影印原北平图书馆藏"红格本"校勘本.台北：台湾"中央研究院"历史语言研究所，1962.

（明）陈文、彭时等总裁，柯潜、万安等纂修.明英宗实录[M].影印原北平图书馆藏"红格本"校勘本.台北：台湾"中央研究院"历史语言研究所，1962.

（明）刘吉、徐溥等总裁，傅瀚、费訚等纂修.明宪宗实录[M].影印原北平图书馆藏"红格本"校勘本.台北：台湾"中央研究院"历史语言研究所，1962.

（明）李东阳、焦芳、王鏊等总裁，毛纪、傅珪等纂修.明孝宗实录[M].影印原北平图书馆藏"红格本"校勘本.台北：台湾"中央研究院"历史语言研究所，1962.

（明）费宏、石珤等总裁，徐缙、翟銮等纂修.明武宗实录[M].影印原北平图书馆藏"红格本"校勘本.台北：台湾"中央研究院"历史语言研究所，1962.

（明）张居正、吕调阳、张四维等总裁，陈经邦、何洛文等纂修.明世宗实录[M].影印原北平图书馆藏"红格本"校勘本.台北：台湾"中央研究院"历史语言研究所，1962.

（明）王世贞撰.弇山堂别集[M].景印文渊阁四库全书本，第409、410册.台北：台湾商务印书馆，1986.

（明）杨循吉撰.苏州府纂修识略[M].据北京图书馆藏明万历三十七年徐景凤刻合刻杨南峰先生全集十种本影印.四库全书存目丛书本.史部第46册.济南：齐鲁书社，1997.

传记类

（明）廖道南撰.殿阁词林记[M].景印文渊阁四库全书本.第452册.台北：台湾商务印书馆，1986.

（明）黄景昉撰.国史唯疑[M].据上海图书馆藏清康熙三十年徐釚抄本影印.续修四库全书本.第432册.上海：上海古籍出版社，2002.

（明）徐咸辑.皇明名臣言行录[M].据南京图书馆藏明嘉靖二十八年施渐刻本、明嘉靖三十九年侯东莱刻本影印.续修四库全书本.第520册.上海：上海古籍出版社，2002.

（明）徐开任辑.明名臣言行录[M].据天津图书馆藏清康熙刻本影印.续修四库全书本.第520、521册.上海：上海古籍出版社,2002.

（明）雷礼辑.国朝列卿纪[M].据北京图书馆藏明万历徐鉴刻本影印.续修四库全书本.第522—524册.上海：上海古籍出版社,2002.

（明）焦竑撰.焦太史编辑国朝献征录[M].据上海图书馆藏明万历四十四年徐象橒曼山馆刻本影印.续修四库全书本.第525—531册.上海：上海古籍出版社,2002.

（明）王兆云撰.皇明词林人物考[M].据复旦大学图书馆藏明万历刻本影印.续修四库全书本.第532册.上海：上海古籍出版社,2002.

（明）过庭训撰.本朝分省人物考[M].据北京大学图书馆藏明天启刻本影印.续修四库全书本.第533—536册.上海：上海古籍出版社,2002.

（明）毛宪撰,吴亮增补.毗陵人品记[M].据常州市图书馆藏明万历刻本影印.续修四库全书本.第541册.上海：上海古籍出版社,2002.

（明）文震孟撰.姑苏名贤小纪[M].据北京图书馆藏明万历四十二年文氏竺坞刻清顺治九年文然重修本影印.续修四库全书本.第541册.上海：上海古籍出版社,2002.

（明）张大复撰.昆山人物传[M].据北京图书馆藏明刻清雍正二年汪中鹏重修本影印.续修四库全书本.第541册.上海：上海古籍出版社,2002.

（明）黄鲁曾撰.吴中往哲记补遗[M].据北京大学图书馆藏明嘉靖刻本影印.四库全书存目丛书本.史部第89册.济南：齐鲁书社,1997.

（明）刘凤撰.续吴先贤赞[M].据中国科学院图书馆藏明万历刻本影印.四库全书存目丛书本.史部第95册.济南：齐鲁书社,1997.

（明）何出光、陈登云等撰,喻思恂续.兰台法鉴录[M].据明万历二十五年刻崇祯四年续刻本影印.北京图书馆古籍珍本丛刊本.第16册.北京：书目文献出版社,1988.

（明）朱大韶编,皇明名臣墓铭[M].据明嘉靖间刻本影印.周骏富辑.《明代传记丛刊》本.台北：台湾明文书局,1991.

（明）何三畏编著.云间志略[M].据明天启间刻本影印.周骏富辑《明代传记丛刊》本.台北：台湾明文书局,1991.

（明）张大复撰,清方惟一辑.吴郡人物志[M].据清抄本影印.周骏富辑《明代传记丛刊》本.台北：台湾明文书局,1991.

杨静盦编.明唐伯虎先生寅年谱[M].王云五主编"新编中国名人年谱集成"本.第九辑.台北：台湾商务印书馆,1980.

地理类

（清）顾炎武撰.昌平山水记[M].据上海辞书出版社图书馆藏清吴江潘氏遂初堂刻本影印.续修四库全书本.第 721 册.上海：上海古籍出版社,2002.

（明）杨子器、桑瑜纂修.（弘治）常熟县志[M].据上海图书馆藏清抄本影印.四库全书存目丛书本.史部第 185 册.济南：齐鲁书社,1997.

（明）蔡昇撰,王鏊重撰.震泽编[M].据南京图书馆藏明弘治十八年林世远刻本影印.四库全书存目丛书本.史部第 228 册.济南：齐鲁书社,1997.

（明）杨循吉撰.金山杂志[M].据北京图书馆藏明杨可刻本影印.四库全书存目丛书本.史部第 229 册.济南：齐鲁书社,1997.

（明）张莱撰.京口三山志[M].据南京图书馆藏明正德七年刻本影印.四库全书存目丛书本.史部第 229 册.济南：齐鲁书社,1997.

（明）谈修撰.惠山古今考[M].据华东师范大学图书馆藏明万历刻本影印.四库全书存目丛书本.史部第 233 册.济南：齐鲁书社,1997.

（明）卢襄撰.《石湖志略》[M].据河北大学图书馆藏明嘉靖刻本影印.四库全书存目丛书本.史部第 243 册.济南：齐鲁书社,1997.

（明）都穆撰.游名山记[M].浙江图书馆藏明闵元衢刻本.

陶惟坻修,施兆麟纂.相城小志[M].上海图书馆藏.上艺斋活字本,1930（民国十九年）.

（明）王僖征修,程文、王韶纂.（弘治）句容县志[M].据弘治九年刻本影印.天一阁藏明代方志选刊本.上海：上海书店,1981.

（明）彭泽修,汪舜民纂.（弘治）徽州府志[M].据弘治十五年刻本影印.天一阁藏明代方志选刊本.上海：上海书店,1981.

（明）徐琏修,严嵩纂.（正德）袁州府志[M].据正德九年刻本影印.天一阁藏明代方志选刊本.上海：上海书店,1981.

（明）曹璘纂修.（正德）光化县志[M].据正德十年刻本影印.天一阁藏明代方志选刊本.上海：上海书店,1981.

（明）陈能修,郑庆云、辛绍佐纂.（嘉靖）延平府志[M].据嘉靖四年刻本影印.天一阁藏明代方志选刊本.上海：上海书店,1981.

（明）康河修,董天赐纂.（嘉靖）赣州府志[M].据嘉靖十五年刻本影印.天一阁藏明代方志选刊本.上海：上海书店,1981.

（明）杨逢春修,方鹏纂.（嘉靖）昆山县志[M].据嘉靖十七年刻本影印.天一阁藏明代方志选刊本.上海：上海书店,1981.

（明）郜相修,樊深纂.（嘉靖）河间府志[M].据嘉靖十九年刻本影印.天一阁藏明代方志选刊本.上海：上海书店,1981.

（明）赵锦修，张衮等纂.（嘉靖）江阴县志[M].据嘉靖二十六年刻本影印.天一阁藏明代方志选刊本.上海：上海书店，1981.

（明）郑相修，黄虎臣纂.（嘉靖）夏邑县志[M].据嘉靖三十年刻本影印.天一阁藏明代方志选刊本.上海：上海书店，1981.

（明）姚卿修，孙铎纂.（嘉靖）鲁山县志[M].据嘉靖三十一年刻本影印.天一阁藏明代方志选刊本.上海：上海书店，1981.

（明）管大勋修，彭惟亮等纂.（隆庆）临江府志[M].据隆庆六年刻本影印.天一阁藏明代方志选刊本.上海：上海书店，1981.

（明）林云程修，沈明臣等纂.（万历）通州志[M].据万历六年刻本影印.天一阁藏明代方志选刊本.上海：上海书店，1981.

（明）朱昱修，孙伟德纂.（成化）重修毗陵志[M].据成化十九年刻本影印.天一阁藏明代方志选刊续编本.上海：上海书店，1990.

（明）何士麟修，李敏纂.（弘治）将乐县志[M].据弘治十五年刻本影印.天一阁藏明代方志选刊续编本.上海：上海书店，1990.

（明）郭经修，唐锦纂.（弘治）上海志[M].据弘治十七年刻本影印.天一阁藏明代方志选刊续编本.上海：上海书店，1990.

（明）杨渊等纂修.（弘治）抚州府志[M].据弘治十八年刻本影印.天一阁藏明代方志选刊续编本.上海：上海书店，1990.

（明）王鏊、林世远修，杜启等纂.（正德）姑苏志[M].据嘉靖间增刻本影印.天一阁藏明代方志选刊续编本.上海：上海书店，1990.

（明）陈威、喻时修，顾清纂.（正德）松江府志[M].据正德四年刻本影印.天一阁藏明代方志选刊续编本.上海：上海书店，1990.

（明）张恺纂修.（正德）常州府志续集[M].据正德八年刻本影印.天一阁藏明代方志选刊续编本.上海：上海书店，1990.

（明）邵有道纂修.（嘉靖）汀州府志[M].据嘉靖六年刻本影印.天一阁藏明代方志选刊续编本.上海：上海书店，1990.

（明）郑瀛修，何洪纂.（嘉靖）德州志[M].据嘉靖七年刻本影印.天一阁藏明代方志选刊续编本.上海：上海书店，1990.

（明）苏祐修，杨循吉纂.（嘉靖）吴邑志[M].据嘉靖八年刻本影印.天一阁藏明代方志选刊续编本.上海：上海书店，1990.

（明）张寅等修，周凤岐纂.（嘉靖）太仓州志[M].据崇祯二年重刻本影印.天一阁藏明代方志选刊续编本.上海：上海书店，1990.

（明）张时彻、何愈修，吴经等纂.（嘉靖）定海县志[M].据嘉靖四十二年刻本影印.天一阁藏明代方志选刊续编本.上海：上海书店，1990.

（明）张德夫修，皇甫汸等纂.（隆庆）长洲县志[M].据隆庆五年刻本影印.天一阁藏明代方志选刊续编本.上海:上海书店,1990.

(明)何世学修纂.(万历)丹徒县志[M].据万历元年刻本影印.天一阁藏明代方志选刊续编本.上海:上海书店,1990.

(明)杨维新修,张元忭纂.(万历)会稽县志[M].据万历三年刻本影印.天一阁藏明代方志选刊续编本.上海:上海书店,1990.

(明)王焕如等修,牛若麟等纂.(崇祯)吴县志[M].据崇祯十五年刻本影印.天一阁藏明代方志选刊续编本[M].上海:上海书店,1990.

(清)黄培彝修,严而舒纂.康熙顺德县志[M].据清康熙十三年(1674)刻本影印.中国地方志集成本.广东府县志辑31.上海:上海书店出版社,2003.

(清)王养濂修,李开泰、张采纂.康熙宛平县志[M].据清康熙二十三年(1684)刻本传抄本影印.中国地方志集成本.北京府县志辑5.上海:上海书店出版社,2002.

(清)张茂节修,李开泰等纂.康熙大兴县志[M].据清康熙二十四年(1685)刻本传抄本影印.中国地方志集成本.北京府县志辑7.上海:上海书店出版社,2002.

(清)高士鸃、杨振葆修,钱陆灿纂.康熙常熟县志[M].据清康熙二十六年(1687)刻本影印.中国地方志集成本.江苏府县志辑21.南京:江苏古籍出版社,1991.

(清)于琨修,陈玉璂纂.康熙常州府志[M].据清康熙三十四年(1695)刻本影印.中国地方志集成本.江苏府县志辑36.南京:江苏古籍出版社,1991.

(清)吴存礼修,陆茂腾纂.康熙通州志[M].据清康熙三十六年(1697)刻本影印.中国地方志集成本.北京府县志辑6.上海:上海书店出版社,2002.

(清)张荩修,沈麟趾等纂.康熙金华府志[M].据清宣统元年(1909)嵩连石印本影印.中国地方志集成本.浙江府县志辑49.上海:上海书店出版社,2000.

(清)张楷纂修.康熙安庆府志[M].清康熙六十年(1721)刻,据1961年石印本影印.中国地方志集成本.安徽府县志辑10.南京:江苏古籍出版社,1998.

(清)吴履福等修,缪荃孙等纂.康熙昌平州志[M].据清光绪十二年(1886)刻本影印.中国地方志集成本.北京府县志辑4.上海:上海书店出版社,2002.

(清)陈荀缵、丁元正修,倪师梦、沈彤纂,朱霖等增纂.乾隆吴江县志[M].清乾隆十二年(1747)修,据民国石印本影印.中国地方志集成本.江苏府县志辑20.南京:江苏古籍出版社,1991.

(清)高得贵修,张九征等纂,朱霖等增纂.乾隆镇江府志[M].据清乾隆十五年(1750)增刻本影印.中国地方志集成本.江苏府县志辑27、28.南京:江苏古籍出版社,1991.

(清)李光祚修,顾诒禄纂.乾隆长洲县志[M].据清乾隆十八年(1753)刻本影印.中国地方志集成本.江苏府县志辑13.南京:江苏古籍出版社,1991.

（清）罗以桂、王楷修，张万铨、刁锦纂. 乾隆祁州志[M]. 据清乾隆二十一年（1756）刻本影印. 河北府县志辑39. 上海：上海书店出版社，2006.

（清）朱肇基修，陆纶纂. 乾隆太平府志[M]. 据清乾隆二十二年（1757）刻本影印. 中国地方志集成本. 安徽府县志辑37. 南京：江苏古籍出版社，1998.

（清）狄兰标修，罗时暄纂. 乾隆华容县志[M]. 据清乾隆二十五年（1760）刻本影印. 中国地方志集成本. 湖南府县志辑11. 南京：江苏古籍出版社，2002.

（清）舒其绅修，严长明纂. 乾隆西安府志[M]. 据清乾隆四十四年（1779）刻本影印. 中国地方志集成本. 陕西府县志辑1、2. 南京：凤凰出版社，2007.

（清）洪肇楙修，蔡寅斗纂. 乾隆宝坻县志[M]. 据民国六年（1917）查美咸石印本影印. 中国地方志集成本. 天津府县志辑4. 上海：上海书店出版社，2004.

（清）李先荣原本，阮升基增修，宁楷等增纂. 嘉庆增修宜兴县旧志[M]. 据清嘉庆二年（1797）刻本影印. 中国地方志集成本. 江苏府县志辑39. 南京：江苏古籍出版社，1991.

（清）阿克当阿修，姚文田、江藩等纂. 嘉庆重修扬州府志[M]. 据清嘉庆十五年（1810）刻本影印. 中国地方志集成本. 江苏府县志辑41、42. 南京：江苏古籍出版社，1991.

（清）吕燕昭修，姚鼐纂. 嘉庆新修江宁府志[M]. 据清光绪六年（1880）刻本影印. 中国地方志集成本. 江苏府县志辑1. 南京：江苏古籍出版社，1991.

（清）武念祖修，陈栻纂. 道光上元县志[M]. 据清道光四年（1824）刻本影印. 江苏府县志辑3. 南京：江苏古籍出版社，1991.

（清）张鸿、来汝缘修，王学浩等纂. 道光昆新两县志[M]. 据清道光六年（1826）刻本影印. 江苏府县志辑15. 南京：江苏古籍出版社，1991.

（清）乔溎修，贺熙龄纂，游际盛增补. 道光浮梁县志[M]. 据清道光十二年（1832）增补刻本影印. 中国地方志集成本. 江西府县志辑7. 南京：江苏古籍出版社，1996.

（清）李贤书修，吴怡等纂. 道光东阿县志[M]. 据民国二十三年（1934）铅印本影印. 中国地方志集成本. 山东府县志辑92. 南京：凤凰出版社，2004.

（清）黄鸣珂修，石景芬、徐福炘纂. 同治南安府志[M]. 据清同治七年（1868）刻本影印. 中国地方志集成本. 江西府县志辑84、85. 南京：江苏古籍出版社，1996.

（清）俞致中修，汪炳熊等纂. 同治弋阳县志[M]. 据清同治十年（1871）刻本影印. 中国地方志集成本. 江西府县志辑23. 南京：江苏古籍出版社，1996.

（清）承霈修，杜友棠、杨兆崧纂. 同治新建县志[M]. 据清同治十年（1871）刻本影印. 中国地方志集成本. 江西府县志辑5、6. 南京：江苏古籍出版社，1996.

（清）姚濬昌修，周立瀛、赵廷恺纂. 同治安福县志[M]. 据清同治十一年（1872）刻本影印. 中国地方志集成本. 江西府县志辑67. 南京：江苏古籍出版社，1996.

（清）许应鑅、王之藩修，曾作舟、杜防纂. 同治南昌府志[M]. 据清同治十二年

（1873）刻本影印.中国地方志集成本.江西府县志辑 1、2、3.南京：江苏古籍出版社,1996.

（清）盛铨等修,黄炳奎纂.同治崇仁县志[M].据清同治十二年（1873）刻本影印.中国地方志集成本.江西府县志辑 49.南京：江苏古籍出版社,1996.

（清）吴世熊、朱忻修,刘庠、方骏谟纂.同治徐州府志[M].据清同治十三年（1874）刻本影印.中国地方志集成本.江苏府县志辑 61.南京：江苏古籍出版社,1991.

（清）宋瑛等修,彭启瑞等撰.同治泰和县志[M].据清光绪四年（1878）周之镛续修刻本影印.中国地方志集成本.江西府县志辑 64.南京：江苏古籍出版社,1996.

（清）李铭皖、谭钧培修,冯桂芬纂.同治苏州府志[M].据清光绪八年（1882）江苏书局刻本影印.中国地方志集成本.江苏府县志辑 7、8、9、10.南京：江苏古籍出版社,1991.

（清）李蔚、王峻修,吴康霖纂.同治六安州志[M].清同治十一年（1872）刻,据清光绪三十年（1904）重印本影印.中国地方志集成本.安徽府县志辑 18、19.南京：江苏古籍出版社,1998.

（清）陈咏修,张惇德纂.光绪唐县志[M].据清光绪四年（1878）刻本影印.中国地方志集成本.河北府县志辑 36.上海：上海书店出版社,2006.

（清）王其淦、吴康寿修,汤成烈等纂.光绪武进阳湖县志[M].据清光绪五年（1879）刻本影印.中国地方志集成本.江苏府县志辑 37.南京：江苏古籍出版社,1991.

（清）裴大中、倪咸生修,秦缃业等纂.光绪无锡金匮县志[M].据清光绪七年（1881）刻本影印.中国地方志集成本.江苏府县志辑 24.南京：江苏古籍出版社,1991.

（清）刘诰、凌焌等修,徐锡麟、姜璘纂.光绪丹阳县志[M].据清光绪十一年（1885）鸣凤书局刻本影印.中国地方志集成本.江苏府县志辑 31.南京：江苏古籍出版社,1991.

（清）恩联等修,王万芳等纂.光绪襄阳府志[M].据清光绪十一年（1885）刻本影印.中国地方志集成本.湖北府县志辑 63.南京：江苏古籍出版社,2001.

（清）万青黎、周家楣修,张之洞、缪荃孙纂.光绪顺天府志[M].据清光绪十二年（1886）刻本影印.中国地方志集成本.北京府县志辑 1、2、3.上海：上海书店出版社,2002.

（清）张思勉修,于始瞻纂.乾隆掖县志[M].（清）张彤修,张诩纂.嘉庆续掖县志[M].据清光绪十九年（1893）刻《掖县全志》本影印.中国地方志集成本.山东府县志辑 45.南京：凤凰出版社,2004.

（清）钟泰、宗能征纂修.光绪亳州志[M].据清光绪二十年(1894)活字本影印.中国地方志集成本.安徽府县志辑 25.南京：江苏古籍出版社,1998.

（清）储家藻修,徐致靖纂.光绪上虞县志校续[M].据清光绪二十五年(1899)刻本影印.中国地方志集成本.浙江府县志辑 42.上海：上海书店出版社,2000.

（清）冯煦修,魏家骅等纂,张德霈续纂.光绪凤阳府志[M].据清光绪三十四年(1908)活字本影印.中国地方志集成本.安徽府县志辑 32、33.南京：江苏古籍出版社,1998.

李光益、金城修,褚传诰纂.民国天台县志稿[M].据民国四年(1915)油印本影印.中国地方志集成本.浙江府县志辑 32.上海：上海书店出版社,2000.

孟昭涵修,李驹等纂.民国长乐县志[M].据民国六年(1917)福建印刷所铅印本影印.中国地方志集成本.福建府县志辑 21.上海：上海书店出版社,2000.

俞庆澜、刘昂修,张灿奎等纂.（民国）宿松县志[M].据民国十年(1921)活字本影印.中国地方志集成本.安徽府县志辑 14、15.南京：江苏古籍出版社,1998.

包发鸾修,赵惟仁等纂.民国南丰县志[M].据民国十三年(1924)铅印本影印.中国地方志集成本.江西府县志辑 58.南京：江苏古籍出版社,1996.

滕绍周修,王维贤纂.民国迁安县志[M].据民国二十年(1931)铅印本影印.中国地方志集成本.河北府县志辑 20.上海：上海书店出版社,2006.

曹允源、李根源纂.民国吴县志[M].据民国二十二年(1933)苏州文新公司铅印本影印.中国地方志集成本.江苏府县志辑 11、12.南京：江苏古籍出版社,1991.

石有纪修,张琴纂.民国莆田县志[M].据福建图书馆藏抄本影印.中国地方志集成本.福建府县志辑 16、17.上海：上海书店出版社,2000.

（明）张时彻等纂修.（嘉靖）宁波府志[M].据明嘉靖三十九刊本影印.中国地方志丛书本.华中地方第 495 号.台北：台湾成文出版社,1966—1985.

（明）陈善等修.（万历）杭州府志[M].据明万历七年刊本影印.中国地方志丛书本.华中地方第 524 号.台北：台湾成文出版社,1966—1985.

（明）徐用检修.（万历）兰溪县志[M].据明万历三十四年刊本、清康熙间补刊本影印.中国地方志丛书本.华中地方第 517 号.台北：台湾成文出版社,1966—1985.

（明）吕昌期修,唐仲贤等纂.（万历）严州府志[M].据明万历四十二年原刊本、清顺治六年重刻本影印.中国地方志丛书本.华中地方第 567 号.台北：台湾成文出版社,1966—1985.

（清）洪若皋等纂修.（康熙）临海县志[M].据清康熙二十二年刊本影印.中国地方志丛书本.华中地方第 509 号.台北：台湾成文出版社,1966—1985.

（清）常琬修,焦以敬纂.（乾隆）金山县志[M].据清乾隆十六年刊本、民国十八年重印本影印.中国地方志丛书本.华中地方第 405 号.台北：台湾成文出版社,

1966—1985.

（清）庆霖等修，戚学标等纂.（嘉庆）太平县志[M].据清嘉庆十五年刊本.光绪二十二年重刻本影印,中国地方志丛书本.华中地方第 510 号.台北:台湾成文出版社,1966—1985.

（清）江峰青等修,顾福仁等纂.（光绪）嘉善县志[M].据清光绪十八年刊本影印.中国地方志丛书本.华中地方第 59 号.台北:台湾成文出版社,1966—1985.

（清）冯可镛修,杨泰亨纂.（光绪）慈溪县志[M].据清光绪二十五年刊本影印.中国地方志丛书本.华中地方第 213 号.台北:台湾成文出版社,1966—1985.

（清）邵友濂修,孙德祖纂.（光绪）余姚县志[M].据清光绪二十五年刊本影印.中国地方志丛书本.华中地方第 500 号.台北:台湾成文出版社,1966—1985.

（清）彭循尧修,董运昌纂.（宣统）临安县志[M].据清宣统二年刊本影印.中国地方志丛书本.华中地方第 194 号.台北:台湾成文出版社,1966—1985.

罗柏麓修,姚桓等纂.（民国）遂安县志[M].据民国十九年铅印本影印.中国地方志丛书本.华中地方第 214 号.台北:台湾成文出版社,1966—1985.

喻长霖等修.（民国）台州府志[M].据民国二十五年铅印本影印.中国地方志丛书本.华中地方第 74 号.台北:台湾成文出版社,1966—1985.

职官类

（明）黄佐撰.翰林记[M].笔记小说大观本.三十二编第七册.台北:台湾新兴书局有限公司,1981.

政书类

（明）张朝瑞撰.皇明贡举考[M].据北京大学图书馆藏明万历刻本影印.续修四库全书本.第 828 册.上海:上海古籍出版社,2002.

（明）张弘道、张凝道撰.皇明三元考[M].据故宫博物院图书馆藏明刻本影印.四库全书存目丛书本.史部第 271 册.济南:齐鲁书社,1997.

目录类

（明）都穆撰.吴下冢墓遗文[M].据北京图书馆藏清鲍氏知不足斋抄本影印.四库全书存目丛书本.史部第 278 册.济南:齐鲁书社,1997.

（清）纪昀总纂.四库全书总目提要[M].北京:中华书局,1965.

王重民撰.中国善本书目提要[M].上海:上海古籍出版社,1983.

中国科学院北京天文台主编.中国地方志联合目录[M].北京:中华书局,1985.

明人传记资料索引[M].台湾"中央图书馆"编.北京:中华书局,1987.

子　部

儒家类

（宋）朱熹、吕祖谦同编，叶采集解. 近思录［M］. 景印文渊阁四库全书本. 第699册. 台北：台湾商务印书馆，1986.

（宋）朱熹撰. 朱子语类［M］. 景印文渊阁四库全书本. 第700—702册. 台北：台湾商务印书馆，1986.

（宋）程颢、程颐撰，朱熹辑. 河南程氏遗书［M］. 明翻刊元至正间临川谭善心本.

（汉）荀悦撰，（明）黄省曾注. 申鉴［M］. 浙江图书馆藏明正德十六年黄氏文始堂刻本.

术数类

（宋）邵雍著，（明）黄畿注，卫绍生校理. 皇极经世书［M］. 中州文献丛书. 郑州：中州古籍出版社，1993.

艺术类

（明）郁逢庆编. 书画题跋记、续题跋记［M］. 景印文渊阁四库全书本. 第816册. 台北：台湾商务印书馆，1986.

（清）孙岳颁等奉敕撰. 御定佩文斋书画谱［M］. 景印文渊阁四库全书本. 第819—823册. 台北：台湾商务印书馆，1986.

（清）孔广陶撰. 岳雪楼书画录［M］. 据南京图书馆藏清咸丰十一年刻本影印. 续修四库全书本. 第1085册. 上海：上海古籍出版社，2002.

（清）陆心源撰. 穰梨馆过眼录续录［M］. 据清光绪十七年吴兴陆氏家塾刻本影印. 续修四库全书本. 第1087册. 上海：上海古籍出版社，2002.

（清）徐泌著. 明画录［M］. 据画史丛书本影印，周骏富辑《明代传记丛刊》本. 台北：台湾明文书局，1991.

中国古代书画鉴定组编. 中国绘画全集［M］. 杭州：浙江美术出版社/北京：文物出版社，2000.

中国古代书画鉴定组编. 中国法书全集［M］. 北京：文物出版社，2009.

沈培方主编. 明清书法遗珍［M］. 上海：上海书画出版社，2009.

杂家类

（宋）沈括撰. 梦溪笔谈［M］. 景印文渊阁四库全书本. 第862册. 台北：台湾商

务印书馆,1986.

（明）王鏊撰.震泽长语[M].景印文渊阁四库全书本.第867册.台北:台湾商务印书馆,1986.

（明）徐三重撰.採芹录[M].景印文渊阁四库全书本.第867册.台北:台湾商务印书馆,1986.

（清）王士禛撰.池北偶谈[M].景印文渊阁四库全书本.第870册.台北:台湾商务印书馆,1986.

（清）王应奎撰.柳南随笔续笔[M].据中国科学院图书馆藏清嘉庆刻借月山房汇抄本影印.续修四库全书本.第1147册.上海:上海古籍出版社,2002.

（明）王鏊撰.震泽纪闻[M].据国家图书馆藏明末刻本影印.续修四库全书本.第1167册.上海:上海古籍出版社,2002.

（明）张萱撰.西园闻见录[M].据上海图书馆藏民国二十九年哈佛燕京学社印本影印.续修四库全书本.第1168—1170册.上海:上海古籍出版社,2002.

（明）戴冠撰.濯缨亭笔记[M].据复旦大学图书馆藏明嘉靖二十六年华察刻本影印.续修四库全书本.第1170册.上海:上海古籍出版社,2002.

（明）焦竑撰.玉堂丛语[M].据山东图书馆藏明万历四十六年徐象橒曼山馆刻本影印.续修四库全书本.第1172册.上海:上海古籍出版社,2002.

（明）李绍文撰.皇明世说新语[M].影印明万历刻本.续修四库全书本.第1173册.上海:上海古籍出版社,2002.

（明）蒋一葵著.尧山堂外纪[M].据明刻本影印.续修四库全书本.第1194、1195册.上海:上海古籍出版社,2002.

不著辑者.烟霞小说[M].据北京图书馆藏明万历十八年刻本影印.四库全书存目丛书本.子部第125册.济南:齐鲁书社,1997.

（明）崔铣撰.洹词记事抄[M].据北京图书馆藏明万历三十四年李铨前书楼刻藏说小萃十集本影印.四库全书存目丛书本.子部第143册.济南:齐鲁书社,1997.

（明）杨仪撰.明良记[M].据北京图书馆藏明万历三十四年李铨前书楼刻藏说小萃十集本影印.四库全书存目丛书本.子部第143册.济南:齐鲁书社,1997.

（明）俞弁撰.山樵暇语[M].据首都图书馆藏民国商务印书馆影印明朱象玄抄本影印.四库全书存目丛书本.子部第152册.济南:齐鲁书社,1997.

（明）王鏊撰.王文恪公笔记[M].上海:上海图书馆藏明抄本.

（明）王鏊撰.震泽纪闻[M].清道光四年陈璜据嘉庆张海鹏刻借月山房汇钞版重编补刻.国家图书馆藏清陈璜编《泽古斋重钞》本.

（明）王鏊撰.震泽长语[M].清道光四年陈璜据嘉庆张海鹏刻借月山房汇钞版重编补刻.国家图书馆藏清陈璜编《泽古斋重钞》本.

葛兆光著.中国思想史[M].上海:复旦大学出版社,2000.

陈宝良、王熹著.中国风俗通史明代卷[M].上海:上海文艺出版社,2005.

小说家类

(晋)郭璞撰.清茆泮林辑,玄中记[M].据清道光梅瑞轩刻十种古逸书本影印.续修四库全书本.第1264册.上海:上海古籍出版社,2002.

(明)尹直撰.謇斋琐缀录[M].据北京图书馆藏明钞《国朝典故》本影印.四库全书存目丛书本.子部第239册.济南:齐鲁书社,1997.

(明)黄瑜撰.双槐岁钞[M].据北京图书馆藏明嘉靖三十八年陆延枝刻本影印.四库全书存目丛书本.子部第239册.济南:齐鲁书社,1997.

(明)陈继儒撰.见闻录[M].据首都图书馆藏明万历绣水沈氏刻宝颜堂秘籍本影印.四库全书存目丛书本.子部第244册.济南:齐鲁书社,1997.

(明)黄暐撰.蓬窗类纪[M].据北京图书馆藏明抄本影印.四库全书存目丛书本.子部第251册.济南:齐鲁书社,1997.

(明)王锜撰,李剑雄校点.寓圃杂记[M].以南京图书馆藏明抄本为底本刊印.历代笔记小说大观丛书·明代类.上海:上海古籍出版社,2005.

(明)陆容撰,李健莉校点.菽园杂记[M].以台湾商务印书馆影印《文渊阁四库全书》本为底本刊印.历代笔记小说大观丛书·明代类.上海:上海古籍出版社,2005.

(明)陆粲撰,马镛校点.庚巳编[M].以万历四十五年(1617)沈节甫《记录汇编》本为底本刊印.历代笔记小说大观丛书·明代类.上海:上海古籍出版社,2005.

(明)郑晓撰,杨晓波校点.今言类编[M].以樊维城编辑的《盐邑志林》丛书收录的万历三十三年(1605)彭宗孟序《今言类编》六卷本为底本刊印.历代笔记小说大观丛书·明代类.上海:上海古籍出版社,2005.

(明)何良俊撰,李剑雄校点.四友斋丛说[M].以万历七年(1579)张仲颐合刻本为底本刊印.历代笔记小说大观丛书·明代类.上海:上海古籍出版社,2005.

(明)沈德符撰,杨万里校点.万历野获编[M].以台湾史语所傅斯年图书馆所藏清康熙后期抄本之影印本为底本刊印.历代笔记小说大观丛书·明代类.上海:上海古籍出版社,2005.

释家类

(明)仁潮集.法界安立图[M].影印日本京都藏经书院刊《大日本续藏经》本.第150册.台北:台湾新文丰出版社,1977.

杜继文主编.佛教史[M].北京:中国社会科学出版社,1991.

道家类

(春秋战国)列御寇撰.列子[M].景印文渊阁四库全书本.第1055册.台北:台

湾商务印书馆,1986.

(汉)魏伯阳撰,后蜀彭晓注.周易参同契通真义[M].景印文渊阁四库全书本.第1058册.台北:台湾商务印书馆,1986.

集　　部

别集类

(唐)皇甫湜撰.皇甫持正文集[M].上海图书馆藏明正德十五年皇甫录世业堂刻本.

(唐)孙樵撰.孙可之文集[M].上海图书馆藏明正德十二年王鏊、王谔刻本.

(明)王鏊撰.震泽先生集[M].浙江大学图书馆藏明嘉靖刻万历鹤来堂印本.

(明)王鏊撰.王文恪公集[M].浙江大学图书馆藏明万历王氏三槐堂刻本.

(明)文徵明撰.甫田集[M].(四卷本)上海图书馆藏明刻本.

(明)文徵明撰.文太史甫田集[M].北京图书馆藏明文嘉抄本.

(明)王铨撰.梦草集[M].复旦大学图书馆藏抄校本.

(宋)苏轼撰.东坡全集[M].景印文渊阁四库全书本.第1107—1108册.台北:台湾商务印书馆,1986.

(宋)朱熹撰.晦庵集[M].景印文渊阁四库全书本.第1143—1146册.台北:台湾商务印书馆,1986.

(宋)陆九渊撰,陆持之编.象山集[M].景印文渊阁四库全书本.第1156册.台北:台湾商务印书馆,1986.

(明)明太祖撰,(明)姚士观、沈钛编校.明太祖文集[M].景印文渊阁四库全书本.第1223册.台北:台湾商务印书馆,1986.

(明)宋濂撰.文宪集[M].景印文渊阁四库全书本.第1223—1224册.台北:台湾商务印书馆,1986.

(明)杨士奇撰.东里集[M].景印文渊阁四库全书本.第1238—1239册.台北:台湾商务印书馆,1986.

(明)徐溥撰.谦斋文录[M].景印文渊阁四库全书本.第1248册.台北:台湾商务印书馆,1986.

(明)何乔新撰.椒丘文集[M].景印文渊阁四库全书本.第1249册.台北:台湾商务印书馆,1986.

(明)李东阳撰.怀麓堂集[M].景印文渊阁四库全书本.第1250册.台北:台湾商务印书馆,1986.

(明)倪岳撰.青溪漫稿[M].景印文渊阁四库全书本.第1251册.台北:台湾商务印书馆,1986.

（明）程敏政撰.篁墩文集［M］.景印文渊阁四库全书本.第 1252、1253 册.台北：台湾商务印书馆,1986.

（明）吴宽撰.家藏集［M］.景印文渊阁四库全书本.第 1255 册.台北：台湾商务印书馆,1986.

（明）谢迁撰.归田稿［M］.景印文渊阁四库全书本.第 1256 册.台北：台湾商务印书馆,1986.

（明）王鏊撰.震泽集［M］.景印文渊阁四库全书本.第 1256 册.台北：台湾商务印书馆,1986.

（明）梁储撰.郁洲遗稿［M］.景印文渊阁四库全书本.第 1256 册.台北：台湾商务印书馆,1986.

（明）林俊撰.见素集［M］.景印文渊阁四库全书本.第 1257 册.台北：台湾商务印书馆,1986.

（明）邵宝撰.容春堂集［M］.景印文渊阁四库全书本.第 1258 册.台北：台湾商务印书馆,1986.

（明）罗玘撰.圭峰集［M］.景印文渊阁四库全书本.第 1259 册.台北：台湾商务印书馆,1986.

（明）吴俨撰.吴文肃摘稿［M］.景印文渊阁四库全书本.第 1259 册.台北：台湾商务印书馆,1986.

（明）邹智撰.立斋遗文［M］.景印文渊阁四库全书本.第 1259 册.台北：台湾商务印书馆,1986.

（明）石珤撰.熊峰集［M］.景印文渊阁四库全书本.第 1259 册.台北：台湾商务印书馆,1986.

（明）史鉴撰.西村集［M］.景印文渊阁四库全书本.第 1259 册.台北：台湾商务印书馆,1986.

（明）祝允明撰.怀星堂集［M］.景印文渊阁四库全书本.第 1260 册.台北：台湾商务印书馆,1986.

（明）罗钦顺撰.整庵存稿［M］.景印文渊阁四库全书本.第 1261 册.台北：台湾商务印书馆,1986.

（明）顾清撰.东江家藏集［M］.景印文渊阁四库全书本.第 1261 册.台北：台湾商务印书馆,1986.

（明）李梦阳撰.空同集［M］.景印文渊阁四库全书本.第 1262 册.台北：台湾商务印书馆,1986.

（明）王守仁撰,钱德仁原编,谢廷杰汇集.王文成全书［M］.景印文渊阁四库全书本.第 1265、1266 册.台北：台湾商务印书馆,1986.

（明）陆深撰.俨山集［M］.景印文渊阁四库全书本.第 1268 册.台北：台湾商务

印书馆,1986.

（明）韩邦奇撰.苑洛集[M].景印文渊阁四库全书本.第1269册.台北：台湾商务印书馆,1986.

（明）文徵明撰.甫田集[M].景印文渊阁四库全书本.第1273册.台北：台湾商务印书馆,1986.

（明）陆粲撰.陆子余集[M].景印文渊阁四库全书本.第1274册.台北：台湾商务印书馆,1986.

（明）皇甫汸撰.皇甫司勋集[M].景印文渊阁四库全书本.第1275册.台北：台湾商务印书馆,1986.

（明）皇甫涍撰.皇甫少玄集、外集[M].景印文渊阁四库全书本.第1276册.台北：台湾商务印书馆,1986.

（明）王世贞撰.弇州四部稿[M].景印文渊阁四库全书本.第1279—1281册.台北：台湾商务印书馆,1986.

（明）高攀龙撰,陈龙正编.高子遗书[M].景印文渊阁四库全书本.第1292册.台北：台湾商务印书馆,1986.

（明）叶盛撰.泾东小稿[M].据上海图书馆藏明弘治刻本影印.续修四库全书本.第1329册.上海：上海古籍出版社,2002.

（明）王㒜著.思轩文集[M].据北京大学图书馆藏明弘治刻本影印.续修四库全书本.第1329册.上海：上海古籍出版社,2002.

（明）费宏撰.太保费文宪公摘稿[M].据南京图书馆藏明嘉靖三十四年吴遵之刻本影印.续修四库全书本.第1331册.上海：上海古籍出版社,2002.

（明）刘春撰.东川刘文简公集[M].据国家图书馆藏明嘉靖三十三年刘起宗刻本影印.续修四库全书本.第1332册.上海：上海古籍出版社,2002.

（明）杨廉撰.杨文恪公集[M].据山东图书馆藏明刻本影印.续修四库全书本.第1332、1333册.上海：上海古籍出版社,2002.

（明）沈周撰.石田稿[M].据国家图书馆藏稿本影印.续修四库全书本.第1333册.上海：上海古籍出版社,2002.

（明）唐寅撰,何大成辑.唐伯虎先生集、唐伯虎先生外编、唐伯虎先生外编续刻[M].据南京图书馆藏明万历刻本影印.续修四库全书本.第1334、1335册.上海：上海古籍出版社,2002.

（明）严嵩撰.钤山堂集[M].据嘉靖二十四年刻增修本影印.续修四库全书本.第1336册.上海：上海古籍出版社,2002.

（明）张邦奇撰.张文定公集[M].据中国科学院图书馆藏明刻本影印.续修四库全书本.第1337册.上海：上海古籍出版社,2002.

（明）方凤撰.改亭存稿[M].据中国社会科学院文学研究所藏明崇祯十七年方

士骧刻本影印.续修四库全书本.第1338册.上海:上海古籍出版社,2002.

(明)彭华撰.彭文思公文集[M].据北京大学图书馆藏清康熙五年彭志桢刻本影印.四库全书存目丛书本.集部第36册.济南:齐鲁书社,1997.

(明)沈周撰.石田先生诗钞文钞[M].据东北师范大学图书馆藏明崇祯十七年瞿式耜刻本影印.四库全书存目丛书本.集部第37册.济南:齐鲁书社,1997.

(明)闵珪撰.闵庄懿公诗集[M].据北京大学图书馆藏明万历十年闵一范刻本影印.四库全书存目丛书本.集部第38册.济南:齐鲁书社,1997.

(明)谢铎撰.桃溪净稿[M].据原北平图书馆藏明正德十六年台州知府顾璘刻本影印.四库全书存目丛书本.集部第38册.济南:齐鲁书社,1997.

(明)张泰撰.沧洲诗集[M].据北京图书馆藏明弘治三年成桂刻嘉靖十三年毛渊增修本影印.四库全书存目丛书本.集部第38册.济南:齐鲁书社,1997.

(明)文洪撰.文涞水诗集遗文集[M].据北京图书馆藏明万历十六年文肇祉辑刻文氏家藏诗集本影印.四库全书存目丛书本.集部第39册.济南:齐鲁书社,1997.

(明)张弼撰.张东海先生诗集文集[M].据北京大学图书馆藏明正德十三年周文仪福建刻本影印.四库全书存目丛书本.集部第39册.济南:齐鲁书社,1997.

(明)张昇撰.张文僖公文集诗集[M].据北京大学图书馆藏明嘉靖元年刻本影印.四库全书存目丛书本.集部第39、40册.济南:齐鲁书社,1997.

(明)屠勋撰.屠康僖公文集[M].据原北平图书馆藏明万历四十三年刻清初重修本影印.四库全书存目丛书本.集部第40册.济南:齐鲁书社,1997.

(明)杨一清撰.石淙诗稿[M].据天津图书馆藏明嘉靖刻本影印.四库全书存目丛书本.集部第40册.济南:齐鲁书社,1997.

(明)马中锡撰.马东田漫稿[M].据首都图书馆藏明嘉靖十七年文三畏刻本影印.四库全书存目丛书本.集部第41册.济南:齐鲁书社,1997.

(明)杨守阯撰.碧川文选[M].据中国科学院图书馆藏明嘉靖四年陆钶刻本影印.四库全书存目丛书本.集部第42册.济南:齐鲁书社,1997.

(明)赵宽撰.半江赵先生文集[M].据辽宁省图书馆藏明嘉靖四十年赵㮚刻本影印.四库全书存目丛书本.集部第42册.济南:齐鲁书社,1997.

(明)储山蘷撰.柴墟文集[M].据山东大学图书馆藏明嘉靖四年刻本影印.四库全书存目丛书本.集部第42册.济南:齐鲁书社,1997.

(明)杨循吉撰.松筹堂集[M].据北京图书馆藏清金氏文瑞楼抄本影印.四库全书存目丛书本.集部第43册.济南:齐鲁书社,1997.

(明)李承箕撰.大厓李先生诗集文集[M].据湖北图书馆藏明正德五年吴廷举刻本影印.四库全书存目丛书本.集部第43册.济南:齐鲁书社,1997.

(明)蒋冕撰.湘皋集[M].据上海图书馆藏明嘉靖三十三年王宗沐等刻本影

印.四库全书存目丛书本.集部第 44 册.济南:齐鲁书社,1997.

（明）毛纪撰.鳌峰类稿[M].据北京图书馆藏明嘉靖刻本影印.四库全书存目丛书本.集部第 45 册.济南:齐鲁书社,1997.

（明）夏鍭撰.明夏赤城先生文集[M].据天津图书馆藏清乾隆三十七年映南轩活字印本影印.四库全书存目丛书本.集部第 45 册.济南:齐鲁书社,1997.

（明）靳贵撰.戒庵文集[M].据北京大学图书馆藏明嘉靖十九年靳懋仁刻本影印.四库全书存目丛书本.集部第 45 册.济南:齐鲁书社,1997.

（明）钱福撰.钱太史鹤滩稿[M].据北京图书馆藏明万历三十六年沈思梅居刻本影印.四库全书存目丛书本.集部第 46 册.济南:齐鲁书社,1997.

（明）顾鼎臣.顾文康公文草诗草续稿三集卷首[M].据中国科学院图书馆藏明万历至清顺治顾氏家刻本影印.四库全书存目丛书本.集部第 55 册.济南:齐鲁书社,1997.

（明）方鹏撰.矫亭存稿续稿[M].据南京图书馆藏明嘉靖十四年刻十八年续刻本影印.四库全书存目丛书本.集部第 61、62 册.济南:齐鲁书社,1997.

（明）胡缵宗撰.鸟鼠山人小集后集[M].据湖北省图书馆藏明嘉靖刻本影印.四库全书存目丛书本.集部第 62 册.济南:齐鲁书社,1997.

（明）王宠撰.雅宜山人集[M].据北京大学图书馆藏明嘉靖十六年董宜阳朱浚明刻本影印.四库全书存目丛书本.集部第 79 册.济南:齐鲁书社,1997.

（明）黄省曾撰.五岳山人集[M].据南京图书馆藏明嘉靖刻本影印.四库全书存目丛书本.集部第 94 册.济南:齐鲁书社,1997.

（明）董其昌撰.容台集[M].据北京大学图书馆藏明崇祯三年董庭刻本影印.四库禁毁书丛刊本.第 32 册.北京:北京出版社,2000.

（明）陆可教撰.陆学士先生遗稿[M].据上海图书馆藏明万历刻本影印.四库禁毁书丛刊本.第 160 册.北京:北京出版社,2000.

（明）杨守陈撰.杨文懿公文集[M].据明弘治十二年杨茂仁刻本影印.四库未收书辑刊本.第 5 辑,第 17 册.北京:北京出版社,1997.

（明）刘瑞撰.五清集[M].据明刻本影印.四库未收书辑刊本.第 5 辑,第 18 册.北京:北京出版社,1997.

（明）陆完撰.在惩录[M].据旧抄本影印.四库未收书辑刊本.第 5 辑,第 26 册.北京:北京出版社,1997.

（明）刘大夏撰.刘忠宣公遗集[M].据清光绪元年刘乙燃刻本影印.四库未收书辑刊本.第 6 辑第 29 册.北京:北京出版社,1997.

（明）王守仁撰.王阳明全集[M].上海:上海古籍出版社,1992.

总集类

(清)方苞等奉敕编.钦定四书文[M].景印文渊阁四库全书本.第1451册.台北:台湾商务印书馆,1986.

(明)王鏊撰.春秋词命[M].据天津图书馆藏明正德刻本影印.四库全书存目丛书本.集部第292册.济南:齐鲁书社,1997.

(明)沈敕编.荆溪外纪[M].据北京师范大学图书馆藏清光绪宣统间武进盛氏刻常州先哲遗书本影印.四库全书存目丛书本.集部第382册.济南:齐鲁书社,1997.

(清)曹寅、彭定求编.全唐诗[M].北京:中华书局,1960.

(清)钱谦益撰,钱陆燦编.列朝诗集小传[M].据神州国光社铅印本影印.周骏富辑《明代传记丛刊》本.台北:台湾明文书局,1991.

(清)俞长城选评.可仪堂一百二十名家制义[M].文盛堂、怀德堂本,1738(清乾隆三年)

诗文评类

(明)李东阳撰.怀麓堂诗话[M].景印文渊阁四库全书本.第1482册.台北:台湾商务印书馆,1986.

(清)朱竹垞撰,姚柳依编.静志居诗话[M].据清嘉庆间刻本影印,周骏富辑《明代传记丛刊》本.台北:台湾明文书局,1991.

(清)陈田辑.明诗纪事[M].据清光绪间铅印本影印,周骏富辑《明代传记丛刊》本.台北:台湾明文书局,1991.

(清)梁章巨撰.制义丛话[M].知足知不足斋刻本.清咸丰间.

小说类

(清)吴敬梓著.儒林外史[M].北京:人民文学出版社,1958.

家　　谱

(清)王熙桂等修.太原家谱(一名《洞庭王氏家谱》)[M].据1911年铅印本影印.中华族谱集成本.成都:巴蜀书社,1995.

(清)徐伦皋主修.梧塍徐氏宗谱[M].木活字本.上海图书馆藏,1906(清光绪三十二年).

(清)邵丕承、邵丕平主修.永定邵氏世谱/艺文内外集[M].木活字本.上海图书馆藏,1895(清光绪二十一年).

华氏宗谱/华氏传芳集[M].木活字本.上海图书馆藏,1906(清光绪三十二年).

附录一

王鏊家族世系图：从一世到十一世（资料来源：《太原家谱·世系图》、《太原家谱·世系表》）

一世：百八公

二世：千七公

三世：万八公

四世：胜五公（兴宗）

五世：福十二公（仲达）

六世：廷宝公（廷宝）

七世：伯英公（彦祥）

八世：惟善公（昇）、惟德公（礼）、惟贞公（敏）、惟道公（逵）、惟能公（谨）

九世：公荣公（璋）、以润公（琛）、光化公或静乐公（琬）——王逵子

十世：安隐公（铭）、文恪公（鏊）、秉之公（铨）、进之公（镠）——王琬子

十一世：尚宝公（延喆）、思南公（延素）、中书公（延陵）、卓峰公（延昭）——王鏊子

附录二

王鏊家庭成员一览表(资料来源:《太傅文恪公年谱》、徐缙《文恪公行状》、邵宝《文恪公墓志铭》、王守仁《太傅王文恪公传》、文徵明《太傅王文恪公传》)

妻子	子女
成化六年(1470),王鏊年二十一,娶吴夫人,吴县东洞庭西金村乡绅吴镇之女。成化十三年(1477)卒。	成化十二年(1476)十月十二日,王鏊年二十七,生一女王仪,为王鏊长女。后嫁吴县西洞庭乡绅徐潮子、王鏊门生徐缙。正德十二年(1517)三月二十日卒,时年四十二。
成化十七年(1481),王鏊年三十二,娶张夫人,又姓蔡,祖籍湖广孝感,后迁直隶河间府沧州,丹阳县令蔡实之女。成化二十三年(1487)七月二日卒,年仅二十六。	成化十九年(1483)二月初六日,王鏊年三十四,生一子王延喆,为王鏊长子。后娶吴县人、都察院右副都御史毛珵小女。
成化二十三年(1487)王鏊年三十八,娶李夫人。约卒于弘治初。	生一女,为王鏊次女。后嫁祖籍昆山、后迁吴县、官至云南按察司副使朱文次子朱希召。正德十一年(1516)卒。
	弘治元年(1488)四月初八日,王鏊年三十九,生一女,为王鏊三女。后嫁宜兴县永定乡绅邵天赐长子邵銮。正德十二年(1517)二月二十日卒,时年三十岁。
成化二十三年(1487),王鏊年三十八,娶胡夫人,云南人、三河县令胡崇之女,年仅十七。	生一女,为王鏊四女。后嫁丹徒人、大学士靳贵独子靳懋仁。
	弘治五年(1492)六月十八日,王鏊年四十三,生一子王延素,为王鏊次子,后娶长洲人、南京都察院左副都御史陈璚次女。
	正德元年(1506)七月十七日,王鏊年五十七,生一子王延陵,为王鏊三子。后娶朱氏。
	生一女,为王鏊小女。后嫁吴县人、彰德府知府严经之子严濡。
又娶侧室万氏。	正德十一年(1516)二月,王鏊年六十七,生一子王延昭,为王鏊幼子。

附录三

王鏊交游情况一览表（详见本书正文）

序号	姓名	与王鏊的关系								主要依据
		同学	同乡	同年	同僚	师长	座主	门生	学生	
1	陆怡，南直隶常州府武进县人。			√ 会试		√				《太傅文恪公年谱》，张泰诗《送陆怡主事赴南户部，王济之制轴求》
2	文洪，字功大，南直隶苏州府长洲县人。		√			√				王鏊《文涞水诗集序》
3	张瑓，字用光，南直隶苏州府太仓州人。		√							王鏊《跋叶文庄公手书》
4	叶盛，字与中，南直隶苏州府昆山县人。		√			√				《太傅文恪公年谱》，王鏊《跋叶文庄公手书》
5	奚昌，字元启，南直隶苏州府吴县人。	√		√ 会试						徐缙《文恪公行状》
6	陈音，字师召，福建兴化府莆田县人。				√翰林院	√				《太傅文恪公年谱》，王鏊《跋叶文庄公手书》、《愧斋先生传》、《祭陈太常音》
7	陈选，字士贤，浙江台州府临海县人。					√				王鏊《临海陈公哀词并序》

序号	姓名	与王鏊的关系								主要依据
		同学	同乡	同年	同僚	师长	座主	门生	学生	
8	吴信,字思复,南直隶苏州府吴县人。①	√	√							《太傅文恪公年谱》,王鏊《桧轩诗并序》
9	吴敏,子思德,南直隶苏州府吴县人。信弟。	√	√							《太傅文恪公年谱》,王鏊《桧轩诗并序》
10	吴裕,字德润,南直隶苏州府吴县人。	√	√						√	王鏊《吴德润墓志铭》
11	戴珊,字廷珍,江西饶州府浮梁县人。					√				王鏊《寄福建戴方伯》、《恩覃三世颂》
12	谢一夔,字大韶,江西南昌府新建县人。				√翰林院	√	√乡试			《太傅文恪公年谱》,谢一夔《萃喜堂诗序》,王鏊《谢尚书挽词一夔》
13	郑环,字瑶夫,浙江杭州府仁和县人。				√翰林院	√	√乡试			《太傅文恪公年谱》,王鏊《祭太常郑少卿环》
14	林智,字若愚,福建兴化府莆田县人。					√	√乡试			王鏊《送林教授致政闽中》
15	皇甫信,字成之,南直隶苏州府长洲县人。	√	√							王鏊《皇甫成之墓志铭》
16	朱文,字天昭,南直隶苏州府昆山县人。②	√	√							王鏊《皇甫成之墓志铭》、《中宪大夫云南按察副使致仕朱公墓志铭》等

---

① 吴信、吴敏乃王鏊第一任妻子吴氏之兄弟。

② 朱文次子朱希召娶王鏊次女。

序号	姓名	与王鏊的关系								主要依据
		同学	同乡	同年	同僚	师长	座主	门生	学生	
17	徐芸,字廷芸,南直隶苏州府长洲县人。	√	√							王鏊《皇甫成之墓志铭》
18	徐溥,字时用,南直隶常州府宜兴县人。				√翰林院	√	√会试			《太傅文恪公年谱》,王鏊《徐詹端寿词》、《寿徐少傅二首》等
19	丘濬,字仲深,广东琼州府琼山县人。				√翰林院		√会试			《太傅文恪公年谱》
20	傅瀚,字曰川,江西临江府新喻县人。				√翰林院	√	√会试			王鏊《礼部尚书赠太子太保谥文穆傅公行状》等
21	尹旻,字同仁,山东济南府历城县人。					√				王鏊《复尹太宰》、《尹冢宰寿词二首》
22	李东阳,字宾之,湖广长沙府茶陵州人。				√翰林院、内阁					李东阳《林屋养高》、《与王公守溪书》等,王鏊《李学士释服诸公有诗趣入史馆因次》等
23	谢铎,字鸣治,浙江台州府太平县人。				√翰林院					谢铎《复王济之》,王鏊《方岩书院次谢祭酒韵二首》等。
24	张泰,字亨甫,南直隶苏州府太仓州人。		√		√翰林院	√				张泰《萃喜堂为王济之编修赋》等,王鏊《哭张修撰亨父次谢祭酒韵》
25	马中锡,字天禄,直隶河间府景州故城县人。			√乡、会试						马中锡《寿王编修济之二亲》
26	刘戬,字景元,江西吉安府安福县人。			√会试	√翰林院					王鏊《右春坊谕德刘君墓志铭》、《哭同年刘景元谕德三首》等

序号	姓名	与王鏊的关系								主要依据
		同学	同乡	同年	同僚	师长	座主	门生	学生	
27	谢迁,字于乔,浙江绍兴府余姚县人。			√会试	√翰林院					王鏊《次谢少傅韵》、《双松赋寄同年谢少傅》等,谢迁《和答王守溪少傅》、《哭文恪公诗》等
28	吴宽,字原博,南直隶苏州府长洲县人。		√		√翰林院、吏部					《太傅文恪公年谱》,吴宽《五同会序》等,王鏊《送广东参政徐君序》、《吴文定公挽词》等
29	文贵,字天爵,辽东广宁左屯卫人。			√会试						王鏊《登莫釐峰记》
30	沈周,字启南,南直隶苏州府长洲县人。		√		√					王鏊《石田先生墓志铭》等
31	华昶,字文光,南直隶常州府无锡县人。						√弘治五年乡试、九年会试	√		邵宝《通奉大夫福建布政使司左布政使华公神道碑》,王鏊《送华昶下第归无锡》、《华封君墓表》。
32	钱荣,字世恩,南直隶常州府无锡县人。							√		邵宝《通奉大夫福建布政使司左布政使华公神道碑》,王鏊《祭钱世恩文》
33	夏寅,字正夫,南直隶松江府华亭县人。				√					王鏊《陪夏宪副正夫游石湖》
34	李杰,字世贤,南直隶苏州府常熟县人。		√		√翰林院					王鏊《送广东参政徐君序》,吴宽《五同会序》

序号	姓名	与王鏊的关系								主要依据
		同学	同乡	同年	同僚	师长	座主	门生	学生	
35	陈琦,字玉汝,南直隶苏州府长洲县人。①		√							王鏊《送广东参政徐君序》、《通议大夫南京都察院左副都御史陈公墓志铭》,吴宽《五同会序》
36	周庚,字原已,南直隶苏州府长洲县人。		√							王鏊《送广东参政徐君序》、《哭原已次匏韵》等
37	徐源,字仲山,南直隶苏州府长洲县人。	√	√	√会试						王鏊《送广东参政徐君序》、《明故通议大夫都察院右副都御史徐公墓志铭》等
38	赵宽,字栗夫,南直隶苏州府吴江县人。		√							王鏊《送广东参政徐君序》、《广东按察使赵君墓志铭》等
39	孙霖,字希说,南直隶苏州府长洲县人。		√							王鏊《送广东参政徐君序》
40	杨循吉,字君谦,南直隶苏州府吴县人。		√							王鏊《送广东参政徐君序》、《赠杨君谦》等
41	毛珵,字贞甫,南直隶苏州府吴县人。②		√						√成化二十三年会试	王鏊《送广东参政徐君序》、《赠毛给事序》等
42	陆完,字全卿,南直隶苏州府长洲县人。		√						√成化二十三年会试	王鏊《送广东参政徐君序》、《赠全卿》、《与陆冢宰书》等,陆完《哭少傅王守溪先生五百字》

① 王鏊次子王延素娶陈琦次女。

② 王鏊长子王延喆娶毛珵小女。

序号	姓名	与王鏊的关系								主要依据
		同学	同乡	同年	同僚	师长	座主	门生	学生	
43	王恕，字宗贯，陕西西安府三原县人。					✓				王鏊《复王巡抚》、《太子太保吏部尚书赠特进光禄大夫左柱国太师谥端毅王公墓志铭》等
44	黄簸，字和仲，南直隶苏州府吴县人。	✓	✓							王鏊《黄和仲墓表》
45	陆鑑，字汝昭，南直隶苏州府昆山县人。	✓	✓							王鏊《送陆汝昭通守东昌》
46	戚昂，字时望，浙江金华府金华县。			✓会试						王鏊《送戚时望金宪之湖广》
47	吴鎏，字汝器，南直隶苏州府吴江县人。		✓							王鏊《送吴汝器下第归吴江》
48	李承芳，字茂卿，湖广武昌府嘉鱼县人。							✓弘治三年会试	✓	王鏊《李承芳承箕下第以诗投赠酬之》、《大理寺副李君墓表》等
49	李承箕，字世卿，湖广武昌府嘉鱼县人。承芳弟。								✓	王鏊《李承芳承箕下第以诗投赠酬之》、《大厓李先生墓表》等
50	吕卣，字宜中，南直隶常州府无锡县人。					✓同考会试				王鏊《试院赠外帘吕推官》
51	杨守阯，字惟立，浙江宁波府鄞县人。					✓翰林院、教庶吉士				王鏊《送杨侍读维立之南京》等，杨守阯《光化公八十寿诗序》等

序号	姓名	与王鏊的关系								主要依据
		同学	同乡	同年	同僚	师长	座主	门生	学生	
52	曾彦,字士美,江西吉安府泰和县人。				√翰林院					王鏊《送曾侍读士美之南京》
53	彭华,字彦实,江西吉安府安福县人。					√	√会试			王鏊《送彭阁老还江西》、《彭文思公文集后序》、《祭彭文思公》
54	杨锦,字尚絅,南直隶苏州府嘉定县人。		√					√成化二十三年会试		王鏊《送杨尚絅、杨名甫、毛贞甫、陆全卿四进士归省》
55	杨子器,字名甫,浙江宁波府慈溪县人。							√成化二十三年会试		王鏊《送杨尚絅、杨名甫、毛贞甫、陆全卿四进士归省》、《石田杨君墓表》
56	邵珪,字文敬,南直隶常州府宜兴县人。									王鏊《寄严守邵文敬》、《与邵文敬书》
57	杨凌,字云翰,南直隶苏州府吴县人。		√							王鏊《赠琴士杨凌》、《送杨琴士》
58	范吉,字以贞,浙江台州府天台县人。			√会试						王鏊《送同年范以贞还任宁国》
59	吕献,字丕文,浙江绍兴府新昌县人。			√乡试						王鏊《送吕丕文给事使交南》
60	蔡进之,字进之,南直隶苏州府吴县人。		√							王鏊《送蔡进之还洞庭》

序号	姓名	与王鏊的关系								主要依据
		同学	同乡	同年	同僚	师长	座主	门生	学生	
61	王弼,字存敬,浙江台州府黄岩人。			√会试						王鏊《送刑部员外郎王存敬省祖》
62	袁翱,字凤仪,南直隶松江府华亭县人。				√纂修实录					王鏊《送袁进士翱纂修》
63	石玠,字邦秀,直隶真定府稿城县人。						√成化二十三年会试			王鏊《送石邦秀知汜水》
64	李璋,字士钦,河南南阳府邓州人。									王鏊《送李士钦祭淮渎》
65	徐澄,字季止,南直隶苏州府长洲县人。源弟。	√	√							王鏊《送徐季止还南雍》、《访徐季止于瓜泾》等
66	吴洪,字禹畴,南直隶苏州府吴江县人。		√	√会试						王鏊《送吴禹畴副使使便还吴江觐省》,吴宽《五同会序》
67	陈洵,字汇之,浙江杭州府钱塘县人。									王鏊《送陈汇之正郎出知曹州》
68	韩勋,南直隶苏州府长洲县人。韩雍孙。		√							王鏊《送韩勋》
69	王经,字允常,南直隶苏州府长洲县人。		√							王鏊《送王允常佥事之广东》

序号	姓名	与王鏊的关系								主要依据
		同学	同乡	同年	同僚	师长	座主	门生	学生	
70	刘规,字应乾,四川重庆府巴县人。刘春之父。									王鏊《送刘御史还蜀》
71	温玉,字重廉,江西临江府新喻县人。傅瀚婿。								√	王鏊《送温生廉还江西》
72	顾余庆,字崇善,南直隶苏州府长洲县人。		√							王鏊《顾氏三辰堂》、《寄河南顾参议崇善二首》
73	杜启,字子开,南直隶苏州府吴县人。		√	√乡试						王鏊《东原诗集序》、《醉中联句》等
74	程敏政,字克勤,直隶徽州府休宁县人。				√翰林院					程敏政《寿王济之侍讲乃尊令君》等,王鏊《程、李二学士承命教庶吉士》
75	夏镞,字德树,浙江台州府天台县人。							√成化二十三年会试		夏镞《寄谢座主王先生书》
76	卢濬,字希哲,浙江台州府天台县人。							√成化二十三年会试		夏镞《寄谢座主王先生书》
77	杨瑛,字润卿,南直隶苏州府嘉定县人。		√					√成化二十三年会试		王鏊《送杨润卿给事按贵州边储》

291

序号	姓名	与王鏊的关系								主要依据
		同学	同乡	同年	同僚	师长	座主	门生	学生	
78	冯忠,字原孝,浙江宁波府慈溪县人。									王鏊《送冯原孝知扬州》
79	陈恪,字克谨,浙江湖州府归安县人。							√成化二十三年会试		王鏊《送陈进士恪知宿松》
80	陆简,字廉伯,南直隶常州府武进县人。				√翰林院					王鏊《次韵廉伯庶子昼寝》《陆詹事哀词并序》等
81	杨理,字贯之,南直隶淮安府山阳县人。									王鏊《赠河南巡抚杨贯之》
82	高鼎,字良新,南直隶苏州府常熟县人。		√							王鏊《送高良新知归州》
83	辨如海,南直隶松江府华亭县僧人。									王鏊《送僧如海还金泽》《金泽僧辨如海年八十九矣,手制莼菜并诗见贻,因和之》
84	蒋文广,字文广,南直隶苏州府吴县人。		√							王鏊《送建德尹蒋文广致政还光福》
85	朱彬,字天成,南直隶苏州府昆山县人。文弟。		√							王鏊《朱天成寄酒变味》《朱半山挽词》
86	陈璧,字瑞卿,山西太原左卫人。									王鏊《题竹赠陈御史瑞卿》《送陈瑞卿之临清兵备》

序号	姓名	与王鏊的关系								主要依据
		同学	同乡	同年	同僚	师长	座主	门生	学生	
87	林岳,字伯方,福建兴化府莆田县人。智子。									王鏊《送林伯方还闽》
88	汝讷,字行敏,南直隶苏州府吴江县人。		√							王鏊《送汝行敏之南安》
89	顾承之,字承之,江西吉安府人。								√	王鏊《送顾承之还吉安省觐》
90	傅潮,字日会,江西临江府新喻县人。瀚弟。									王鏊《送傅中舍日会分封鲁府》、《送都水员外郎傅君序》等
91	陈宣,字文德,浙江温州府平阳县人。									王鏊《沽头行三首赠陈水部宣》
92	刘俶,字以初,南直隶苏州府常熟县人。		√						√	王鏊《送刘以初下第还常熟》
93	秦瓛,字廷赞,南直隶苏州府昆山县人。		√							王鏊等人《联句二首》
94	陈章,字一夔,南直隶松江府华亭县人。									王鏊《送陈郎中一夔录囚》、《寄陈一夔》等
95	沈庠,字尚伦,南直隶应天府上元县人。									王鏊等人《联句二首》

序号	姓名	与王鏊的关系								主要依据
		同学	同乡	同年	同僚	师长	座主	门生	学生	
96	陈悦,字宗理,南直隶苏州府吴县人。	√	√							王鏊《陈氏祠堂碑》、《送陈宗理之永定序》
97	杨守陈,字维新,浙江宁波府鄞县人。守阯兄。				√翰林院					王鏊《杨文懿公哀词并序》
98	林瀚,字亨大,福建福州府闽县人。				√翰林院、经筵					王鏊《经筵次林祭酒韵》、《贺林冢宰二首》等
99	张峦,字来瞻,直隶河间府兴济县人。									徐缙《文恪公行状》,文徵明《太傅王文恪公传》
100	陈绮,字于章,浙江台州府太平县人。									王鏊《送陈员外于章分司芜湖》
101	西×,南直隶徐州府人。									王鏊《寄汀漳守备西指挥》
102	陈尧弼,字秉钧,云南大理府太和县人。									王鏊《送陈尧弼知会稽》
103	张学,字时学,南直隶苏州府常熟县人。	√	√							王鏊《送张时学知遂安,任叔顺知定海》
104	任顺,字叔顺,南直隶苏州府常熟县人。	√	√							王鏊《送张时学知遂安,任叔顺知定海》
105	白晟,字廷臣,南直隶常州府武进县人。			√乡试						王鏊《送白廷臣知崇仁》

序号	姓名	与王鏊的关系								主要依据
		同学	同乡	同年	同僚	师长	座主	门生	学生	
106	周楷,字民则,南直隶苏州府常熟县人。	√	√	√乡试						王鏊《送周民则同知袁州》、《乡试同年会序》
107	吴经,字大常,南直隶常州府宜兴县人。俨父。									王鏊《送吴大常还宜兴》
108	吴俨,字克温,南直隶常州府宜兴县人。				√翰林院					王鏊《送吴编修克温归省宜兴》等,吴俨《次守溪少宰夜饮韵》
109	周木,字近仁,南直隶苏州府常熟县人。		√	√会试						王鏊《送周进士炯还常熟觐省》
110	周炯,字光宇,南直隶苏州府常熟县人。木子。		√					√弘治三年会试		王鏊《送周进士炯还常熟觐省》
111	顾镛,南直隶凤阳府人,原籍苏州府昆山县。		√							王鏊《赠顾镛》
112	刘昊,字世熙,南直隶苏州府长洲县人。		√	√会试						王鏊《送刘世熙任四川金宪序》、《同年汤侍御用之自寿春来访予……》
113	史鑑,字明古,南直隶苏州府吴江县人。		√							史鑑《与王守溪修撰》
114	张元祯,字廷祥,江西南昌府南昌县人。				√翰林院					王鏊《嘉议大夫吏部左侍郎兼翰林院学士张公神道碑》等

序号	姓名	与王鏊的关系								主要依据
		同学	同乡	同年	同僚	师长	座主	门生	学生	
115	陈公贤,字公尚,南直隶苏州府吴县人。		√							王鏊《送陈御医公尚》、《太医院判陈君墓志铭》等
116	秦纮,字世缨,山东兖州府单县人。									《太傅文恪公年谱》,王鏊《上边议八事》
117	祝允明,字希哲,南直隶苏州府长洲县人。		√					√弘治五年乡试	√	《太傅文恪公年谱》,祝允明《上阁老座主太原相公书》等
118	吴鸣翰,南直隶苏州府吴县人。惠子。	√	√							王鏊《愧知说》
119	顾清,字士廉,南直隶松江府华亭县人。							√弘治五年乡试		孙承恩《南京礼部尚书谥文僖顾公墓志铭》,王鏊《风闻言事论》,顾清《奉守溪少傅书》
120	文林,字宗儒,南直隶苏州府长洲县人。洪子。		√							《沈石田送行图轴》
121	白圻,字辅之,南直隶常州府武进县人。昂子。									王鏊《送白主事辅之还任南京》、《祭白都宪文》等
122	严永濬,字宗哲,湖广岳州府华容县人。							√成化二十三年会试		王鏊《送严太守永濬知西安》
123	毕亨,字嘉会,山东济南府新城县人。			√乡、会试						王鏊《赠毕生昭》

序号	姓名	与王鏊的关系								主要依据
		同学	同乡	同年	同僚	师长	座主	门生	学生	
124	毕昭,字蒙斋,山东济南府新城县人。亨子。								√	王鏊《赠毕生昭》
125	孙纲,字明宪,直隶河间府沧州人。								√	王鏊《送孙明宪训导知夏邑》
126	茹銮,南直隶常州府无锡县人。							√弘治三年会试		王鏊《送茹銮知唐县》
127	张安甫,字汝勉,南直隶苏州府昆山县人。		√					√弘治三年会试		王鏊《送张汝勉知祁州》
128	梁璟,字廷美,山西太原府代州崞县人。									王鏊《赠梁都宪巡抚四川》
129	沈晖,字时旸,南直隶常州府宜兴县人。									王鏊《兴济阻风速沈方伯时旸饮》、《嘉议大夫南京工部右侍郎沈公墓志铭》等
130	张颐,字养正,南直隶苏州府吴县人。		√							王鏊《张养正传》
131	徐恪,字公肃,南直隶苏州府常熟县人。		√							王鏊《主一斋箴》
132	薛金,字子纯,南直隶常州府江阴县人。							√弘治五年乡试		王鏊《送薛金下第还江阴》

序号	姓名	与王鏊的关系								主要依据
		同学	同乡	同年	同僚	师长	座主	门生	学生	
133	盛应期,字斯征,南直隶苏州府吴江县人。		√					√弘治五年乡试		王鏊《送盛进士应期归娶吴中》、《送盛斯征都宪巡抚江西》
134	欧阳皙,字子履,江西吉安府安福县人。									王鏊《送欧阳子履董广东学政》
135	张经,字文济,南直隶苏州府昆山县人。	√	√							王鏊《送人之南丰》
136	俞深,字濬之,浙江绍兴府新昌县人。			√乡、会试						王鏊《送同年俞副使濬之四川兵备》
137	夏璪,字廷华,南直隶常州府江阴县人。							√弘治五年乡试		王鏊《送夏璪下第还江阴》
138	白金,南直隶常州府武进县人。							√弘治五年乡试		王鏊《送白进士金归省》
139	张泰,字叔亨,广东广州府顺德县人。									王鏊《送张叔亨御史按云南》
140	李赞,字惟诚,南直隶太平府芜湖县人。									王鏊《送李文选唯诚册封岷府》
141	樊凯,字大振,河南彰德府安阳县人。									王鏊《宿樊都尉翠微山庄》
142	毛纪,字维之,山东莱州府掖县人。				√翰林院					王鏊《送毛检讨归省序》,毛纪《守溪尊甫八十》

序号	姓名	与王鏊的关系								主要依据
		同学	同乡	同年	同僚	师长	座主	门生	学生	
143	刘栗,字锡玉,江西吉安府安福县人。								√	王鏊《送刘学谕之鲁山序》
144	姜昂,字恒颀,南直隶苏州府太仓州人。		√							王鏊《送姜太守改任宁波序》、《福建布政司左参政姜公墓志铭》
145	刘春,字仁仲,四川重庆府巴县人。				√翰林院					王鏊《送修撰刘君归省序》
146	徐震,字德重,南直隶苏州府吴县人。缙祖。		√			√				王鏊《静庵处士墓志铭》
147	徐潮,字以同,南直隶苏州府吴县人。缙父。		√							王鏊《承事郎徐君墓志铭》
148	徐缙字子容,南直隶苏州府吴县人。①		√						√	《太傅文恪公年谱》,王鏊《赠徐子容序》等,徐缙《文恪公行状》等
149	僧方册,南直隶常州府宜兴县人。									王鏊《送僧方册归善权寺》、《善权寺古今录序》
150	朱稷,字相之,南直隶苏州府常熟县人。		√	√乡试						王鏊《赠朱相之分司芜湖》
151	杨廷和,字介夫,四川成都府新都县人。				√翰林院					王鏊《和杨侍读介夫得子》

---

① 王鏊长女王仪嫁徐缙。

序号	姓名	与王鏊的关系								主要依据
		同学	同乡	同年	同僚	师长	座主	门生	学生	
152	莫骢,字曰良,南直隶常州府无锡县人。			√乡试						王鏊《和莫曰良早朝之作》、《乡试同年会序》
153	周景,字德彰,河南彰德府安阳县人。								√·	王鏊《送周驸马祭告孝陵》
154	马绍荣,字宗勉,南直隶苏州府常熟县人。		√							王鏊《次韵马少卿经筵纪胜》、《和马少卿见慰独居之韵》
155	王敕,字懋伦,山东济南府历城县人。				√翰林院					王鏊《送王懋伦佥事之蜀》
156	顾纶,字惟庸,南直隶松江府华亭县人。			√乡试						王鏊《乡试同年会序》
157	朱恩,字汝承,南直隶松江府华亭县人。			√乡试					√	王鏊《乡试同年会序》
158	宗钺,字廷威,南直隶常州府宜兴县人。			√乡试						王鏊《乡试同年会序》、《送长芦运使宗君序》
159	叶绹,字文粹,南直隶苏州府吴江县人。		√	√乡试						王鏊《乡试同年会序》
160	张汝舟,字济民,南直隶苏州府昆山县人。		√	√乡试						王鏊《乡试同年会序》

序号	姓名	与王鏊的关系								主要依据
		同学	同乡	同年	同僚	师长	座主	门生	学生	
161	洪远,字克毅,南直隶徽州府歙县人。			√ 乡试						王鏊《乡试同年会序》
162	张西铭,字希载,云南临安府宁州人。			√ 会试						王鏊《同年祭张希载侍御》
163	吴一鹏,字南夫,南直隶苏州府长洲县人。		√		√翰林院					王鏊《过南夫内翰于玉延亭》、《井井亭铭为吴南夫太常作》
164	周经,字伯常,山西太原府阳曲县人。				√翰林院					王鏊《和周少宰伯常得孙》
165	刘大夏,字时雍,湖广岳州府华容县人。									王鏊《赠刘司马时雍》、《和刘司马失子二首》等。
166	王鼎,字器之,福建福州府闽县人。									王鏊《昭恩堂记》
167	刘廷瓒,字宗敬,河南汝宁府光州人。									王鏊《丹陛纠仪图赞》
168	张昇,字启昭,江西建昌府南城县人。				√翰林院、教庶吉士					张昇《寿王济之父八秩》
169	马文升,字负图,河南开封府钧州人。				√吏部					王鏊《少傅马公像赞》
170	钱承德,字世恒,南直隶苏州府常熟县人。			√ 会试						王鏊《吊文山遗墨》
171	彭清,字源洁,陕西榆林卫人。									王鏊《赠彭都指挥督饷南还》

序号	姓名	与王鏊的关系								主要依据
		同学	同乡	同年	同僚	师长	座主	门生	学生	
172	钟礼,字钦礼,浙江绍兴府上虞县人。									王鏊《送钟钦礼还会稽》
173	曹铭,南直隶苏州府吴县人。		√							王鏊《赠曹铭》
174	王珣,字德润,山东兖州府曹县人。									王鏊《送王参政还河南》
175	王崇文,字叔武,山东兖州府曹县人。珣子。									王鏊《送王参政还河南》、《恭人李氏墓志铭》
176	王崇献,字季征,山东兖州府曹县人。珣子。							√弘治九年会试、庶吉士		王鏊《送王参政还河南》、《恭人李氏墓志铭》
177	何琮,字汝玉,广东广州府顺德县人。			√会试						王鏊《送同年何汝玉知赣州府》
178	苏葵,字伯诚,广东广州府顺德县人。				√翰林院					王鏊《送苏伯诚编修金江西宪司提学》
179	姚丞,字存道,南直隶苏州府长洲县人。	√	√							王鏊《招姚存道》、《送存道》
180	杨一清,字应宁,云南云南府安宁州人。									王鏊《送杨应宁副使还秦中》等,杨一清《送王詹事守溪先生归省》等
181	袁宏,字德宏,南直隶安庆府桐城县人。			√会试						王鏊《送同年袁德宏还任汉中》

序号	姓名	与王鏊的关系								主要依据
		同学	同乡	同年	同僚	师长	座主	门生	学生	
182	倪岳,字舜咨,南直隶应天府上元县人。				√翰林院、吏部					王鏊《故太子少保吏部尚书赠荣禄大夫少保谥文毅倪公行状》等
183	靳贵,字充道,南直隶镇江府丹阳县人。①				√翰林院					靳贵《和王守溪先生独居写怀》等,王鏊《光禄大夫柱国太子太保户部尚书武英殿大学士赠太傅文僖靳公墓志铭》等
184	王朝卿,字升之,浙江台州府临海县人。							√弘治九年会试	√	王鏊《赠王升之序》
185	刘震,字道亨,江西吉安府安福县人。				√翰林院					王鏊《送刘祭酒之南京序》
186	翁文魁,字希曾,浙江金华府兰溪县人。							√弘治三年会试		王鏊《送翁希曾知浮梁序》
187	陈大纪,字勉之,浙江绍兴府上虞县人。							√弘治三年会试		王鏊《知将乐县陈君墓志铭》
188	陈霁,字子雨,南直隶苏州府吴县人。		√					√弘治九年会试、庶吉士		王鏊《封孺人徐氏墓志铭》、《陈封君墓表》等
189	史后,字巽仲,南直隶应天府溧阳县人。							√弘治九年会试		王鏊《送史进士巽仲归省溧阳》

① 靳贵独子靳懋仁娶王鏊第四女。

序号	姓名	与王鏊的关系								主要依据
		同学	同乡	同年	同僚	师长	座主	门生	学生	
190	王和,字以节,直隶永平府迁安县人。			√乡试						王鏊《赠御史王君序》
191	伍希渊,字孟贤,江西吉安府安福县人。									王鏊《赠伍方伯序》
192	伍符,字朝信,江西吉安府安福县人。							√成化二十三年会试		王鏊《赠伍方伯序》
193	李宾,籍贯不详。	√								王鏊《封孺人贾氏墓志铭》
194	罗玘,字景明,江西建昌府南城县人。				√翰林院			√成化二十三年会试		罗玘《守溪王先生父八十》、《祭封少詹事翰林侍读学士王公文》
195	储瓘,字静夫,南直隶扬州府泰州人。				√翰林院					储瓘《王守溪先生尊翁寿诗》
196	陈让,字逊之,河南汝宁府光山县人。			√会试						钱福《光化公八十寿诗序》
197	刘缨,字与清,南直隶苏州府吴县人。		√							钱福《光化公八十寿诗序》,王鏊《铁柯说》等
198	王宗锡,字原善,南直隶苏州府常熟县人。		√							钱福《光化公八十寿诗序》
199	钱福,字与谦,南直隶松江府华亭县人。							√弘治三年会试		钱福《光化公八十寿诗序》

序号	姓名	与王鏊的关系								主要依据
		同学	同乡	同年	同僚	师长	座主	门生	学生	
200	王嵩,字邦镇,河南卫辉府汲县人。			√会试						王鏊《送王都宪序》
201	刘约,字博之,山东兖州府东阿县人。							√成化二十三年会试		王鏊《吏部验封司题名记》
202	冒政,字有恒,南直隶扬州府泰州人。			√会试						王鏊《武昌忠孝庙碑》
203	顾伯谦,字有终,南直隶凤阳府临淮县人。佐子。							√弘治五年乡试		吴宽《读济之撰贡士顾伯谦墓铭》
204	梁储,字叔厚,广东广州府顺德县人。				√翰林院					王鏊《送洗马梁君使交南序》
205	陈宠,字希承,南直隶苏州府吴县人。公尚子。		√							王鏊《赠陈希承序》、《御赐禁方颂》
206	刘丙,字文焕,江西吉安府安福县人。							√成化二十三年会试		王鏊《送福建按察副使刘君序》
207	胡易,字光贞,江西赣州府宁都县人。							√弘治三年会试		王鏊《赠孺人李氏墓表》
208	尤淳,字公厚,南直隶苏州府吴县人。		√			√				王鏊《知永年县致仕尤君墓表》

序号	姓名	与王鏊的关系								主要依据
		同学	同乡	同年	同僚	师长	座主	门生	学生	
209	吴鋹,字汝砺,南直隶苏州府吴江县人。鋹兄。		√					√成化二十三年会试		王鏊《兵部武库郎中吴君汝砺墓志铭》
210	王玉,籍贯不详。									王鏊《御书秘方赞》
211	韩文,字贯道,山西平阳府洪洞县人。				√吏部					王鏊《与韩尚书》、《寄韩尚书贯道》等
212	郑洪,直隶顺天府大兴县人。									王鏊《饮德州郑主事分司园亭》
213	徐贯,字原一,浙江严州府淳安县人。									王鏊《徐司空致仕》
214	王轼,字用敬,湖广荆州府公安县人。									王鏊《送王尚书之南京户部》
215	萧显,字文明,山海卫人。									王鏊《寄萧金事文明》
216	王用虔,南直隶苏州府昆山县人。		√							王鏊《王良贵字说》
217	陆容,字文量,南直隶苏州府太仓州人。		√		√					王鏊《跋叶文正公手书》、《式斋稿序》
218	陆伸,字安甫,南直隶苏州府太仓州人。容子。		√					√弘治五年乡试		王鏊《跋叶文正公手书》、《式斋稿序》
219	李旻,字子阳,浙江杭州府钱塘县人。				√翰林院					王鏊《贺李谕德子阳五十得子》

序号	姓名	与王鏊的关系								主要依据
		同学	同乡	同年	同僚	师长	座主	门生	学生	
220	马廷用,字良佐,四川顺庆府西充县人。				√翰林院					王鏊《送马良佐学士还南京》
221	郭宏,籍贯不详。									王鏊《送郭挥使宏守备永平》
222	顾佐,字良弼,南直隶凤阳府临淮县人。									王鏊《资善大夫户部尚书赠太子太保顾公神道碑文》等
223	戴大宾,字寅仲,福建兴化府莆田县人。							√正德三年会试	√	王鏊《赠戴大宾》
224	谭祐,字元助,南直隶滁州人。									王鏊《壮节录后序》
225	庄襗,字诚之,南直隶常州府武进县人。							√弘治九年会试		王鏊《宝坻县新城记》
226	王沂,山东兖州府滋阳县人。									王鏊《亳州营建记》
227	姜文魁,字士元,江西南昌府进贤县人。							√弘治九年会试		王鏊《无锡县太伯庙碑》
228	陈恺,字企元,南直隶苏州府太仓州人。		√							王鏊《奉政大夫兵部武选清吏司郎中陈君墓表》
229	鲁铎,字振之,湖广承天府景陵人。							√弘治十五年会试		廖道南《殿阁词林记列传》

序号	姓名	与王鏊的关系								主要依据
		同学	同乡	同年	同僚	师长	座主	门生	学生	
230	刘宪,字廷式,湖广长沙府益阳县人。									王鏊《送刘都宪廷式巡抚宁夏》
231	屠勋,字元勋,浙江嘉兴府平湖县人。									王鏊《奉和屠侍郎元勋谒陵》、《题东湖屠氏宗谱》等
232	贾志,字廷真,开封府许州临颍县人。									王鏊《赠写真贾志》
233	林世远,广东肇庆府四会县人。									王鏊《姑苏志序》
234	何鉴,字世光,浙江绍兴府新昌县人。									王鏊《恭题何都御史巡抚南直隶敕》
235	沈世隆,字维昌,南直隶松江府华亭县人。									王鏊《送沈世隆》
236	王清,南直隶苏州府吴县人。		√							王鏊《赠横山人王清》
237	倪文烜,福建邵武府建宁县人。									王鏊《倪同知加冠服致仕》
238	王俸,字应爵,南直隶苏州府吴县人。		√						√弘治三年会试	王鏊《王应爵侍御过访,将发阻风复留》、《王应爵侍御家园八景》等
239	白昂,字廷仪,南直隶常州府武进县人。					√				王鏊《光禄大夫柱国太子太傅刑部尚书谥康敏白公行状》

序号	姓名	与王鏊的关系								主要依据
		同学	同乡	同年	同僚	师长	座主	门生	学生	
240	唐锦,字士绚,南直隶松江府华亭县人。							√弘治九年会试		王鏊《上海志序》
241	吴愈,字惟谦,南直隶苏州府昆山县人。		√	√会试						王鏊《吴惟谦同年寿词》
242	陈琦,字粹之,南直隶苏州府吴县人。		√							王鏊《贵州按察司副使陈公墓志铭》
243	刘瑞,字德符,四川成都府内江县人。							√弘治九年会试、庶吉士		《明武宗实录》卷七,刘瑞《寿王守溪》
244	毛锡朋,字百朋,南直隶苏州府吴县人。珵子。		√						√	王鏊《凤雏行赠毛锡朋》、《送毛百朋之北京应举》
245	唐寅,字子畏,南直隶苏州府吴县人。		√						√	王鏊《送唐子畏之九仙山祈梦》、《访子畏别业》,王鏊、唐寅《阳山大石联句》等
246	邵天和,字节夫,南直隶常州府宜兴县人。									王鏊《题月桂赠邵节夫进士》
247	蔡羽,字九逵,南直隶苏州府吴县人。		√						√	王鏊《次韵蔡九逵投赠》等,蔡羽《游石蛇山记》等,《太傅文恪公年谱》

序号	姓名	与王鏊的关系								主要依据
		同学	同乡	同年	同僚	师长	座主	门生	学生	
248	文壁,一作璧,字徵明,南直隶苏州府长洲县人。林子。		√						√	文徵明《上守溪先生书》、《王文恪公传》等,王鏊《徵明饮怡老园有诗次其韵》等,《太傅文恪公年谱》
249	朱存理,字性甫,南直隶苏州府长洲县人。		√		√					王鏊《姑苏志序》
250	邢参,字丽文,南直隶苏州府长洲县人。		√							王鏊《姑苏志序》等
251	陈怡,字宗让,南直隶苏州府吴县人。悦弟。		√						√	《太傅文恪公年谱》等
252	焦芳,字孟阳,河南南阳府泌阳县人。				√吏部、内阁					李东阳《跋王守溪所藏古墨林卷》
253	沈禄,字汝学,直隶顺天府宛平县人。									王鏊《通议大夫礼部右侍郎掌通政使司事赠礼部尚书守庵沈公墓志铭》
254	史学,字文鉴,南直隶应天府溧阳县人。						√成化二十三年会试			费宏《和守溪韵送史少参文鑑之蜀》
255	浦应祥,南直隶苏州府吴县人。	√	√							王鏊《姑苏志序》、《六十初度自寿四首》

序号	姓名	与王鏊的关系								主要依据
		同学	同乡	同年	同僚	师长	座主	门生	学生	
256	卢雍,字师邵,南直隶苏州府吴县人。		√						√	王鏊《六十初度自寿四首》、《芝秀堂记》、《石湖联句》等
257	王溱,字仲锡,籍贯不详。									王鏊《赠巡河王郎中》、《得雨赠王郎中》等
258	范文英,南直隶苏州府长洲县人。		√							王鏊《过范氏近竹园》
259	勤上人,南直隶苏州府吴县兴福寺僧人。		√							王鏊《赠勤上人》、《勤上人塔铭》
260	王应贤,字元德,南直隶苏州府吴县人。		√							王鏊《坐法华寺后石上望横山,人家历历可数,寄王元德》、《访元德》
261	闵珪,字朝瑛,浙江湖州府乌程县人。									王鏊《光禄大夫柱国少保兼太子太保刑部尚书闵公墓志铭》等
262	林俊,字待用,福建兴化府莆田县人。									王鏊《次韵林都宪待用蜀中行师二首》、《与林都宪待用书》等
263	贺元忠,字泽民,南直隶苏州府吴县人。		√							王铨《和〈次韵贺宪副泽民会老诗〉》小序,王鏊《亚中大夫云南按察司副使贺公基志铭》等
264	施凤,字鸣阳,南直隶苏州府吴县人。		√							王鏊《东冈高士传》、《苦雨和施鸣阳》等,《太傅文恪公年谱》

序号	姓名	与王鏊的关系								主要依据
		同学	同乡	同年	同僚	师长	座主	门生	学生	
265	陆均昂,字均昂,南直隶苏州府吴县人。		√							王铨《和〈次韵贺宪副泽民会老诗〉》小序
266	叶明善,字明善,南直隶苏州府吴县人。		√						√	王铨《和〈次韵贺宪副泽民会老诗〉》小序
267	卢襄,字师陈,南直隶苏州府吴县人。雍弟。		√						√	王鏊《登龙门次师陈韵》、《次师陈西干草堂韵》等
268	沈杰,字良臣,南直隶苏州府长洲县人。		√							王鏊《明故中奉大夫河南等处承宣布政使司右布政使沈公碑文》等
269	陈舆,字朝庸,南直隶苏州府吴县人。霁父。		√							王鏊《陈封君墓表》等
270	卢纲,字伯常,南直隶苏州府吴县人。雍父。		√							王鏊《寄隐者》、《赠石湖卢隐君伯常》等
271	钱贵,字元抑,南直隶苏州府长洲县人。		√						√	王鏊《和钱元抑投赠》、《赠钱元抑》
272	王观,字惟颙,南直隶苏州府长洲县人。		√							王鏊《王惟颙款鹤轩》、《王惟颙像赞》等
273	盛俌,字汝弼,南直隶苏州府吴县人。		√							王鏊《盛汝弼得孙》、《盛氏先茔之碑》

序号	姓名	与王鏊的关系								主要依据
		同学	同乡	同年	同僚	师长	座主	门生	学生	
274	林庭㭿,字利瞻,福建福州府闽县人。瀚子。									王鏊《去思赋并序》、《林知府利瞻像赞》
275	蔡昂,字惟中,南直隶苏州府吴县人。	√	√							王鏊《苏郡学志序》
276	顾鼎臣,字九和,南直隶苏州府昆山县人。		√							王鏊《封太安人杨氏墓志铭》
277	尤㮊,字宗阳,南直隶苏州府长洲人。淳子。		√					√正德三年会试		王鏊《送尤宗阳进士之京》
278	吴文之,字与成,南直隶苏州府吴县人。		√						√	《太傅文恪公年谱》,王鏊《送吴文之会试》等
279	陆粲,字子余,南直隶苏州府长洲县人。		√						√	《太傅文恪公年谱》,陆粲《怡老园燕集诗序》、《祭王文恪公文》等
280	黄省曾,字勉之,南直隶苏州府吴县人。		√						√	《太傅文恪公年谱》,王鏊《黄勉之明水草堂》等,黄省曾《酬少傅太原王公见赠》等
281	王穀祥,字禄之,南直隶苏州府长洲县人。观子。		√						√	皇甫汸《明吏部文选清吏司员外郎王君墓表》
282	皇甫冲,字子浚,南直隶苏州府长洲县人。信子。		√						√	皇甫汸《华阳长公行状》

序号	姓名	与王鏊的关系								主要依据
		同学	同乡	同年	同僚	师长	座主	门生	学生	
283	华世祯,字善卿,南直隶常州府无锡县人。								√	《华氏宗谱/华氏传芳集》卷二
284	张本,字斯植,南直隶苏州府吴县人。		√						√	《太傅文恪公年谱》,张本《五湖漫闻》
285	王守,字履约,南直隶苏州府吴县人。		√						√	《太傅文恪公年谱》,王鏊《送王守会试》
286	王宠,字履吉,南直隶苏州府吴县人。		√						√	《太傅文恪公年谱》,王宠《侍燕大学士守溪王公作》等
287	杜瑶,字允胜,南直隶苏州府长洲县人。		√						√	《太傅文恪公年谱》,王鏊《崇明医学训科杜府君令人吴氏墓表》
288	陈镔,字以严,南直隶苏州府长洲县人。璃子。		√							王鏊《饮陈以严颔孙堂》
289	俞谏,字良佐,浙江严州府桐庐县人。							√弘治三年会试		王鏊《郧阳府知府赠中议大夫赞治尹俞公墓碑》
290	刘海,字用涵,南直隶苏州府吴县人。		√							王鏊《汉阳府推官致仕刘府君墓表》
291	林普长,字元甫,福建兴化府莆田县人。			√乡、会试						王鏊《通议大夫都察院右副都御史林公墓志铭》
292	林有孚,字以吉,福建兴化府莆田县人。									王鏊《通议大夫都察院右副都御史林公墓志铭》、《提调学校御史厅壁记》

序号	姓名	与王鏊的关系								主要依据
		同学	同乡	同年	同僚	师长	座主	门生	学生	
293	王涞,字濬之,南直隶苏州府长洲县人。		√							王鏊《留别王濬之和文定公韵》
294	邹炳之,南直隶苏州府吴县朝真宫道士。		√							王鏊《邹道士听雨堂》
295	严经,字道卿,南直隶苏州府吴县。①		√					√弘治九年会试		王鏊《中顺大夫知河南彰德府事严君墓志铭》等
296	曹节,字时中,南直隶苏州府华亭县人。									王鏊《云间曹宪副时中梦予抱病……》、《再次曹定庵宪副见寄之韵》
297	汤鼐,字用之,直隶凤阳府寿州人。			√会试						王鏊《同年汤侍御用之自寿春来访予……》
298	萧韶,字九成,福建延平府南平县人。									王鏊《送萧九成》、《天趣园记》等
299	邵天赐,字良碬,南直隶常州府宜兴县人。②									王鏊《与宜兴邵天赐小饮象鼻岭》、《祭蒲轩邵公文》
300	谢琛,字德温,江西广信府弋阳县人。									王鏊《与谢宪副德温游阳山箭缺至半山寺而止》
301	陈×,字以钧,南直隶苏州府长洲县人。		√							王鏊《陈以钧得子二首》等

---

① 严经子严濡娶王鏊第五女。

② 邵天赐长子邵銮娶王鏊第三女。

序号	姓名	与王鏊的关系								主要依据
		同学	同乡	同年	同僚	师长	座主	门生	学生	
302	汪相,字以辅,南直隶徽州府歙县人。									王鏊《澹庵说》
303	王懋中,字时与,江西吉安府安福县人。									王鏊《与王都宪懋中书》
304	都穆,字玄敬,南直隶苏州府吴县人。		√							王鏊《喜玄敬少卿致仕》《名山记引》
305	李承勋,字立卿,湖广武昌府嘉鱼县人。									王鏊《重刊唐六典序》
306	项楷,南直隶苏州府人。		√							王鏊等《传盛楼赏菊》《送出新泾》
307	顾仁孝,南直隶苏州府吴县人。		√							王鏊《阳山草堂记》
308	张黼,字仕钦,南直隶松江府上海县人。			√乡试				√成化二十三年会试		王鏊《南京刑部郎中应天府丞中宪大夫张君墓志铭》
309	张鸣凤,字世祥,南直隶松江府上海县人。							√弘治九年会试		王鏊《南京刑部郎中应天府丞中宪大夫张君墓志铭》
310	程材,字良用,南直隶徽州府休宁县人。							√弘治五年乡试、九年会试		王鏊《故河南监察御史程君墓志铭》
311	陆元泰,字长卿,南直隶苏州府昆山县人。		√							王鏊《四月八日饮陆长卿园亭》《陆长卿为三山甚伟,因赋》等

序号	姓名	与王鏊的关系								主要依据
		同学	同乡	同年	同僚	师长	座主	门生	学生	
312	董复,字德初,浙江绍兴府会稽县人。			√会试						王鏊《董谕德文玉归省其父太守德初……》
313	董玘,字文玉,浙江绍兴府会稽县人。复子。									王鏊《董谕德文玉归省其父太守德初……》
314	李经,河南汝宁府真阳县人。									王鏊《送李尹经述职之京》
315	倪玑,字公在,西安府咸宁县人。							√正德三年会试		王鏊《嘉善志序》
316	邵宝,字国贤,南直隶常州府无锡县人。									王鏊《容春堂文集序》、《复邵尚书书》等,邵宝《文恪公墓志铭》等
317	张鏊山,字汝立,江西吉安府安福县人。									王鏊《容春堂文集序》
318	朱衮,字朝章,浙江绍兴府上虞县人。									王鏊《瑞芝园铭》
319	谢廷柱,字邦用,福建福州府长乐县人。									王鏊《双湖诗为金宪谢廷柱作》
320	张延德,字延德,南直隶苏州府人。		√							王鏊《三月望日饮张延德园亭》
321	吴廷举,字献臣,湖广武昌府嘉鱼县人。							√成化二十三年会试		王鏊《东湖书院为吴献臣都宪赋》,吴廷举《祭文恪公文》

317

续表

序号	姓名	与王鏊的关系								主要依据
		同学	同乡	同年	同僚	师长	座主	门生	学生	
322	张弘至，字时行，南直隶松江府华亭县人。							√弘治九年会试、庶吉士		王鏊《中议大夫江西知南安府张公墓表》
323	黄晧，字日昇，南直隶苏州吴县人。省曾祖。	√	√					√弘治三年会试		王鏊《题蓬轩类纪》
324	乔宇，字希大，山西太原府乐平县人。									王鏊《白岩歌为乔大司马赋》
325	蒋冕，字敬所，广西桂林府全州人。									蒋冕《次宫保戒轩先生靳公诗韵寄寿少傅守溪先生王公》
326	高第，字公次，四川成都府绵州人。									王鏊《瓦屋山歌》
327	费宏，字子充，江西广信府铅山县人。							√成化二十三年会试		王鏊《至乐楼诗为大学士费宏赋》
328	费伦，南直隶苏州府人。	√	√							王鏊《费伦同七十，少同砚席者也》
329	叶忠，字一之，浙江台州府临海县人。									王鏊《赠叶巡按忠》
330	贺泰，字志同，南直隶苏州府吴县人。元忠子。		√							王鏊《送贺志同少参之官广东》

序号	姓名	与王鏊的关系								主要依据
		同学	同乡	同年	同僚	师长	座主	门生	学生	
331	王廷纲,字成宪,南直隶苏州府昆山县人。	√	√							王鏊《王成宪府博自昆山来为予七十寿……》
332	归仁,南直隶苏州府人。		√							王鏊《怀恃诗为归仁赋》
333	王宪,字维纲,山东兖州府东平州人。							√弘治三年会试		王鏊《荆山小景为王维纲兵侍赋》
334	高德元,字德元,浙江人。									王鏊《送高德元还越》
335	叶×,字文节,南直隶苏州府人。		√							王鏊《木石居士为叶文节赋》
336	皇甫录,字世庸,南直隶苏州府长洲县人。信子。		√							王鏊《皇甫持正集序》
337	薛昂,南直隶苏州府吴县人。		√							王鏊《送工部正郎蒋君抡材还朝序》
338	萧鸣凤,字子庸,浙江绍兴府山阴县人。									王鏊《董南畿学政御史厅壁记》
339	邹观,字孚伯,南直隶常州府无锡县人。									王鏊《乐丘阡表》
340	颜泾,字澄之,南直隶苏州府吴县人。		√	√会试						王鏊《送颜楫,楫同年水部澄之之子也》
341	颜楫,南直隶苏州府吴县人。泾子。		√						√	王鏊《送颜楫,楫同年水部澄之之子也》

序号	姓名	与王鏊的关系								主要依据
		同学	同乡	同年	同僚	师长	座主	门生	学生	
342	严嵩,字惟中,江西袁州府分宜县人。									王鏊《余断送迎久矣……》《钤山堂铭》
343	钱钝,字汝砺,南直隶苏州府吴县人。		√							王鏊《钱汝砺院使八十》
344	滕谧,字危言,山东莱州府掖县人。							√正德三年会试		王鏊《东莱滕氏族谱序》
345	柯维熊,字奇征,福建兴化府莆田县人。									王鏊《石庄记》
346	陈察,字原习,南直隶苏州府常熟县人。		√							王鏊《云南省城庙学记》、《赠监察御史陈府君配太孺人谭氏墓表》
347	王倬,字用检,南直隶苏州府太仓州人。		√							王鏊《通议大夫南京兵部右侍郎王公神道碑》
348	李充嗣,字士修,四川成都府内江县人。							√成化二十三年会试		王鏊《吴郡治水之碑》、《吴中赋税书与巡抚李司空》等
349	吴纶,字大本,南直隶苏州府宜兴县人。俨叔。									王鏊《封奉直大夫礼部员外郎吴府君墓表》
350	陈寰,字原大,南直隶苏州府常熟县人。察弟。									王鏊《赠监察御史陈府君配太孺人谭氏墓表》

序号	姓名	与王鏊的关系								主要依据
		同学	同乡	同年	同僚	师长	座主	门生	学生	
351	沈林,字材美,南直隶苏州府长洲县人。		√	√乡试						王鏊《明故嘉议大夫都察院右府都御史巡抚山东沈公墓志铭》
352	魏志宁,字以道,南直隶苏州府吴县人。	√	√							王鏊《南雄府推官魏府君墓志铭》
353	方鹏,字时举,南直隶苏州府昆山县人。		√					√正德三年会试		方鹏《寿守溪座主》
354	方凤,字时鸣,南直隶苏州府昆山县人。鹏弟。		√					√正德三年会试		方凤《呈守溪座主和伯兄韵》
355	胡缵宗,字孝思,陕西巩昌府秦安县人。							√正德三年会试		王鏊《胡太守孝思奉诏存问,过太湖有作,次其韵》等,胡缵宗《泊太湖呈座主守溪相国》等
356	孙思和,南直隶镇江府丹阳县人。									王鏊《孟子河孙氏楼》、《丹阳孙思和访余于洞庭,诗以次之》等
357	郭波,福建福州府闽县人。									王鏊《谢郭长洲惠橘》
358	毛玉,字国珍,云南云南卫人。									王鏊《毛给事玉高祖刘、曾祖母魏双节诗》
359	欧阳铎,字崇道,江西吉安府泰和县人。							√正德三年会试		欧阳铎《祭王文恪公文》
360	陆俊,字伯良,南直隶苏州府吴县人。		√			√				王鏊《陆处士墓志铭》

序号	姓名	与王鏊的关系								主要依据
		同学	同乡	同年	同僚	师长	座主	门生	学生	
361	赵竑,字良度,直隶顺天府大兴县人。						√			王鏊《跋献之墨迹》
362	朱希周,字懋忠,南直隶苏州府昆山人。文子。		√							王鏊《天昭子希周失解》
363	陈瑶,字汝玉,浙江湖州府安吉县人。									王鏊《送陈指挥瑶迁浙江都司》
364	尹嗣忠,字子贞,直隶顺天府涿州人。									王鏊《尹侍御伦像赞》
365	徐颐,字惟正,南直隶常州府江阴县人。									王鏊《梧塍徐氏宗谱序》
366	文森,字宗严,南直隶苏州府长洲县人。林弟。		√					√成化二十三年会试		王鏊《文涞水诗集序》、《苏州府建文丞相庙碑》
367	李贯,字志道,福建泉州府晋江县人。									王鏊《送李给事贯使占城》

人名索引

图书在版编目(CIP)数据

王鏊年谱/刘俊伟著. —杭州：浙江大学出版社，
2013.11
ISBN 978-7-308-12085-2

Ⅰ.①王… Ⅱ.①刘… Ⅲ.①王鏊(1450～1524)—
年谱 Ⅳ.①K827＝48

中国版本图书馆 CIP 数据核字(2013)第 189421 号

王鏊年谱

刘俊伟　著

责任编辑	胡　畔(llpp_lp@163.com)
封面设计	续设计
出版发行	浙江大学出版社
	(杭州市天目山路 148 号　邮政编码 310007)
	(网址：http://www.zjupress.com)
排　版	浙江时代出版服务有限公司
印　刷	杭州杭新印务有限公司
开　本	710mm×1000mm　1/16
印　张	21.5
字　数	440 千
版印次	2013 年 11 月第 1 版　2013 年 11 月第 1 次印刷
书　号	ISBN 978-7-308-12085-2
定　价	52.00 元